SOUTHEAST LAW REVIEW

入选中文社会科学引文索引（CSSCI）　　总第 23 辑

东南法学 第七辑
——学术前沿与专题研究

主　编　欧阳本祺
副主编　汪进元　熊樟林

东南大学出版社
·南京·

图书在版编目（CIP）数据

东南法学：学术前沿与专题研究. 第七辑 / 欧阳本祺主编. — 南京：东南大学出版社，2023.11
　ISBN 978-7-5766-0953-0

　Ⅰ. ①东… Ⅱ. ①欧… Ⅲ. ①法学 – 文集 Ⅳ. ① D90-53

中国国家版本馆 CIP 数据核字 (2023) 第 209656 号

东南法学（第七辑）：学术前沿与专题研究

Dongnan Faxue (Di-qi Ji)：Xueshu Qianyan yu Zhuanti Yanjiu

主　　编	欧阳本祺
出版发行	东南大学出版社
地　　址	南京市四牌楼 2 号　邮编：210096　电话：025-83793330
网　　址	http://www.seupress.com
出版人	白云飞
经　　销	全国各地新华书店
印　　刷	广东虎彩云印刷有限公司
开　　本	787 mm×1092 mm　1/16
印　　张	16.75
字　　数	429 千字
版　　次	2023 年 11 月第 1 版
印　　次	2023 年 11 月第 1 次印刷
书　　号	ISBN 978-7-5766-0953-0
定　　价	75.00 元

本社图书若有印装质量问题，请直接与营销部联系。电话：025-83791830
责任编辑：刘庆楚　责任校对：子雪莲　责任印制：周荣虎　封面设计：毕　真

《东南法学》编辑委员会

学术顾问（以姓氏笔画为序）

王利明　李步云　吴汉东　应松年
张卫平　张文显　陈兴良　韩大元

编委会主任　刘艳红

委　员（以姓氏笔画为序）

叶金强　李　浩　杨登峰　何海波
沈　岿　陈柏峰　陈瑞华　赵　骏
桑本谦　彭诚信

主　编　欧阳本祺

副主编　汪进元　熊樟林

目 录

· 数据法学专题 ·

1　计算法学人才培养存在的问题与对策思考
　　……………………………………………… /肖金明　孙旖旎

17　数字时代的政府治理：焦虑、机遇与挑战
　　……………………………………………………… /程　迈

31　电子化证据鉴真：挑战与应对
　　…………………………………………………… /张兴美

46　智慧审判的建构策略与推进路径
　　……………………………………………………… /李　鑫

68　论新兴数字权利与宪法的交互模式及其保障路径
　　……………………………………………………… /万千慧

· 理论前沿 ·

84　我国环境法典总则的证成与构想
　　………………………………………………… /吴卫星　周嘉敏

99　信息公开申请权滥用的治理路径重构——基于组态
　　分析的视角
　　……………………………………………………… /董　妍

121 刑法中财产定义省思与重构
..../ 熊建明

150 著作权法视野下《刑法》中规避技术措施规则的教义学分析
..../ 汪 叶 周子实

169 人大常委会规范性文件审查的实证分析：局部图景与规则形成——基于结构化理论的视角
..../ 张扩振

· 青年法苑 ·

193 不动产征收控制的法经济学解释
..../ 吴先泉 张淑芳

212 《民法典》视域下连带债务的诉讼构造与程序规则
..../ 丁金钰

· 域外译介 ·

230 论承继的共犯——以因果共犯论为视角
..../ ［日］松原芳博 王昭武 译

247 行政机关公开负面信息与权利保护
..../ ［日］高田伦子 著 张荣红 译

·数据法学专题·

计算法学人才培养存在的问题与对策思考*

肖金明　孙旖旎**

摘　要： 国家新文科发展的战略规划、法治中国的现实需求、新时代法学教育发展的前景都揭示了培养计算法学人才的必要性和紧迫性。当前，秉持着前沿理念和创新精神的计算法学人才培养工作已经取得了阶段性的成果，但计算法学人才培养的共识有待进一步凝聚，也面临教材短缺、师资匮乏、课程标准化不足、评价体系不合理等诸多现实挑战。展望计算法学人才培养的未来，应当坚持以新文科理念为引领，着眼专门培养学生形成计算法学思维，以学科建设和专业建设培育课程体系、教材体系、师资体系，探索兼顾法学传统与专业特色的人才培养之路。

关键词： 计算法学　人才培养　法学教育　新文科

"历史表明，社会大变革的时代，一定是哲学社会科学大发展的时代"[①]，全球正在经历新一轮科技大变革和产业革命冲击的当下，其引发的诸多社会变革催生新问题、带来新挑战，需要树立"新文科"理念，"进一步打破学科专业壁垒，推动文科专业之间深度融通、文科与理工农医交叉融合，融入现代信息技术赋能文科教育，实现自我的革故鼎新"[②]。法学作为探寻社会运行规律的基础学科，在新文科建设引领下不断地自我更新以适应时代的发展。

---

* **基金项目：** 山东省本科教学改革研究项目"新文科理念引领计算法学人才培养"（项目号：M2020281）。
** **作者简介：** 肖金明，山东大学法学院教授、博士生导师；孙旖旎，山东大学政治学与公共管理学院博士研究生。
① 习近平：《在哲学社会科学工作座谈会上的讲话》，《人民日报》2016年5月19日第2版。
② 《中国新文科建设宣言发布》，https://baijiahao.baidu.com/s?id=1682338046599301649&wfr=spider&for=pc，最后访问日期：2022年12月8日。

《关于加强新时代法学教育和法学理论研究的意见》进一步对法学革新指明了方向,要求法学教育和法学理论承担为法治中国建设培养高素质法治人才、提供科学理论支撑的光荣使命。计算法学承法科传统之基,跨计算科学之维,回应时代之需,属新文科建设和法学教育转型的代表性学科。计算法学人才是法治中国建设需要的高素质人才,是法学践行新文科理念、推动跨学科教研、完善法学教育体系的重要尝试。本文聚焦于计算法学人才培养的理论基础与实践活动,辨析计算法学人才培养的需求、困境与路径,并针对人才培养的薄弱环节提出改进意见。

一、计算法学人才培养的理论依托与现实需求

培养计算法学人才应首先明确其理论依托与现实需求,即培养专门化、独立于传统培养体系的计算法学人才的合理性和必要性。合理性由该方向对传统法学的继承性、基础课程的重叠性、发展前景的光明性所决定;必要性由该研究方向的前沿性、人才需求的紧迫性、法学学科发展的指向性所体现。

(一)计算法学的演进历程与概念解析

20世纪50年代兴起的计量法学将量化思维融入法学分析之中,以"科学"为理念取向,以"数据、计量、实证、精确"为特征,在研究方法上与传统法学的解释学、规范分析方法、价值辨析等相区分,以一定的法学理论和统计资料为基础,综合运用数学、统计学知识,通过计算机模拟、系统分析、博弈模型等来研究具有数量关系的法律现象[①]。由于其研究方法具有极强的可操作性,研究结果追求"客观性"和"科学性",在当时代表了一种先进的研究方法和研究理念。但由于特殊的历史背景、质性与量化研究方法不通约、信息科技回馈研究通路不畅等,法学领域对计量法学关注不足,范式意识较为淡薄,学科建设条件不充分,与其相关的衍生研究也相对滞后。在初探阶段,国内一些学者提出了"定量法学""数量法学"等概念。尽管这些概念各有侧重,但初衷都是强调以定量方法研究具有数量变化关系的法律现象,仍属计量法学的范畴,也并未形成系统化的人才培养体系[②]。

计算法学与计量法学既密切相关又有所区别。它的出现体现了法学学科身处数字社会、人工智能时代,在研究对象、研究思维、研究方法上的求新求变。作为一个学术概念它最早产生于法律信息学领域,却在很长一段时间内并未被学界重视。直到2009年,包括拉泽尔(David Lazer)在内的15名学者在《科学》(science)杂志上发表共同署名论文,预言计算社

---

① 屈茂辉:《计量法学基本问题四论》,载《太平洋学报》2012年第1期。
② 参见左卫民:《一场新的范式革命?——解读中国法律实证研究》,载《清华法学》2017年第3期。

会科学(Computational Social Science)时代的到来①。自此,围绕"计算+X"的交叉研究成为各学科热议的话题,国内外法学研究者对计算科学与法学交叉议题的青睐,促使了一个颇受重视的文理交叉学科的诞生②。面向新科技应用开发带来的一系列问题,尤其是在大数据时代,面对身份数字化、文本数字化、行为数字化等数字化逻辑对人类社会的再编辑,计算科学与法学的交汇领域不断拓展,"计算法学"的学科概念开始被频繁使用③。关于计算法学具体的内涵外延,学界尚未达成完全一致的意见,现有研究认为"计算法学"是以计算机网络、大型数据库的建立以及强大的计算功能为背景,倡导借助智能化设备,针对性地检测、挖掘、清洗相关数据,规范数字应用、处理与数字化相关的法律议题,并以此发现社会运行的规律④。

能够体现信息科技与法学交汇的跨学科概念有很多,为何有必要将计算法学作为学科概念来培植?科技发展不断催生新的法律命题,法学界既沉思于如何为科技提供创新的法治环境,也持续关注如何规范科技的发展、消除科技的副作用。从早期的互联网法学、网络法学,到近几年的人工智能法学、数据法学等,以"研究对象+法学"的学科命名不一而足。随着技术的更迭、社会的发展,新技术与法学交汇的领域会不断拓展,研究对象会不断涌出、难以枚举。而以计算法学作为学科命名便可规避这一问题,这本质上是学科命名思路从研究对象到研究方法的转变。从学科发展规律而言,作为学科概念的"计算法学"直观展现了法学与计算智能的紧密结合,反映计算技术相关法律问题的本质和计算思维在法学研究中的应用,是人们在对客观世界认识深化的基础上对既有法学学科空间的拓展⑤。计算法学作为学科概念具有的概括力、包容力和传播力,为人才培养模式创新提供了稳定的学科环境⑥。

(二)培养卓越的计算法学人才是法治中国建设的需要

计算法学在法治领域的广泛应用,需要计算法学人才来建设法治中国,为发现、分析和解决法治领域问题提供新的思路和更多的可能。以立法和执法为例,科学立法和有效执行是法治国家、法治政府、法治社会建设的重要内容,计算法学可以通过对法律问题进行恰当的抽象,使解决方案由人、机器或者人机组合的执行主体通过恰当的程序得以自动执行,这对提高立法科学性和保障法律有效执行多有助益⑦。计算法学是知识高度综合、信息化、数

---

① David Lazer et al. Life in the Network: The Coming Age of Computational Science, Science, Vol.323 (February, 2009), pp.721-723.
② 参见季卫东:《计算法学的疆域》,载《社会科学辑刊》2021年第3期。
③ 参见钱宁峰:《走向"计算法学":大数据时代法学研究的选择》,载《东南大学学报(哲学社会科学版)》2021年第2期。
④ 参见于晓虹:《计算法学:展开维度、发展趋向与视域前瞻》,载《现代法学》2020年第1期。
⑤ 参见张妮、蒲亦非:《计算法学导论》,四川大学出版社2015年版,第4页。
⑥ 参见申卫星、刘云:《法学研究新范式:计算法学的内涵、范畴与方法》,载《法学研究》2020年第5期。
⑦ 参见刘东亮:《计算思维在法律领域的功能与作用》,载《西安交通大学学报(社会科学版)》2022年第2期。

字化时代的产物,满足了现代信息技术对法学的期待,带有促进法治的基本使命。

建设"法治中国"和"法治强国"的目标对法学教育给出了新定位,如何建设世界一流的法学教育是新法学的必答题[①]。这要求用好学科交叉融合的"催化剂",调整升级现有的法学专业体系,培养社会需求的紧缺人才。目前,大数据技术和人工智能普遍进入法治领域,计算法学教育的开展满足了智慧法院、数字司法对法律人才的急需,面向数字政府、数字经济、数字社会建设的广泛需要,回应了新时代社会主要矛盾变化、人民美好生活期待、国家治理现代化以及新科技发展的法治需求,进一步适应了新时代全面依法治国、推进国家治理体系和治理能力现代化的需要。

培养卓越的法治人才是新时代法学教育要直面的关键问题,计算法学人才培养是新时代法治人才培养模式转变的试金石。2017年5月3日,习近平总书记在考察中国政法大学时的讲话中指出:"法治人才培养上不去,法治领域不能人才辈出,全面依法治国就不可能做好。"[②]《关于加强新时代法学教育和法学理论研究的意见》进一步表明,新时代需要大批德才兼备的高素质法治人才,培养卓越的计算法学人才是对新时代所需的重点人才短板领域的加快补齐。然而,当前人才培养的跨学科架构薄弱、融合度欠缺,缺乏新时代对人才需求的敏感度与应对力,无法满足全面依法治国对计算法学人才的期待。因此,面向新时代新法治推进法学教育资源配置优化,探索科学化、规范化、标准化的计算法学人才模式就成为必然。

(三)培养专业化计算法学人才是新时期社会发展的需要

新时期社会发展急需专业化的计算法学人才。云计算、大数据、人工智能、区块链等深刻影响着经济、社会和政治生活,在增强互联互通、提高效率、促进社会发展的同时也引发了涟漪效应,给当下的法律伦理、法律规则、社会秩序带来了前所未有的挑战。比如:人工智能的发展面临着法律地位的确立、权责归属、责任分担、风险防控等问题;大数据的搜集、应用过程中面临着数据安全、个人数据法律保护、数据监管等问题。在发展和完善相关基础知识、理论体系,协助创建法律法规、伦理规范和政策体系,以及实现对人工智能、大数据等新科技的理论、开发和应用进行法律上的前瞻布局等方面,都需要计算法学人才给出专业化的设计和解答。

对计算法学人才的需求已经覆盖立法、司法、法律服务、法学研究等整个法治领域,从长计议培养专业的计算法学人才是对就业市场职业需求的主动回应。科技的发展拓展了传统法律的职业面向,丰富了法律从业人士的工作议题,改变了工作形式和工作方式,也帮助从

---

① 参见徐显明:《新文科与新法学》,载《新文科理论与实践》2022年第1期。
② 《习近平在中国政法大学考察》,http://www.xinhuanet.com/politics/2017-05/03/c_1120913310.htm,最后访问日期:2023年2月5日。

业人员优化了工作程序、提高了工作效率,立法、司法和法律服务业等都越来越需要计算法学人才来满足显在的和潜在的职业需求。在立法领域,对新兴科技的治理已经被纳入立法计划,《全国人大常委会2021年度立法工作计划》《全国人大常委会2022年度立法工作计划》都强调立法工作对数字经济、互联网金融、人工智能、大数据、云计算等领域提供法治保障。面向新兴科技的立法工作需要具备海量数据的挖掘能力、结构化和非结构化多类型数据的混杂处理能力、数据直观可视化的技术展示能力的计算法学人才,从而建立立法支持系统,对立法的科学性、法律实施效果及法律对经济社会发展的影响等进行整体性的反思与评估。在司法领域,《最高人民法院关于加快建设智慧法院的意见》《全国检察机关智慧检务行动指南(2018—2020年)》等政策文件的发布表明前沿科技在司法领域的应用正在快速展开。司法领域对计算法学人才的期待不仅仅是完成法律数据相关性分析、案例深度挖掘等智能法律文书工作,还有更深层次地挖掘复杂法律数据所蕴含规律和逻辑,避免地域差异等原因带来的对同一法条的不同解读,提高司法决策的科学性和公正性等[①]。在法律服务领域,法律服务生态已永久性改变,从业人员既需要熟知市场的力量如何作用于法律,也需要了解涉及的科技、工艺改进等专业信息,掌握分析学科和工作效率优化等技能。在法学研究领域,面对计算科学时代对既有的法律制度和传统法学的挑战,计算法学人才需要在研究内容上对既有法律概念的扩张性重释以及对新兴问题的创新性回应,也需要在研究方法上开创计算研究进路,推动法学研究范式变革。

(四)培养复合型计算法学人才是新法学发展的需要

新文科在法学领域的展开就是新法学,其倡导学科的深度交叉和融合的理念,驱动不同学科与法学携手合作共建新法学,推进法学教育的转型[②]。新科技对法学教育带来的冲击绝不仅仅局限于学科体系、教学方法、教学模式等具体教学环节变化,而可能是对法学教育颠覆性的影响[③]。计算法学作为前沿科技与法学的交汇重地,新法学自身改革需要计算法学助力。计算科学原本是远离传统法学的,但在科技已然改变了法学学科外部环境的前提下,法学需要自我革新、回应新兴社会问题,计算法学就是将计算"内化"于法学的过程,这意味着计算法学是计算科学与法学学科融合的过程,更是计算法学人才培养辩证"守正"和"创新"的过程。

基于计算法学教育教学初步实践的经验认识,结合新法学发展的需要,推动复合型计算法学人才的培养改革,对推动法学教育转型具有重要意义。复合型计算法学人才培养应当

[①] 参见王渊、吴双全:《"互联网+"时代法学教育变革研究》,载《高教探索》2019年第7期。
[②] 参见赵奎英:《"新文科""超学科"与"共同体"——面向解决生活世界复杂问题的研究与教育》,载《南京社会科学》2020年第7期。
[③] 参见刘坤轮:《何以固本:法学教育如何回应人工智能时代?》,载《山东社会科学》2020年第11期。

是包括知识复合、能力复合、思维复合等多个方面,需要探索层次清晰、体系健全的培养模式。首先,复合型计算法学人才应当是既精通法律知识,又能融通计算科学的多功能人才,知识结构上应该是自然科学与社会科学的结合。这决定了培养方式要直接锚定复合型计算法学人才,而不是计算科学和法学作为两个学科分别培养出的人才进行再合作。其次,复合型计算法学人才是人文与科学各学科的知识复合和能力复合,既能掌握法律知识技能又能够对法律职业所需的社会背景深刻融会贯通。最后,复合型计算法学人才体现在理论与实践的有机结合上。复合型计算法学人才的培养要抓住理论育人和实践教学协同发展这一关键,既缓解对理论人才求贤若渴的现状,也填补专业化实践人才的职业空缺。

二、计算法学人才培养的现状及面临的挑战

《"互联网+"人工智能三年行动实施方案》《新一代人工智能发展规划》《教育信息化2.0行动计划》等文件对在高等教育中培养跨学科、复合型人才作出了指引。教育部一方面通过学历认证对多种模式下培养的计算法学人才给予学历肯定,另一方面也通过"新文科研究与改革实践项目"等立项工作支持、引导计算法学的教改实践。然而,尽管有着各方力量的支持,计算法学的人才培养仍面临着诸多困难和挑战:人才培养定位仍须明确,人才培养模式仍须完善,教育教学知识体系仍须贯通,人才成长环境仍须优化,人才就业之路仍须疏通,计算法学人才的自信仍须大力培植。

(一) 计算法学人才培养的定位仍须明确

计算法学人才培养是一个系统工程,其中,人才培养的定位具有相当的决定性。计算法学人才培养定位主要是对培养理念的调整和培养目标的明确,"必须改变传统的法律人才培养目标,按照数字时代的客观要求和数字法学的变革转型来进行重新定位"[①]。人才培养理念决定了培养的价值取向、培养方式与评价标准的选择;人才培养目标则决定了培养的特点、切入点和重点。鉴于计算法学的多学科交叉特点,高校人才培养的进路主要有两种:"懂计算的法学人才"与"懂法学的计算人才"。前者采取的是以法学为基础,加强计算科学教育的人才培养方式,即在传统法学教育基础上着重培养学生借助智能化分析技术和网络化应用技术对法律数据的采集与分析、交互与整合、结构化与类型化的能力,掌握通过计算复杂的数量关系变化以表征潜藏在法律现象背后的社会性构成要素和生成路向的方法,为裁判预测、立法评估、法律事实质效评估等提供参考性依据。后者采取的是以计算科学为基础,注重法学能力提升的人才培养方式,即在计算科学教育的基础上提升人才的法律数据分析能力,让其能够对体现法律事实、反映法律关系的数据进行收集、处理、解读和展示,利用

[①] 马长山:《数字时代的法学教育转型》,载《上海政法学院学报(法治论丛)》2023年第1期。

统计学、数据科学和计算机科学等相关学科的知识和技术进行分析,并在此基础上对法律问题给出数据上的解读和阐释。

从目前计算法学相关教育的现状看,大多数的培养单位选择"懂计算的法学人才"的进路,比如东南大学的司法大数据基地建设法律大数据与人工智能平台,注重培养专利技术与应用系统的研发及产业转化的人才。清华大学则是培养"懂法学的计算人才",计算法学方向全日制法律硕士主要面向本科第一专业为计算机科学与技术、信息与通信工程、网络空间安全、控制科学与工程、电子科学与技术、电气工程、数学、统计学及其他理工科专业或掌握信息技术相关专业知识的学生,以培养既精通法律规则又熟悉信息技术的高端复合型人才,为新一代信息技术的发展提供法律保障,为法律行业和法治的现代化建设提供技术支持为培养目标。两种进路都注重人才培养的实践性与实用性,回应信息技术时代对法学教育提出的新要求以及"智慧法院""智慧检务"建设等现实需求。可见,当前高校的培养目标强调计算法学对业界的法律保障与技术贡献,忽略了培养计算法学人才两个具有前瞻性和长远性的重要意义:防范人工智能的无限制发展给社会带来的不可预知的风险及计算法学思维的形成。

本研究认为,计算法学的人才培养应该兼顾两个方向:一是在实践层面上,须培养回应时代与社会需求的应用型人才;二是在学科发展层面上,还须培养回应理论难点与现实痛点的学术型人才。与此对应,人才培养的理念应秉持:在尊重法学教育特点与人才成长规律的基础上,立足法学本原,突出计算科学特色,构筑由高校及业界多方协同的培养生态,扎实、稳步地推进计算法学人才培养。人才培养的目标锚定培养学生形成系统的计算法学思维,使其成为对大数据技术应用、人工智能等前沿问题具有敏锐度、具备良好的法学素养及伦理自省能力、科学思维能力、交叉学科研究潜力的理论及应用型人才。

(二)计算法学的人才培养模式仍须完善

展开计算法学人才培养探索的高校很多,但是具备培养专业化计算法学人才理念,有意识地开展跨学科课程,进行院际合作、校级合作,推动专业融合,同时又有能力提供优质培养条件的高校较少。这些致力于发展计算法学的相关高校及科研机构,其人才培养方案或采取在不改变原有二级学科的基础上直接增设计算法学系或教研组;或依托于兼备科研与教学职能的计算法学研究中心;或设立与其他二级学院平级的计算法学学院。在具体的培养模式上,有传统的法学专业+特色课程和学历教育两种。"特色班""特色课程""辅修课程"是很多高校选择的培养路径,在原有的学科知识体系基础上增加了一部分计算法学知识,将计算科学相关的知识作为原有法学知识体系的补充。这些高校围绕人工智能、大数据、数据法学等主题增设课程,取得了一些成效,比如西南政法大学"人工智能与法律"、湖南师范大学的"大数据与法律检索"已经成为颇受欢迎的线上公开课。可是,特色课程大多是选修课、辅修课,高校开设课程的设想只是尽可能地体现专业性和前沿性,因此特色课程的衔接不足、特色课程和传统法学课程之间逻辑探讨有限,难以在组建计算法学课程架构上产生合力。课程的"碎片化"呈现,使得学生对计算法学知识的学习只是"管中窥豹"式的了解,根本谈不上思维的培养和知识体系的重构。

师资力量匮乏、高水平教师难觅是计算法学教育的普遍性难题。综合类大学目前采取的是跨学院整合师资力量的策略,但这对政法类、理工类等非综合类大学开展计算法学教育恐难适用。目前计算法学师资大部分只具备单一学科背景,这是开展计算研究生教育的高校倾向于采用"双导师"培养机制的原因,即"法学教师+计算相关专业教师"的组合,这种师资组合能否实现"1+1>2"的培养效果尚不能确定,但是确定的是,这是许多高校在短时间内难以填补计算法学师资巨大缺口的"折中"选择。

人才培养模式的不完善还集中体现在计算法学学历教育欠缺,目前计算法学人才培养的学历教育主要集中在研究生阶段,尤其是本科教育的开展十分有限,承担本科基础教育的高校仅山东大学(威海)一家[①]。可见,当前计算法学的学历培养纵向贯通尚不成熟,存在"断代"式培养的问题,尤其是本科教育匮乏。忽略计算法学本科教育就难以保障研究生教育的优质生源,给研究生教育带来了困惑和压力,迫使研究生教育阶段代偿计算法学基础知识,限制了研究生教学广度,制约对计算法学领域选题的深入研究,导致研究生培养效果欠佳。

(三)计算法学教学内容和教学方式仍须改善

计算法学的教学内容和教学方法处于边探索边实践的境况,教材资源短缺是计算法学教学最显见的问题,教材的数量不足直接影响了计算法学教学内容的质量。当前出版物中明确以计算法学命名的著作仅有张妮、蒲亦非所著《计算法学导论》和邓矜婷的《计算法学方法初阶》。尽管有关于人工智能法学、数据法学、网络安全法学等的著作问世,但是从内容上其仍是关注网络法问题居多,对算法治理、数字法治等一系列新问题回应乏力。教学活动所需的中文教材欠缺,授课能够依赖的只有分散的中文或者外文文献[②]。现有的研究成果还不足以对计算法学教学提供有力的知识支撑,鲜有学者对当前计算法学教育相关问题展开论述,教学的内涵和要素上学理化探讨明显不足。

在教学方式上,由于计算法学的专业特性,其人才培养须克服传统法学教育重理论轻实

[①] 山东大学(威海)法学院自2018年起开设计算法学特色班,后更名为计算法学实验班,每级30人,独立成班,独立设置培养方案。2021年起,面向全校本科新生招收人才。2019年起试点计算法学博士生培养工作,并在法律硕士专业学位教育中设立计算法学方向,目前已经形成了完整的"横向多学科连通、纵向本硕博贯通"的计算法学人才培养体系。

[②] 参见苏宇:《"信息技术+法学"的教学、研究与平台建设:一个整体性的观察与反思》,载《中国法律评论》2021年第6期。

践、重经验轻实证、重讲解轻实验的弊端。然而,当前的教学方式局限于传统模式,缺乏实验和实践教育的相应的教学平台。计算法学教育需要实验也需要实践来培养学生的创新能力和实践能力,但是由于资金、采购流程、大学基层组织的结构设置等客观原因,实验室搭建所需的硬件资源难以在短时间内配置完善。同时,培养的人才需要以立法、司法等领域的实训平台为依托,在理论与实践的反复校验中找到结合点,但是实训平台的搭建不仅需要资金,还须与相关部门有长久的合作关系,非朝夕之功。在计算法学相关知识的建构层次与拓展方向还有待进一步形成共识的情形下,计算法学人才培养亟须通过高质量的学术活动和教学活动为复合型人才提供充分的知识供给和足够的理论营养,通过高频次的学术互动形成跨学科的研究者网络,通过大跨度的学术对话消除学科隔绝造成的信息茧房和回声壁效应。

(四)对计算法学人才培养前景的信心和共识仍须培植

为增强对计算法学人才培养的信心,一方面需要在学术评价体系中获得具有激励作用的肯定,另一方面需要在就业市场上赢得竞争优势和足够的社会肯定。学科评价、学术评价和学者评价等三个方面的评价与计算法学学科建设、人才培养密切相关。在学科评价方面,ESI(Essential Science Indicators,基本科学指标数据库)、USNEWS(US.News & World Report,美国新闻与世界报道)、QS(Quacquarelli Symonds,夸夸雷利·西蒙兹公司)、THE(Times Higher Education,泰晤士高等教育)四大国际主流学科评价体系对学科分类和评价标准有各自偏好,但基本遵循在学科分类下对某一学科发展成效进行评价的逻辑,在评价机制上未对交叉学科给予足够的重视。国内的学科评估是教育部学位与研究生教育发展中心(简称"学位中心")对全国具有博士或硕士学位授予权的一级学科开展的整体水平评估,依照的是《学位授予和人才培养学科目录》(简称《学科目录》),未能有针对性地关注计算法学这类交叉性的学科,制约着法学学科体系重构。[1] 在学术评价方面,国际上,法律人工智能学术共同体正式形成于20世纪80年代后期和90年代初期,其形成有三大标志性事件:法律人工智能系列国际学术会议出现、国际法律人工智能与法协会成立以及《法律人工智能》(Artificial Intelligence and Law)杂志创刊[2]。国内并没有计算法学有关主题的学术期刊,具有公信力的计算法学学术共同体也尚未形成。比较有代表性的学术会议是由清华大学连续举办五届的计算法学国际论坛及2019年成立的由六所高校倡建的中国计算法学发展联盟。计算法学专家库尚未建立,学术认可度问题已然成为计算法学持续性发展的阻碍,比如计算法学研究生论文在送审环节,尤其是在匿名送审环节,很容易因横跨法学与计算机学的学科范畴而被认定为"问题论文",这样会打击学生对计算法学问题研究的积极性,降低学生选

---

[1] 参见马怀德、王志永:《完善中国特色社会主义法学学科体系的实践路径》,载《比较法研究》2021年第3期。
[2] 参见熊明辉:《从法律计量学到法律信息学——法律人工智能70年(1949—2019)》,载《自然辩证法通讯》2020年第6期。

择计算法学专业的意愿,难以激励学生持续性地研读计算法学。

在学者评价方面,虽然我国在高校教师职称改革方面一直在克服"五唯",但是当前对高校教师的考核、职称评聘仍旧以研究成果为准。一方面,计算法学的学术成果存在发表问题。比如,我国当前主流的 CSSCI 来源期刊目录是基于学科分类而评价的,那么交叉学科在投稿过程中就面临以"不属于本学科研究范畴"为由的拒稿风险。另一方面,对于已经发表的研究成果在职称评定中也存在认定标准的问题。职称评聘多先由基层学术组织内部遴选,可是法学和计算科学这两大学科对职称评定的成果数量和质量要求差别甚大,难以在短时间内制定契合交叉学科特性的学者评价体系,这会影响学者从事计算法学研究的热情,制约成熟的计算法学师资队伍的形成与壮大。对于已经或者将要选择计算法学专业作为研究方向的学生,其也会削弱对计算法学发展前景的信心。

三、新文科理念下计算法学人才培养的路径新探

在新文科理念引领下,走独具特色的计算法学教育之路应该成为高校改革和创新计算法学人才培养道路的基本方针[①]。在遵循法学学科规律以及人才培养规律的基础上,重新定位人才培养的理念和目标,扎实推进计算法学学科建设以提高人才培养能力,着力推进教学内涵内容的建构,完成计算法学教学方式方法的整体性变革。

(一)培养学生形成专业化的计算法学思维和系统的知识体系

计算法学人才培养既不是培养附加了量化方法技能的法律人才,也不是将计算科学与法学知识的简单叠加,而是要专门培养具有计算法学思维的计算法学人才。那么,为什么要培养计算法学思维而不是只传授计算法学方法?这要从计量法学教育时代说起。1949 年美国法学家、律师洛文杰(Lee Loevinger)在《明尼苏达法律评论》(Minnesota Law Review)上发表了《法律计量学:下一个前进步骤》(Jurimetric—The Next Step Forward)一文,提出了要用概率统计方法测量证人、法官和立法者的行为[②]。计量法学的研究对象是具有数量变化关系的法律现象。具有数量变化关系的法律现象在实践中的理解有两类[③]:一类是直接在法律中体现出来的数量现象;另一类是需要从大样本数量变化的现象中抽象出数理关系的法律现象。计量法学的内容主要围绕判决预测和制度评价展开,是一种区别于价值分析方法和规范分析方法的定量实证研究[④]。由此可见,计量法学深受西方法学界行为主义浪潮的影响,它与传统法学之争的本质是方法论之争,培养计量法学人才的实质是培养量化研究的

---

① 参见乔宝杰:《论高校法学人才培养模式的改革与创新》,载《中国高等教育》2011 年第 Z3 期。
② Lee Loevinger. Jurimetrics—The Next Step Forward. Minnesota Law Review, Vol.33(April,1949), pp.455.
③ 参见屈茂辉、张杰:《计量法学本体问题研究》,载《法学杂志》2010 年第 1 期。
④ 参见屈茂辉、匡凯:《计量法学的学科发展史研究——兼论我国法学定量研究的着力点》,载《求是学刊》2014 年第 5 期。

方法与技能。而计算法学所涉及的"计算",不仅仅是分析特定法律问题所需的一种数学、统计学以及计算机的定量分析工具,计算法学的核心问题是利用计算方法将法学问题转化为可计算的问题,这就需要融合计算科学和法学两种不同的思维系统和话语体系①。

不具有计算思维的人难以意识到怎样的法学问题是可计算的问题,没有法学思维的人也提不出有法学研究意义的、可计算的问题。只有将计算思维纳入法学思维中去,才可能真正理解并掌握计算法学所要面对的问题。计算法学思维是能够利用计算机数据处理分析方法在特定主题的法律大数据中揭示变量之间隐性规律的能力。这种能力培养遵循以下四个基本步骤:①将法学问题形式化为可计算的问题;②选择合适的计算方法;③设计需要的计算功能;④编写程序实现设计的功能②。这是计算思维和法学思维的深度融合,具有独特的复杂性和学术价值,既是学术研究思路也是计算思维形成的过程。

计算法学思维的深度与计算法学知识体系的系统程度息息相关。培养具备计算法学思维的人才需要强有力的知识体系作为支撑,这要求计算法学的知识体系构建不能只停留在知识集成的层面,为了解决计算法学领域内的某个问题,通过法学和计算科学在理论、数据、工具等方面的合作完成一个共享成果,而是要全力以赴地破局法学与计算科学交叉但不融合的现状,要致力于实现法学与计算科学规则要素和技术要素的深度融合,促进新的知识体系形成③。这个知识体系须兼顾系统性与前沿性,既遵循法学的概念与价值、涵盖计算法学的理论与方法,又尊重计算法学作为新兴学科的特性、对前沿知识保持开放态度和相当的敏锐度。

(二)以计算法学学科建设和专业建设完善计算法学人才培养体系

计算法学学科建设、专业建设是计算法学人才培养的基础依托和资源支撑,目前并没有成熟的模式可以遵循,是一个不断探索和不断调整的过程。学科建设不仅围绕资源配置等管理活动的开展,更关乎计算法学专业毕业生在就业范围和就业市场中的被认可程度和竞争力等问题,这是提高对计算法学专业前景信心的关键。一个学科独立的标志是有独立的研究对象、研究领域和研究方法。计算法学是否能走向独立的一级学科还有待未来检验,但是当下将计算法学纳入法学二级学科目录内是有必要且可行的。在明确计算法学的学科地位的基础上,学科管理和人才培养模式的选择要立足计算法学学科的长远规划,而不是以操作性和便利性为先的"本末倒置"。从计算法学学科发展的需求出发配置资源,可以参照其他法学二级学科的设置方式。在综合类大学,计算法学宜设立在法学院,与其他法学二级学科统一管理;对于以二级学科为学院划分标准的政法类大学,则宜设立计算法学学院,与其

---

① 参见辛巧巧:《论人工智能时代的计算法学方法》,载《人民论坛·学术前沿》2020年第18期。
② 邓矜婷、张建悦:《计算法学:作为一种新的法学研究方法》,载《法学》2019年第4期。
③ 参见陈亮:《繁荣人工智能法学——助力人工智能法律法规体系建设》,载《中国高等教育》2020年第2期。

他学院平行管理。权责分明、高效合理的计算法学管理体系是计算法学学历教育体系的有力保障,利于本科教育和研究生教育的顺畅衔接。计算法学要践行以本科教育为基础,开展有水平、综合性的本科教育,发展有质量、专业化的研究生教育,形成本硕博贯通的人才培养体系。

与学科建设息息相关的专业建设是人才培养更直接的需要,决定着人才培养体系的完整度和规范程度。计算法学的专业建设要在正视计算法学研究和计算法学教学关系的基础上,以计算法学的课程建设为抓手,以教材建设为助力,以师资队伍建设为保障,以此促进计算法学专业建设标准的形成。

关于课程体系建设。计算法学课程改革既要注重与传统法学课程的衔接,也要突出计算法学的专业特色,以打破法学与计算科学的学科壁垒、培养复合型计算法学思维为目标,构建有理论基础、方法支撑、实务依托的体系化课程。教育部发布的《法学类教学质量国家标准(2021年版)》中规定法学类专业课程总体上包括理论教学课程和实践教学课程。加强计算法学课程体系建设,一方面要注重理论教学课程体系中的专业课建设,理论教学课程体系包括思想政治理论课、通识课、专业课。其中,计算法学专业课课程体系建设的核心是在"1+10+X"的分类设置模式下对X的探索,X包括但不限于以高等数学、数理统计、语言程序等为代表的基础课程和以计算社会科学概论、计算法学导论、科技伦理、计算法学案例课程等为代表的核心课程。另一方面要发挥计算法学交叉性应用型学科优势,强化实践教学课程体系建设,主要注重设置实验与实践两种类型。实验课程侧重模型推理、预测,实践课程注重与社会需求、应用前沿相结合[①]。

关于教材体系建设。教材是计算法学人才培养尤其是教学内容的重要载体,优质教材是学科专业成熟的重要标志之一。计算法学学科建设要打造凸显学科优势的计算法学教材体系,在新法学构建中深化课程改革并配套推进教材建设。已开设计算法学学历教育的高校更有条件为教材建设提供资金和人员支持,开展教材立项建设。走在学科建设前列的高校要在发展和完善计算法学知识体系上发挥带头作用,整合、归纳、总结已经初步积累的计算法学研究成果,集结研究领域的专家学者共同推动编写一流的计算法学教材,区分适用于本科生教学的基础教材和适用于研究生教学的进阶教材。基础教材涵盖计算法学基本范畴、基本原理、方法论、伦理导引等内容;进阶教材要更加注重对计算法学理论和应用的深化,以及对前沿问题的学术探讨[②]。

关于师资体系建设。计算法学人才培养离不开一支优秀的师资队伍,在当前同时具有

---

① 参见马长山:《数字法学的理论表达》,载《中国法学》2022年第3期。
② 参见张朝霞:《中国法学本科教育的危机:表现、根源、对策》,载《兰州学刊》2008年第12期。

法学和计算科学背景的师资力量缺乏的情况下，整合现有的师资力量、推动多学科学者联合、实现计算科学领域的教师与法学领域的教师深入沟通和有效对话是当务之急。一是建设稳定的教学团队，为计算法学教学提供基本依托。在既具备计算基础又熟知法学知识的教师稀缺的背景下，往往需要跨院系授课。鼓励教师之间的交流、合作和成果共享，培养教师对计算法学教学团队的归属感和信任感。增强团队凝聚力，在课程统筹、集体备课和知识整合上持续下功夫，加快文理交叉、数法交汇、深度融合的计算法学教学团队的形成和发展①。二是加强计算法学教学团队规范建设，建立合理的跨院系合作、跨校合作、校企合作的授课机制，为计算法学教学团队提供良好的制度环境。探索和完善计算法学教学团队在申报、实施、考核等方面的规范，为计算法学教学团队的科学性和可持续发展提供保障。三是加强计算法学人才师资培养。计算法学专业博士生是计算法学教学的主要师资储备，陆续毕业的博士生将会成为经过系统化培养的计算法学专职教师，从而在根本上解决师资不足的问题。在当前专业化、职业化师资严重匮乏的情况下，可以发挥在读研究生的作用，允许有计算法学知识积累和研究基础的研究生尤其是博士研究生参与相关课程论证并承担部分教学任务，这既可以解决"燃眉之急"，也是着眼未来打造优秀师资队伍的有效路径。

另外，随着新科技开发和应用深度进入法律领域，计算法学在法律实务界的应用场域不断拓宽，以"智慧法院""智慧检务"为代表，更多科学化、智能化、系统化的治理方式被纳入国家治理现代化建设和法治建设进程。许多科技公司也在不断挖掘计算技术在法律中的应用可能性和深度。计算法学专业建设是对法律实务界急需计算法学人才的有效回应，也可为与计算相关的立法、司法、执法和守法等法治实践提供理论指导，这无疑有助于增强对计算法学人才未来前景的信心。需要特别说明的是，计算法学随新科技发展、应国家社会需求而生，计算法学人才培养也将随着新时代新科技的不断发展而回应国家社会对人才需求的变化，学界应当联合实务界加快形成共识，积极探索和创造计算法学发展之道，让科技与法律在交互关系中给人类社会带来更大福祉，避免法律与科技交汇中的"算法陷阱"。

（三）以教学内容和教学方式为重点革新计算法学教学体系

人才培养的基础环节在教学，计算法学的教学根本在教学内涵内容的科学建构和教学方式方法革新。计算法学教学在确立计算法学理论基础的同时，不能忽视计算法学伦理的重要性，计算法学教学方式方法变革是整体性变革，与教学内容变化相适应，同时更加强调教学"多中心"形态，重构教与学、理与实的关系。

其一，以计算法学理论教学为基础，培育理论基础扎实的计算法学人才。计算法学理论教学主要涉及两个层面的革新：第一个层面是法学理论的调整，直面大数据和人工智能等

---

① 参见孙晋：《数字时代网络与数据法学课程的教学探索》，载《中国大学教学》2022年第Z1期。

新科技对法律基本概念、方法和价值的挑战;第二个层面是法教义学上的更新,思考如何调整法律以实现对新技术引发社会问题的规制①。第一个层面上计算法学教学设计的重点维度是对计算法学原理的探究,旨在阐释计算法学概念、范畴、原则、价值以及计算法学的形成发展规律。在计算法学学科未臻成熟的阶段,需要综合计算法学相关研究,筛选出计算法学的核心概念、搭建教学基础框架,同时梳理和提炼出计算法学实践中的经验和问题,作为对计算法学理论教学的反馈与充实。第二个层面的教学设计重点是培养学生对计算科学以及相关法律规范的认知力、批判力和创造力,使其实现综合运用伦理、法律、计算工具对相关问题进行有效控制②。这要求除了培养学生的法学素养外,还要重视伦理教育、强化计算法学伦理修养,并且培养学生运用计算科学解决法律问题的能力,使其成为规范计算相关问题的储备人才。

其二,以计算法学方法教学为重点,培养具备计算方法专业能力的计算法学人才。计算法学被认为是传统实证法学的延伸,是计量法学在新材料、新方法兴起后的应用与拓展③。事实上,计算法学在数据和算法上都对传统实证法学有批判的继承和发展。在教学内容上,计算法学与传统实证法学都涉及方法教学,但是传统法学方法的教学无力支撑计算法学的更新。计算法学在数据处理上揭示了更多的可能性,比较计算法学与传统实证法学有助于捕捉计算法学方法的基础逻辑,进而明晰计算方法教学的轮廓。首先,计算法学方法在数据数量和质量上与传统实证法学不同。传统定量方法通过问卷、统计和田野调查等获取经验数据,几乎不涉及全样本大数据。计算法学数据收集来源更广,通过遥感装置、感应器、计算机收集数据或模拟方法获取密集型数据,在计算有一定质量要求的全样本大数据或者大量数据时的优势更为明显④。比如依赖于从诸如购物网站或社交媒体等平台上获取的大数据,法律AI运用深度问答、论证挖掘等技术从法律数据中学习、提取信息等⑤。其次,问题的提出方法不同。法学的分析方法分为规范分析和实然分析,前者以法教义学为代表,后者包含法律实证研究和非实证的法律实然分析⑥。传统实证法学有定性和定量两大研究方法,以"程序、经验、量化"为核心要素⑦。其中定量研究方法在法学领域的应用遵循的是"假设—检验"的统计学表达,初期致力于精准描述和相关性的发现,之后迈向以实验、断点回归、双重差分、工具变量、配对、事件研究法为代表的因果推论方向⑧。计算法学方法不再单纯验证

---

① 参见雷磊:《新科技时代的法学基本范畴:挑战与回应》,载《中国法学》2023年第1期。
② 参见郑智航:《人工智能算法的伦理危机与法律规制》,载《法律科学(西北政法大学学报)》2021年第1期。
③ 参见左卫民:《中国计算法学的未来:审思与前瞻》,载《清华法学》2022年第3期。
④ 参见刘红、胡新和:《数据革命:从数到大数据的历史考察》,载《自然辩证法通讯》2013年第6期。
⑤ 刘蓓:《论AI与法学教育耦合赋能的动因、范式及进路》,载《法学教育研究》2020年第3期。
⑥ 参见张永健、程金华:《法律实证研究的方法坐标》,载《中国法律评论》2018年第6期。
⑦ 参见白建军:《论法律实证分析》,载《中国法学》2000年第4期。
⑧ 参见张永健:《量化法律实证研究的因果革命》,载《中国法律评论》2019年第2期。

相关关系或者因果关系,而是进行更为开放的表达。问题表达的开放性是计算法学方法研究的一大特征,研究者基于研究兴趣或可获得的法律数据确定研究主题,初步评估后再明确变量的设定,继而构建适用计算机技术的开放性问题。因此,问题的表达只是为了更加明确研究思路,而不是框定结果的范围①。最后,分析工具的不同让计算法学对数据处理有传统定量方法触及不到的视野和细节。传统的定量数据分析主要是使用EXCEL、SPSS、STATA等软件,计算法学则需要使用现代数据分析工具,比如以R或PYTHON为代表的编程语言来抓取大量的文本数据,创建交互式的数据可视化等,计算法学对数据的处理、解读和展示比传统的定量分析更加专业化和细致化。

其三,推进教学方法整体性变革,全方位提升复合型计算法学人才的综合能力。计算法学既是理论研究的前沿方向,又具有应用导向和社会需求导向的特征,这敦促计算法学人才培养理念和教学方式方法进行整体性变革,有序创新复合型人才培养模式。一是计算法学教学要正视法律职业的变化,明确法律人在计算中的角色。数字化时代催生出现实空间与网络空间的异质共生与虚实相融,机器和算法大发展驱动法律职业转型,传统的法律职业会被消解以及重构,法律工作场景中程序化和标准化的工作将更多地由机器以及系统完成②。职业转向倒逼计算法学教育转型,教学要在核心业务部分集中发力以培养学生的技术运用能力③。以智能审判系统为例,各个环节都离不开计算法学人才。在研发上要对机器学习以及算法构建的法律专业把关,应用上的案例要经由人工审核和判断,系统的运行、维护、更新和评估等也需要计算法学人才介入④。二是教师的教学任务重点转移,"育人"使命更为突出。教育除了面向外部的"职业功能"外,还有"使人成为人"的内生属性。计算法学教学的育人部分被强化,教师应通过计算法学伦理教育引导学生建立健康的人机关系,启发学生对技术的批判性思考⑤。三是教学过程中的师生关系被重构,教学模式侧重根据知识逻辑和知识体系展开,多中心教学特征将更为显著。传统法学教育课堂主要围绕教师和教材展开,在信息不对称时代,教师是课堂的主导,是知识和经验的主要来源,形成了"以教师为中心"的教学模式。随着信息的不断丰富,"以学生为中心"的教学模式被倡导,旨在发挥学生自主学习的能动性。计算法学教学中,教学的任务更多是对学生计算法学理论与技能的培养,教学方式的选择则围绕教学内容展开,根据知识层次和逻辑及时调整教与学关系,形成以教师为主导和以学生为主体的多中心教学形态。四是应用型教学方式比重增加,"智慧、个性、

---

① 参见嵇红涛:《计算法学方法的运用规则研究》,载《前沿》2022年第5期。
② 参见汪渊智、席斌:《数字化时代民事权利制度的挑战与展望》,载《东南法学》2021年第1期。
③ 参见张海鹏:《智慧法学教育:数字化时代法学教育的革新》,载《法学教育研究》2020年第2期。
④ 参见周江洪:《智能司法的发展与法学教育的未来》,载《中国大学教学》2019年第6期。
⑤ 参见祝智庭、胡姣:《教育数字化转型的实践逻辑与发展机遇》,载《电化教育研究》2022年第1期。

多元"的计算法学教学生态系统将被构建。计算法学人才培养是理与实并重的过程,为课程中的理论知识找到实际运用的案例是教育面临的核心问题①。实验和实践是培养学生学以致用能力的重要方式,这需要为学生提供更多的法律实践、法庭场景及其他应用场域。与此同时,智能法学教育系统的开发改变了传统法学教学生态,虚拟课堂、仿真实训等可以让学生获得沉浸式、情景式学习体验,有效提升学习效果②。借助智能教学系统开展的个性化教学,能够更好地尊重学生的个性、发挥学生的特长,更有利于培养出符合后现代教育观的个性化、多元化的高素质计算法学人才③。

四、结语

未来,随着计算法学研究的逐步深入、人才培养的深度展开,"计算"与"法学"交互融合、相互赋能,计算法学领域的学术交流将更加频繁,在新兴交叉学科中的话语权将得到更大的认可,计算法学学术共同体也将会逐渐壮大,构建更加符合新时代新科技新法治需求、拥有法学专业基础和数据科学应用能力、具备技术伦理和法律职业伦理修养的法治人才培养体系的可能性也将大大提升。计算法学的人才培养无疑是多层次、有秩序的体系创新发展过程,以新文科理念为引领,探索构建计算法学知识体系、学术体系、专业体系、学科体系,在计算法学人才培养路径和模式创建方面做出积极尝试,将人才培养、科学研究和学科建设有机结合起来,是计算法学学科建设和科学发展的必然要求。

---

① [英]艾尔弗雷德·诺思·怀特海:《教育的目的》,杨彦捷译,福建人民出版社2018年版,第5页。
② 罗维鹏、邰占川:《人工智能法治人才培养模式选择》,载《山东社会科学》2020年第11期。
③ 赵雪洁、刘军:《法学教学模式研究》,东北师范大学出版社2018年版,第13页。

数字时代的政府治理：焦虑、机遇与挑战*

程　迈**

摘　要：数字技术的快速发展和成功的商业化运用正推动着人类社会进入数字时代，相应地也改变着政府治理的模式。但是面对这些新技术、新现象与新问题，人们对数字时代的政府治理产生了许多焦虑，尤其是担心歧视现象会加剧、人在政府治理中的主体地位会大大下降、决策过程更加不透明。但这些焦虑许多时候与人们对数字时代的特征认识有限、混淆了科幻与现实有关，属于过度焦虑。实际上，数字时代的到来赋予了完善政府治理的良机，可以更高效地纠正政府治理过程中的错误，更好满足人民的生活需要。与此同时，数字时代的到来也对政府治理提出了许多挑战，尤其是作为参与者的民众的理性化程度更低、传统的政府治理结构在应对挑战方面存在着不确定性。为应对这些挑战，政府治理模式需要重新思考民众参与在政府治理中的作用，正视技术权力与逻辑对既有政府治理模式的影响，并在不损害数字时代发展要求的情况下，实现政府权力与数字技术权力的平衡相处。

关键词：数字时代　政府治理　歧视　理性公民　技术权力

人类社会正在进入数字时代，虽然不同国家的进入程度各不相同，但是数字时代到来的趋势已经非常明显。例如，在党的十九大报告中，涉及"数字"的部分只有两处，即"数字中

---

* 基金项目：江西省社会科学基金重点项目"全过程人民民主在江西的生动实践研究"（项目号：22ZXQH28），江西省高校人文社会科学基金项目"基于ppp模式的民办教育发展研究"（项目号：JY22103）。
** 作者简介：程迈，南昌大学法学院教授。

国"与"数字经济"①,而在二十大报告中,"数字"一词出现了七处,并从数字中国与数字经济,向产业("数字产业")、贸易("数字贸易")、教育("教育数字化")、文化("文化数字化")方面扩展,在使得数字中国的内涵更加丰富的同时,表现为经济社会生活的全方面数字化。

从二十大报告的这些表述中人们可以看到,数字时代的到来将影响人类经济、社会和政治生活的方方面面,相应地会对目前的社会结构、制度乃至治理思想产生全方位的冲击,而且冲击的结果还不确定。这种冲击现象也反映在了人类社会的政府治理制度和过程中。本文接下来的分析将显示,面对这种冲击,人们对当前政府治理的走向产生了许多焦虑。虽然这种焦虑是新旧时代的转换中必然会出现的,也是正常的情绪反应,但是实际上许多此类焦虑是一种过度焦虑。相反,数字时代的到来在许多场合,对政府治理的改善提供了许多机遇。但是与此同时,数字时代的到来,也对传统的政府治理模式在基本思想和治理结构两个维度上都造成了许多挑战。如何有效地应对这些挑战,是要努力调整既有的理论和制度框架以适应新的时代特征,还是要建立一种新的政府治理理论和框架,这些问题可能才是数字时代的政府治理需要认真思考的。

一、数字时代的特征与对政府治理的焦虑

近年来,一系列具有跳跃性突破特征的新技术的广泛运用,标志着人类进入了新的经济和社会发展阶段,即数字时代。这些新技术的运用使得政府治理活动变得更精准、更高效,数字技术先经济、后社会最终到达政府的渗透过程,使得数字时代对政府治理过程的冲击也更加全面。面对这种跳跃式的发展过程,理论研究与实践讨论中产生了一些焦虑情绪,诸如:数字时代的到来是否会造成更严重的歧视现象,使得既有弱势群体的地位更加弱势;在能力强大的数字技术前,人类是否正在失去政府治理过程中的主体地位,成为人工智能和机器的奴隶;复杂精致的数字技术被运用于政府治理场景时,是否会使得政府治理过程更加不透明;等等。

(一)数字时代的基本特征

正如人类从农业时代向工业时代、工业时代向信息时代的转变,都是以一系列具有颠覆性的技术运用为标志一样②,数字时代的到来,也是以一系列数字新技术相互促进的突破发展并获得广泛运用作为标志性特征的,其中尤其包括大数据、高速通信、云计算、区块链、人工智能、元宇宙等技术。

---

① 《习近平在中国共产党第十九次全国代表大会上的报告》,https://china.huanqiu.com/article/9CaKrnKljBv,最后访问日期:2022年10月21日。
② 对数字时代的颠覆性的开创性的讨论,可以参见吴汉东:《人工智能时代的制度安排与法律规制》,载《法律科学(西北政法大学学报)》2017年第5期,第128-136页。

在数字时代,大数据存储与挖掘技术的突破性发展和广泛运用,使得人类对社会生活越来越多的领域,具有了量化分析的可能。高速通信技术的不断突破性的发展,使得人类社会的信息与数据通信的效率大大提升,反过来也使得数据的采集与分析的效率出现了今非昔比的进步。借助高速通信技术的支撑,云计算技术应运而生,使得人们可以突破地理甚至经济资源限制,便利、低成本地利用各种先进的软硬件资源,并共享数据资源。在大数据、高速通信和云计算技术的支撑下,人工智能技术的问题解决能力也获得了突破性的提高,人工智能技术在人类经济社会生活场景中的应用领域也不断被拓广[1]。在高速通信技术的支撑下,互联网的运用开始进入移动互联时代,线上与线下生活的结合越来越紧密。元宇宙的概念应运而生,突破人类社会物理界限的网络世界在人类生活中的意义不断上升[2],甚至有可能相对于线下世界具有更重要的经济和政治意义。

而且数字时代技术的突破性发展具有快速性与不确定性,新技术的产生不仅是原有技术量上的提升,更会是质上的突破。人们目前对于数字时代的未来走向也随之存在着一定的不确定性。2023年以来,针对以ChatGPT为代表的生成式人工智能技术风险的讨论,以及相应的限制措施的出台,也反映出人们对这种不确定性的担忧[3]。技术发展本身的不确定性自然会放大技术运用结果上的不确定性,面对这种双重不确定性,人们产生种种焦虑情绪或许也是一种情有可原的反应。

(二)数字时代政府治理面对的变化压力

政府治理涉及两个治理过程:政府对自身活动的治理与政府对公共事务的治理。政府对自身活动的治理是一个内部治理过程,更多地表现为政府组织内部的上传下达过程。在这一过程中,"效率"和"精确"是两个关键词。如何让来自上级、中央的决策机关的意志得到最迅速、准确的落实,如何让下级机关为上级、中央决策机关提供的信息做到尽可能的准确、及时,这是政府对自身活动的治理中通常会重点关注的两个问题。与此形成一定的对照,政府对公共事务的治理,是一个外部治理的过程,高效、准确地落实决策机关的意志,依然是政府对公共事务治理活动中的重要目标,但是在外部治理活动中,政府与民众时时刻刻在发生各种交互关系[4]。而且在政府对公共事务的治理过程中,政府既会面对作为个人的单个民众,也会面对作为一个群体表现出来的社会中的各种组织,甚至社会本身。如何最有效地收

---

[1] 参见习近平:《不断做强做优做大我国数字经济》,载《求是》2022年第2期,来源http://www.qstheory.cn/dukan/qs/2022-01/15/c_1128261632.htm,最后访问日期:2022年10月11日;梅宏:《大数据与数字经济》,载《求是》2022年第2期,来源http://www.qstheory.cn/dukan/qs/2022-01/16/c_1128261786.htm,最后访问日期:2022年10月11日。
[2] 参见赵精武:《"元宇宙"安全风险的法律规制路径:从假想式规制到过程风险预防》,载《上海大学学报(社会科学版)》2022年第9期,第103-115页。
[3] 参见刘艳红:《生成式人工智能的三大安全风险及法律规制——以ChatGPT为例》,载《东方法学》2023年第4期。
[4] 参见石佑启、杨治坤:《中国政府治理的法治路径》,载《中国社会科学》2018年第1期,第69页。

集民众乃至社会的意愿、如何让民众最大程度地认同政府的决策及其执行活动,这是政府在对公共事务的治理过程中会重点考虑的问题。此时,"参与""包容"将成为政府在治理公共事务时的两个关键词。

无论是内部治理还是外部治理,政府治理的最终目的是满足民众的需求,即人民对美好生活的需求。民众的这种需求又可以表现为两个存在密切联系但是又有所不同的方面:首先,是民众感受到自己被作为主体对待的需求,即政府治理需要兑现让"人民当家作主"的承诺;其次,是满足民众的经济和物质需求,即表现为一种高效能的政府,以实现"人民对美好生活的向往"。这两种需求间存在着一定的互换性,即如果一方面的需求得到了很好的满足,民众会相应地削弱对于另一方面需求的要求。例如,如果一个国家的政府治理效能很高,民众的物质需求得到了充分的满足,那么这个国家的民众对于该国在政府治理过程中实现人民主体地位需求时的一些瑕疵,会表现出更强的容忍度。在实现政府治理的目标、满足民众的需求方面,数字时代的到来一方面可以使得政府治理在各种数字技术手段的帮助下,变得更精准、更高效,但是另一方面,民众的需求期待和社会心理意识,也会随着新时代的到来出现极大的转变。在这两方面因素的此消彼长般的作用下,数字时代的到来对政府治理的冲击是全面而深远的。

数字时代的到来,尤其会使得政府治理更加精确。利用大数据、高速通信技术,决策者可以精准地定位、描绘决策对象及其需求,并利用数据挖掘分析技术,获得更精准、"量身定做"式的决策方案。在大大提高的计算机处理能力的支撑下,决策者可以迅速地收集分析各种背景信息并做出相应的决策,然后再次利用高速通信网络将决策送达执行端,大大提升上传下达的政府内部治理率。

而且数字时代对政府治理过程的冲击,最开始不是作用于政府治理过程本身。数字技术最开始是更多地运用于生产和经济生活中,然后向人们的日常生活渗透,最终到达了政府治理过程中。这是一种典型的从经济基础向上层建筑的渗透过程,数字技术已经在人们的日常生活中获得了广泛的运用和接受后,再被政府以借鉴性的方式拿来使用,形成了一种经济、社会生活向政治生活的合围、倒逼态势。这种数字技术从下至上、从外向内影响政府治理活动的发展变化过程,也使得数字时代对政府治理过程的冲击将更全面也更彻底。这种发展历程背景决定了,政府治理面对数字时代的到来,不存在是否接受数字时代的选项,政府治理更多地需要承认和接受这一时代变动的事实。政府治理目前更多的是需要考虑如何接受这一新时代、融入这一新时代。

(三)数字时代的到来在政府治理中引发的焦虑

时代转换之际,人们总会感触到各种陌生感和不确定性,最终产生一定的焦虑。数字时代的到来也的确正在引发人们的各种焦虑,这些焦虑情绪也渗透进了政府治理过程中,并且主要体现在认为数字时代的到来和数字技术的运用,会加剧政府治理过程中的歧视现象、在复杂的技术体系面前人的主体地位会大大下降、决策过程更加不透明这三个方面。

第一个焦虑针对的问题是,数字时代的到来是否会加剧政府治理过程中的各种歧视现象。当各种数字技术最先在人们的生产和经济生活中被运用时,人们最先从老年人面对的技术鸿沟、大数据"杀熟"这种区别对待行为中,感受到了数字时代的到来对不同社会群体的不同冲击,相应地使得不同群体在数字时代处于不同的有利或者不利地位,结果引发了歧视问题。如果人们认为,当社会弱势群体获得了违反形式平等原则的不利对待时,歧视现象就发生了,那么人们的确会发现,在数字时代到来之前,这些弱势群体因为知识水平和影响力上的局限性,可能已经处于不利地位,进入数字时代后,这些弱势群体的知识水平和影响力的局限性不仅没有获得弥补,反而进一步恶化,结果使得这些弱势群体在数字时代处于更加不利的地位。

而且数字时代之前的歧视现象更多是个别局部现象,有着较快的反馈机制,纠正起来也相对容易。例如,当某个行政机关工作人员总是歧视某类行政相对人时,在面对行政相对人的申诉、复议甚至诉讼活动时,行政机关可以通过内部整改的方式,相对迅速地纠正这些歧视现象。但是进入数字时代后,人工智能、算法决策的运用有可能使得一些歧视行为转变成一种大规模的自动化现象,要找到行政行为的具体做出者的确变得困难起来。在这些潜在的歧视现象影响范围大大扩大的同时,人们却更难纠正这些歧视现象[①]。有许多观点认为,这种大规模的自动化歧视现象,发生在政府治理领域的风险是不容被忽视的,会使得人们对于在数字时代还能生活在一个"人人平等"的国家中失去信心[②]。

第二个焦虑在于数字时代的人类是否会沦落为技术甚至机器的统治对象。有观点认为,在数字时代,人工智能、算法正在取代活生生、有血有肉的人,成为可以决定民众利益和福祉的真正决策者,这使得人类在政府治理过程中,不仅在个体意义上成了技术和机器的被统治对象,更在整体意义上正在失去对自身生活方式的决定权。数字技术在政府治理过程中的广泛运用,也使得技术逻辑正在取代政府治理中原有的各种人文关怀精神。面对冷冰冰的数理逻辑和呆板无情的自动应答程序和机器人,人们很难感受到自己的诉求获得了政府的认真倾听和尊重。再加上数字技术的大规模运用使得一些岗位的自动化程度越来越高,原来在这些岗位上工作的人们正被迫地被机器或算法取代。在大规模的裁员和失业现象中,

---

[①] 对数字时代算法会引发的各种法律风险的详细讨论,可以参见苏宇:《算法规制的谱系》,载《中国法学》2020年第3期,第165-169页。

[②] 对国家治理过程中歧视现象的讨论,可以参见李成:《人工智能歧视的法律治理》,载《中国法学》2021年第2期,第127-147页;马长山:《司法人工智能的重塑效应及其限度》,载《法学研究》2020年第4期,第34页;郭哲:《反思算法权力》,载《法学评论》2020年第6期,第37页

人的地位进一步下降。面对这种种冲击,有观点认为,"实现人的主体地位"[①]、"保护人的尊严"的要求也正在数字时代中的政府治理中落空[②]。

第三种焦虑在于数字技术的运用会使得政府治理过程中决策与执行的透明度进一步下降。面对复杂晦涩的数字技术,不仅普通民众,甚至政府机关的一般工作人员,都无力解释在数字技术加持下做出的决策的具体决策逻辑是什么。更令人沮丧的是,许多数字技术的特点或者说其优势正在于其不确定性,例如数据挖掘、神经网络技术。面对这些本身在不断调整变化的算法和程序,很多时候,技术专家本身也无法解释相应的算法和程序是如何得出眼前的结果的[③]。这使得有观点认为,在数字时代的政府治理活动中,人类在丧失主体地位的同时,会进一步成为技术黑箱的受害者[④]。

二、数字时代的过度焦虑与政府治理获得的机遇

数字时代的这些焦虑并非完全空穴来风,许多现象,例如弱势群体面对的技术鸿沟,也是目前在数字技术获得广泛运用的过程中,技术专家正在努力克服的问题。但是深入的分析将显示,前文提到的这些焦虑,有的是对未来不确定状态的焦虑,人们担心的情况是否会发生,例如人工智能取代人的智能,这些前景还是具有高度的不确定性的。而另一些焦虑,例如歧视现象的加剧,本身不是由数字技术的运用造成的,数字时代的到来只不过是从量上加剧了这些现象。而且数字时代的到来,实际上给解决这些焦虑背后的问题并最终缓解这些焦虑带来了重要机遇。为了分析这些焦虑是如何成为过度焦虑、这些机遇又来自何方,我们可能首先需要对数字时代不是什么,给出一个清晰的描述,以在现实与假想之间划定一个清晰的边界,相应地为严肃的研究活动,打下更坚实的"真问题"基础。

（一）数字时代不是什么

数字时代的产生与发展的根本推动力是数字技术的快速发展,而政府治理的相关问题通常是人文社会科学的研究对象。但是目前对于数字时代到来将对政府治理产生冲击的问题,至少在中文研究领域出现了人文社会科学学者代替技术专家来预判未来发展现象的情况。这种跨学科的判断现象,受限于专业知识背景的不同甚至欠缺,有时难免会使得人文社会科学学者对数字技术乃至数字时代未来发展走向,出现一定的失真判断,例如将科幻文学

---

① 参见刘超群:《数字化时代的政治哲学功能阐释》,载《理论与现代化》2022年第4期,第78页。
② 参见于怀勇、邓若翰:《算法行政:现实挑战与法律应对》,载《行政法学研究》2022年第4期,第104-118页。
③ 参见[美]史蒂芬·卢奇、[美]丹尼·科佩克:《人工智能》(第2版),林赐译,人民邮电出版社2018年版,第228-239页。
④ 参见季卫东:《人工智能时代的法律议论》,载《法学研究》2019年第6期,第33页;李成:《人工智能歧视的法律治理》,载《中国法学》2021年第2期,第138-139页。

作品与真实的科学研究成果混为一谈①。在这种有时过度猜想的背景下,过度焦虑是在所难免的。

实际上,虽然数字时代的到来使得人们的经济与社会生活方式出现了巨大的变化,但是这种变化还远远没有达到科幻文学作品描绘的程度。目前许多数字技术的发展还远远没有达到人们预期的高度,相应对人类生活方式的冲击还谈不上会引发人类的生存危机。

首先,目前人工智能的发展还远远没有达到人的智能的程度,前者的发展还面临着一些无法突破的瓶颈。这些瓶颈的存在是因为目前人类对于人类的思维本身的理解,实际上也还处于早期研究发展阶段,有关人类意识与智慧的许多问题,还没有确定的答案②。在人类自身都没有充分了解自身思维的情况下,称在数字时代,由人类设计的人工智能会取代人的智能,还为时过早。至于一些人类本身都无法解决的问题,例如像电车难题这样的道德哲学难题,期待人工智能能够给出决定性的解决方案,当人们发现人工智能做不到这一点时就批评人工智能没有充分体现人文关怀等等,这种指责可能对于数字技术的发展来说是不公平的。

其次,目前的数字技术还停留在数理逻辑阶段,但是人类社会生活的许多方面是无法完全数理化的,例如有关自主意识、情绪的现象③,大数据技术目前还无法去描绘和表示人类生活中这些非常重要的领域。大数据技术的此类不足,也在本质上限制了数字技术的应用场景。实际上,在对数字技术尤其是人工智能技术的讨论中,人们目前更多的是集中在弱人工智能阶段④,即解决特定问题的人工智能,而不是可以全面模仿人类行为的人工智能。在这种情况下,认为数字时代的到来会使得人类成为人工智能或者机器的"奴隶",在很大程度上是一种过度焦虑的表现。

(二)数字时代的到来为政府治理的完善提供了良机

如果人们能够放下对数字时代到来时的过度焦虑情绪,认真审视数字时代政府治理面对的各种新现象、新发展,人们其实会发现,数字时代的到来同样会为政府治理的完善提供许多宝贵的机遇。

---

① 例如,在中国知网上,对2017年1月1日以来发表的法学类的期刊论文和硕博论文,以"阿西莫夫"作为关键词搜索,一共搜索到378篇论文,许多文献将"阿西莫夫的机器人三定律"当作了严肃的理论研究前提。阿西莫夫的机器人三定律出现在科幻作品中,阿西莫夫以及他的机器人三定律在科幻文学界有着极大的影响。但是在现实中,机器人三定律对目前的数字技术的发展,尤其是在人工智能和机器人技术领域,没有实际指导意义。对阿西莫夫的机器人三定律目前在技术上的不可实现性的讨论,可以参见[英]迈克尔·伍尔德里奇:《人工智能全传》,许舒译,浙江科学技术出版社2021年版,第229页。
② 参见[美]布里奇特·罗宾逊-瑞格勒、[美]格雷戈里·罗宾逊-瑞格勒著:《认知心理学》,凌春秀译,人民邮电出版社2020年版。
③ 参见[英]迈克尔·伍尔德里奇:《人工智能全传》,许舒译,浙江科学技术出版社2021年版。
④ 参见[英]尼尔·林奇:《人工智能时代的设计》,载《景观设计学》2018年第2期,第9页。

前文提及,有观点担心,数字时代的到来会激化政府治理过程中的歧视问题。但是需要注意的是,按照目前的技术水平,机器和算法不会对人主动进行歧视,更不会去主动创造新的歧视现象①,它们甚至无法理解"歧视"一词的含义。目前的算法和人工智能技术,都不会强迫决策或者执行机关做出一定的决策。最终在进行歧视的,还是作为人类的决策者本身。从这一意义上说,数字技术的运用,没有创造出新的歧视来源,只是凸显了目前政府治理过程中既有的歧视问题。例如在美国使用人脸识别技术的过程中,黑人、亚裔与女性的被准确识别度较低,有时会带来对这些少数、弱势群体的不利对待②。但是这些弱势群体在美国的政府治理乃至社会生活中的弱势不利地位久已有之,人脸识别技术的运用并没有创造这些新的歧视形态。

而且在数字时代的政府治理过程中,通过大数据存储、挖掘和利用等方式,以收集整理的数据作为中介③,将原来存在于个别个案中的歧视现象,以更大规模的形式暴露出来④。例如在人脸识别技术使用以前,对黑人、亚裔与女性的歧视活动更多地存在于个案之中。人脸识别技术的运用,使得这些个案中的歧视现象汇集成了制度性的缺陷。这种大规模暴露、将歧视现象显性化的过程,在使得歧视现象被凸显的同时,也赋予了决策者在政府治理过程中更好、更高效、更有针对性地治理歧视现象的机遇。

至于政府治理过程中的技术黑箱问题,需要注意的是,在数字时代到来以前,现代国家政府治理结构中的官僚体系已经发展到了高度发达的程度。对于普通民众来说,面对这高度发达且不透明的官僚科层体系,他们已经很难理解相应决策做出的过程与逻辑,决策黑箱已经存在。数字技术被广泛运用后,决策的过程进一步引入了有时连行政官僚自身都无法理解的算法、模型黑箱,看似增加了黑箱的影响范围。但是需要注意的是,在过去的决策黑箱中,很多时候,决策的不确定、不透明更多地来自个别决策者的主观裁量和密室商议。在数字时代的政府治理过程中,通过各种重视客观量化指标的数字技术的运用,人们有了更客观地描述决策与执行过程的工具。人们虽然有时会不清楚算法黑箱是如何得出相应的结论的,但是可以通过客观量化的数据来分析判断决策过程的输入和输出情况。例如前述人脸识别的例子,普通人可能很难解释人脸识别的技术原理,但是可以清楚地看到人脸识别在实践中真实的影响。此时,主观裁量会更多地受到客观标准的指引,密室中的商议活动也会被数据更精确地标记下来,来自主观裁量与密室商议的不确定性会随之下降。如果决策和执

---

① 参见李成:《人工智能歧视的法律治理》,载《中国法学》2021年第2期,第128页。
② Clare Garvie, Jonathan Frankle. Facial-Recognition Software Might have a Racial Bias Problem. https://www.theatlantic.com/……/the-underlying-bias-of-facial-recognition-systems/476991,最后访问日期:2023年6月1日。
③ 参见丁晓东:《论算法的法律规制》,载《中国社会科学》2020年第12期,第149页。
④ 参见马长山:《司法人工智能的重塑效应及其限度》,《法学研究》2020年第4期,第34页。

行机关真正具有透明化的意愿,数字时代的政府治理黑箱的透明度反而可以大大提高。

更重要的是,数字时代为政府治理的发展和完善提供了宝贵的机遇。现代国家的政府治理过程,在满足人的主体地位需求、实现"人民当家作主地位"时存在着一个前提假设,即普通公民之间具有基本平等的地位,这样才使得人民主权原则内含的"一人一票"原则具有实际意义[1]。但是在政府治理的现实过程中,人们经常看到不同的社会群体因为财富、知识或者社会资源的不同,形成了严重的影响力差别以及随之而来的不平等地位,这种不平等地位的存在,也在不断地损害政府在民众心中的公信力。

数字时代的到来给予了公民之间拉平其影响力差距的良机。云计算和高速通信网络的广泛运用,使得人们获得信息和知识的成本大大下降。在元宇宙中,线下世界的财富和社会资源不再具有必然的影响力,人们在元宇宙中可能会单纯基于对特定观点、看法的支持聚集在没有多少经济和社会资源背景的个人身后。这些都赋予了实现公民之间平等的机遇。

而且在数字时代,无论是决策方案的作出还是执行过程都变得越来越精准[2],当执行活动越来越高效和精确之后,受到政府权力影响的民众对规则执行本身的异议空间会越来越少[3],相应地会更多地关注于规则本身。相对于过去的执行过程,决策过程本身受到的关注度将大大提升。再加上数字时代的各种技术赋予了民众更便利地了解、接触和参与决策过程的途径,这些都使得决策者暴露在了更强的普通民众压力之前,相应地会激励其提升决策的审慎程度,不断改善决策质量,同样更好地兑现让人民当家作主的承诺。

(三)数字时代的到来会让政府可以更好地满足民众物质需求

即使不考虑数字技术的运用可以更好地兑现政府治理中的各种价值承诺、满足民众的主体地位需求、实现人民当家作主的地位,数字时代的到来也可以使得政府更好地满足民众的物质需求。数字技术的运用使得人类的经济和生产效率大大提高,政府即使不直接参与到经济和生产生活中去,只是以守夜人的方式保证社会经济和生产活动的顺利开展,也会使得人们更强烈感受到政府在促进生活水平提高中的作用。至于像中国这种政府对市场介入程度很高的国家,民众在数字时代对于政府进一步推动经济发展中的重要作用,感受就会更加鲜明了。进入数字时代的国家往往不再面临有没有蛋糕分的问题,而是如何分蛋糕的问题。当数字技术的运用进一步提升了"蛋糕"的扩张速度后,这往往会带来民众对政府更高的满意度。

而且数字技术的运用正再次将人们从一些机械重复劳动中解放出来。这种解放过程在工业化时代就发生过,当时的人们同样忧心忡忡地担心各种新技术的运用会造成大规模失

---

[1] 参见王志强:《关于人工智能的政治哲学批判》,载《自然辩证法通讯》2019年第6期,第95页。
[2] 参见庞金友:《人工智能与未来政治的可能样态》,载《探索》2020年第6期,第84页。
[3] 参见陈万球,欧彦宏:《人工智能时代的"政治"概念》,载《湖南师范大学社会科学学报》2022年第1期,第35页。

业的发生,加剧人的异化进程。但是历史演变显示,一时的失业现象很快就消除了,人们看到的是在创造性毁灭①的推动下,新的工作岗位又涌现出来,人类的经济生活水平又上到了一个新台阶。而且这些新涌现的工作,相对于那些被淘汰的岗位,对人的设计、创新、沟通能力往往有着更高的要求,在目前的数字技术在复制人类的独特能力时还存在无法克服的瓶颈的情况下,数字技术的运用会使得"脑机比"更高的工作显得更加重要②。因此数字时代的到来,将使得经济增长中人的因素进一步凸显出来,这反过来也增强了人在经济生活中的主体地位,可以缓解认为在数字时代的政府治理过程中人的主体地位在下降的担忧。

而且以人工智能为代表的数字技术的运用,也促使人们更深入地思考人的智能与机器智能的区别。当技术逻辑开始冲击政府治理过程时,人们也在更深入地分析在政府治理过程中,什么才是政府应当满足的人最深层次的需求,政府在满足民众的需求时最需要关注的核心领域。这些新发展都给了数字时代的政府治理更好地满足民众需求的宝贵机遇。

三、数字时代政府治理面对的挑战

机遇不是现实,数字时代的到来的确为政府治理的改革和完善提供了各种机遇,但是这些机遇还需要人们的认真理解和把握,才能真正转变成促进政府治理完善和发展的条件。例如,当大数据技术使得决策者可以更好地洞悉政府治理过程中各种缺陷、不足时,如果决策者没有坚定的意愿去纠正这些缺陷和不足,听之任之,那么再好的技术手段也不会发挥作用。当问题甚至矛盾已经被数字技术鲜明地暴露出来后却迟迟得不到解决,这会严重削弱民众对政府治理效能的信心。

更重要的是,新时代的到来总会使得旧制度的解释力和适用力面对冲击。如果我们放下对未知技术的过度焦虑,仔细审视数字时代的到来对政府治理造成的影响,在表面焦虑、宝贵机遇的背后,我们还是会看到一些目前的政府治理真正面对的挑战。这些挑战既来自理论层面也来自制度层面,尤其是在旧的制度设计逻辑是否能有效地应对新的经济和社会生活现象、旧的治理结构能否容纳进新的治理任务这两方面。

(一)理性公民假设的落空

数字时代的技术研究,已经不再会讨论欧几里得几何的内容。但是目前在对于政府治理问题的研究中,人们还会经常引用亚里士多德、柏拉图的论述,这说明传统的政府治理逻辑,在经历了人类社会几千年的发展后,表现出了很强的韧性,但是这种韧性在数字时代可能将再一次经受挑战。

---

① 对资本主义社会的"创造性毁灭"现象以及这种现象在鼓励创新、促进经济进步方面的作用的描述,可以参见[美]熊彼特:《资本主义、社会主义与民主》,吴克峰、王方舟、高晓宇译,江苏人民出版社2017年版,第99—104页。
② 参见蔡凌豪等:《设计视角下人工智能的定义、应用及影响》,载《景观设计学》2018年第2期,第57页。

资产阶级革命奠定了现代政府治理的基本思想和框架,其中来自资本主义经济理论的"理性人"思想成了一个核心前提假设①。工人运动和社会主义革命,为政府治理逻辑注入了大量的人文关怀精神,但是没有放弃"理性人"假设的前提。按照这一假设,参与到政府治理过程中的个人被认为是自己利益的最佳判断者。如果事实证明,有某个个体最终出现了判断错误的情况,那么不是个体的决策能力存在着瑕疵,而是这个个体没有获得全面充分的信息。

正是从这种理性人的假设出发,我们看到在目前政府治理理论与制度建设中,"参与"是一个关键词,认为越多的民众参与会带来越优良的政府决策结果。目前的政府治理模式通过选举制度、言论自由等制度,便利和鼓励民众的参与。对民众参与的强调,更从立法领域向行政活动领域扩散,使得民众的参与成为一种全过程的参与②。

但是在数字时代到来以前,受制于通信的不便以及民众意见收集分析时繁重的工作负担,人们看到,民众的参与最终还是借助于各种中介组织,例如政党、利益团体乃至立法机关来完成。民众具有一定自发性、情绪化的参与行为、表述的意见,在通过这些中介组织提炼和综合后,实现了去情绪化、理性化。所以在数字时代到来以前,人们基本上可以认为,政府治理过程中的作为个体的参与者,基本上可以等同于"理性人"。

但是数字时代的到来使得这些中介组织和制度的重要性看起来大大下降了,民众与政府之间的距离被大大拉近。数字技术使得每个人都可以迅速地来到政府面前表达出自己的诉求,数字技术也赋予了政府迅速回应民众这些诉求的可能。而且数字时代的各种新技术和交流方式的发展,走过的是一条先市场、再社会最终来到政府的发展道路。在数字时代,当民众利用数字技术与政府互动时,民众在市场和社会生活中已经形成的行为模式和思维习惯,也将被他们带入与政府的互动过程中。在数字时代的经济活动中,作为消费者的民众期待自己的诉求能够得到迅速的满足,当消费者有任何不如意的时候,就会迅速表达出自己的不满并要求产品和服务的提供方立即回应。这种"不耐烦的顾客"思维也正被带入数字时代的政府治理过程中,像投诉、举报、评比这些最初在经济生活中被广泛使用的激励机制,现在也在政府治理过程中被广泛采用。于是,在数字时代,民众的参与的确是有可能更加便利也更加广泛,但是民众的参与程度也更加浅层化、情绪化③,这使得在政府治理过程中做出审慎决策时面对的压力更大。

---

① 对理性人最经典的一个定义,可能来自亚当·斯密:"毫无疑问,每个人生来首先和主要关心自己;而且,因为他比任何其他人都更适合关心自己,所以他如果这样做的话是恰当和正确的。"参见[英]亚当·斯密:《道德情操论》,蒋自强等译,商务印书馆1997年版,第101页。
② 参见王锡锌:《公众参与和行政过程——一个理念和制度分析的框架》,中国民主法制出版社2007年版。
③ 参见张爱军,王芳:《人工智能视域下的深度伪造与政治舆论变异》,载《河海大学学报(哲学社会科学版)》2021年第4期,第34页。

从理性人假设出发,当理性人做出了看似不理性的决定时,人们一般不会认为是理性人的决策能力出了问题,而是理性人没有接触到完整、正确的信息。数字时代是一个信息高速流动传播的时代,在数字时代民众的确可以接触到更多的信息,但是此时民众接触更多信息的结果,却不一定是让民众获得对政府治理事务更全面客观的认识。一方面,基于数据分析与挖掘技术的深度伪造技术的出现和运用,使得缺乏技术背景的民众越来越难识别出假消息;另一方面,哗众取宠或者惊世骇俗的假消息看起来更容易受到普通人的追捧,再加上算法的合谋[①],许多人被包裹在自己充满偏见的信息茧房中。这使得"理性人"的假设进一步落空。

而且更尴尬的是,在政府治理过程中治理假消息现象时,政府面对着自己做自己案件法官的窘境。政府治理过程中的假消息,往往针对的就是政府本身。社会主体缺乏治理这些假消息的手段和权威,最终还是需要政府登场来澄清事实。但是政府的"辟谣"行为很多时候看起来是在为自己辩护,稍有不慎就会引发民众对政府公信力的质疑。这种尴尬使得政府在创建和维护开放公正的信息平台时,将面对着公信力瓶颈缺陷。

于是,面对政府治理现实中越来越少的理性人,越来越多的充满情绪、缺乏耐心的数字人,传统的政府治理逻辑在数字时代正面临越来越大的挑战。

(二)政府治理结构被动摇

在人类历史的发展过程中,自然环境对人类生活的直接影响作用不断下降,人们越来越多地生活在人造环境之中。数字时代的到来正在改造着人类生活的环境,数字时代的技术规则也在改变着人类的社会生活方式[②]。在今天,拒绝或者不会使用社交媒体软件的个人,在经济和社会生活中会面临诸多将严重影响生活品质的障碍。

数字时代的到来也在改变着政府治理的背景环境。更高效、更精准的政府也意味着更强大的政府。数字技术赋予了政府各种更有力的决策和执行工具,至少从理论上说,通过数字技术的运用,政府可以将自己的触角伸向社会生活的方方面面。在万物互联的元宇宙世界中,线上线下世界的联系更加紧密,数据技术也在将过去不可见的各种活动留痕化甚至可视化。在这些技术的助推下,纯粹的私人空间已经很难存在。前文的讨论已经提及,数字时代民众在参与政府治理过程时,相互之间的地位有可能会更加平等。但是在面对政府时,尤其对于单个个人而言,他(们)的地位可能会更加不平等。而这种更明显的不平等地位,可能才是实现民众在政府治理过程中主体地位时最大的挑战。

当然,在传统政府治理模式中,政府与民众之间因为资源、行动能力上的不同同样存在

[①] 参见李龙飞、张国良:《算法时代"信息茧房"效应生成机理与治理路径——基于信息生态理论视角》,载《电子政务》2022年第9期,第51-62页。

[②] 参见任剑涛:《人工智能与"人的政治"的重生》,载《探索》2020年第5期,第58页。

着不平等的地位。为了防止这种不平等地位过于激化,传统的政府治理模式也采取了一些制度预防措施,尤其是权力分工原则,由不同的机关表述出不同的决策取向,以为民众的诉求提供更多的表达空间。但是进入数字时代后,人们看到,不同的政府机关似乎正在服从甚至服务于相同的技术逻辑,数据挖掘分析、人工智能技术的广泛运用,使得决策领域内似乎有可能存在唯一的正确答案。权力分工原则对民众的保护看起来正在失去实质意义[①]。

在政府治理结构自身面对数字时代到来的冲击,相对于民众变得更强大、内部显得更同质化的同时,政府本身看起来又受到了来自社会的新的权力中心的冲击。目前数字技术正在向分布式、去中心化、高共享流通性的方向快速发展,在数字基础设施的建设方面也反映出了这种倾向。在这种技术发展背景下,政府治理的制度结构却还没有发生本质改变,依然采取的是金字塔式的中心化形态。但是进入数字时代后,信息、资源和人员在不同的物理地域边界间的流通程度大大上升。传统的国界概念在线下世界中还具有一定的限制意义,但是在元宇宙世界中不再存在实际意义。传统的政府权力具有鲜明的空间性,离权力中心越近就会越强烈地感受到权力辐射力。数字技术的影响力则突破了空间的限制,与技术掌控主体,例如与大技术公司之间的地理距离,不会对来自技术的影响力甚至权力有实质影响[②]。

这种数字技术权力能够摆脱时空影响也希望能够摆脱时空影响的现实情况,一方面使得新兴数字技术或者掌握重要数据资源的公司正在成为相对独立于主权政府的新权力中心;另一方面,数字时代的政府治理受到数据技术的分布式、去中心化的技术逻辑冲击时,会出现离心力加强的情况。这两方面的冲击,可能才是目前的政府治理模式需要认真应对的问题。

四、展望

数字时代的到来已经不可阻挡。二十大报告中对数字中国从经济、教育、贸易和文化层面的全方位描绘,充分揭示出了数字时代的到来对中国经济、社会乃至政治生活的深入影响。而且数字时代到来的经济—社会—政府的发展路径,使得数字时代的政府治理模式在应对新时代的变化时,具有一定的回应性甚至滞后性,这更使得数字时代对政府治理模式的改变呈现出一定的单向性。

在此过程中,变化了的时代背景也的确决定了旧的政府治理逻辑与制度有可能存在一些应对不足的领域。抛开表面的焦虑情绪,人们会看到,数字时代更便利的民众参与途径对

---

① 有关在刑事诉讼的过程中,智能办案系统有可能会使得公检法机关间强化配合、弱化制约,使得控辩关系更不平等现象的讨论,可以参见李训虎:《刑事司法人工智能的包容性规制》,载《中国社会科学》2021年第2期,第52页。

② 参见郭哲:《反思算法权力》,载《法学评论》2020年第6期,第36页。

政府治理可能会是一柄双刃剑,尤其当民众带着在经济和社会生活中已经养成的"不耐烦"情绪,参与到政府治理过程中来时,"理性人"的假设正在落空,决策者想要做出审慎决策的难度越来越大,腾挪的空间越来越小。近年来,民粹主义运动在西方国家的政治舞台上具有越来越大的话语权,可能也与在数字时代公民理性人假设的落空有关。

在这种情况下,数字时代对于民众的参与可能更需要重视质而不是量。许多国家的政治实践也的确验证了政府治理在满足民众的两种需求时具有互换性。如果政府可以更好地满足民众的经济物质需求,即使在政府治理过程中,在满足民众主体地位需求时存在一定的瑕疵,这对于许多民众来说也还是可以接受的。如果提高决策的质量成了政府治理的首要目的,那么基于质而不是量的参与模式会实际上更具有可取性,即不以参与的规模而是以参与的质量为标准来设计参与制度。此时,人们有理由感到庆幸的是,数字时代的到来也赋予了政府以更高效的治理方式来弥补民众在主体地位感下降方面的可能。

而且数字时代是一个去中心化、强调共享交流的时代,普通民众的生活在数字时代也将日益多元化,突破了国界限制的元宇宙将这种多元化的尺度拉到了整个人类社会的尺度。这在一定程度上意味着政府在民众生活中的中心意义也将下降。当政府活动不再是民众的中心生活时,民众相应地不会表现出强烈的参与需求,而更多地会以结果为导向来评判政府行为的好坏。所以数字时代政府治理不可避免面临的离心倾向,如果善加利用,反而可以成为弥补政府治理腾挪空间不足的因素。

但是需要正视的是,技术权力的兴起对政府治理形成了不可忽视的挑战。在历史中,资本权力的兴起也曾经对政府治理,尤其是政府治理模式中的民主原则形成过类似的挑战。为了应对这种挑战,人类曾经试图通过征收资本,以国有甚至国营资本取代私有资本来解决这一问题。但是历史显示,当资本成了一种重要的生产要素后,政府对资本的过度控制会抑制经济的发展,最终造成资本与政府两败俱伤的局面。所以时至今日,政府的政治权力与资本权力之间能否实现一种微妙的平衡状态,依然是决定一国能否顺利发展的重要背景条件。

基于处理资本权力的历史经验与教训,当在数字时代,技术权力成了一种不可忽视的新权力中心后,人们可能需要更加小心地应对技术权力对政府治理的影响,需要对技术本身的运作逻辑给予充分的尊重,实现政府与技术权力之间互相尊重的新平衡。如果因为面对数字时代的焦虑情绪,而对数字技术的运用采取一刀切的僵死控制态度,那么在不可避免地阻碍技术进步和数字社会发展的同时,也很可能会再次出现反噬政府治理效能,造成技术与政府两败俱伤的局面。

电子化证据鉴真:挑战与应对*

张兴美**

摘 要: 电子化证据是对证据的电子化处理及其结果,作为派生证据,电子化证据的适用会对最佳证据规则造成挑战。电子化证据鉴真是功能等值的发挥最佳证据规则内在价值的程序要求,它通过"端点比对"方法审核法庭上出示的电子化证据与作为其来源的实物证据的相符性,鉴真的结果决定了电子化证据能否准入司法,于在线诉讼中使用。电子化证据鉴真的形式性和前置性特征为法官让渡鉴真职权,实现跨域司法联动的鉴真方式提供了可能。跨域司法联动式电子化证据鉴真既可以保障电子化证据鉴真主体和鉴真结果的正当性,也可以缓解案件审理法官鉴真能力的局限,从而有利于缓和电子化证据适用过程中最佳证据规则与远程庭审之间的价值张力,进而拓展全流程在线诉讼的适用空间。电子化证据鉴真的实现离不开诚信原则、实质化的审前准备程序和一站式诉讼服务平台的保障。

关键词: 在线诉讼 电子化证据 最佳证据规则 鉴真 司法联动

一、问题的提出

信息技术的发展,弱化了传统面对面交往的必要性,带来了交往方式的重大变革。程序作为时代的客观反映,面对此种变革,当然不能置身事外。诉讼如何应对信息技术的投射正

---

* 基金项目:2020年度司法部法治建设与法学理论研究部级科研项目"电子诉讼趋势下电子化证据适用问题研究"(项目号:20SFB3014)。

** 作者简介:张兴美,法学博士,政治学博士后,吉林大学理论法学研究中心研究员,吉林大学法学院副教授。

在成为一项世界性的重要议题。相较于域外多数国家的局部探索①,我国在线诉讼不局限于起诉、文书提交和送达等传递性行为领域,而是涵盖远程庭审在内的全流程建设。时下,无论简易程序抑或普通程序,无论涉网案件抑或非涉网案件,我国正意图实现从起诉与受理、缴费、送达、证据提出到庭审等全诉讼流程在线覆盖和贯穿式应用。然而一旦在线诉讼适用超出了互联网法院范围②,并涵盖庭审程序③,那么电子化证据鉴真问题就会凸显出来。

在全流程在线诉讼过程中,当事人需要将证据材料作电子化处理后提交在线诉讼系统。法庭调查和法庭辩论围绕在线提交的电子化证据远程进行。言词证据尚且可以利用视听技术同步连接远程庭审,进行实时询问和质证,但实物证据在扫描、翻拍或转录过程中会产生时间差和技术差。由于法官和当事人在诉讼进行中不直接接触证据原件,因此在原件与电子件之间就会存在有关真实性的攻击点。例如,原告以银行流水作为与被告资金往来的证据,其将银行流水进行扫描后提交在线诉讼系统。庭审过程中,被告主张原告在扫描过程中,对银行流水做了有利遮挡,不能完整证明双方之间的资金往来关系,需要查验银行流水原件。法官让原告在镜头前展示银行流水原件,但受空间和像素限制,法官和被告仍然无法判断镜头前的银行流水是否为完整的原件。又如,原告以被告签名的借条作为借贷关系成立的证据,其将借条拍照后上传在线诉讼系统。庭审过程中,被告对借条的真实性提出质疑,认为此借条存在伪造嫌疑。法官让原告在镜头前出示该借条的原件,被告认为借条的真实

---

① 例如,美国主要在诉讼文书传递、诉讼费用交纳和案件查阅等辅助领域实现了诉讼的在线化,而庭审程序原则上不采用在线方式;日本的在线诉讼建设也侧重于诉讼文书提交、电子送达、卷宗查阅和裁判文书查询等辅助事项;韩国已具备较为成熟的在线诉讼立法规范和实践经验,涵盖电子起诉、电子提交与接收、电子送达和电子案件管理等,但韩国的电子审判主要是指在庭审中应用电子技术和电子设备,如庭审过程中庭审参与人可以通过电脑、大屏幕查阅诉讼文书和视听资料,这并非实质意义上的远程庭审。参见[日]小林学:《日本民事审判的IT化和AI化》,郝振江译,载《国家检察官学院学报》2019年第3期;段厚省:《远程审判的双重张力》,载《东方法学》2019年第4期;[韩]郑永焕:《韩国电子诉讼现状及完善方向》,方丽妍译,载齐树洁、张勤主编:《东南司法评论(2018年卷)》,厦门大学出版社2018年版,第282-285页。

② 互联网法院审理涉网案件,其主要面对的证据种类是电子数据。电子数据作为以电子形式存在的新型证据,其真实性问题本身就颇受理论界和实务界关注。尽管互联网法院审理案件过程中也会遇到与电子化证据真实性相关的问题,但在互联网法院发展初期,这一问题并不凸显。然而,随着互联网法院的发展和规范在线诉讼工作的推进,互联网法院也开始关注电子化证据真实性问题,例如,《广州互联网法院关于电子数据存储和使用的若干规定(试行)》第十一条规定:"传输至证据平台的电子数据摘要值应当满足以下要求:(一)与原始数据具有唯一对应当性;(二)能够有效表现所载内容。"第十六条规定:"证据平台对当事人或者平台接入方提交的原始文件副本进行加密运算后,取得电子数据摘要值,并与先行存储的电子数据摘要值进行自动比对验证。"第十七条规定:"当事人提交的原始文件副本经证据平台比对一致的,推定该副本在保存过程中未被篡改。"第十八条规定:"证据平台根据当事人提交的存证编号向平台接入方调取原始文件副本,经比对一致的,推定该副本在保存过程中未被篡改。"

③ 我国尚未确立强制性答辩失权、证据失权及证据交换等制度,审前准备程序的独立性未得到充分认识,证据的提出与审核主要在庭审阶段进行。参见齐树洁:《构建我国民事审前程序的思考》,载张卫平:《民事程序法研究》(第五辑),厦门大学出版社2010年版,第3页;毕玉谦:《对我国民事诉讼审前程序与审理程序对接的功能性反思与建构——从比较法的视野看我国〈民事诉讼法〉的修改》,载《比较法研究》2012年第5期。

性状态需要借助查看纸张状况、手摸签名划痕等方式判断,远程庭审因此陷入僵局①。由此可见,如何鉴别远程庭审中运用的电子化证据是否完整、真实地源自当事人所持有的实物证据,是全流程在线诉讼建设需要关注的特殊域。

针对电子化证据真实性问题,我国在线诉讼规则也作了相应考虑,《人民法院在线诉讼规则》第十二条规定,当事人提交的电子化材料,经法院审核通过后,可以直接在诉讼中使用。然而,在不接触证据原件的情况下,法官的审核能力极其有限,其主要审核的是当事人是否以电子化方式提交证据材料,以及在线提交的证据材料是否清晰可识。至于是否存在伪造、变造或截取等情形,由于超出能力范围,法官往往需要借助技术操作来判断。实践中这些技术操作主要包括如下几种:

一是运用区块链存证。区块链是基于互联网,利用分布式存储、数据加密和共识机制等技术实现的新型信任基础设施。这种信任模式具有防篡改、防伪造和可追溯等特点②。目前,我国已肯定了区块链技术在证据领域的应用。然而,区块链本质上是将数据区块以顺序连接的方式组成的去中心化的链式数据库,这种信任机制作用的前提是证据材料要入库,只有数据库内的证据材料才能被验证③。入库前的证据材料的真实性状态仍然是区块链存证应用的盲区。具体而言,区块链技术所能够解决的电子化证据真实性问题主要是直接通过司法区块链④完成电子数据的取证和存证⑤,而对于传统实物证据和经第三方平台取证、存证的电子数据,区块链技术仍然无法有效应对其电子化处理及提交在线诉讼系统之前的真实性质疑。

二是通过邮寄方式验证。例如,杭州互联网法院发布的《杭州互联网法院诉讼平台审理规程》第二十五条第二款规定:"当事人将证据拍照、扫描或电子证据等上传至诉讼平台。涉及实物证据,一般要求当事人在庭审前邮寄给审理法官。在庭审时,在线展示给各方当事人。"然而证据原件对当事人权益而言至关重要,实践中,无论是当事人还是法院对证据原

---

① 感谢熊婕律师和李凯文律师为本文研究提供的实证素材。
② 参见[加]唐塔普斯科特、[加]亚历克斯·塔普斯科特:《区块链革命:比特币底层技术如何改变货币、商业和世界》,凯尔、孙铭、周沁园译,中信出版集团2016年版,第21页;杨保华、陈昌:《区块链原理、设计与应用》,机械工业出版社2017年版,第7页。
③ 参见杨保华、陈昌:《区块链原理、设计与应用》,机械工业出版社2017年版,第9-10页。
④ 司法区块链是利用区块链技术,将法院、公证处、鉴定中心、CA/RA机构连接在一起的联盟链。司法区块链可以应用于电子数据取证、存证、流转和使用等方面,通过完整的结构保障电子数据全流程可信。参见《北京互联网法院"天平链"》,https://tpl.bjinternetcourt.gov.cn/tpl/,最后访问日期:2020年2月4日。
⑤ 笔者关注了一起金融借款案件,该案审理过程中,被告对原告提供的写有被告签名的证据的真实性提出异议,原告通过"电子证据平台"补交了被告签字时的照片,法官借助"电子证据平台"载有的区块链技术完成了该电子证据核验。实际上,区块链技术辅助法官完成的是该图片提交"电子证据平台"之后的可靠性检验,至于提交"电子证据平台"之前该图片是否真实有效,法官需要结合本案其他关联证据予以判断。参见孙兵:《吉林船营区法院:区块链助力电子证据验证》,载《人民法院报》2020年10月13日第4版。

件的流转都颇为谨慎,原则上,当事人在庭审过程中出示证据原件供法庭调查和法庭辩论使用,只在特殊情况时,证据原件才会脱离当事人,并且通常以"手对手"并附加"收据"的方式流转于当事人和法院之间①。为了尽可能防范邮寄过程中的遗失风险,当事人邮寄给法官的证据材料通常是证据材料的复制件。这意味着,法官上传、核对或展示的证据材料仍然以复制件为主。据此,用邮寄方式解决电子化证据真实性困境,可能收效甚微。

三是事后核对原件。面对远程庭审过程中出现的电子化证据真实性质疑,部分法院的做法是,首先明确当事人是否能够提供证据原件,在获得肯定答案的前提下,远程庭审连续进行,庭后法官结合当事人提供的证据原件核对有真实性争议的电子化证据。这是一种倒置的审核方式。虽然这种审核方式保障了庭审的连续性,却有庭审虚化②之嫌,无法解释在未与原件核对的情况下法庭调查和法庭辩论的效力问题。另外,当事人参与远程庭审之后仍然要亲历法院完成电子化证据审核,实则削减了远程庭审所承载的诉讼效益价值,弱化了远程庭审的必要性。

综上,既有的技术操作尚不能满足适用电子化证据的要求,致使电子化证据真实性问题被视为判断远程庭审能否适用的关键。《人民法院在线诉讼规则》第二十一条即规定,需要核对原件、查验原物的案件,不适用远程庭审。尽管出于保障当事人权益的考量,适用远程庭审需要关注电子化证据真实性问题,但是电子化证据真实性问题并非制约远程庭审适用的核心因素,将核对原件、查验原物作为限制远程庭审适用的条件可能会降低全流程在线诉讼的适用空间。电子化证据真实性审核的形式性特点为法官让渡审核权限提供了可能,依托司法联动的电子化证据鉴真可有效应对电子化证据的适用困境,进而促进全流程在线诉讼过程中公正与效率价值的平衡。本文即聚焦从实物证据到电子化证据这一特殊区间,从电子化证据的定位展开,关切电子化证据鉴真问题。

二、为何需要电子化证据鉴真

在信息化社会,互联网生活已经被人们接受和适应。然而虚拟空间只是人们互动的场域之一,依托物理空间的关系往来仍然是时下人们生活的主要面向。在"互联网+审判"的改革背景下,当事人如果想要搭乘在线诉讼,特别是享受远程庭审的便利,难免要将传统的

---

① 《中华人民共和国民事诉讼法》第六十九条规定:"人民法院收到当事人提交的证据材料,应当出具收据,写明证据名称、页数、份数、原件或者复印件以及收到时间等,并由经办人员签名或者盖章。"本条文正是为了应对法院收到当事人提交的证据材料后可能出现的证据材料丢失、更改等情况,出具收据一定程度上可以防止证据丢失、更改或者被抽换,这有利于保障当事人权益和审判工作顺利进行。参见王胜明:《中华人民共和国民事诉讼法释义(最新修正版)》,法律出版社2012年版,第156页。

② 庭审虚化与庭审实质化相对,其反映的是庭审"走过场"现象,有学者将庭审虚化的表现概括为举证的虚化、质证的虚化、认证的虚化和裁判的虚化。参见何家弘:《刑事庭审虚化的实证研究》,载《法学家》2011年第6期。

存在于物理空间的案件事实"痕迹",经过技术转化后以在线方式提交、流传和运用。由此,便会产生一个特殊的区间和证据形态。而对此区间和形态的界定,正是开展电子化证据鉴真问题研究的出发点。

（一）电子化证据的派生性质

在信息技术向证据领域投射的进程中,相较于电子化证据而言,人们给予了电子证据（电子数据）更多关注。对于电子证据的定位,曾有"视听资料说""书证说""物证说""鉴定结论说""独立证据说""混合证据说"等观点之争[①]。随着法律将电子数据作为独立的证据种类之一,"独立证据说"成了电子证据定位的通说,即电子证据,也是电子数据,是基于电子技术生成,以电子形式表现出来的能够证明案件事实的证据[②]。随着在线诉讼建设逐步推进,有观点对电子证据作了新的解读。例如,杭州互联网法院发布的《杭州互联网法院电子证据平台规范（试行）》第四条规定："电子证据:包括电子数据和其他诉讼证据的电子化。"这种观点扩充了电子证据内涵,使其不限于作为独立证据种类的电子数据,还包括对传统证据的电子化处理。而后者正是电子化证据所关注的内容。可见,目前理论界和实务界对上述相关概念的认识存在一定出入。实际上,电子化证据是电子形式的派生证据,不同于作为独立证据种类的电子证据或电子数据。

若想厘清相关概念的关系,需要回归证据的源认识。证据既包含以人能感知的某种形式证明案件事实的证据方法,也包含调查证据方法所取得的认定案件事实的证据资料。证据的种类划分应当建立在证据方法语义之上,即某证据属于何种类的证据应当以原生形式作为判断标准。例如,反映物证的照片,尽管是以照片上所载信息证明案件事实,但其定位是物证复制件;载有证人证言的录像资料,仍归属于证人证言,非视听资料。随着技术的发展,证据的存在形式经历了从人、物质到电子,由直接感知到间接感知的演进。以电子形式证明案件事实的根据就是电子证据。电子证据的表现形式多种多样,如手机短信、微信信息、电子邮件或网页等等。归其根本,电子证据是基于电子技术生成,以数字化形式存储、处理和传输,由虚拟的"0"和"1"构成的数据信息。这种数据信息本身不具有案件事实评价功能。由此而言,电子数据是电子证据的本质,而电子证据是电子数据的法律地位。作为新的证据种类,电子证据是信息技术在实体法应用的结果,它产生于案件事实发生之前或案件事实发生过程中。据此,电子证据的司法适用以原生状态为逻辑起点,需要关注电子证据本身的真实性、关联性和合法性问题。

[①] 参见常怡、王健:《论电子证据的独立性》,载《法学》2004年第3期;刘品新:《论电子证据的定位——基于中国现行证据法律的思辨》,载《法商研究》2002年第4期。

[②] 参见何家弘、刘品新:《证据法学》,法律出版社2019年版,第171页;张卫平:《民事证据法》,法律出版社2017年版,第67页。

在全流程在线诉讼过程中也会存在一类电子形式的证据,它既没有改变证明规则,也没有创设新的证据种类,而是案件事实发生后,诉讼进行过程中产生的电子形式的派生证据。这种证据形态是信息技术作用于诉讼法的结果,其首要目的是衔接和推进全流程在线诉讼。由此,在线诉讼所需要特别关注的电子形式的证据与作为独立证据种类的电子证据相比,两者在定位和功能等方面均不同。因此,不适宜用电子证据概念全然指代两者,电子化证据更契合前者的属性。

所谓电子化证据①,是对证据的电子化处理及其结果,它包括过程和结果两层含义。就过程含义而言,其也可被称为证据电子化,即运用扫描、翻拍或转录等技术对证据存在形态进行电子转化。例如,当事人将纸质合同进行扫描,取得电子形式的合同扫描件过程;当事人对交易的样品进行拍照,取得样品的电子照片过程。被电子转化的证据应当是当事人所能提供的距离案件事实最近的证据,其通常是原始证据,特殊情况下,也可能是传来证据。例如,当事人将由公权力机关保存的档案的复印件进行扫描;在原物灭失的情况下,当事人将原物的照片进行扫描。就结果含义而言,当事人需要将电子转化的结果提交在线诉讼系统,使该证据可以电子形式在诉讼中适用。经过转化、提交等程序,电子化证据不再是证据原生状态,而是复制件,甚至是"二次复制件"。据此,派生状态是电子化证据司法适用的逻辑起点,其派生属性决定了电子化证据能否"准入"司法,应以一致性审核为前提,即法官在适用电子化证据之前应当核对其与原件或原物是否无异。

(二)电子化证据冲击最佳证据规则

作为一种派生证据,电子化证据的适用与最佳证据规则存在着天然的紧张关系。最佳证据规则是基于认识论的一项统领性证据规则,其具有世界普适性②。最佳证据规则的要义是当事人应当向法院提供反映事物本质的最佳证据,当最佳证据存在时,其他证据不被容许。诉讼偏爱原件而非复制件,只有在原件丢失或损毁、原件无法搬运、当事人对原件的复制件无争议、原件由公权力机关或第三方保存等情形,才例外赋予复制件可采性。最佳证据规则的法理基础在于保障证据的真实性与可靠性,防止复制过程中产生的不准确性导致事实认定和裁判的不公③。最佳证据规则主要约束以所载内容证明案件事实的情形。例如,美国《联邦证据规则》第1002条规定,除法律另有规定外,为证明书写品、录制品或者影像的内容,应当提供其原件④。受实质真实传统司法理念的影响,并且基于防止法官证据认定随

---

① 《人民法院在线诉讼规则》将相关研究对象表述为"电子化材料",材料可包括诉讼文书材料、证据材料等,从证据效力角度出发,本文将该研究对象称为电子化证据。
② 参见[美]亚历克斯·斯坦:《证据法的根基》,樊传明、郑飞等译,中国人民大学出版社2018年版,第46-47页。
③ 参见易延友:《最佳证据规则》,载《比较法研究》2011年第6期。
④ 参见王进喜:《美国〈联邦证据规则〉(2011年重塑版)条解》,中国法制出版社2012年版,第336页。

意性的考量,我国进一步扩充和强化了最佳证据规则的适用。根据《最高人民法院关于民事诉讼证据的若干规定》,最佳证据规则既适用于书证、视听资料、电子数据,也适用于物证,即除客观上确有困难,当事人向法院提供的证据原则上应当是原件或者原物。

电子化证据的适用对最佳证据规则及其在我国的实现构成了挑战。电子化证据的生成与定位,意味着在线诉讼的当事人本拥有最佳的证据,却将电子转化后的欠佳证据提交给法院,而向法院提交欠佳的证据并非因为其不可控制的原因,而是为了实现高效、便捷的在线诉讼。据此,电子化证据适用与最佳证据规则之间的冲突,本质上是在线诉讼所承载的诉讼效益价值与最佳证据规则所蕴含的实质真实价值之间的冲突。在公正与效益的关系中,公正处于根本地位。尽管电子化证据承载着诉讼方式现代化转型的战略功能,但在最佳证据规则面前,其应有所抑制。

另外,值得强调的是,电子化证据经历了"人—技术—系统—人"的流转过程,其中每一个因素都可能影响电子化证据的真实性,且电子形式具有可编辑、易伪造、易篡改和难察觉等特点,这进一步加剧了电子化证据的失真风险。风险产生的原因可能是主观的,如当事人将原件的内容进行有利遮盖后,再行扫描,或者当事人对扫描件进行技术修改后,再传至在线诉讼系统;风险的产生原因也可能是客观的,如在电子化处理或上传在线诉讼系统过程中,因为技术本身的原因造成信息的遗漏、丢失。由于远程庭审是非亲历庭审,庭审活动围绕电子化证据进行,法官无法直接接触和审核作为电子化证据来源的最佳证据,这就可能对法官事实认定、心证形成和集中审理造成干扰。故在全流程在线诉讼建设过程中,司法应尤为重视电子化证据真实性问题,并为遵守最佳证据规则作特别的考量,依托电子化证据鉴真,尽可能等值地贯彻和落实最佳证据规则。

三、如何进行电子化证据鉴真

允许电子化证据替代作为其来源的最佳证据直接在法庭调查和法庭辩论中使用,应当有技术安全和诚信原则为支撑。但是技术并非总是可控,电子化证据适用所赖以存在的诚信环境也并非总能在个案中得到满足,频发的不诚信诉讼行为就是我国司法环境的现实例证[①]。诚如上文所述,基于主观或客观的原因,电子化证据失真风险较大。如果证据由双方当事人共同保有,尚且可能在电子化证据适用中实现相互印证、相互制约,而如果证据仅一方当事人享有,那么对方当事人在质证环节首先就会对屏幕前这份电子化证据的真实性提

---

① 近年来,我国虚假诉讼、恶意诉讼等不诚信诉讼行为多发,主要表现为一方当事人恶意实施诉讼行为或者双方当事人恶意串通进行诉讼,以虚构诉讼主体、捏造案件事实、伪造证据、隐瞒证据等具体方式,借用合法的民事诉讼程序,达到侵害国家利益、社会公共利益或者他人合法权益的目的。参见肖建华:《论恶意诉讼及其法律规制》,载《中国人民大学学报》2012年第4期;纪格非:《民事诉讼虚假诉讼治理思路的再思考:基于实证视角的分析与研究》,载《交大法学》2017年第2期。

出质疑,如它是否真实存在,是否完整呈现,是否经过伪造或变造,等等。为了保障当事人合法权益,实现司法公正,法院需要依当事人申请或者依职权核对原件、查验原物,鉴别电子化证据真实性。可以说,电子化证据鉴真是在适用电子化证据过程中保障最佳证据规则内在价值的程序要求,而如何实现电子化证据鉴真则是平衡最佳证据规则和全流程在线诉讼的关键。

（一）电子化证据鉴真的原理

1. 电子化证据鉴真以实物证据为对象

"证据法有一个普遍原则,即必须首先证明有关证据就是提出证据的人所主张的证据,然后才有该证据的可采性问题。"① 这种鉴别证据真实性的方法,被英美法系称为鉴真（Authentication）。而在大陆法系,尽管不使用"鉴真"一词,但证据真实性亦属于需要法官评价的事项,是关涉证据形式证明力的重要内容②。我国民事证据制度也有功能相似的规定。例如,《最高人民法院关于民事诉讼证据的若干规定》第十一条规定,当事人应当向法院提供证据原件或者原物,如不便于提供原件或者原物,可以提供经法院核对无异的复制件或者复制品;第二十一条规定,法院调查收集的书证,可以是原件,也可以是经核对无误的副本或者复制件,是副本或者复制件的,应当在调查笔录中说明来源和取证情况。鉴真的对象主要是实物证据,因为实物证据从收集证据到法庭提出证据,经过了一段时间,其真实性可能生变,法院有必要对实物证据做初步筛查,鉴别法庭出示的实物证据是否为提出证据的当事人所声称的证据,以及证据的真实状态是否发生变化。而言词证据原则上以实时的口头陈述方式呈现于法庭,其通常不存在鉴真问题。即便作为例外,言词证据以书面形式或视听形式提交给法庭,法官也只有在其与其他证据相互印证的情况下,才可能将该种形式的言词证据作为认定案件事实的根据。由此,言词证据的鉴真,是非必要性鉴真,不具有典型性③。

电子化证据鉴真与传统的鉴真在原因和对象方面具有相通性。即由实物证据到电子化证据,其间经历了转化、提交等技术环节,电子化证据存在失真的可能,需要通过鉴真消除合理怀疑。需要特别说明的是,尽管电子证据本身以电子形式存在,无需经过电子化处理,但是电子证据在提交在线诉讼系统过程中会经历再次电子化,形成电子证据的派生状态,因此,电子证据也可能属于电子化证据的来源,电子证据的电子化的真实性就存在争议,就会

---

① ［美］罗纳德·J.艾伦、［美］理查德·B.库恩斯、［美］埃莉诺·斯威夫特:《证据法:文本、问题和案例》,张保生、王进喜、赵滢译,高等教育出版社2006年版,第205页。

② 参见［德］罗森贝克、［德］施瓦布、［德］戈特瓦尔德:《德国民事诉讼法》,李大雪译,中国法制出版社2007年版,第883-887页;［日］新堂幸司:《新民事诉讼法》,林剑锋译,法律出版社2008年版,第448-449页。

③ 参见陈瑞华:《实物证据的鉴真问题》,载《法学研究》2011年第5期。

涉及电子化证据鉴真。例如,杭州互联网法院审理的全国首例区块链存证案件中,原告欲以涉案网页及其所载信息证明被告存在侵害作品信息网络传播权行为。原告通过第三方公司对涉案网页及所载信息进行抓取,获得涉案网页截图,并利用技术获得涉案网页源代码,确认涉案网页归被告所有。第三方公司将涉案网页截图、涉案网页源代码和调用日志等内容计算出哈希值,上传至区块链存证平台,此过程由司法鉴定中心提供说明和技术鉴定。本案审理过程中,法官肯定了区块链技术和存证平台资质,在此基础上,法官围绕如下两个方面开展涉案电子证据真实性审核:一是,电子证据是否真实上传至区块链存证平台;二是,电子证据是否与本案相关[①]。前者,借助哈希值比较所完成的真实性审核,就属于对来源于电子证据的电子化证据的鉴真。

2. 电子化证据鉴真的形式性特征

根据实物证据的不同,传统的鉴真具有两个相对独立的含义:一是载体鉴真,即证明法庭上出示、宣读、播放的物证、书证等实物证据与举证方所声称的实物证据是同一的;二是内容鉴真,即证明法庭上出示、宣读、播放的视听资料、电子证据等实物证据如实记录了实物证据的本来面目,反映了其真实情况[②]。而电子化证据鉴真是以实物证据到电子化证据这个特殊区间为关注对象,无论来源于何种实物证据,转化成电子化证据本身就说明了实物证据的载体已经发生变化,因此,电子化证据鉴真无须再关注载体真实性问题,其仅聚焦内容真实性即可,且电子化证据对内容真实性的鉴别也不是要证明所展示的电子化证据真实地记录了案件事实的情况,而是要证明电子化证据真实反映了作为其来源的实物证据的情况。简言之,电子化证据鉴真不是从载体和内容两方面认定电子化证据与实物证据及案件事实之间的同一性,而是仅从内容方面对电子化证据与作为其来源的实物证据作相符性判断。就这一特点而言,相较于传统的鉴真,电子化证据鉴真可被视为一种"形式性鉴真"。

3. 电子化证据鉴真的"端点比对"方法

传统的鉴真方法主要包括"独特性确认""保管链条的证明""知情人证言"等,法官通常通过审核实物证据来源的可靠性、收集的规范性和保管的完善性来判断该实物证据的真实性。尽管电子化证据鉴真也关注电子化证据的来源、电子化处理的过程及系统保管的结果,但电子化证据鉴真无须依托对整个过程的"链条式"鉴真方法,而是通过电子化证据来源和结果的"端点比对"即可完成电子化证据真实性审核。具体而言,电子化证据鉴真包括两个审核步骤:一是审核作为电子化证据来源的实物证据,判断其是否符合当事人所能提供的距离案件事实最近的实物证据的形式特征;二是比较电子化证据所载信息与作为其来

[①] 参见杭州互联网法院(2018)浙0192民初81号民事判决书。
[②] 参见陈瑞华:《实物证据的鉴真问题》,载《法学研究》2011年第5期。

源的实物证据所载信息,判断两者是否相符。例如,在线诉讼过程中举证方所使用的某个电子化证据来源于当事人之间的纸质借条。当该电子化证据真实性存在争议时,审核主体首先需要结合纸质状态、签字划痕等信息判断该纸质借条在形式上是否符合原件的特征,在纸质借条具备原件形式特征的前提下,比较该电子化证据与纸质借条,审核两者所载信息是否相符。若纸质借条被完整、无误地转化成电子化证据,那么即可认定该电子化证据是真实的。

4. 电子化证据鉴真的司法准入结果

传统的鉴真结果关系到了实物证据是否具备可采性,而电子化证据鉴真的法律结果只关涉电子化证据是否具备司法准入的资格,不影响实物证据本身的可采性。如在上文所举案例中,电子化的纸质借条被鉴别为真实,意味着其可以在远程庭审过程中使用,当事人无须再向法庭提供纸质借条,至于纸质借条本身是否存在篡改信息、伪造签名等情形,不属于电子化证据鉴真要证明的内容。

总体而言,全流程在线诉讼过程中,证据的真实性问题可表现为递进的三个层次(如图1),分别是电子化证据真实性、证据形式真实性①和证据实质真实性②。传统的鉴真是实物证据具备证据能力的先决条件,主要解决实物证据形式真实性问题,而由于鉴别实物证据形式真实性的同时,不免涉及实物证据与案件事实的关联性判断,据此,传统的鉴真也会向实物证据的实质真实性辐射③。而电子化证据鉴真实则向外拓展了鉴真的空间,它是前置于实物证据证据能力和证明力审核的环节。作为纯粹的形式审核,电子化证据鉴真既不涉及实物证据的形式真实性问题,更不涉及实物证据的实质真实性问题,它只是通过相符性判断来决定电子化证据能否替代作为其来源的实物证据在全流程在线诉讼过程中使用,至于鉴别实物证据本身是否真实是接续的鉴真环节,其并非全流程在线诉讼独特的关注域。

(二)电子化证据鉴真的实现方式

在我国,审核和判断证据,是法官职能所在,电子化证据鉴真也应当如此,特别是在当事人双方对电子化证据真实性存在异议或者法院审理案件需要的情况下,法官依职权鉴别电子化证据的真实性尤为必要。然而,远程审理方式降低了法官接触线下实物证据的机会,如果要求本案审理法官通过比对线下的实物证据来完成电子化证据鉴真,无疑会使诉讼方式由线上转入线下,进而阻断了全流程在线诉讼进程。有学者就明确指出,证据审核认定与远程庭审之间存在实践悖论④。诚然如此,但该矛盾并非不可调和。正如上文所述,电子化证

---

① 证据的形式真实,是指证据在形式上是真实的,而不是虚假的、伪造的。证据的形式真实关涉证据能力的判断。
② 证据的实质真实,是指证据在实质上或内容上是真实的。证据的实质真实关涉证据在何种程度证明案件事实,属于证明力的判断范畴。
③ 参见陈瑞华:《实物证据的鉴真问题》,载《法学研究》2011年第5期。
④ 参见南湖法者:《在线庭审的程序价值与亟需解决的问题》,https://mp.weixin.qq.com/s/AohgEob8qE1nqk8olix3fw,最后访问日期:2020年6月10日。

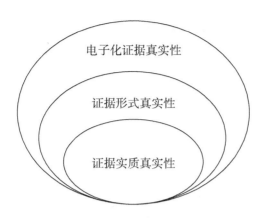

图 1　全流程在线诉讼适用过程中证据真实性层次图

据鉴真是前置的形式审核,其并非证据审核的核心内容,不必完全依赖专业的司法判断,这赋予了法官让渡电子化证据鉴真权力的正当性,而跨域联动的司法趋势可以为该项职权的对接和落实提供思考方向。此外,尽管电子化证据鉴真是形式鉴真,但鉴真的过程不免涉及对证据形态的认知,而鉴真的结果将决定电子化证据能否代替作为其来源的实物证据在全流程在线诉讼过程中发挥证据效力,因此,电子化证据鉴真的实现方式也要兼顾鉴真结果的权威性与公信力。综上,电子化证据鉴真的实现方式存在如下可能:

第一种方式,法院委托举证方所在地的司法鉴定机构鉴真。司法鉴定机构是法官的辅助者,是法官专业技能的延展,它可以协助审理案件的法官对鉴定对象的真实性形成主观认识,但是司法鉴定是为证明服务的特殊的认识活动,主要针对专门的科学技术问题[①]。这意味着,这种鉴真方式不具有普适性,它主要适用于来源于电子证据的电子化证据鉴真,进而完成电子证据取证、存储、传输过程的完整性和可靠性证明。

第二种方式,由举证方所在地的公证机关鉴真。公证机关是法定的公证证明机关,它可以根据有关主体的申请,依法对民事法律行为、有法律意义的事实和文书的真实性予以证明,此功能定位与电子化证据鉴真相契合。根据证明对象的不同,公证机关介入电子化证据鉴真的方式可进一步分为"过程鉴真"和"结果鉴真"。所谓"过程鉴真",是公证机关接受举证方申请,对转化、传递行为具结描述,证明证据的电子化过程是真实的。一方面,这种鉴真方式采用了"链条式"鉴真思维,不如"端点比对"方法便利;另一方面,当事人在实践中鲜少一次性提交涉案的全部电子化证据,且电子化证据鉴真必要与否又通常需要在诉讼进行中结合远程庭审的适用情况判断。因此,即便《人民法院在线诉讼规则》第十三条第(二)项明确肯定了这种鉴真方式,但其应用空间似乎有限。实践中,公证机关的鉴真方式主要为

---

① 参见何家弘、刘品新:《证据法学》,法律出版社2019年版,第189-192页。

"结果鉴真",即举证方所在地的公证机关接受本案审理法院的委托,通过比照电子化证据和实物证据,证明结果意义的电子化证据是真实的。由于公证机关介入鉴真会产生相应费用,其适用伴随"成本—收益"分析。因此,公证机关鉴真虽然可行,但不是电子化证据鉴真实现方式的首选。这种鉴真方式可能主要适用于域外电子化证据鉴真,或者司法内部联动资源有限等情形。

第三种方式,由举证方所在地法院的司法辅助人员鉴真。从委托送达、委托调查取证、委托保全、委托执行到跨域立案,法院系统内的联动日益紧密。在既有经验基础上,由举证方所在地法院的司法辅助人员在开庭审理前鉴别电子化证据的真实性,将是法院跨域协作的又一展现,比较而言,这是比较便捷的电子化证据鉴真方式。例如,在最高人民法院第六巡回法庭审理的一起跨省合同纠纷上诉案件中,当事人向"移动微法院"提交了新的证据,面对此情况,本案审理法官通知当事人携带证据到其所在地法院参加远程庭审,同时委托当地法院安排法官助理配合核对证据原件,从而化解了电子化证据适用难题[①]。

随着全流程在线诉讼进一步发展,也应当意识到由举证方所在地法院协助电子化证据鉴真可能会进一步加剧法院"案多人少"的现实矛盾。根据最高人民法院和司法部联合下发的《关于开展公证参与人民法院司法辅助事务试点工作的通知》和《关于扩大公证参与人民法院司法辅助事务试点工作的通知》,各地法院已纷纷开展公证参与司法辅助事务改革,部分法院还设立了公证司法辅助办公室[②],专门负责衔接送达、调解、保全、取证和执行等司法辅助事务。这种集约化、社会化的改革趋势,为第二种和第三种鉴真方式的结合提供了可能。将电子化证据鉴真涵盖进公证参与司法辅助事务改革的工作范畴,既可以保证鉴真主体的适格性,也缓解了公证机关鉴真成本高和法院配合鉴真资源不足等弊端,可视其为更优化的电子化证据鉴真的实现方式。通过跨域司法内外联动有效对接电子化证据鉴真,延伸了本案审理法官核对原件、查验原物的能力,使核对原件、查验原物不再是制约远程庭审适用的关键因素,既保障了当事人的权益,也拓展了全流程在线诉讼的适用空间。

四、电子化证据鉴真的保障机制

电子化证据鉴真是全流程在线诉讼的关键一环,其既关系到当事人的权益,也关系到司法秩序,为了使电子化证据鉴真规范有序和富有实效地进行,有必要从诚信约束、审前准备和平台建设等方面加强电子化证据鉴真保障机制建设。

[①] 参见历文华、朱建伟:《最高法六巡跨省联动破解在线诉讼证人出庭难题》,载《人民法院报》2020年4月18日第1版。
[②] 参见刘子阳:《公证参与司法辅助事务扩大至全国范围》,https://www.chinacourt.org/article/detail/2019/08/id/4280216.shtml,最后访问日期:2020年12月6日。

（一）强化诚信约束

电子化证据是在实物证据及其适用中附加了电子技术因素和多维空间因素。一方面，这些因素为不诚信诉讼行为提供了空间，增加了电子化证据的失真风险；另一方面，因电子化证据鉴真引发的跨域司法联动、线上与线下诉讼方式转换等操作，增加了不诚信诉讼行为所产生的诉讼成本。因此，应当强化诚信对电子化证据及其适用的约束。在当事人方面，举证方应当审慎对待证据的电子化处理和传输行为，不得向法院提供虚假的或不完整的电子化证据，而相对方应当及时、合理地就电子化证据真实性提出异议，尽可能避免不必要的电子化证据鉴真。在电子化证据适用过程中，若当事人故意违反真实义务和诉讼促进义务，可要求其负担相应的诉讼费用，甚至是对其采取强制措施。在法院方面，法院应完善技术强化在线诉讼平台的存证、固证功能，并在案件审理过程中以真实性为前提适用电子化证据。在其他诉讼参与主体方面，电子化证据适用过程中所涉及的其他诉讼参与主体一般负有公法上的职责，对这类主体的诚信约束以强化职业伦理为核心，如举证方所在地法院的司法辅助人员、公证机关和司法鉴定机构应当配合本案审理法官依法鉴真，并将电子化证据鉴真的结果及时、客观地反馈给本案审理法官和当事人。

（二）发挥审前准备程序的实质功能

审前准备程序是建设"以庭审为中心"的现代民事诉讼程序结构的重要基础[①]，为保障法庭调查、法庭辩论等庭审活动集中、充实和高效进行，法官需要在开庭审理前做好争点整理和证据整理的准备，这正是审前准备程序的实质功能所在。然而，目前我国审前准备活动主要包括诉讼文书送达、权利告知和调查收集证据等程序事项，尚未充分发挥审前准备程序在争点整理和证据固定等方面的实质功能，致使我国庭审程序从审前准备程序所得简化之利益有限。此现实语境下，电子化证据的适用可能会进一步加剧诉讼拖延。由于本案审理法官直接鉴别电子化证据真实性的能力受限，当庭审过程中遇到电子化证据真实性问题时，不待进入实质审理，法官便需要中止庭审，转入线下鉴别这一前置性问题。另言之，在审前准备程序不充分的情况下，电子化证据径直进入庭审程序，不仅可能导致开庭反复，更会使庭审的实现方式反复游走于线上与线下之间。

此外，目前我国庭审程序既可以线下进行，也可以远程进行。一般而言，只有适用远程庭审，才有电子化证据鉴真的必要，随之将可能产生跨域司法联动。那么庭审程序适合以何种方式实现，是否有必要进行电子化证据鉴真，又是否需要触发跨域司法联动，症结在于证据的真实性争议情况及其解决方式。诚如上文所述，电子化证据鉴真不是制约远程庭审适

---

① 参见蔡虹：《审前准备程序的功能、目标及其实现——兼论法院审判管理模式的更新》，载《法商研究》2003年第3期。

用的关键,但电子化证据鉴真的必要性与远程庭审适用密切相关。真正制约远程庭审适用的是作为电子化证据来源的实物证据本身的真实性,而有些实物证据鉴真也可以在电子化证据鉴真基础上得到进一步解决。例如,当事人既质疑来源于录像带的电子化证据真实性,也质疑该录像带本身存在剪辑、伪造等真实性问题,那么受委托负责电子化证据鉴真的主体,可以在鉴别电子化证据为真的情况下,将符合原件形式特征的录像带直接转交符合资质的司法鉴定机构进行实物证据鉴真。概言之,只有双方当事人对关涉本案基本事实的证据的真实性存在争议,且需要法官亲历形成心证的情况才会根本上排除远程庭审适用。若案件存在此种情况,那么前期为适用电子化证据所作的鉴真努力将是徒劳。据此,为了使当事人和法院对适宜的庭审方式形成合理预期,不致因不必要的电子化证据鉴真和庭审方式转换浪费司法资源、造成诉讼乱序,法官应当于审前准备阶段的举证期限和证据交换环节,在双方当事人参与下,结合争议事实来把握证据的真实性争议情况。从这个意义而言,电子化证据适用将倒逼审前准备程序的实质应用。

(三)促进一站式诉讼服务平台建设

电子化证据鉴真有赖于跨域司法联动,而便捷的跨域司法联动需要一站式诉讼服务平台提供技术支持。2019年,最高人民法院发布《关于建设一站式多元解纷机制一站式诉讼服务中心的意见》,将健全立体化诉讼服务渠道、拓展全方位诉讼服务功能、完善集约化诉讼服务机制、完善内外联动的诉讼服务协作机制等作为法院系统的具体工作措施。最高人民法院和司法部联合发布的《关于扩大公证参与人民法院司法辅助事务试点工作的通知》也提出,要大力开展在线对接平台建设,逐步建立相互贯通、共享共有、安全可靠的在线快速查阅通道平台,逐步实现司法辅助工作网上委派,相关法律文书网上传递和有关业务数据互查共享。这些政策性文件为一站式诉讼服务平台建设提供了顶层设计,在此指引下,法院系统从立案环节着手开始了有益尝试。

早期的实践既表明了一站式诉讼服务平台建设具有技术可行性,也为一站式诉讼服务平台应用于电子化证据鉴真奠定了基础。比照跨域立案经验[①],电子化证据鉴真所需要的一站式诉讼服务平台可从如下两方面加强建设:一是完善法院系统内的平台互联共通建设,使本案审理法官和协作的司法辅助人员之间能够就电子化证据鉴真事宜进行有效沟通,电子化证据鉴真申请、待鉴真的电子化证据和电子化证据鉴真结果能够直接、安全且及时地在

---

① 目前,跨域立案服务已经在我国中基层法院实现,跨域立案是指当事人到就近的法院诉讼服务中心提交起诉材料,由该法院作为协作法院代为核对起诉材料,上传电子诉讼系统,并向有管辖权的法院发送跨域立案服务申请。管辖法院收到申请后及时响应,向协作法院作出是否符合受理条件的反馈,再由协作法院告知或送达当事人。参见徐隽:《全国中基层法院全面实现跨域立案服务:七月以来,共提供跨域立案服务逾一万九千件》,载《人民日报》2019年12月26日第11版。

相关诉讼主体间流转,进而保障电子化证据鉴真的便捷性、实效性和安全性;二是完善法院系统外的平台对接建设,使法院与公证机关、司法鉴定机构能够跨域联动,这既可以服务于电子化证据鉴真,也有助于在电子化证据鉴真基础上,深度对接实物证据鉴真,进而最大限度地拓展全流程在线诉讼的适用空间。

五、结论

电子化证据是传递性诉讼行为和交互性诉讼行为线上连接的结点,是全流程在线诉讼建设重要的规制对象。作为派生性证据,电子化证据的适用加剧了最佳证据规则和远程庭审之间的价值张力,需要依托电子化证据鉴真予以缓和。电子化证据鉴真是一种"形式性鉴真",它证明的是电子化证据与作为其来源的实物证据的相符性,关涉的是电子化证据能否准入司法,代替作为其来源的实物证据在远程庭审中使用。然而受空间限制,在线诉讼的法官恐难亲历比对实物证据与电子化证据,其需要凭借辅助方法完成电子化证据鉴真。为此,《人民法院在线诉讼规则》第十三条列举了几种推定电子化证据真实的情形,如对方当事人对电子化证据真实性未提出异议,电子化证据已在之前的诉讼中提交并经法院确认,或证据电子化过程经过公证机构公证等。其中,对电子化证据真实性的自认与印证属电子化证据鉴真的特殊情形,而公证机构对过程意义的电子化证据鉴真的现实语境也相对有限。更为普适的电子化证据鉴真方式是基于电子化证据鉴真的形式性和前置性特点的跨域司法联动式鉴真。这种电子化证据鉴真方式既可以延展本案审理法官鉴别电子化证据真实性的能力,也可以保障电子化证据鉴真主体和鉴真结果的正当性,进而有助于在遵守最佳证据规则的前提下拓展全流程在线诉讼的适用空间。鉴于电子化证据鉴真涉及司法跨域联动和诉讼方式转换,为了使该过程规范、有序进行,尚须从诚信约束、审前准备和一站式诉讼服务平台建设等方面加强电子化证据鉴真保障机制建设。

智慧审判的建构策略与推进路径*

李 鑫**

摘 要: 智慧审判是智慧法院体系的有机组成部分,其关注焦点是如何解决围绕司法审判活动衍生的智能审判辅助、法学知识表达、法律推理路径、司法价值衡量等问题。智慧审判是人工智能在司法领域应用的典型代表,实践中已展开广泛的探索和应用。关于法律推理建模的核心技术路径主要有三种:基于法律逻辑的形式主义推理、基于历史案例的现实主义推理和基于司法大数据的裁判预测。不过,由于司法审判与智能技术仍然存在着司法审判自由裁量权与算法不可解释性之间和社会公众司法公正追求与技术工具理性之间的双重张力,因此必须审慎地从事实之维、规范之维和价值之维三方面指导和评价智慧审判建设。在推进智慧审判建设的实践路径中,数据智能和认知智能应当作为智慧法院建设的两条支柱,并在此基础上分"三步走"构建智慧审判的智能应用场景:首先,要梳理和总结已有建设成果,由零散建设过渡到体系建设,并围绕审判流程的不同阶段继续深化智能辅助成效;其次,应与专门化审判相结合,以实现专业化审判的智能化特色辅助为当前任务;最后,需要区分案件类型确定推理层次,逐步实现部分特定类型案件的智能化裁判。

关键词: 智慧审判 法律推理 数据智能 认知智能 专门化审判 智能化裁判

一、引言:智慧审判的界定

近年来,随着大数据、云计算和人工智能等现代技术的兴起,法院系统并未被动地接受新技术对司法工作的冲击,而是以积极的态度主动迎接新技术给予司法运行的机遇和挑战。

---

* **基金项目:** 国家重点研发计划项目"智慧司法科学理论与司法改革科技支撑技术研究"(项目号:2020YFC0832400);四川省哲学社会科学重点研究基地"系统科学与企业发展研究中心"项目"中国法律人工智能产业发展研究"(项目号:Xq20C04);四川大学法学院"创新2035"文明互鉴与全球治理研究计划法学课题"司法大数据服务社会治理的理论基础与实践路径"(项目号:XD2035law003)。

** **作者简介:** 李鑫,四川大学法学院副教授,四川大学法学院智慧司法研究所所长,主要研究方向:法律人工智能。

2015年是智慧法院建设元年,在正式拉开人民法院进行信息化和智慧化建设序幕的同时,也奠定了智慧法院建设的司法改革方向。在智慧法院建设过程中,人工智能技术在法院领域的应用是全方位、多角度、深层次的,并逐渐形成了由智慧服务、智慧审判、智慧执行和智慧管理共同组成的智慧法院体系①。2017年,最高院和国务院相继发布《最高人民法院关于加快建设智慧法院的意见》和《国务院关于印发新一代人工智能发展规划的通知》两份重要的官方文件,明确指出要促进人工智能在审判领域的应用,推进法院审判体系和审判能力智能化建设。当然,智慧审判并非近些年才出现的新研究领域,伴随着信息技术及人工智能浪潮的几次沉浮,相关话题早已进入司法实践和理论研究者的视野。由于大数据和人工智能等技术在各行各业创造的可观效能,新一波人工智能浪潮也不断推向了司法领域,关于智慧审判的法学理论研究热再次兴起。从现有的研究成果和趋势来看,围绕智慧审判所衍生出的智能审判辅助、法学知识表达、法律推理路径等话题将成为学界持续关注的焦点②。

在讨论智慧审判之前,首先应该明确智慧审判究竟指什么。在与智慧审判相关的理论研究中,有学者称之为司法裁判人工智能化,并将其定义为机器可以代替法官独立作出某些裁判决定③;有学者称之为智慧法官,从人工智能含义和法官含义两个角度认为智慧法官是能够在司法活动中进行感知、推理、学习、沟通等智能化审判的科学技术④;也有学者称之为人工智能裁判,并将其区分为具备明显司法辅助技术特征的弱人工智能裁判与具备自主意识而进行刑事司法语境中案件判决的强人工智能裁判两种样态⑤;等等。智慧审判是现代技术与审判业务的深度融合,其致力于为法官审判案件的庭前、庭审、裁判等各个阶段提供智能化服务。这种智能化服务既包括"智能化辅助",也包括"智能化决策"。前者指的是通过信息技术处理帮助法官进行精准定位,找到一系列可以进行阅读、分析、决策等的案件相关材料或信息供法官研判;后者指的是通过信息技术处理帮助法官进行审判决策,通过算法运算后直接给出相应的结论,供法官采用或者参考。这两种智能化服务方式同属于智慧审判的研究范畴,其区别主要在于应用场景及实现的可能性上。所以,本文关注的智慧审判并不意味着必须完全实现人工智能技术在审判领域的"司法认知"能力——严格的法律推理过程,也不是单纯机械地完成法官下达任务的"司法辅助"能力——精准的信息推荐过程,而是围绕法官审判活动形成的人工智能应用生态圈,并重点聚焦于以下问题:第一,智慧审判的自身发展问题,包括智能化辅助的涵摄范围、智能化决策的可行性、法律推理的技

---

① 参见许建峰:《智慧法院体系工程重要成果与发展前景》,载《人民法院报》2021年5月17日第2版。
② 根据笔者收集的相关研究成果,2017年是智慧审判研究的分水岭,仅2018年的研究成果就已经超过2017年及之前的研究成果总和,这也与2017年国家宏观政策发布的时间相吻合。
③ 参见宋旭光:《论司法裁判的人工智能化及其限度》,载《比较法研究》2020年第5期。
④ 参见黄辰、潘留杰:《人工智能审判的伦理冲突与基本立场》,载《河南工业大学学报(社会科学版)》2020年第4期。
⑤ 参见胡铭、张传玺:《人工智能裁判与审判中心主义的冲突及其消解》,载《东南学术》2020年第1期。

术路线、法律知识的技术表达、案件类型的技术方向等;第二,智慧审判可能导致的司法价值冲突问题,包括智慧审判建设的基本理念、法官自由裁量权的消解、算法模型构建的价值取向、裁判结果的价值衡量等;第三,智慧审判建设的推进思路问题,包括智慧审判的数据智能、智慧审判的认知智能、智慧审判的应用场景等。从当前的研究成果来看,学界和实务界对于人工智能介入审判领域普遍保持积极乐观态度,但对于智慧审判应如何构建和推进尚待进一步研究。缘于此,本文在系统考察智慧法院建设在司法审判领域已进行的司法实践探索基础上,重点探讨智慧审判构建过程中存在的局限因素,并尝试对智慧审判构建的基本理念及推进路径作理论分析。

二、智慧审判的实践场景、应用成效及技术路径

(一)智慧审判的实践场景

根据各级人民法院的智慧法院建设成果,筛选智慧审判领域的典型建设案例形成表1。通过对智慧审判实践场景的典型应用总结分析后,可以看到:第一,智慧审判建设已在全国各地法院展开,并集中于证据分析、案件裁判、电子卷宗、文书生成等主要审判活动;第二,智慧审判已应用于民事、刑事、行政案件,呈现全面建设的趋势;第三,智慧审判通常选取特定案件类型,并未追求在全量案件中展开;第四,智慧审判基本上以提供智能化辅助为目标,罕见全自动司法裁判。

(二)智慧审判的应用成效

在信息技术的帮助下,法院审判工作质效获得了一次又一次的提升。根据信息技术对智慧审判的作用,可以大体分为三个阶段,即技术性支撑的初级应用阶段、替代性辅助的中坚应用阶段和自主性决策的深度应用阶段,每个阶段的信息化成果都对智慧审判产生了革命性的影响。

1. 技术性支撑的初级应用阶段

法律信息检索系统和法律专家系统是智慧审判建设初期的研究成果,其核心功能是借助技术在数据处理方面的优势为法官提供技术支撑,帮助法官在大量的法规、案例或者卷宗材料等司法文件中进行快速检索,将法官从耗时而低效的基础工作中解放出来,从而可以投入更加复杂的推理活动中。这一应用阶段研发的系统功能主要是实现数据的高效检索,尚缺乏相应的推理能力,其定位是为法官提供搭载强大数据库功能的系统,并在进行法律、案例、审判知识等及时更新的同时完成卷宗材料的电子化转变,从而提高法官在审判过程中查找文献、起草文书、信息流转等的效率[①]。由于这一阶段的司法数据积累不足和信息技术发

---

① 参见张保生:《人工智能法律系统的法理学思考》,载《法学评论》2001年第5期。

表 1 智慧审判实践场景的典型应用

应用维度	功能亮点	典型案例
繁简分流	①系统以第一审民商事案件案由、标的和主体为核心,科学设置27个关键要素、基础要素和参考要素;②通过"应用系统算法+人工识别"方式,实现繁简案件自动识别并形成分值,根据分值将案件推送至速裁程序或审判流程管理系统	新疆高院的"繁简案件快速分流系统"
证据审查	①系统通过三维扫描箱、手持扫描仪、无人机等对实物证据进行3D建模,形成高清三维展示模型;②采用区块链加密技术保障数据安全和数据流转	青岛中院的"智能3D证据管理系统"
在线庭审	①当事人和律师可通过电脑端或手机端便捷登录系统进行在线调解、在线庭审等诉讼活动;②律师和当事人可通过平台申请就近使用"5G智慧参审室";③平台内嵌功能齐全、操作便利的证据交换模块	成都中院的"容易诉"电子诉讼平台
案件裁判	①系统以政府信息公开案件为研发案由,可根据案件要素库实现对核心卷宗的要素抽取;②可根据卷宗信息的文本模块化处理实现卷宗信息的智能分析;③可基于案情描述和案件内容解构推送类案	上海高院的"行政案件智能辅助系统"
案件裁判	①系统涵盖23个常见罪名,可智能识别提取犯罪事实和量刑情节;②自动推送关联法条和类案;③自动依据历史量刑数据推荐量刑	海南高院的"量刑规范化智能辅助办案系统"
案件裁判	①系统可在全国公开案件范围内查找特定当事人的关联案件;②根据案情分层级推送相似案例;③通过对待办案件的全卷分析和机器学习为法官推送与待办案件特征点高度相符的法律法规	河北高院的"智能审判辅助系统"
文书生成	①系统可根据原告诉请及其诉请处理情况智能生成裁判说理部分;②根据劳动争议案件法律知识图谱智能生成裁判依据部分;③根据劳动争议案件法律知识图谱生成裁判主文部分	四川高院的"要素式智能审判系统"
电子卷宗	①系统在案件收案立案、审判执行、结案归档等各个环节及时对纸质卷宗进行数字化处理,形成与纸质卷宗一致的电子卷宗;②预先设置庭审身份,实现庭审语音文字转换时自动标注发言人身份,自动生成庭审笔录	苏州中院的"电子卷宗随案同步生成系统"

展缓慢的双重影响,能够为法官审判案件提供的智能化辅助相对有限,但案件审判的信息化程度却在不断更迭,从而为智慧审判建设奠定了良好基础。

2. 替代性辅助的中坚应用阶段

随着司法数据的积累和现代技术的发展,智慧法院建设不再满足法律专家系统提供的基础性支撑,转而寻求更深层次的应用,希望在某些特定场景下,人工智能可以帮助法官完成替代性工作。这一阶段智慧审判的应用建设成果主要作为审判工作的替代性工具,对于法官司法裁判起到辅助功能,比如查询和推送关联案件、推送法规条文及类案信息、辅助生成司法文书、裁判结果预测与量刑参考、智能庭审等[①]。由于司法本身逻辑特性、算法技术瓶颈、高质量标注数据不足等,智慧审判的应用尚处于发展阶段,将为法官提供替代性辅助作为系统研发的核心目标,也是当前的中坚应用阶段。与技术性支撑的初级应用阶段相比,此阶段更重视数据处理和算法建模,试图帮助法官处理更加复杂的任务,比如帮助法官生成司法文书、帮助法官进行卷宗归档、辅助法官进行证据审查等。

3. 自主性决策的深度应用阶段

从整体上看,智慧审判将长期处于替代性辅助的中坚应用阶段,这既受到司法自身特性的影响,也因为当前司法领域技术研究尚未获得足够的重视和突破。但无论是学界还是实务界都在思考人工智能在司法审判中的角色转变,即如何实现从替代性辅助到自主性决策的过渡[②]。在自主性决策的深度应用阶段,人工智能将借助数据和算法完成自主推理过程,而这一过程只需要法官少量的操作,甚至可能不需要法官进行人为干预,因此有研究预言,"计算法律,以及算法裁判,或将成为法律的终极形态"[③]。当然,人工智能的自主性决策,并非意味着必须对整个案件进行自主决策而得出裁判结果,也可能是嵌入审判过程中的某个环节的自主决策。但无论如何,自主性决策阶段都是比技术性支撑阶段和替代性辅助阶段更深层次的应用,只不过进入这一阶段所需的时间或许比人们设想的要久,而且可能无法应用于全量案件中,只能在特定的案件类型中进行应用。

(三)智慧审判的技术路径

在智慧审判构建过程中不可回避的研究议题是如何构建审判领域的人工智能模型。当前智慧审判构建过程中进行法律推理建模的技术路径主要有三种:一是基于法律逻辑的形式主义推理;二是基于历史案例的现实主义推理;三是基于法律大数据的裁判预测。

1. 基于法律逻辑的形式主义推理

在智慧审判构建过程中最初应用的技术路径便是基于法律逻辑的形式主义推理,这也是成文法国家法律推理史上的主流建模路径。该技术路径的本质是将包含法律规则的法条按照演绎推理的方式表达为计算机可以进行识别和执行的模型,其遵循的基本逻辑是司法三段论,即只需要向计算机程序输入一个案情事实,则可根据预先设置的法律规则进行数

---

① 参见胡昌明:《中国法院"智慧审判"的新发展与新展望》,载《山东法官培训学院学报》2019年第4期。
② 参见盛学军、邹越:《智能机器人法官:还有多少可能和不可能》,载《现代法学》2018年第4期;马皑、宋业臻:《人工智能"法官"的一种实现路径及其理论思考》,载《江苏行政学院学报》2019年第2期;[澳]塔妮娅·索丁:《法官V机器人:人工智能与司法裁判》,王惠、李媛译,载《苏州大学学报(法学院)》2020年第4期等。
③ 腾讯研究院等:《人工智能:国家人工智能战略行动抓手》,中国人民大学出版社2017年版,第281页。

据运算、论证、推理和解释,最后给出裁判结果。这种推理路径的典型应用是以要素式审判理论为指导研发的智能化系统,系统按照法律规则推理思路设置了具体性的诉讼请求、对抗性的审理要素、关键性的计算辅助、区分性的裁判说理、靶向性的法律适用、对应性的裁判结果、自动性的文书生成等七大功能,以期实现从案情到结果的推理过程[①]。不过,这种基于法律逻辑的形式主义推理在构建过程中存在着相当大的困难之处,主要原因有:第一,将案情事实分解为要素因子的方式无法避免案件事实复杂和要素颗粒度设置的难题,同一案件事实在不同要素因子拆解下会呈现为不同的表现形态,甚至可能会导致案件事实的偏差;第二,在建立在机械、有限视角下的法律逻辑模型中,这些要素因子对推理出裁判结果所具有的权重系数应该如何进行衡量和定义;第三,根据案件事实设置的事实要素与根据法律规范设置的法律要素应该如何进行关联,并应当按照何种法律逻辑进行推理。

2. 基于历史案例的现实主义推理

在整个法律体系中,具有开放结构术语和概念的法条占据了相当大的比重,这一方面是由人类自然语言的模糊性、社会性、分歧性等本质特征所决定的,另一方面立法者也不可能预测现实中的所有情形并设计出足够详尽的规范。事实上,基于法律逻辑的推理在理论研究和司法实践中都受到了诸多限制和质疑。因此,起源于判例法国家审判传统的一种技术路径逐渐进入研究者视野——基于历史案例的现实主义推理。这种推理方式关注的核心问题是如何建立待决案件与历史案例的相似关系及程度,一旦这种相似关系建立,便可借助历史案例已确定的裁判规则实现待决案件的类案同判,从而达到实现法律人工智能推理的目的。不过与判例法国家的案例推理不同,在成文法国家中这种推理方式通常作为一种补充形式而存在,法官更希望的是从相似的历史案例中获取可以指导审判实践的裁判规则。这种推理路径的典型应用是结合办案场景的类案推送,比如在庭前准备阶段、审理阶段、结案阶段等向法官推送类案[②]。但这种推理方式尚存在两个关键问题未得到充分解决:第一,作为推理基础的历史案例库构建问题。从近几年案例库的建设现状来看,无论是各级法院建设的判例数据库,还是法学研究机构以及其他社会主体建设的判例数据库,都普遍存在高质量判例数据较少、裁判规则提取质量不高、遴选的渠道与机制缺失等问题[③]。第二,作为推理核心的相似案例关联问题。在实现相似案例关联的技术路线上主要包括通过案件事实进行关联、通过争议焦点进行关联和通过法律适用进行关联,无论哪种技术路线都需要实现案例信息的检索和抽取,但从目前已进行的研究进展来看,案例信息抽取和案例相似关联都未

---

① 参见李鑫、王世坤:《要素式审判的理论分析与智能化系统研发》,载《武汉科技大学学报(社会科学版)》2020年第3期。
② 参见陈琨:《类案推送嵌入"智慧法院"办案场景的原理和路径》,载《中国应用法学》2018年第4期。
③ 参见顾培东、李振贤:《当前我国判例运用若干问题的思考》,载《四川大学学报(哲学社会科学版)》2020年第2期。

取得理想的效果①。

3. 基于司法大数据的裁判预测

与建立在演绎推理逻辑上的规则推理技术路径和建立在类比推理逻辑上的案例推理技术路径不同，基于司法大数据的裁判预测是综合运用社会科学、数学、统计学等学科，以海量司法数据蕴含的过往判例信息为基础，对待决案件裁判结果作出的可能性预测。在前两种技术路径下，即使没有足够的司法数据，只要存在明确清晰的规则或有指导意义的案例，就可能得出正确的推理结果。但在基于司法大数据的裁判预测这种技术路径中，具有足够数量的既往案件事实和裁判结果是其进行推测的前提，没有一定规模的司法数据信息很难实现真正意义上的裁判预测②。这种技术路径主要用于刑事案件的量刑建议，如通过裁判文书的文本挖掘和基于神经网络、线性回归方法的量刑预测建模实现对贩卖毒品罪的量刑预测③。但基于司法大数据的裁判预测通常会存在两个典型问题：第一，大数据所具有的客观属性和预测能力在司法审判领域可能受到限制。利用司法数据进行预测之前，首先需要对数据进行主观评价和解释，这一过程无疑会导致数据客观属性的消解。此外，由于案件事实的复杂和法律体系的演变，从法官已判先例中提取可以预测裁判结果的要素时往往会捉襟见肘。第二，裁判预测可能不受控制地朝着非正确的方向愈演愈烈。这好比通过大数据预测顾客的购物喜好或观影偏好，一旦得出预测结果便会向这种结果偏移——哪怕这种结果是错误的，而对于非正确预测结果的纠正却并非简单而有效。

三、智慧审判受制于司法特性与智能技术的双重张力

当智慧审判在理论研究和司法实践中受到广泛关注时，人们越来越认识到理想中的"智慧"与"审判"的叠加效果并不乐观，两者之间可能会产生紧张的内在张力，更深层次的影响是对现有司法体制的冲击。一方面，司法系统运作向智能技术开放引发的直接后果是对法官审判权本身可能存在潜在风险；另一方面，随着智慧审判的应用与深入，司法裁判过程与结果能否在智能技术潜移默化影响下保持公正性亦成为关注的焦点。

（一）司法审判自由裁量权与算法不可解释性之间存在张力

由于法律本身的局限性与社会生活的复杂性，在每一个个案处理中都可以看到法官经验与智慧的运用，在审判活动中充满着法官自由裁量的色彩。法官自由裁量权是"法官根据自己对立法目的和法律原则的理解，在法律规范的框架内，凭借道德良知和审判经验，运

---

① 参见李鑫：《从信息化呈现到体系性构建：判例运用视角下判例检索系统的建设与发展》，载《四川大学学报（哲学社会科学版）》2020年第2期。
② 参见白建军：《法律大数据时代裁判预测的可能与限度》，载《探索与争鸣》2017年第10期。
③ 参见舒洪水：《司法大数据文本挖掘与量刑预测模型的研究》，载《法学》2020年第7期。

用司法逻辑和理性思维,认定案件事实,选择至善的裁决结果,以实现公平正义的价值选择的过程和权力"①。可以看到,法官自由裁量权其实是一把"双刃剑",既可以凭借法官的司法技艺对化解纠纷和实现正义起到积极作用,也可能因为法官职业道德素养差异与自由裁量缺乏操作标准而陷入权力行使不当或被滥用的伦理困境。技术不可解释性源于技术黑箱问题,是信息时代普遍存在的客观现象,但是人工智能算法的不可解释性更具有鲜明的技术特征,这是因为当前智慧司法领域推崇的机器学习、深度学习、神经网络等都为非显式编程。不论算法因为商业秘密而不公开,还是因为技术本身的特性无法公开,都使得人工智能算法的不可解释性成为智慧审判领域不可避免的难题,初看起来是从条件到结果的决策过程无法被解释,实则是因为无法按照法官常规审判方法得出裁判结果,整个司法过程失去了透明性与权威性。

对当事人而言,法官自由裁量权下的自由心证过程与算法黑箱下的数据运算过程都存在不同程度的不可解释性问题,只是法官自由裁量权下的自由心证过程受到同业法官、说理义务、伦理道德、司法责任制等各种形式的制约,而算法黑箱下的数据运算过程往往缺乏相应的制约措施。在简化说理的简单案件中,裁判文书所呈现的法官自由心证过程相对较少,当事人所感受到的两者之间的不可解释性问题差别就较小;只有在需要详细裁判说理的复杂案件中,这种差距才会凸显。而对法官而言,人工智能算法不可解释性对强调法官自由裁量权的司法审判带来的是巨大挑战,这种挑战主要体现在人工智能算法可能不断消解法官的主体性,动摇法官在司法审判中的主体地位。因此,法官对于人工智能算法介入审判领域在很大程度上会保持怀疑和排斥,从而限制智慧审判的应用和发展,"法官们在历史上已经表现出对于那些企图影响他们自由裁量权因素的敏感度,因而也可以推定强加给他们某个电脑决策支持系统的态度"②。

人工智能算法应用会对法官自由裁量权产生两方面的影响。一方面,通过人工智能算法可以在一定程度上限制法官自由裁量权,这符合规制与监督法官自由裁量权的目的,但在算法不可解释性下,这种约束却不容易控制,对法官自由裁量权的限制也无法限缩在某个可控范围内。另一方面,人工智能算法结果可能会对法官内心确认结果造成不当干预。人工智能算法运用历史数据构建模型,通过训练模型而形成决策规律,但这种决策规律在算法不可解释性影响下就变得不易被发现,当决策规律形成偏差而导致"算法歧视"时,就会形成看不见的不正义③。当这种决策结果提供给法官参考时,由于无法知悉结果的运算逻辑,法官会产生内心确认纠结,从而出现裁判偏差。比如法官根据案情事实和量刑情节得出的量

---

① 李叙明:《法官自由裁量权的伦理规制研究》,载《湖南大学学报(社会科学版)》2013年第5期。
② 吴习彧:《司法裁判人工智能化的可能性及问题》,载《浙江社会科学》2017年第4期。
③ 参见魏斌:《司法人工智能融入司法改革的难题与路径》,载《现代法学》2021年第3期。

刑结果为5年,然后人工智能算法通过对本院甚至上级法院的裁判文书自动分析后得出的量刑建议结果为7年,此时就会对法官的心理活动产生重要影响,极可能导致量刑不当。正是由于人工智能算法不可解释性带来的负面影响,因此,如何维持合理限制法官自由裁量权与避免不当干预法官自由裁量权行使之间的平衡,是智慧审判构建过程中不可避免的问题。

(二)社会公众司法公正追求与技术工具理性之间存在张力

与公平正义的永恒论、普遍论相比,公平正义应该是具体的、历史的,不存在脱离具体的公平正义,具体到司法审判中,让人民群众在每一个司法案件中感受到公平正义就是最直接的表达。其中"感受到公平正义"则必然包含程序正义和结果正义两方面,两者之间的复杂联系表现为程序正义保证结果正义的实现,结果正义影响程序正义的感受①。技术工具理性是追求效率优先的技术,与具有逻辑分析、结果预测以及利弊权衡能力的理性思维高度契合,因强调客观性、规范性和可操作性特征而被广泛应用于生活各个方面,但在智慧法院建设的很多领域都显得与司法本性格格不入,而司法审判又是其中最突出的部分②。在传统司法审判运行模式下,法官审判案件是一项综合运用法学知识、审判经验、社会价值等内容的复杂技艺,由此得出的审判结果才能让双方当事人信服并产生定分止争的社会效果,而这正是司法正当性的基础。智慧审判试图运用技术方式达到法学知识积累、审判经验复制、社会价值嵌入的效果,但仍然无法让当事人像信赖法官判案一样信赖技术判案,这不仅仅是因为现有技术无法完全模拟司法运作过程,而更重要的是技术判案并不具备法官判案的外观,无法让当事人在心理上产生认同感并感受到公平正义,社会公众对司法公正的追求与技术工具理性之间的矛盾也就显露出来。

公平与效率的关系是中外哲学、伦理学、法学、经济学等长期争论的焦点,存在公平与效率无关论、效率优先论、公平优先论、公平与效率并重论、公平与效率辩证论、公平与效率统一论等各种观点③。随着研究的深入,学界的更多研究认为公平与效率并非二元对立关系。在智慧审判建设过程中,技术工具理性的客观存在对社会公众司法公正追求不可避免会产生直接影响,但技术工具理性对社会公众司法公正追求的正负关系及影响程度是一个难以进行客观衡量的问题,对效率价值与公正价值的辨析关系也不能只进行公正优先于效率的僵化理解,仍应从几方面进行分析:其一,技术工具理性对于社会公众追求司法公正是有积极意义的,这主要体现在通过借助技术手段发现案件事实、寻求法律适用、生成裁判文书等提高审判效率,以解决"迟到的正义非正义"问题。法律系统应在运作上坚持封闭而在认知上保持开放,上述活动都属于法院系统的认知领域,本身应该保持开放性,外界技术因素介

---

① 参见刘立明:《"感受到公平正义"的法治意蕴》,载《江苏社会科学》2020年第5期。
② 参见徐骏:《智慧法院的法理审思》,载《法学》2017年第3期。
③ 参见孙国华、方林:《公平正义是化解社会矛盾的根本原则》,载《法学杂志》2012年第3期。

入并不会当然破坏法院系统运作上的正当性①。但如果想借助技术手段进行自动判案,而不是只作用于审判的认知领域,以牺牲司法公正为代价提高司法效率,则必然会引起对审判结果的正当性追问。其二,技术工具理性对司法公正的影响在不同案件类型上的作用力是不同的,应结合不同案件类型进行区分,不能一概而论地否定技术工具理性的作用。比如在合同案件中应用技术手段,其核心在于运用技术手段还原案件事实,追求"工具理性"可能不会导致社会公众司法公正追求与技术工具理性的紧张关系;但在婚姻家事案件中应用技术手段,则必须保持高度谨慎,避免过度强调"工具理性"而忽视"价值理性",因为无论是亲属关系处理还是财产分割都具有着强烈的伦理属性,而在运用技术手段时极易被忽略。其三,技术工具理性可能使得"程序正义"流于"形式正义"的趋势进一步扩大。通常而言,基于程序正义原则的要求,司法在审判过程中设置了如管辖权、程序转换、审限、回避等诸多规定来规范程序进行,只要审判程序符合已设置的程序规则就表明当事人感受到了程序正义,但事实往往并非如此。即使审判程序完全按照预先设定的规则进行,当事人仍然会抱怨审判不公正,究其原因,是"程序正义"与"形式正义"被偷换了概念,机械地认为"形式正义"就是"程序正义"。然而根据阿玛蒂亚·森的观点,正常法律程序的实现需要依靠理智,而理智则应包括理性和情感两方面②。与兼具理性和情感的诉讼个体不同,技术工具理性无法像诉讼个体之间那样进行情感交流,过于强调程序规则而忽视了诉讼过程中的情感交流,可能存在追求"形式正义"的风险。

四、智慧审判构建的基本理念

(一)事实之维:人工智能推理介入司法审判的先决条件

传统上对于法律推理的讨论主要聚焦于法律要素层面,并将事实要素归为证据法领域,"但只要法律问题几乎总是取决于对事实的判断,只要事实判断以各种方式受到法律规则和典型推理方式的塑造,那么将事实问题排除于法律推理的主题之外就显得很奇怪"③。无论采取哪种技术路径的法律推理方式,都不可避免地需要对待决案件和已决案件的事实进行事实要素抽取或事实知识图谱构建等预处理,对案件事实处理的好坏直接决定着能否按照预先设计的推理模型实现法律推理。当前智慧审判之所以并未取得良好成效的其中一个关键因素便是案件事实并非总那么容易通过技术手段进行处理并达到想要的案件事实解析效果。换言之,案件事实的可类型化和复杂程度决定着人工智能在司法审判中的应用。判断某类案件是否可以嵌入人工智能时,对该类案件事实是否能够按照机器可以理解的方式

---

① 参见段厚省:《远程审判的双重张力》,载《东方法学》2019年第4期。
② 参见[印]阿玛蒂亚·森:《正义的理念》,王磊、李航译,中国人民大学出版社2013年版,第40页。
③ [美]弗里德里克·肖尔:《像法律人那样思考:法律推理新论》,雷磊译,中国法制出版社2016年版,第225页。

进行描述是必要的审查前提。

类型化案件在案件事实、法律适用等方面存在共性,可以通过审判实践经验对案件事实要素、法律关系、审判要点等方面进行总结归纳,具有简易性、要素化、标准化、参与性、可预见性等审理特征①。从基于法律逻辑的形式主义推理角度而言,类型化案件的案件事实与法律事实具有同质性,只要将案件事实与法律事实进行比照便可以得出结论,使得人工智能介入具有可能。而在基于历史案例的现实主义推理和基于司法大数据的裁判预测两种推理路径下,案件事实清楚、可要素化表示也是对案件拆解、比对、分析的重要前提。不过,类型化案件的案件事实在司法实践中经常因为案件材料未进行电子化、无法进行结构化、要素抽取存在难度等因素而无法准确抽取,使得人工智能应用同样存在着困难。解决该类问题的关键是如何抽取既有卷宗材料中蕴含的事实要素,并通过事实要素构建出案件事实,只要构建出案件事实便可通过其与法律事实的对应关系进行推导。相比之下,非类型化案件的案件事实往往与法律事实存在较大出入,通常无法根据法律事实比照案件事实作简单推理,也无法按照"决策—论证"模式从既有法律规范中寻求可以进行裁判的依据,这种阻却机制使得人工智能在这类案件的应用受到限制②。此时,由于案情的复杂,法官需要进行证据综合审查、案情分析比对、自由裁量权行使等各种审判工作,这一系列过程很难通过人工智能进行模拟,必须法官亲力亲为。

(二)规范之维:司法审判算法模型构建的逻辑着力点

在智慧审判构建中,对算法运行规则设计、法律推理模型构建等起决定性作用的是如何将法律规范进行知识表达,并用于司法运作过程的描述与还原。基于法律逻辑的形式主义推理将法律规范作为大前提,基于历史案例的现实主义推理将法律适用作为判断条件,基于司法大数据的裁判预测将法律规则作为预测规则,可以看到,无论哪种推理路径均需要围绕法律规范形成法律论证范式。法官在审判中需要对个案作出具体评价或裁决时,需要结合案件事实从现有法律框架内寻找与之相匹配的法律规范,从而结合自己的审判经验、审判思维和审判技巧构建一套适用当前案件处理的裁判理由和裁判依据。这是司法审判中法官释法或法律推导的过程,在这过程中需要遵循最佳理解原则:首先应当尊重法律条文,按照成文法条文的字面意思解释法律,不得擅自背离法律条文的字面含义;其次要将成文法条文置于整个法律体系中加以理解,要考虑法律条文之间的关系以及条文背后的意图、目的、价值和精神;最后要基于成文法条文及体系的整体思维作整合性理解,从法律体系中推导出

---

① 参见李晨:《论类型化案件智能审判系统的建构——以J区法院为样本》,载齐树洁、张勤主编:《东南司法评论(2018年卷)》,厦门大学出版社2018年版,第340-341页。

② 参见沈寨:《个案正义视角下司法人工智能的功能与限度》,载《济南大学学报(社会科学版)》2019年第4期。

关于当前案件审理涉及的法律问题的最佳答案[①]。人工智能目前阶段可以将法律条文的字面意思转译为规则,也可以将不同法律规范调整同一法律事实的法律条文构成法律规范组,但解决法律的开放性问题、理解法律条文背后的精神和对法律体系的整合性理解是目前人工智能无法做到的。因此,在设计司法审判算法模型时,必须将这种局限性考虑进去,否则必然引起整个推理过程的底层崩塌。

虽然法律规范在法官裁判活动中的地位不容置疑,但法律规范的不确定性也使得在法律推理过程中的"案件事实—法律规范"的二重结构联结容易出现断层,这就意味着,人工智能在进行法律推理的时候无法准确地在案件事实与法律规范之间建立联系,从而导致法律推理的偏差。为了解决这一问题,一种有效的解决方式是先形成具有严密、确定意义的裁判规则,并通过裁判规则将案件事实与法律规范联结起来,形成"案件事实—裁判规则—法律规范"的三重结构。一方面,裁判规则的提炼场域为个案事实,其目的在于为个案事实提供裁判指引,因此能够与案件事实形成联结;另一方面,以个案事实为基础总结的裁判规则,又需要借助既存的法律规范形成效力,因此能够与法律规范形成联结[②]。目前,最高人民法院发布的公报案例、指导性案例、典型案例等以及各级人民法院编写的审判指导、参阅案例等权威案例,普遍采取这种模式,根据筛选的个案事实形成裁判规则,从而为其他类似案例的裁判提供裁判指引。不过,由于案件数量较少、覆盖面较窄、裁判规则普适性不强等,现有体系下的案例指导制度尚未完全发挥预设的功能与效力,但提供了通过构建裁判规则实现案件事实与法律规范联结的建设思路,其问题转变为如何通过既有的判例库、法规库等形成具有数据多、覆盖性强、普适性高等特征的一般裁判规则[③]。

(三)价值之维:人工智能机械正义的衡量标尺

智慧审判的目标是将人工智能技术嵌入审判活动的方方面面,用数据和算法模拟法官审判过程。对这一过程的价值衡量取决于是否允许借助计算机进行模拟,其核心问题是明确预测结果在法律上和法理上的正当性。正义根据表现形式和实现目的可以分为程序正义和实体正义,智慧审判对程序正义和实体正义均会产生影响。比如,在线庭审改变了传统庭审方式,更大程度上影响的是程序正义,而在量刑建议中,更容易引起质疑的是个案中的实体正义。人工智能通过数据和算法提供的是冰冷的、一般的机械正义,这与法官基于审判经验、内心裁量形成的个案正义存在着本质区别。对于人工智能得出的计算结果,很多学者都在不同程度上表达出了担忧,如:人工智能在提供正义产品时只能提供基本的素材或粗加

[①] 参见王洪:《制定法推理与判例法推理》,中国政法大学出版社2016年版,第197页。
[②] 参见张其山:《司法三段论的结构》,北京大学出版社2010年版,第79页。
[③] 参见李姝卉:《案例指导制度下的一般裁判规则构造》,载《法律方法》2019年第4期。

工的产品,始终不能复制法官智慧的真谛,无法实现实质正义①;算法裁判很难具有源于人的心性和灵性的司法判断潜质,应该对司法人工智能设置禁区,禁止其在某些司法活动中的应用②。价值判断是智慧审判不可回避的问题,各种研究及应用也应该围绕价值判断展开。总体而言,大数据和人工智能的"数据"能力对类型化案件裁判乃至特定个案裁判都可能给出结果预测,并在一定程度上消解法官的知识局限和主观偏见,但正是人工智能技术存在技术瓶颈、不可解释等问题,使得给出的结果预测受到诟病。因此,对于人工智能产生的机械正义,应该建立一套数据和算法的法院标准,明确在智慧审判中的数据应该如何提供、模型应该如何确定、过程应该如何监督、结果应该如何审查等问题。

人工智能算法本身是无能力进行价值判断的,其在智慧审判应用中处涉及价值判断的问题时,主要做法是提取法官或者构建者在这个问题上的价值判断,并以此为基础作出决策。有观点认为,与传统工具相比,人工智能具备某些智力上的学习能力,在特定方面更可能超越人类,在评估技术风险时必须同时将人工智能本身的智力能力纳入考虑范围③。不过,人工智能本身的智力能力归根到底仍然取决于数据及算法等底层内容,因此,算法模型构建过程中的司法价值取向主要受以下几方面因素的影响:第一,基础数据本身蕴含的司法价值取向。裁判文书作为目前进行算法模型构建最重要的底层数据之一,其本身蕴含着法官对案件事实裁判的态度,裁判文书范围的选取其实就是确定司法价值取向的过程。裁判文书的类型、质量、范围都决定着会形成什么样的司法价值,个案的处理便会向着这种司法价值偏移。第二,数据标注规则及标注过程中的司法价值取向。以司法实践中某种人工智能法律知识图谱构建为例,其总体路径为依据要件事实型民事裁判论,将案件认事用法解构为不同层级要素,然后由法律专家进行标注,形成标注数据供算法学习④。这种定义数据标注规则及进行数据标注本身就是进行司法价值取向选择的过程。第三,算法模型取舍衡量时的司法价值取向。例如,分类算法是智慧审判构建过程中应用广泛的一种算法模型,其运行逻辑是先根据预定的数据集或概念集建立一种分类模型,再使用分类模型对新数据进行分类,可以用于证据分类、裁判文书分类、要素分类等。能够实现这一目的的分类算法有决策树、贝叶斯、人工神经网络、K-近邻等,但相同数据通过不同分类方法计算后的结果是不同的,所以结合应用场景筛选算法模型也是选择司法价值取向的过程。

---

① 参见潘庸鲁:《人工智能介入司法领域路径分析》,载《东方法学》2018年第3期。
② 参见黄京平:《刑事司法人工智能的负面清单》,载《探索与争鸣》2017年第10期。
③ 参见陈景辉:《人工智能的法律挑战:应该从哪里开始?》,载《比较法研究》2018年第5期。
④ 参见高翔:《人工智能民事司法应用的法律知识图谱构建——以要件事实型民事裁判论为基础》,载《法制与社会发展(双月刊)》2018年第6期。

五、智慧审判建设的推进路径

智慧审判建设是围绕司法审判工作开展的一系列审判信息化、审判智能化措施,在法官审理案件的全过程中提供不同方面、不同程度、不同方式的智能化服务。一方面,智慧审判建设贯穿审判全流程,涉及立案阶段、庭前阶段、庭审阶段、裁判阶段、结案阶段等;另一方面,智慧审判建设隶属于智慧法院建设,与智慧服务、智慧执行和智慧管理存在密不可分的关系,与智慧服务共享案件审理基本信息、与智慧执行共享案件审判结果信息、与智慧管理共享案件审判过程信息等。图1为智慧审判建设的总体架构,总体而言,应是以数据智能和认知智能为基础支撑,按照案件的审理流程构建智能应用场景,并区分案件类型,提供不同程度的智能化服务。

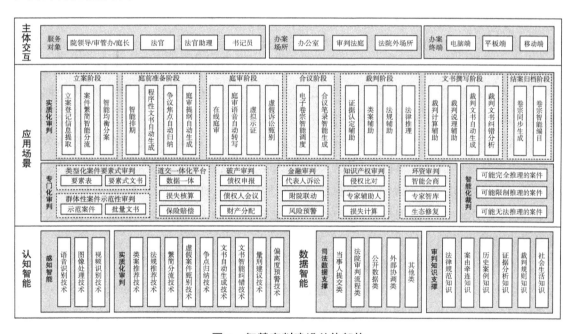

图1 智慧审判建设总体架构

(一)以司法数据和审判知识构建智慧审判中的数据智能

1. 面向智慧审判建设的司法大数据

司法数据是一个宏观概念,在广义上可以泛指一切与司法相关的数据,就概念本身而言,尚未形成统一共识。司法数据的涵摄范围是随着应用场景变化而不断变化的,比如面向法院内部的司法数据与面向社会公众公开的司法数据必然存在差异,面向智慧审判的司法数据与面向智慧执行的司法数据同样存在着不同。本文研究的对象为智慧审判建设,面向智慧审判建设的司法数据主要是指围绕审判工作所形成和需要的数据,包括审判工作过程中产生的审判信息、卷宗材料、法律文书等数据,也包括对审判工作起到支撑作用的历史判例、法律规范、行业标准、金融信息、财产信息等数据。智慧审判建设的前提之一是具备相当规模的司法数据,通过对司法数据的采集、存储、加工和管理,挖掘审判活动与各种数据之间的关联关系,以符合司法审判规律的方式为审判工作提供服务。比如:在对案件进行繁简分流时,就需要从审判数据中获取当事人信息、案由信息、标的信息等;从当事人材料中获取证据信息、诉讼请求、基本事实等;从历史判例数据中获取法律适用信息、类案分流结果信息等。这种对司法数据的运用是一种多维的动态过程。

从数据来源看,面向智慧审判建设的司法数据主要包括以下几类:一是当事人提交类,是当事人在进行诉讼过程中向法院提交的信息生成的数据,比如起诉状文本、证据材料、各种程序申请材料等。二是法院审判流程类,是在法院内部办案过程中随着案件办理流程生成的数据,比如送达文书、庭审笔录、程序变更、审限变更等。三是公开数据类,是相关部门通过一定的行为公开的数据,比如权威案例、历史判例、法律规范、公开公示等。四是外部协调类,是法院在审判案件过程中需要与外部部门协查的相关数据,比如不动产登记信息、鉴定信息、人民调解信息、仲裁信息等。五是其他类,是除上述类型数据外与审判活动相关的数据,比如图书、期刊论文中涉及审判的信息。

从数据形式看,面向智慧审判建设的司法数据既包括通过电子诉讼平台、审判办案系统等产生的案件基本信息等结构化数据,如当事人信息、管辖信息、证据交换信息、送达信息等,也包括随案生成的各种电子诉讼材料等半结构化数据,如起诉状文本、答辩状文本、证据文本、裁判文书等,还包括围绕庭审活动产生的庭审录音录像、图像类证据材料、视频类证据材料等非结构化数据[①]。

2. 面向智慧审判建设的审判知识体系

智慧审判之所以可能,脱离不了围绕案件处理所应具备的各种法学知识的汇聚,对各种法学知识的使用构成了智慧审判建设的底层支撑。司法审判的专业性及权威性,要求智慧审判建设必须具备相当量级的法学知识储备,包含法律规范知识、案由牵连知识、历史案例知识、证据分析知识、裁判规则知识、社会生活知识等在内的各种法学知识。从目前智慧审判建设现状来看,法学知识整合中尚存在两大问题:第一,法学知识的信息化转变问题。这种信息化转变既包括由非结构化知识向结构化知识的转变,也包括由零散性知识向体系化知识的转变。前者如从法律规范中抽取裁判规则、从裁判文书中抽取法官智识、从证据材料中抽取案件要素等,后者如多源法律知识融合、法学知识图谱构建等。当前法学知识信息化转变的广度和深度都未达到智慧审判预设的期望,例如:法学知识库重视法律规范和裁判

---

① 参见孙晓勇:《司法大数据在中国法院的应用与前景展望》,载《中国法学》2021年第4期。

文书的信息化转变,而对风俗习惯、行业知识等其他知识涉及较少;复杂案情无法按照既定法学知识图谱进行刻画。第二,法学知识的信息化呈现问题。法学知识的信息化呈现是根据司法审判场景自由组合的过程,应该是结合司法审判进程进行的动态调整,比如在案件庭审阶段向法官呈现案件证据知识、在案件研判阶段向法官呈现类似案例和法律规范知识等。目前法学知识的信息化呈现在智慧审判应用中已有涉及,但是呈现的精准度和关联性均有不足,如推荐的类似案例范围过宽而仍然需要法官进行大量筛选工作、卷宗材料尚未将多方主体提交的证据进行链条式关联而不能为法官的综合性审查认定提供支撑。

(二)智慧审判建设的技术机理由感知智能到认知智能

1. 围绕司法大数据发展领域感知智能

感知智能是人工智能的初级阶段,主要包括人脸识别、语音识别、图像识别、视频识别等智能化处理技术,意在模拟人类的语言表达、听觉和视觉感知能力[1]。庭审语音自动转写、图像证据识别、卷宗 OCR 识别等都是感知智能技术在智慧审判领域的典型应用场景,目前已经取得了小范围的成功,相比传统的信息技术,其能够大幅度提升审判工作的效率。这种成功主要得益于两方面:一方面,这些感知智能技术隶属于通用技术,在多行业已经经过长期试验和不断完善,具备了相当高的兼容性和成熟度;另一方面,虽然这些感知智能技术在智慧审判领域与其他领域的应用场景不同,但在技术逻辑上并无较大差异,只是技术难度不同[2]。但总体而言,感知智能在智慧审判领域仍未获得普遍运用,其中最重要的原因是感知智能仍然停留在通用技术层面,未针对审判活动研发领域感知智能,这就限制了感知智能在智慧审判复杂场景中的应用。以庭审语音识别转写为例,除语速、口音、语言环境、方言等影响识别效果的共性问题外,"案件基本信息如人名、地名、证据名称等无法以热词形式预先导入进行机器学习,影响转写准确度"[3]。而限制庭审语音识别转写应用的真正原因是单纯的语音转写与书记员的人工记录是存在本质区别的,如果先不考虑语音转写的准确度,单纯的语音转写会将法庭上所有人的对话一字不差地转写成文字,但书记员的人工记录却是有针对性的记录,既保持了对话真意又将与庭审无关的对话过滤掉,以让法官阅读一份完全记录庭审笔录的方式来处理案件是一种低效而错误的方式,反而会加重法官审判案件的负担。感知智能的发展高度依赖大数据,近年来人工智能在语音识别、OCR 识别、图像识别等感知智能场景下取得的成功都离不开大数据技术的支撑,因此,要发展领域感知智能必须立足于司法审判的领域特性,尤其要挖掘审判活动的技术需求,以审判数据为核心突破通用感知智能技术的"瓶颈"。

---

[1] 参见魏斌:《论法律人工智能的法理逻辑》,载《政法论丛》2021年第1期。
[2] 参见左卫民:《从通用化走向专门化:反思中国司法人工智能的运用》,载《法学论坛》2020年第2期。
[3] 朱川、孙咏、玄玉宝等:《庭审语音识别转写系统优益与配套机制研究》,载《人民司法(应用)》2018年第19期。

2. 围绕审判知识体系创设司法认知智能

随着数据积累到一定量级并符合大数据的海量性(Volume)、高速性(Velocity)、多样性(Variety)、价值性(Value)的"4V"特征,借助大数据分析实现知识发现的大数据技术逐渐受到追捧,并以此为基础形成了经验主义认识论。该认识论排除理论预设,以数据分析为前置,相信只要存在足够的数据,就可以从中发现规律并解决问题[①]。这是通用大数据认识论的主要观点,但是随着通用大数据技术在智慧审判建设中的应用,逐渐显现出没有法学知识指导的弊端。通用大数据技术与法律领域的逻辑思维、因果思维、推理思维等方面都存在不兼容之处,导致数据分析后的结果不尽如人意,限制了智慧审判的发展。智慧审判建设的技术机理是从感知智能到认知智能的过程,感知智能的发展依赖于大数据,而认知智能的发展则依赖于知识。因此,应当更新围绕大数据发展认知智能的理论认识,建立围绕知识发展认知智能的理论思维。认知智能是人工智能的高级阶段,模仿的是人类数据理解、知识表达、逻辑推理、自主学习的能力,在智慧审判中的应用场景主要有法律知识表达、法律逻辑推理、法律知识决策等。以量刑建议技术为例,这是一个从案件事实到裁判结果的过程,必须运用人工智能的司法认知能力,即首先需要将历史判例中类案量刑作为学习样本并构建算法模型,在输入案情后通过算法模型计算从而得出判决建议结果。以类案量刑构建算法模型,就必然涉及法律知识图谱、裁判规则表示等审判知识,单纯大数据是无法实现这一目的的。

(三)继续深化人工智能对实质化审判各流程阶段的辅助成效

在智慧法院建设宏观政策及商业机构盈利运营的推动下,智慧审判已经形成了多建设、集应用、广试点的实践格局,但当前的智能化应用仍然是零散和不成体系的,其中很重要的原因之一是没有按照审判流程进行系统化梳理,没有明确各阶段可以提供哪些智能化辅助。基于审判流程的立案、庭前准备、庭审、合议、裁判、文书撰写、结案归档的七个常规审理阶段,智慧审判建设应该以数据智能和认知智能为基础,打造各审理阶段的智能化服务模式,从而为一般性案件的常规审理提供智能辅助。

第一,立案阶段的智能辅助场景。立案登记是案件审判的起始流程,虽然随着电子诉讼的推广,当事人基本信息、诉讼标的信息等都已经实现了电子化,可以通过数据流转的方式同步到办案系统中,辅助立案法官进行立案审查,但仍有相当部分的信息未实现电子化,或者通过线下方式发起诉讼,此时就需要为立案法官提供立案登记信息提取的智能辅助,支持从当事人提交的诉讼材料中提取立案需要的必备信息,从而完成立案登记。案件繁简分流是当前法院满足人民群众多元司法需求、提升司法供给能力的系统性改革举措,要实现案件繁简分流,"不仅需要对人民法院海量案件信息进行分析、提取、标识,还需要对人民法院审

[①] 参见王禄生:《论法律大数据"领域理论"的构建》,载《中国法学》2020年第2期。

理不同案件的法官工作绩效进行量化计算"①。为推进案件繁简分流改革,可以提供案件繁简智能分流和智能均衡分案的智能辅助,先预先设定案件繁简识别规则及分案规则,再根据提取的当前案件信息实现案件的繁简分流及分案。

第二,庭前准备阶段的智能辅助场景。庭前准备阶段的工作大体包括事务性工作和审判性工作。案件排期及程序性文书制作都属于事务性工作,为节省事务性工作时间,可以提供案件智能排期和程序性文书自动生成智能辅助。庭前准备阶段需要完成的审判性工作有争议焦点归纳、撰写庭审提纲等,可以对当事人提交的起诉材料、答辩材料、证据材料进行提取,并结合类似案例中的争议焦点为法官提供争议焦点自动归纳辅助;可以结合案件特征、审查要素、争议焦点等内容为法官提供庭审提纲自动生成辅助。

第三,庭审阶段的智能辅助场景。在线庭审是突破庭审空间障碍和时间障碍的新制度,是实现接近正义目标的有效举措,在线化审判需要一系列措施予以保障,因此需要提供在线庭审辅助,比如通过生物识别验证当事人真实性、通过音视频信号控制证人出庭时间、通过共享屏幕模式完成在线举证质证等。传统庭审记录方式容易受到书记员的记录水平、总结能力、记录速度等因素的影响,庭审语音自动转写辅助具有语音采集和实时转写功能,可以区分诉讼主体身份实现庭审语音同步转化成文字并生成庭审笔录,将书记员们从繁重的庭审记录工作中解放出来,有更多时间和精力从事其他辅助工作。庭审过程中,有些实物证据无法拿到法庭进行真实示证或者案发过程无法还原,仅通过图片、视频等方式可能导致证据失真而影响证据的证明力和证明效力,因此可以通过虚拟示证技术提供示证辅助,比如对证据进行3D建模,再通过VR技术进行证据显示,让法官更加清晰地掌握证据信息。随着"套路贷"等虚假诉讼的常态化,如何准确发现虚假诉讼成为打击和防范的关键,庭审阶段提供的虚假诉讼甄别辅助能够对虚假诉讼高发案由案件,运用云计算、大数据和智能算法等技术,实现对风险人员、风险案件的智能识别与预警,辅助法官精准高效甄别和防范虚假诉讼。

第四,合议阶段的智能辅助场景。在案件合议阶段,合议成员都需要对包括当事人提交材料、证据材料、程序性材料等在内的案件卷宗进行研读,纸质卷宗不利于卷宗检索、信息共享,因此可以为合议成员提供电子卷宗智能调度辅助,通过语音识别、语义理解技术实时调度卷宗材料,并在终端屏幕上同步显示,提高合议效率。针对案件合议研读情况,还可以提供合议笔录智能生成辅助,将案件信息、证据分析、事实认定、法律适用等内容按照合议笔录的要求自动生成。

第五,裁判阶段的智能辅助场景。经过庭审过程的举证质证环节,法官已经对证据材料有了较为清晰的认识,在裁判阶段需要结合证据材料进行事实认定,在这个阶段可以为法官

---

① 姚辉、翟墨:《民商事案件繁简智能分流的实践探索》,载《判解研究》2019年第3辑。

提供证据认定辅助,一方面,从证据材料的呈现形式上,需要改变之前证据材料归类混乱或者只按诉讼主体简单归类的粗暴做法,可以基于案由和案件类型起草证据参照目录,对证据材料按照法律构成要件进行分类;另一方面,从证据材料的内容提取上,可以将电子化证据材料进行结构化解析,对同类证据进行关联比对等。为实现同案同判,有效的措施是在裁判阶段为法官提供类案辅助,这是目前智慧审判中研究最多的领域之一,其中检索类案的技术相对成熟,但如何提取待办案件信息,向法官推送类案仍值得深入研究。对于法规辅助,通过构建法规数据库,建立案由法规关系、法律规范组等形式,可以帮助法官解决寻找法律的问题,但法律适用选择、法律适用分歧解决等方面的智能辅助仍然不足。法律推理是裁判阶段的重要工作,如何提供法律推理辅助,前文已有论述,此处不再赘述。

第六,文书撰写阶段的智能辅助场景。有些案件涉及赔偿计算,有时会耗费法官大量时间在计算上,而且很容易因为某个数据输入错误而需要重新计算,此时可以为法官提供裁判计算辅助,不仅帮助法官得出计算结果,还可以将计算逻辑以法律语言的形式生成到文书中。通过对优秀裁判说理进行汇编整理可以形成裁判说理库,在常见争点需要说理时可从裁判说理库中调用类似说理,提高法官撰写文书效率,不过裁判说理库需要及时维护,既要补充新争点说理,又要根据法律修正情况更新旧争点说理。裁判文书自动生成辅助可以从起诉状、庭审笔录等案件材料中进行信息分析和信息提取,并按照裁判文书模板要求生成裁判文书的大部分内容,但目前仍然存在以下问题需要完善:一是信息无法做到精准提取;二是案件事实段落无法生成;三是相对依赖要素式审判等特定案件类型。在裁判文书的校对过程中,还可以为法官提供裁判文书纠错分析辅助,当前的应用系统可以在字词错误、语句错误等形式审查方面提升法官校对效率,但是在法律适用、裁判结果等实质审查方面存在不足,比如撰写裁判依据时应该引用《中华人民共和国民法典》第一百一十一条,但因为疏忽而写成了《中华人民共和国民法典》第一百一十条,此时单纯的形式审查是无法给出校对提醒的,应结合请求权规范基础等审判知识构建实质审查模型。

第七,结案归档阶段的智能辅助场景。卷宗同步生成和卷宗智能编目,是结案归档阶段的核心工作,需要将案件办理过程中产生的诉讼材料及时电子化并按照目录结构存储,是智慧审判建设的基础。虽然应用结果落在最后的结案阶段,但需要通过电子卷宗的深度应用为其他阶段的智能辅助提供支撑,因而是贯穿全流程的智能辅助。

(四)以实现专门化审判的智能化特色辅助为当前任务

智慧审判建设的理论框架是在司法运作逻辑上嵌入人工智能,研究至今已形成了一定的理论基础和实践经验,但不可否认,智慧审判应用系统仍然存在普适性不强、操作过程烦琐、精准度不高等诸多问题。深入思考,试图建立一种可以适用于全量案件审判的"一劳永逸"的智慧审判模式可能是失败的根本原因之一。而在现实司法实践中,法院系统也不再过于追求法院的通才型特征,逐渐在传统综合性法院设置模式下设立若干专业化法院及专业化审判庭,其核心目的为推进特定类型案件的专业化审判,比如环境资源案件的专业化审判、知识产权案件的专业化审判、金融纠纷案件的专业化审判、破产纠纷案件的专业化审判等。

除了基于案件共性特征提供的智能化辅助外,还需要结合案件个性特征提供智能化特色辅助,这种辅助具有较强的案件属性,比如提供要素式审判智能化辅助只能针对适合进行要素式审判的案件,提供示范性审判智能化辅助只能针对群体性案件等。某些智能化辅助的服务对象不是也不应该是所有类型案件,而应该与专业化审判相结合,以实现专业化审判的智能化特色辅助为当前任务,主要考量因素有以下几点:第一,智能化辅助决策并非简单的数据检索、数据流转等基础应用,而是包括证据审查判断、案件事实认定、裁判结果推论等在内的法律论证分析应用,因而只能先在专业化审判领域展开。第二,专业化审判案件类型的法律构成要件特征明显、审判知识需求相对固定,能够使得"主张—抗辩—争点—说理—结果"的知识结构得以标准化,并能够从案件事实中将实体法构成要件范围之内的案件具体事实识别、分析与解构出来,更符合智慧审判的对话式论辩原理[①]。第三,专业化审判司法资源额外增加的技术性平衡。审判专业化可能对法院工作产生中性优势影响,随着法官集中和案件集中,会产生审判质效提升、裁判品质提高、法律适用统一等成效[②]。但这也会额外增加司法资源的消耗,这是将专业化审判独立出来不可避免的事实,而通过构建专业化审判的智慧审判模式,可以有效降低法官、法官助理、司法辅助人员的投入。第四,有些功能专属于特定类型案件,不存在复用的可能性。比如在破产案件中提供的破产财产分配辅助、在知识产权案件中提供的涉案作品侵权比对辅助、在环境资源案件中提供的生态修复辅助,这些智能化辅助只能结合案件本身进行研发,属于定制化需求。

(五)智能化裁判的运行机理应分类型确定推理层次

智能化裁判是比智能化辅助更高层次的智慧审判应用模式,其目的是尽可能借助人工智能还原法官决策过程,利用卷宗材料、司法数据、法学知识、算法模型等进行自动化裁判。从数据积累的角度,目前法院的司法数据已经足够支撑相应的司法智能模型构建,但是要实现智能化裁判,仍然受制于技术瓶颈和法学知识转换等问题。受限于案情特征和司法伦理,智能化裁判应该区分案件类型进行构建,大体可以分为三种类型:一是可能完全推理的案件;二是可能限制推理的案件;三是可能无法推理的案件。

1. 可能完全推理的案件

---

① 参见高翔:《智能司法的辅助决策模型》,载《华东政法大学学报》2021年第1期。
② 参见[美]劳伦斯·鲍姆:《从专业化审判到专门法院:专门法院发展史》,何帆、方斯远译,北京大学出版社2019年版,第240页。

可能完全推理的案件，是指该类案件存在着借助人工智能算法模型实现对案件事实、法律规范、裁判说理等进行完全表达的可能。这种案件应该具有如下特征：（1）案件事实明确且宜于表达；（2）裁判规范可以进行模型化拆解；（3）裁判说理不涉及伦理判断；（4）裁判结果不会引发正当性争论。其中最具代表性的典型案件类型为机动车交通事故责任纠纷。在机动车交通事故责任纠纷案件审判中，交通事故事实查明有赖于公安交警部门作出的交通事故责任认定，而绝大多数普通案件的交通事故责任划分都是正确的；交通事故中涉及的人身损害赔偿项目和财产损失赔偿项目可以根据法律规范拆解为计算规则，并根据具体损失计算得出赔偿方案；根据预设文书样式自动生成的文书完整度可以达到90%左右①。当然，虽然机动车交通事故责任纠纷具有完全推理的可能，但并非所有案件都可以进行完全推理，疑难、复杂、新型等案件仍然无法进行完全推理。

2. 可能限制推理的案件

可能限制推理的案件与可能完全推理的案件的最大区别在于案件事实没有前置环节予以认定，仍需要法官在案件审理过程中进行查明，案件事实确定后的其他部分存在着通过人工智能算法模型实现完全表达的可能。其中最具代表性的典型案件类型为信用卡纠纷。通说认为，信用卡纠纷涉及的法律关系有储蓄存款合同关系、金融借款合同关系、委托代理关系、买卖合同关系、侵权关系等②。信用卡纠纷涉及的支付或消费记录都以电子数据的方式进行存储，纠纷涉及的标的金额、合同条款、资金往来等都可能通过人工智能进行计算，但涉及的法律关系却无法轻易得出，因此这种类型案件的智能化裁判的介入环节为事实查明之后的其他过程。

3. 可能无法推理的案件

有些案件完全不符合可能完全推理案件的四个特征，人工智能应用于此类案件时会受到严格的限制，这类案件属于可能无法推理的案件。其中最具代表性的典型案件类型为离婚纠纷。离婚纠纷案件审判中涉及夫妻关系、子女关系、财产分割、债务清偿、离婚救济等法律关系的处理，其中夫妻关系及子女关系的伦理属性是自不待言的，而夫妻财产制度同样包含着婚姻家庭伦理秩序与财产归属规范构成的内部结构与夫妻财产约定的对外效力、财产处分以及夫妻债务规则等形成的外部结构③。在这种强伦理特性的影响下，案件事实的复杂性、法律规范的原则性、裁判说理的情理性、裁判结果的公平性都影响着案件的智能化裁判，

---

① 参见曾学原、王竹：《道路交通纠纷要素式审判探索——从四川高院的改革实践出发》，载《中国应用法学》2018年第2期。

② 参见人民法院出版社：《最高人民法院民事案件案由适用要点与请求权规范指引（上册）》，人民法院出版社2019年版，第258页。

③ 参见冉克平：《夫妻财产制度的双重结构及其体系化释论》，载《中国法学》2020年第6期。

非智能技术发展就可以解决。因此,这种类型案件的智能化裁判从构建之初就会受到伦理性质疑。

六、结语

智慧审判建设涉及法学、计算机学、数学、统计学等在内的多学科对话,既是一场司法实践活动,也是一项理论研究课题。在过去相当长的一段时期内,理论与实务界似乎都未形成统一认识,存在着"理论研究旨在代替法官而实践应用不能代替法官"的悖论[①]。随着在智慧审判本体论、认识论和价值论问题上的深入研究,建设智慧审判就是利用人工智能判案取代法官判案的片面认识观已逐渐得到消解。实际上,无论是利用人工智能进行智能化辅助还是进行智能化裁判,都是机器根据案件类型特征所能够实现的目标,但绝非代替法官进行决策,机器结论在本质上始终是一种辅助手段,只是辅助的程度高低不同而已。当前,智慧审判建设仍然处于发展阶段,各种智能化应用还需要与审判实践进一步磨合。我们应该充分认识智慧审判中法官与人工智能的协同关系,厘清智能化手段存在的技术局限和伦理风险,寄期望在应用中进行研究,在研究中获得提升,从而构建既遵循司法规律又满足司法需求的智慧审判模式,以信息化和智能化实现对司法公正的无限接近。

---

① 参见张保生:《人工智能法律系统:两个难题和一个悖论》,载《上海师范大学学报(哲学社会科学版)》2018年第6期。

论新兴数字权利与宪法的交互模式及其保障路径*

万千慧**

摘　要：数字时代的新兴权利相比于一般新兴权利而言更加易于同宪法基本权利体系发生交互，引发其性质认定、宪法基础、保护方式的若干争论。二者在实践中呈现出扩充模式、吸收模式和形式合宪模式三种关系样态，面临合宪性基础薄弱、权利诉求膨胀与证成口径紧缩之间张力过大、宪法统合和部门法协调结构不畅的困境。应当在围绕基本权利体系宪法性与系统性的核心前提下，重构新兴数字权利与基本权利的二阶层交互模式。以人权条款的适切性、"人是目的"的价值性和法秩序的创造性为第一阶层的判断标准；以主观公权利功能考察和总纲条款、国家机关权力条款、基本权利确认条款、基本权利限制条款的综合运用为第二阶层的判断标准。通过正当性与必要性的二阶分流和总量控制，以立法依据条款为主导，以弱司法能动主义为补充，推进数字时代基本权利体系的审慎扩展。

关键词：新兴权利　新兴数字权利　基本权利　依宪立法

一、引言

以依法治国为核心的我国国家治理现代化进程带来了一个"权利的时代"，近年来，大数据、人工智能、云空间等数字科技的兴起与普及进一步加快了权利现象的更迭速度，也使

---

* 基金项目：江苏省"双创博士"项目"数字时代基本权利保障的制度变迁研究"（项目号：JSSCB20220146）；中央高校基本科研业务费专项资金资助（项目号：RF1028623044）。

** 作者简介：万千慧，东南大学法学院讲师、东南大学人权研究院研究人员。

人们更习惯于适用权利话语参与公共辩论,思考社会问题。随着固化的规范文本和数字科技等现代性生产要素之间的距离逐渐拉开①,一系列与数字时代紧密关联的新兴利益诉求不断涌现,它们之中有些已为立法所确认,有些则依然停留于学理讨论与诉讼主张中。但共通点都是,这些新兴权利的诉求往往同基本权利体系产生了较为深刻的联结。宪法中基本权利的内容常被公众视作某种社会普遍和共同的利益,它的实现形式能够同时容纳明文和默示的二元外观,"宪法的'模糊'和明确的规定,对这些道德权利是承认和保护的"②。新兴权利同基本权利的交互引发了权利保障系统的内在张力,并将传统部门法层面"权利泛化"的迷思上升至更为根本的法秩序统一和合宪性基础问题,最终造成实践中理论基础冲突、司法审判技术标准不统一、基本权利的公共效应被削弱等情形。国内有关数字时代新兴权利的研究特别是权利证成的研究也在近年来急剧上升,但是总体呈现出聚焦单个权利的游离分散态势,并且难以完全解决数字时代新兴权利的特殊性问题。这些现象所引发的终极性思考是:数字时代所带来的庞杂新兴权利集簇与既有的基本权利体系之间的逻辑关系如何厘清?基本权利体系又如何应对这些新兴权利现象带来的客观冲击?本文意图在考察新兴权利在数字时代具体表征的基础上,厘清我国新兴数字权利保障的宪法路径,从而探讨"数字中国"建设背景下基本权利应对新兴数字权利冲击的因应手段。

二、数字权利的"新兴"逻辑

在我国,"新兴权利"并非与数字时代相伴而生的独有概念,而是滥觞于当代中国改革开放带来的制度发展和由法制到法治的进步,但对其概念界定,至今依然存有争议。随着数字时代的到来,新兴数字权利又展现出和传统新兴权利截然不同的理论样态。因此,对新兴权利概念理论源流的梳理和时代性运用的考辨是研究的基本前提。

(一)新兴权利概念群的理论与实践

理论上,"新兴权利"话语的生成背景是法治环境的急速成长和公民权利意识的增强,学界的归纳表达在形式上也出现了"新兴权利""新生权利""新型权利"等不同用语的分歧,背后则折射出对于此类利益诉求在性质认定和实践保障路径方面的差异化应对策略。从共性的层次上说,尽管概念语言不同,但指向的是同一类法现象,它们均具有如下特征:第一,新兴权利在外在形式上表现为一种依附于新情境的利益诉求;第二,新兴权利在具体构成上囊括了对既有权利在主体、客体、权能等多方面的改变;第三,新兴权利的制度化程度较低。从非共性的层次上说,虽然部分研究主张描述这一新现象的几种概念用语可以通

---

① 侯学宾、闫惠:《新权利保护实践中的司法中心主义》,载《学习与探索》2022年第1期,第76页。
② [美]罗纳德·德沃金:《认真对待权利》,信春鹰、吴玉章译,中国大百科全书出版社1998年版,第179页。

用①，但是理论上对于新兴权利性质和保障策略的不同倾向，造成了部分研究依然主张对概念语词的精确性作出明确说明。例如：一些学者将新兴权利、新生权利纳入自然权利/应有权利的范畴，而新型权利则是经过公共决断和制度转化后进入法定权利的范畴②；或者主张新兴权利描述了一种粗疏的、未经证成的主张（assertion），而新型权利是已被确证属于某种基础权利的衍生域，具有相对独立类型化意义的权利③。总体上均是以"某种利益诉求是否符合制定法之标准"作为依据将有关新兴权利的诸概念予以区分。实践中，尽管多数新兴权利尚未完成理论建构，但在司法审判中已不罕见。域外英美法系国家，新兴权利融入既有法律体系的难度被判例制度下的强司法能动主义削弱，司法机关乐于采用各种解释方式认可新兴权利乃至将其作为一项基本权利。例如，哥斯达黎加宪法法院在2010-012790号裁决中探讨了将互联网访问权（Internet access）作为一项基本权利，通过对宪法第33条法律面前人人平等且享有尊严和第46条消费者有权获得充分真实信息的解释，确认了这项权利能够为宪法所衍生④。在国内的司法实践中，新兴权利通常是通过一方当事人的诉求得以体现，如被遗忘权、亲吻权、动物权、祭祀权等。法院对此存在三种立场分歧：第一种是不倾向于贸然确认新兴权利的合法性，认为相关利益不具有正当性、不存在受到法律保护的必要性、缺乏明文规定；第二种是通过对法律条款的解释确认新兴权利成立并受到保护；第三种是并不确认新兴权利成立与否，而是通过利益保护的方式认可部分诉求⑤。

纵览新兴权利的发展源流，理论上"新兴权利"的概念考察在控制权利话语膨胀、证成具体权利方面固然不可或缺，然而实践中，无论"新兴权利"的边界在概念上被如何界定，其同既有权利体系之间的交互、对既有权利体系的冲击已经客观产生，并造成了裁判口径的差异化的现状。理论工作也有必要适度着眼实证立场，解析新兴权利和基本权利交互的理论环境，在数字权利日益依托于基本权利体系证成自身的语境下，探讨二者关系的类型化模式和应然规范构造。因此，本文的立场是：新兴权利同规范意义上的权利之间存在较大差别，不以具有权利的规范外观作为必要条件。新兴权利是动态的、相对的。新兴权利所指向的法现象具有社会性和时代性。以时代环境和社会区域为变量的情况下，新兴权利意义将更加灵活、表现形式更加复杂甚至允许更多个体变化，并随时间的推移更容易产生变化，属于

---

① 参见雷磊：《新兴（新型）权利的证成标准》，载《法学论坛》2019年第3期，第20页。
② 参见谢晖：《论新型权利生成的习惯基础》，载《法商研究》2015年第1期，第44-53页。
③ 张洪新：《对新兴（型）权利现象的一种阐释学反思》，载《学术交流》2021年第8期，第44-45页。
④ Andres Guadamuz. Costa Rican Court Declares the Internet as a Fundamental Right. https://www.technollama.co.uk/costa-rican-court-declares-the-internet-as-a-fundamental-right，最后访问日期：2022年4月27日。
⑤ 参见四川省广汉市人民法院（2001）广汉民初字第832号民事判决书，广东省东莞市人民法院（2006）东法民一初字第10746号民事判决书，上海市第二中级人民法院（2012）沪二中民一（民）终字第600号民事判决书，浙江省杭州市中级人民法院（2018）浙01民终7312号知识产权与竞争纠纷判决书等。

一种"区域性的善"(local good)①。

综上所述,本文所研讨的新兴权利是指:公众话语和司法实践中权利的范畴超越成文法律的边界,实践中的利益诉求相较于法条中的权利规范而言在主体、客体、权能等多方面扩展或改变,但尚未被制度化或者制度化经验尚不成熟,是囊括应有权利与法定权利的动态系统。它既包含在社会与理论层面的讨论度较高、历时较久但尚未被纳入规范体系的权利,也包括已经在域外有了相关立法实践,但在我国相关制度依然付之阙如的权利,还包括已经为部门立法所容纳,但其实践经验尚不充分,权利性质、落实机制等问题仍面临热烈讨论,需要更多理论与现实资源的权利。

（二）我国新兴权利话语在数字时代的运用

以我国的法治环境为研究场域,在前述概念厘定的前提下,新兴权利在数字科技环境下的时代性运用可以从表现形态上具体概括为如下三类:

第一,在部门法立法中已有具体概念和实际权利内容。这是新兴权利直接入法的一种表现形态,意味着其在规范体系中已然"名实兼备"②,并随着理论钩沉和实践经验的积累,将逐渐褪去其"新兴"表象,成为一项相对成熟的法律权利。此类相关新兴权利以个人信息权为代表,尽管公民的个人信息权利在《中华人民共和国民法典》（简称《民法典》）与《中华人民共和国个人信息保护法》（简称《个人信息保护法》）中已然被确认,但是有关其性质的规范诠释、保护方式等依然争议较大③。第二,在立法中有和新兴权利诉求相关联的内容,但新兴权利本身并未以独立名义被认可。某些权利所涵盖的部分权能已在法律中有所体现,但是相较于其在理论实践中所主张的内容而言偏于狭窄,也并未明确该项权利作为规范概念的成立,处于"有实无名"的状态。此类相关新兴权利以数据隐私权为代表,有关隐私保护的规定较早出现于民事立法中,从法益保护模式到权利保护模式,隐私权逐渐确立了自身地位。然而,数据技术的快速发展使得数据隐私权从原本隐私权的"网络空间"研讨议题中逐渐独立而出,并由于个人信息权、数据权等概念的崛起而同这些权利发生了边界融合。传统的公法、私法中隐私权保护模式因而受到挑战,隐私权自身在数字场域下的内涵、权能均

---

① Joseph Raz. Engaging Reason:On the Theory of Value and Action. New York:Oxford University Press Inc.,1999,pp.47-48.
② 王庆廷:《新兴权利间接入法方式的类型化分析》,载《法商研究》2020年第5期,第117页。
③ 民法学界就个人信息能否成为独立权利还是仅仅属于法益展开过长久争论,而在《个人信息保护法》出台后,就其保护基础究竟归属于民法还是宪法,亦观点不一。可见尽管有关个人信息保护的诸多利益诉求已经在各种条款中获得了认可,但该权利本身作为"法定权利"的地位尚不稳固,其实质性的规范基础也颇受质疑。参见汪庆华:《个人信息权的体系化解释——兼论〈个人信息保护法〉的公法属性》,载《环球法律评论》年2022第1期;张新宝:《论个人信息权益的构造》,载《中外法学》2021年第5期。

产生了大幅更新,其正面临范式革新的转轨点①。第三,在实践理论中出现了部分讨论,但是在立法中未能获得名义或内容上的确认,属于"名实待定"的权利。在数字科技处于高速发展期的社会背景下,理论上对此类新兴权利的研讨最多,包含上网权、离线权、获得技术帮助权、数据自决权、算法问责权等。这些权利或在域外已有一定的立法实践②,或在学术研究中崭露头角,或在司法审判中为一方所主张,但其权利结构尚未达成理论共识,在我国的实证法体系中也无从展现。

相较于其他新兴权利而言,上述与数字时代相关的新兴权利有如下个性特征,造成传统新兴权利融入制度体系的方式于其而言不能完全适用:其一,集群式的权利表现。新兴权利的生成存在法律留白与社会发展两个向度的原因,虽然二者的背景均是社会事实改变,但因法律留白而产生的新兴权利往往存在一定的先期法律基础。基于社会的非颠覆性发展,法律言辞的内涵发生意义更迭,或学理与公众视野下权利的保护范围产生了新解读,如胎儿权利即是对法律关系主体认识的一种扩张。而因社会发展产生的新兴权利则同新的社会关系联系更为紧密,内涵更加复杂③。科技革命带来的高速互联、信息流通、数据透明化造成了社会生活交往方式的结构性变革,其间产生的权利诉求正属于后者。数字时代的特征使得围绕数据信息这一基础性虚拟物所产生的一系列权利更易于以一个集合的形式展现,并要求场景化的区分保护④,这种权利集群更贴近于"表征'权利束(丛)'的统合概念"⑤,更加注重责任规则设置以实现权利的保护。例如围绕个人信息权利束,学者们先后提出其应当包括限制处理权、拒绝权、知情权、通信自由权、信息删除权等⑥。这也就造成了由于场景切入视角的区别,范围不同的新兴权利集群之间发生碰撞冲突。如何从实定法层次确认这些权利的存在和其内部逻辑,也是数字时代法治治理一个更为棘手的问题。其二,权利与权力的二元关系格局进一步松动。在保守性法治思维和超前性技术思维的发展差隙之间,数字企业为强烈的边际回报所吸引,率先取得原始积累优势,比政府掌握了更多治理资源。在"智慧政府"获得普遍应用的环境下,公权力在多数场合反而需要将数字平台和企业作为治理

---

① 李世豪:《大数据时代隐私权的宪法保护进路——以数字化疫情防控为切入点》,载《西南交通大学学报(社会科学版)》2021年第2期,第60-68页。

② 例如,法国最高法院就曾在2004年主张雇员在非工作时间没有接受工作电话的义务,后来该观点被转化为明确的离线权,在《法国劳动法》(EI Khomri law)第55条中被确认;又如《通用数据保护条例》(GDPR)第22条确认了个人免受自动化决策权。而这些权利在我国目前仅有理论上的合法性、合宪性讨论,并无具象化的司法裁判或者立法实践。

③ 参见谢晖:《论新兴权利的一般理论》,载《法学论坛》2022年第1期,第12页。

④ 参见闫立东:《以"权利束"视角探究数据权利》,载《东方法学》2019年第2期,第57-67页;许可:《数据权利:范式统合与规范分殊》,载《政法论坛》2021年第4期,第86-96页;郑智航:《数字资本运作逻辑下的数据权利保护》,载《求是学刊》2021年第4期,第115页。

⑤ 姚建宗:《新兴权利论纲》,载《法制与社会发展》2010年第2期,第6页。

⑥ 姚佳:《个人信息主体的权利体系——基于数字时代个体权利的多维观察》,载《华东政法大学学报》2022年第2期,第87-99页。

媒介①。政府和企业之间的关系紧密也意味着国家秩序的"实际控制者"可能潜移默化地增加②。这将造成新兴数字权利在形式外观上依然具有私权利的特性,它更多的是向不具有公权力主体身份的企业、平台或者其他社会组织提出直接要求,但一方面这些要求往往需要公权力的涉入,另一方面算法赋权使其实质上对应宪法治理的内核,即公民作为高度社会化的一分子,对社会的控制力量设定边界,冲击了国家中心主义保护范式下基本权利和非基本权利的认定界限。其三,权利内容广泛,更易于同基本权利体系发生实质性交汇。数字科技对人类社会生活的渗透是普遍的、全面的,由此产生"信息人""微粒人"等全新的人类存在形式③,其脱胎于人的物理存在,又有相对独立性。人的数字属性是基于人的自然属性而在社会属性中衍生出的全新属性,但数字属性的广泛普及,造成自然人反而依托于数字属性存在的倒错,这将无形导致权利的道德基础以及整个社会价值系统的调整,对现有的法秩序提出了挑战,往往会引发关于"最上层规范"的价值构造问题。因此,在诸如贞操权、亲吻权等新兴权利更多地同部门法尤其是民法产生交错时,数字化的新兴权利更容易被视为人类在新时代生存发展所必需的,从而同基本权利体系产生互动。

综上所述,新兴权利在数字时代的运用造成了权利维度的扩张、权利结构的分化,传统新兴权利在证立上的一般理论由于时空的扩展而需要再调适,以司法续造为先期尝试的应用技术缺乏职权基础而难以激活。由于受到双重空间、数字生态的逻辑影响,在数字时代对法律制度体系的"创造性破坏"④下,传统规范基础面临结构性重组。数字时代对人类的生活世界造成了前所未有的改变,塑造了以符码传输为基础的、相对独立于物理空间的全新世界。数字技术已从最初的技术物理网络高速发展成为超越时间和空间的正常物理范畴、能够自我演化的"虚拟却真实的公民居住区"⑤,社会背景的跃迁造成权利必须围绕数字社会的规律和逻辑整体重塑。是以,要全面应对新兴数字权利对法治体系的冲击,往往需要上溯至基本权利层面,以基本权利广域化的影响范围、主观权利与客观秩序的双重功能、超越法律部门限制的宪法依托为新兴数字权利提供背书。但是这一尝试又将产生权利泛化、侵损宪法权威性以及事实上架空宪法条文的隐忧。事实上,我国新兴数字权利同基本权利体系交融的实证状况已经或多或少展现出了此类风险。

---

① 参见郑戈:《人工智能和法律的未来》,载《探索与争鸣》2017年第10期,第78-84页。
② Stephen Tully. A Human Rights to Access the Internet? Problems and Prospects. Human Rights Law Review, Vol.14, No.2(2014), p. 181.
③ 参见龚向和:《人的"数字属性"及其法律保障》,载《华东政法大学学报》2021年第3期,第71-72页;马长山:《数字时代的人权保护境遇及其应对》,载《求是学刊》2020年第4期,第109-110页。
④ 马长山:《迈向数字社会的法律》,法律出版社2021年版,第41页。
⑤ German M. Teruel Lozano. Fundamental Rights in the Digital Society: Towards a Constitution for the Cyberspace? Revista Chilena de Derecho, Vol.46, No.1(2019), p. 302.

三、我国新兴数字权利宪法保障的实证考察

如前所述，新兴数字权利相较于其他新兴权利而言更倾向于从宪法条款特别是基本权利条款中寻求自身的正当性价值，但新兴数字权利合宪性基础、入宪方式、保障路径等依然存在多方面的困惑。

（一）新兴数字权利与宪法的关系样态

在实践与理论中，对我国新兴数字权利与宪法的关系样态均已展开围绕具体权利的点状探讨，能够归纳出以基本权利为中心的、以底层逻辑为区分的、类型化的平行模式。主要呈现为三种不同样态：扩充模式、吸收模式和形式合宪模式。

扩充模式是指相关新兴权利被认为是一种相对独立类型的基本权利，具有宪法基础，属于未被列举的宪法权利。在证成新兴权利的过程中，基本权利体系也得到了进一步扩充。其基本的表现形态是，由于"基本权利没有穷尽数字技术带给宪治国家的威胁"[①]，所以需要通过对宪法条款或原则精神的解释来说明相关权利具有宪法层面的成立必要性和基础制度资源。学理上对个人信息权、数据隐私权等权利的论证大多采用了此种交互模式。吸收模式是指相关新兴权利能够完全被宪法上的基本权利吸收，属于传统基本权利在数字时代的一种表现样态，是传统基本权利在数字时代背景下的"数字化升级"[②]。它同前一种模式最核心的区别在于，某些新兴数字权利是当前既存基本权利的衍生[③]，其从"新兴权利"这一事实性叙述向"法定权利"的规范化表述转轨的过程中，由于欠缺了作为一项新的独立权利的条件，其利益诉求能够且应当为基本权利体系所容纳，而不能够作为一项宪法未列举基本权利获得证成。诸如数字教育权、数字环境中的表达自由权等，依然属于平等权、言论自由、受教育权等宪法权利的语义射程范围。形式合宪模式是指相关新兴权利还不具备成为法定权利的条件，或者即使能够成为一项法定权利，也主要依托部门法实现。其内含的利益诉求与道德价值并未达到基本权利层次，贸然上升至宪法层次将会造成对基本权利内部的不当冲突，浪费宪法资源，基本权利仅为其提供了形式意义上的合宪性基础。例如，一些学者基于欧盟"谷歌诉冈萨雷斯被遗忘权案"以及《通用数据保护条例》的规定，希望将被遗忘权移植于国内。但反对者认为，依托《中华人民共和国反不正当竞争法》《民法典》已经足够对其进行

[①] Hans-W. Micklitz, Oreste Potlicino. Constitutional Challenges in the Algorithmic Society. New York: Cambridge University Press Inc., 2022, p. 4.

[②] 龚向和：《人的"数字属性"及其法律保障》，载《华东政法大学学报》2021年第3期，第77页。

[③] 学界在证成新兴权利时，最通用的路径是论证其作为某项"基本权利的子集"，但此处的基本权利和本文的基本权利并非同一意义上的概念。从新兴权利一般理论角度展开的基本权利（fundamental rights），是比较于衍生权利（derivative rights）的一项概念，二者具有相互对应的关系，其范围相对于宪法意义上的公民基本权利（Constitutional rights）而言更加宽广，本文该部分所述基本权利，是在Constitutional rights的意义上展开的。参见朱振：《认真对待理由——关于新兴权利之分类、证成与功能的分析》，载《求是学刊》2020年第2期，第112-114页。

保护,贸然引进反而将冲击既有的自由权,侵害宪法中有关经济发展的国家目标①。

总体来说,三种模式的分野代表着权利保护底层逻辑的区别。第一种模式表征着新兴权利的保护需要融贯于宪法秩序之中,实现宪法保护从无至有的激活过程。第二种模式则代表着传统基本权利面临数字化侵蚀时必会导向自然或人为的增量措施,侧重于在宪法实施技术层次的时代化演进。而该两者的共同点就是,需要从基本权利的高度对相关权利展开人性论上的道德证成以获取正当性资源,同时从宪法层面通过主观权利功能对国家机关提出对应义务,通过客观秩序建构功能,以其他法律规定为媒介对其他个人和社会组织形成价值输送。而第三种模式下,新兴权利与基本权利并不直接相关,而是作为宪法秩序的一环隐没于具体法律的正当性基础之中。在两者发生交互时,往往产生新兴权利合宪性基础薄弱、实践诉求与规范格局不匹配、法秩序统一性不足等问题,增加了新兴权利同基本权利体系交互时产生的张力,双向性地冲击了两套权利系统。

(二)新兴数字权利保障的困境分析

在当前的实证样态框架下,我国新兴数字权利保障的困境本质在于三种样态之间的划分并无明确的判断标准和彼此之间的流通衔接机制,具体则表现为以下三点:

第一,部分新兴权利的合宪性基础薄弱。在围绕新兴权利的讨论中,《中华人民共和国宪法》(简称《宪法》)第三十三条人权条款与第三十八条人格尊严条款常常成为这些诉求的"生长出口"。但是仅依托这两个条文容纳新兴权利,正当性是不足的。就人权条款而言,它被置于宪法公民基本权利与义务一章首条,具有高度的抽象性,虽然其确实具备引入未列举基本权利之功能,但该条款本身属于原则性宣示和纲领性规定,意在填补第二章的整体原则,不能成为推演出一项独立权利的唯一规范基础。就人格尊严条款而言,尽管"人性尊严"作为宪法价值获得理论界普遍认可②,但该条的完整结构是以人格尊严作为前半部分,以"禁止用任何方法对公民进行侮辱、诽谤和诬告陷害"的具体规范为后半部分,同时置于人身自由条款与住宅权条款之间。从体系性的角度解读,它指向人格权的保护,同德国法意义上"人的尊严"条款存在区别,在设立时并没有传递"人的自我主体性"这一原则的功能。故而,一项是具有高度概括性的统合性条款,一项是和其他基本权利并列的具体权利条款,两者均难以完全承担证成新兴权利独立价值的作用,因此在论证部分新兴权利的合宪性基础时,宪法基本权利条款应用的综合性依然不足。目前,较多理论研究通过同时运用人权条款、人格尊严条款、通信自由和通信秘密条款对个人信息权、数据隐私权进行了宪法学上的考察,这两类权利也已经获得了部门立法上一定程度的保障,相关研究自然偏转于其具体的

---

① 李扬,林浩然:《我国应当移植被遗忘权吗》,载《知识产权》2021年第6期,第50-65页。
② 参见胡玉鸿:《人的尊严的法律属性辨析》,载《中国社会科学》2016年第5期,第101-119页;李海平:《论人的尊严在我国宪法上的性质定位》,载《社会科学》2012年第12期,第101-110页。

权利构造与保障技术。但是,对于上网权、离线权、技术帮助权、被遗忘权、算法解释请求权等其他权利而言,诉求者对其持有概括性上升至基本权利的态度,却在理论上过分依赖于情景化的保护场景下缺乏教义学意义上的宪法阐释,使其主张缺乏宪法根基。

第二,权利诉求膨胀与证成口径紧缩之间存在张力。在新兴数字权利同基本权利发生交互时,常见的景象是:主张新兴权利者意图从扩充模式的角度解读新兴权利,但实证路径却往往导向吸收模式与形式合宪模式,其中尤以后者居多。许多新兴数字权利的保障争议,直观上就是第一种样态和后两种样态之间的立场游移。由于数字时代新兴权利指向的是一个需要不同性质力量形成合力,多个国家机关共同参与、综合治理的领域,出于权利保障的周延性考量,在提出相关诉求时,人们往往希望将其上升至基本权利层次,以获得更坚实的法律基础。在保障新兴权利时,各国多采取司法中心主义的路径,即通过对法律价值与条款的再诠释,确认新兴权利的法律地位,而我国除了在司法审判中对法律条文进行解释之外,还有专门创制司法解释文件的路径。但是,在涉及基本权利时,我国法院的权力构造使得扩张型实证形态面临理论论证和实践资源的不足,司法机关由于宪法解释职权的缺失,更加倾向于从既有的宪法文本结构中通过合宪性解释保护能够为基本权利结构中文义射程范围所容纳的衍生性权利,而难以涉及"超越宪法计划"的其他权利。尽管有学者提出了通过加强说宪法理性援引而回避实质性依据的"非解释性适用"①的观点,但是其并不具有形成常态性规则的功能,对新兴权利的保护力度始终有限。申言之,新兴数字权利大多需要上升至宪法以自证其身,实现社会合力、全面保护。而宪法条款的抽象概括性、宪法实施的困难性又使得立法确认滞后、司法偏向消极立场。但是,如果过于积极地创制宪法上的基本权利,不加思辨地将新兴权利概然纳入基本权利体系之中,又将违反法治国宪法所应有的安定性,造成基本权利内容过于冗杂,价值被削弱的问题。

第三,宪法统合和部门法协调面临结构不畅的困境。由于数字时代的新兴权利直接进入宪法的进路相对狭窄,部门法的相关条款便成为保障该类权利的次之方案。但这种方案存在的隐忧是,虽然许多权利涉及人类生存需求中的基础性价值,具有不可替代性,但其性质认定却存在争议,造成权利所指向的对应义务主体不甚明确。同时,"以事物领域而非规范理念为分界的立法"②也成为学者研讨保障新兴数字权利时所青睐的选择,围绕新兴数字权利展开的立法性质愈发在公私法界分的模糊界限之间游移③。部门立法之间对于新兴权

---

① 范进学:《非解释性宪法适用论》,载《苏州大学学报(哲学社会科学版)》2016年第5期,第74-82页。
② 苏永钦:《民事立法与公私法的接轨》,北京大学出版社2005年版,第10页。
③ 如围绕个人信息权,许多学者认为《个人信息保护法》中的"根据宪法"条款是一种概括性宣示,综合《民法典》展开研判,个人信息权应当是一项民事权利;而有些学者则认为,个人信息权是具有一定基本权利属性的公法权利,"根据宪法"条款是其性质的实质性规范基础。

利所涉法律概念和规则的认定有冲突之嫌,加剧了司法适用的不便。例如,针对数字隐私权的保护,依据《个人信息保护法》第六十九条,处理个人信息侵害个人信息权益造成损害而承担侵权责任的前提是,个人信息处理无法证明自身不存在过错,这属于过错推定原则,此处的个人信息权益当然包含数据隐私相关的权益。而依据《民法典》第一千零三十四条和第一千一百六十五条,个人信息中的私密信息适用隐私权保护规则,而隐私权规则中没有法定的过错推定情节,因而采用过错责任。由此产生个人数据隐私这一具有人格尊严价值的权益在保护力度上反而劣后于非隐私性数据的倒错①。该问题的解决既需要厘清两部法律性质上的关系,也需要确立宪法价值协调下的解释规则,从实践角度缓和制定法上的竞合与冲突。但是,在上述理论景象下,宪法对部门法的统合作用被削弱,司法机关面临新兴权利之间、新兴权利与传统权利之间的冲突时,更易于寻求部门法的内部原则予以调和和解释,而忽视新兴权利内蕴的人的主体性价值,架空合宪性解释技术的运用。

四、我国新兴数字权利宪法保障的应然路径

数字时代新兴权利与基本权利交互时的上述困境的根本症结在于,基本权利体系往往被动地在信息化场景下同新兴权利发生关联②,造成事实上的三种平行交互模式相对僵化、彼此衔接不畅,使得对基本权利体系的宪法价值提取不足,交互场景混乱化,交互技术路径粗疏。应当从厘清基本权利体系的定位出发,提供二者交互的层级化应用模型,进而形成技术化的具体操作路径。

(一)新兴数字权利与基本权利交互模式的二阶层构造

本文主张,新兴数字权利和基本权利的交互应当选取二阶层的构造进路,回避基本权利的直接扩充。两者交互的核心前提是基本权利体系作为"宪法系统"的功能定位。第一阶层为基础性层次,注重基本权利体系的宪法性,通过发挥基本权利体系的整合性、合宪性基础功能,考察新兴数字权利在人性尊严和人权保护层面的价值。这既是新兴权利自身能够成立的正当性要件之一,也是其同基本权利交互的接驳点。第二层次为进阶性层次,注重基本权利体系的系统性,从教义学上展开规范诠释,发挥基本权利体系的制度供给功能,这是新兴权利与基本权利体系发生实质性交融的现实可能性判断。

从基础性层次角度展开,基本权利体系的宪法性使其同新兴权利的交互区别于部门法思维。在保护范围上,基本权利的语义射程范围和解释方式决定了它的开放性要高于部门

---

① 参见刘承韪,刘磊:《论私密信息隐私权保护优先规则的困局与破解——以〈民法典〉第1034条第3款为中心》,载《广东社会科学》2022年第3期,第235-246页。
② 张翔:《个人信息权的宪法(学)证成——基于对区分保护论和支配权论的反思》,载《环球法律评论》2022年第1期,第59-60页。

法视角下的具体权利与抽象权利。《民法典》第九百九十九条第二款规定的"自然人享有基于人身自由、人格尊严产生的其他人格权益",常作为数字时代新兴权利法定化时基本权利路径之外的备选路径。但是,以排他性支配为核心的私法权益观将义务对象指向其他私主体,并可能基于利益衡量原则在某些冲突中"退场"①,理论上被狭义地限定于具有积极权能、处分权能的那部分权利范围内②。因此,围绕民法人格权条款而展开的权利保护就难免落入先行的"权利抑或法益"保护强度论,语义范围自然限于相对宽泛的基本权利范畴。在价值导向上,基本权利体系更加强调人的尊严价值,尊重"人是目的"。数字时代,数据成了构成个人虚拟人格的元单位,同时也是数字科技、经济发展的元单位,因此部门立法中,人的价值有时并不具有特殊地位。例如,《中华人民共和国网络安全法》第三条规定,"国家坚持网络安全与信息化发展并重";《中华人民共和国数据安全法》第十三条规定,"国家统筹发展和安全"。可见在一般规范制定过程中,新兴权利的保护易于受到其他原则的掣肘,并不必然需要,也并不必然能够突出数字时代人的主体性优先的伦理共识。在保护手段上,宪法性推动基本权利体系超脱工具主义的法观念和传统公私法二分的保护视野,而赋予国家机关以概括性的立法义务。数字时代的法治正在从传统的明确归责立场向风险防范立场转轨,宪法框架秩序和调控社会作用的发挥为公私法多维度保护新兴数字权利提供了规范背景,也支撑着部门法的立法形成自主性,这是新兴权利多元化保护所必需的。

总体上,基础性层次判断的目的是,发挥基本权利在新兴数字权利保障方面的基础建构作用。这一层次互动的理论考察应当围绕几个重点展开:其一,某种新兴数字权利是否能够基于宪法的人权条款与内蕴的人性尊严价值体现人的道德主体性;其二,该种权利是否有强调"人是目的"这一伦理原则的特殊必要性;其三,该种权利是否涉及一项法秩序原则的确立。如果不符合这一层次的判断标准,那么此类权利在宪法层面成立的正当性基础就不稳固,最终应当归属于前述的形式合宪样态。基本权利体系仅在框架性协调的法治环境下,通过向部门法的内容形成、宪法具体化功能与之发生间接关联。而该类新兴权利的保护,则应当优先在法律、行政法规等层级低于宪法的规范中寻求制度资源。

从进阶性层次角度展开,基本权利体系的系统性使其同新兴权利的交互能够从抽象走向具体,从正当性走向必要性与可行性。宪法中关于公民基本权利的规定集中于第二章,在与新兴权利互动时,常见的表现形式是以人权条款为必涉条款而以其他基本权利条款为选涉条款展开论证,活跃条款集中于《宪法》第三十三条至第五十条。但如前所述,这种论证仅能满足基础性层次的合宪性需求,而不能解答新兴权利的规范定位、保障路径问题,易于

---

① 李永军:《论民法典中人格权的实证概念》,载《比较法研究》2022年第1期,第74页。
② 参见刘志强:《论"数字人权"不构成第四代人权》,载《法学研究》2021年第1期,第32页。

走向超验主义和先定主义。故第二层次判断的核心要素是抵御公权力的规范目的，补充要素是权利保障范围，主要方法是基本权利条款之外其他宪法条款的综合运用。首先，需要研判新兴权利诉求是否直接指向国家，即是否具有要求国家履行相应义务之功能。从基本权利生成国家义务的正向逻辑分析，我国通说下的基本权利具有主观权利和客观价值秩序的双重面向，从而导引向不同类型的国家义务①。但是，如果仅满足客观价值秩序面向的功能要求，那么从广义上说一切权利都将成为"基本权利"。在法治国的现代国家治理图景下，权利的保护势必需要通过规则的订立，无论其是否成文，都将间接地向国家提出确立可预测的行为框架这一要求。客观价值秩序偏向于基本权利的功能发挥，用以处理基本权利在私主体交往场域的效力延伸问题，而不能逆向成为某一权利诉求作为基本权利成立的充要条件。因此，如果从辨析新兴权利与基本权利交互深度的视角，其标准应当更加严格，以防范社会权力兴起背景下基本权利的过快扩张为目的，集中于考察新兴权利是否具备作为主观公权利的防御功能。例如，数字遗嘱权、数字遗产受保护权等新兴数字权利，其义务主体并不直接指向国家，不以抵御公权力的不当侵犯为目的，因此同基本权利的互动只能是表层的、间接的，而没有实质融入基本权利体系之必要。其次，需要研判新兴权利能否为已列举的基本权利所吸收，并通过宪法序言、总纲条款、基本权利限制条款等其他条款，对新兴权利进入基本权利体系展开总量控制。基本权利不是原子化的，而是作为整体系统存在，因此确认基本权利的条款和其他条款的有机联结便能够有效划定权利的活动边界与逻辑关系。从基本权利条款自身运用的系统性而言，虽然部分新兴权利缺乏与某项基本权利一体性对应的条件，但是其诉求能够为不同的基本权利条款所完全吸收，此时仅须依托传统基本权利的保护框架便足以实现对其的保护。从基本权利作为宪法之一部分的系统性而言，总纲条款能够从国家目标视角，呼应国家机关权力条款，划定基本权利制度供给的范围、概念范畴等；基本权利限制条款则属于基本权利的内部限制条件，并反向补足人权条款②，提出了权利诉求从人权向基本权利转化的形式条件，包含确认公民行使自由与权利开放性的权力范围条件、不得损害第五十一条所涉其他必要利益的价值权衡条件以及具有其他宪法条款支撑的规范依据条件。

进阶性层次判断的目的是，发挥基本权利在新兴数字权利保障方面的具体筛选作用，考察新兴权利的保障需求能否得到宪法上确权性规定与保障性规定的双重支撑。新兴权利具有单向的扩张性，而基本权利体系的活力却在于扩张性与限缩性的融合。该阶层的判断同时发挥基本权利作为新兴权利制度性资源的正向证成功能和制度性控制的逆向限缩功能。

---

① 参见龚向和等：《民生保障的国家义务研究》，东南大学出版社2019年版，第43-47页。
② 参见王进文：《宪法基本权利限制条款权利保障功能之解释与适用——兼论对新兴基本权利的确认与保护》，载《华东政法大学学报》2018年第5期，第88-102页。

通过这一层次研判的新兴权利,能够作为已列举基本权利的具体样态或者未列举的基本权利获得宪法性质的保护。总体上,通过二阶层的交互模型构造,新兴数字权利将更易于寻找适宜的栖身之所,在进入法规范体系的过程中有序分流,既避免了其长期处于仅有呼吁缺乏保护的尴尬境地,也能够防范基本权利的过度扩张和价值架空。

(二)新兴数字权利与基本权利交互的具体技术路径

在新兴权利与基本权利发生交互时,宪法的修改和解释固然是确认数字权利最直接的路径,但理论上,为了不动摇整体宪法秩序,这两种方法不能过于频繁地被使用,我国相关的宪法实践也较为缺失、经验不足。因此,基于我国的国家权力结构与法治实践,立法能够成为一种常态性的补正路径,针对同基本权利发生直接关联的新兴数字权利,应当在立法主导的弱司法能动主义立场下,采取区分化的保护路径。

首先,对于应当获得基本权利层次保护的新兴数字权利,应当秉持立法主导的立场,配合从整体立法的视角对依据条款进行科学使用,从教义学角度实质性运用"根据宪法,制定本法"展开权利确认。早期,即使载明"根据宪法,制定本法"的法律,在制定过程中也并未就立法依据条款作出过具体说明,围绕其是否应当载入法律正文也曾产生激烈的争议。对该条款的规范功能的解读包含宣示性与实质性的立场分野。宣示性立场主张"根据宪法"条款只具备形式宣告作用,因而其是否应当作为立法依据条款获得成文确认并不重要;实质性立场则为宪法学界通说,主张该条款发挥了确认作为国家最高权力机关的全国人大立法的行为性质,以及提供了普通立法法源的作用。但即使是认可实质效力的主张,也多强调部门法对宪法条款的具体化和不抵触,而忽视了立法依据条款续造权利的重要价值。立法实践中,《个人信息保护法》起草之初,并没有将宪法作为立法依据的条款,而在审议过程中,宪法和法律委员会将人权条款、人格尊严条款、通信自由与通信秘密条款作为立法依据,统合为"根据宪法"的表述①,本文认为,该审议意见是一项具有示范性意义的立法实践,确认个人信息权映射了宪法价值,属于未列举的基本权利。本文主张,依宪立法应当落到实处,在法源内涵的基础上,重视立法依据条款对基本权利的延展和确认功能。应当明确的是,"根据宪法,制定本法"条款具有特定的使用范围,其效力的实质化与使用形式的规范化是其作为基本权利与新兴数字权利链接的前提。对于内容上同宪法不具备直接、紧密的联系或在基本法律中有直接依据的规范,不宜载明"根据宪法"。如果所有规范都不加思辨地使用这一条款,依然会回到立法依据形式化的窠臼,弱化立法依据条款的效力。在采用了"根据宪法,制定本法"的法规范中,并非均意在确认新兴权利,因此在发挥立法依据条款的权利确

---

① 《全国人民代表大会宪法和法律委员会关于〈中华人民共和国个人信息保护法(草案)〉审议结果的报告》,http://www.npc.gov.cn/npc/c2/c30834/202108/t20210820_313090.html,最后访问日期:2023年4月28日。

认作用时,应当遵循两个要求:一为采用法律保留原则,仅能由法律的形式对该类权利作出规定;二为所保障的权利应当具有基础性、重要性和宪法指向性,即须为已进入前述进阶性互动层次的新兴权利。在此基础上,方可充分发挥宪法和法律委员会的作用,在法律草案的审议阶段对相关权利的宪法基础作出翔实、具体的说明。但在载明依据时,为了维护宪法的系统性,使不同的宪法原则、宪法精神、宪法条款有机联结形成足够的制度供给空间,依然宜采取概括式的"根据宪法"的表述,而不宜采取具体列明宪法条款的形式;为了凸显相关权利的宪法属性,不宜采取宪法同其他法律依据并列的形式,而应当以单独的"根据宪法"作为立法依据条款的全部内容。

其次,在立法缺失的情况下,对新兴数字权利的保护应采取弱司法能动主义的区分保护路径。对于不必上升至基本权利层次的新兴数字权利,或具有基本权利特质且已为立法所确认的新兴数字权利,基本权利与之并不发生直接交互,其主要通过部门法的规则或原则体现。对部门法条款作出理解和适用属于我国司法机关的应有职权,可采用新兴权利司法确认的一般方式,运作阻力较小。而对于属于基本权利保护范围却尚未为立法所明确的新兴数字权利,则需要从宪法中汲取实质性资源。司法可以且必须在这一问题上发挥其能动性,"一部宪法不仅必须在是否提供保护以抵御新威胁的问题上具有适应性,而且还必须在如何提供必要的保护方面具有适应性"[①]。宪法超越于其他部门法的稳定性造成在具有急迫性需求的场合,权利保障往往诉诸司法权力。但司法能动主义必须融入我国的法治框架,在我国缺失宪法诉讼的前提下,需要技术化地界定司法权的能动限度。我国司法能动主义的应然面向是,将基本权利条款作为司法判断中解释部门法的标准之一。我国司法机关并未被赋予宪法解释权与宪法审查权,也无权援引宪法作为裁判依据,这决定了域外实践中最普遍的、依托司法权力解释宪法从而创制基本权利的路径并不适宜被无差别移植,但这并不意味着宪法在司法裁判中将无所作为。一方面,司法机关可以通过实质合宪性解释将基本权利价值注入部门法,塑造新兴权利保护的宪法根基。在当前的司法实践中,我国法院在裁判文书中援引宪法的方式大致分为如下几类:其一,采用"宪法和法律"的并列表述,意在判断规范性文件的合法性;其二,援引宪法中的平等原则,结合部门法条款,对选择性执法、弱势群体保护案件作出裁判;其三,援引宪法具体罗列公民基本权利的条款,增强部门法具体权利义务设置的正当性。总体上,论证较为概括、保守。本文主张,基本权利条款能够成为部门法的价值依归,在新兴数字权利缺乏明确立法的场合,应当将立法材料中的合宪性资源提取和司法裁判中的合宪性基础推演相勾连。具体而言,将基本权利作为解释部门法标准的

---

① [美]瑞恩·卡洛、[美]迈克尔·弗鲁姆金、[加]伊恩·克尔:《人工智能与法律的对话》,陈吉林等译,上海人民出版社2018年版,第19页。

过程涉及对宪法和法律的双重解读,但由于宪法的出场仅发挥说理和辅助部门法适用的工具性价值,故不涉及宪法解释权弥散的问题。应当形成以人权保障条款和具体基本权利条款对接部门法概括性条款的基本结构,适当超越原旨主义的解释论,综合采用文义解释、体系解释和目的解释的立场,完成对新兴数字权利的推演。同时,前述新兴数字权利的集束性造成权利冲突的加剧,而司法机关依据个案情况对新兴数字权利冲突作出裁断,同裁判文书援引基本权利条款的说理相结合,能够正向形塑应受保护权利的范围。此外,还可利用《中华人民共和国立法法》第一百一十条规定的司法机关合宪性审查建议权,在司法机关认为审理案件所依据的规范涉及新兴权利保护且不符合基本权利条款的内涵精神时,通过层报、选择性适用等形式,完成实际上的"合宪性预审",反向划定应受保护权利的边界。

总体上,这两种司法技术路径没有在真正意义上创设宪法高度的全新权利,也没有确立具有反复适用性的全新规则[1],裁判的落脚点是部门法律关系。其本质依然是司法机关在现有法律框架下的审查建议权和依法审判职权,最终能够做出决断的是全国人大及其常委会,属于一种"弱司法能动主义"。并且,基于司法权不告不理的特性,诸如上网权、离线权等已在域外有宪法实践的新兴数字权利在我国由于尚未在个案中被主张,司法权也无从决断。故而司法路径只是新兴数字权利从诉求主张上升至法律确认的过渡路径,是宪法变迁路径与立法路径的补充。其目标应当定位于推进个案裁判和抽象立法的动态互动,分解新兴数字权利的立法保障成本,缓速推进新兴数字权利的宪法基础建构进程。

五、结语:数字时代基本权利体系的审慎扩展

纵览我国几十年的宪治历程,宪法解释的发展尚不成熟,其实践有无、表现形式等均多有论争;而数次宪法修改中也并未对设定具体基本权利的条款作出增补。但是,基本权利保障体系的范畴显然不是一成不变的,其通过学理建构、立法和司法实践完成了条文语义的变迁,客观上推进了基本权利体系的扩展。面临数字时代的急剧变革,诞生于数字科技生产力革命环境下的新兴权利越来越趋向于寻求宪法认可,如何造就符合我国本土法治实践和社会现实需求的"数字权利清单"成为热门的话题。围绕数字科技的第四代人权引领宪法变革的话题方兴未艾,"人工智能主体化"话语下的"第五代人权"又在理论界萌芽[2]。在这个权利话语日益泛滥的年代,对于两者的互动需要一些"冷思考"。固然,我们永远不可能"一厢情愿、一劳永逸地设定权利的含义和边界"[3],但是在适度考察权利生成背后的政治性

---

[1] 尽管我国的类案同判机制已经有了一定程度的推进,但是其实际运作受到先例、法官个人观点、社会具体情境变迁等多方面因素的影响,从最终结果来看,其拘束力有限。参见汪进元:《基本权利的保护范围——构成、限制及其合宪性》,法律出版社2013年版,第130页。
[2] 杨学科:《第四代人权论:数字时代的数字权利总纲》,载《山东科技大学学报(社会科学版)》2022年第2期,第22页。
[3] 姜峰:《权利宪法化的隐忧——以社会权为中心的思考》,载《清华法学》2010年第5期,第59页。

根源以及社会宪法学基底后,依然需要从教义学的立场展开规范性论证,防范基本权利扩展过快,主体展开社会交往活动时动辄得咎和出现寒蝉效应的风险。综上所述,对数字时代的新兴权利,应当正视其同基本权利客观上业已发生交互的法律事实,应当通过基本权利对应的国家义务推动新兴权利的法律确认;通过基本权利的吸纳实现对新兴权利的实质性保护;通过宪法条款的阐释控制新兴权利的膨胀。充分发挥宪法社会伦理定向、引领法律演化、统合部门立法、展开价值衡量等综合性功能,妥善展开新兴权利的宪法学证成,在权利"通货膨胀"和权利保障不足的两极之间寻找平衡点,形成新兴数字权利和基本权利的渐进式交互格局。在此基础上,能够进一步延伸至亟待解决的新兴数字权利相关立法事前合宪性审查标准、司法论证的技术边界等关联性问题,为新兴数字权利的入法和落实提供更为模式化的路径。

·理论前沿·

我国环境法典总则的证成与构想*

吴卫星 周嘉敏**

摘 要：现代环境法的发展趋势是迈向基于整体主义的综合性和系统性的环境保护范式，法典化则是这种发展趋势的形式表达。为深入推进生态文明建设，回应人民对于优美生态环境的需要，我国应当以"适度法典化"为立法模式开启环境法典的编纂进程。鉴于法典编纂的渐进性、阶段性和复杂性等特点，应当基于法典的"总则—分则"逻辑结构，先行制定环境法典总则。法典总则的编纂通过提取公因式的方法，确立当代环境保护的基本概念、基本原则、基本制度，融合、提炼污染防治、自然生态保护等领域的基本规则，强化总则的体系性强制效力，从而使其成为一部名副其实的环境基本法。在总则通过之后、法典最终编纂完成之前这一特定历史阶段，环境法典总则可以在一定程度上发挥"准法典"的功能。

关键词：环境法典总则 准法典 适度法典化 环境基本法《爱沙尼亚环境法典(总则)》

一、引言

20世纪70年代以来，各国先后进入了一个"大量环境立法"的时代，环境法规范数量急剧增加，由此也带来了环境法律复杂化、法律规范不统一等现象，给环境法律的适用带来诸多难题。随着环境法的代际发展，各国越来越重视环境立法的一体化、综合化和系统化。20世纪90年代以来出现了环境立法法典化的趋势，1998年颁布的《瑞典环境法典》被认为

---

* 基金项目：宁波大学东海战略研究院重点项目"海洋生态环境损害赔偿疑难问题研究"（项目号：NDDHOKT02）。
** 作者简介：吴卫星，南京大学法学院教授；周嘉敏，最高人民检察院选调生。

是"世界上第一部具有实质编撰意义的环境法典"①。此外,法国、意大利、爱沙尼亚、俄罗斯、白俄罗斯、哈萨克斯坦、柬埔寨等欧亚国家也已经制定或者正在制定本国的环境法典或者准法典。

随着《中华人民共和国民法典》(简称《民法典》)的颁布,我国开始进入一个法典化的时代。《全国人大常委会2021年度立法工作计划》宣布"研究启动环境法典、教育法典、行政基本法典等条件成熟的行政立法领域的法典编纂工作"②,我国环境法典编纂正逐步从学者的研究和建议转变为立法计划和实践。在环境法领域,我国采取的是"基本法—单行法整合模式"③,但并不成功,被定位为环境保护领域"基础性、综合性法律"的《中华人民共和国环境保护法》(简称《环境保护法》)并没有发挥出作为基本法应具有的效力。对此,我国大部分环境法学者主张环境立法采取"适度法典化"的模式④。该模式被学者们主要阐释为两个维度:其一,法典编纂的渐进性和阶段性。即有计划地分阶段编纂环境法典,将编纂目标分解为多个更具操作性的子任务,在此进程中逐步予以更新和完善,最终形成一部较为成熟的环境法典⑤。其二,环境法典调整的范围适度。从各国所达成的有限共识来看,环境法的核心领域始终是环境法典必不可少的内容⑥。鉴于我国环境法各个领域的发展程度不同,有学者建议,可以先将比较成熟的环境法律规范纳入环境法典,而不必过于追求环境法典体系的内容全面性⑦。这一方面便于启动环境法的法典化进程,另一方面也为将来进一步提升法典化程度奠定基础。照此构想,环境法在法律渊源方面就出现以法典法为主、法典法与单行法共存的"双法源"构造⑧。

在"适度法典化"模式的指引下,借鉴我国《民法典》和其他国家环境法典编纂的有益经验,将有助于促进我国环境法典的编纂。我国《民法典》就是在《中华人民共和国民法总则》《中华人民共和国物权法》《中华人民共和国侵权责任法》等民事基本法和单行法的基础之上整合而成的。从国外来看,爱沙尼亚从2000年开始启动制定环境法典的相关工作,2007年爱沙尼亚官方正式启动环境法典起草工程,2014年先行颁布了《爱沙尼亚环境法典

---

① 参见《瑞典环境法典》,竺效等译,法律出版社2018年版,译者序第1页。
② 参见中国人大网,http://www.npc.gov.cn/npc/c2/c30834/202104/t20210421_311111.html,最后访问日期:2022年8月3日。
③ 徐以祥:《论我国环境法律的体系化》,载《现代法学》2019年第3期。
④ 参见张梓太:《中国环境立法应适度法典化》,载《南京大学法律评论》2009年第1期;吕忠梅:《中国环境立法法典化模式选择及其展开》,载《东方法学》2021年第6期。
⑤ 参见张梓太:《中国环境立法应适度法典化》,载《南京大学法律评论》2009年第1期;施理:《德国环境法典化立法实践及启示》,载《德国研究》2020年第4期。
⑥ 参见施理:《德国环境法法典化立法实践及启示》,载《德国研究》2020年第4期。
⑦ 参见吴凯杰:《论环境法典总则的体系功能与规范配置》,载《法制与社会发展》2021年第3期。
⑧ 参见张梓太:《中国环境立法应适度法典化》,载《南京大学法律评论》2009年第1期;吕忠梅:《中国环境立法法典化模式选择及其展开》,载《东方法学》2021年第6期。

（总则）》，之后再进行法典分则的编纂工作①。笔者主张，既然环境法典的编纂不可能一蹴而就，而应当分阶段、分步骤地逐步完成，那么我国环境立法的当务之急是先制定环境法典的总则部分，确定一个环境法律体系的框架和环境法律发展的方向，为今后"总则+分则"集成为环境法典夯实基础。

二、制定环境法典总则的理论动因

环境法体系的总分结构由来已久，已臻成熟。环境基本法历经政策法、框架法、综合法的发展过程，逐步构成与单行法并行的格局②。在理想状态下，环境基本法与其他单行法构成总分结构，环境基本法通过概括性规定提供一个"引力场"，其他单行法在其周围就环境法的具体领域加以规定③。随着环境立法综合化趋势的加强，许多国家的环境基本法不再满足于明确基本法律原则、宣示环境目标及政策等功能，而是整合了部分单行法的内容，开始对公民和社会组织的权利义务、纠纷解决机制、法律责任等内容作出详尽、系统的规定，具有了不同程度的法典编纂性质④。这一趋势促使我们反思环境基本法模式下的总分结构所具有的局限性。有学者指出，在环境基本法模式下，各单行法由于欠缺对环境法律规范体系的整体关照，因此在目标协调性、内容全面性、逻辑自洽性与价值一致性方面存在不足，这导致环境法的整体结构处于松散状态，单行法可能在不断更新过程中发生规范"逸出"，逃离基本法的约束，因此，环境基本法模式无法从根本上解决环境法律规范之间存在的结构性问题⑤。现实中，我国《环境保护法》即便经过修订也依然"徒有基本法之名而无其实"，其对各单行法所起的统率作用微乎其微。在法律实施层面，相关主体仍以各种环境单行法为直接依据和重要基础⑥。

与之相较，环境法典模式的总则具有更强的"体系强制效力"⑦。纵观《民法典》的编纂历史，可谓几度浮沉，经历了"解"法典与"再"法典化的长期辩证过程，但是撇去繁华，我们就会发现，《民法典》的生命力源于其高度体系化所产生的体系效益⑧。正如达维德所说，总则

---

① 参见张忠利：《迈向环境法典：爱沙尼亚〈环境法典法总则〉及其启示》，载《中国人大》2018年第15期。
② 参见李挚萍：《环境基本法比较研究》，中国政法大学出版社2013年版，第29-31页。
③ 参见秦天宝：《比利时弗拉芒地区〈环境政策法（草案）〉述评——兼谈对中国的借鉴意义》，载《环境法治与建设和谐社会——2007年全国环境资源法学研讨会（年会）论文集》，第576页；吴凯杰：《论环境法典总则的体系功能与规范配置》，载《法制与社会发展》2021年第3期。
④ 参见李挚萍：《环境基本法比较研究》，中国政法大学出版社2013年版，第30页。
⑤ 参见吕忠梅、窦海阳：《民法典"绿色化"与环境法典的调适》，载《中外法学》2018年第4期；吴凯杰：《论环境法典总则的体系功能与规范配置》，载《法制与社会发展》2021年第3期。
⑥ 参见张梓太：《论我国环境法法典化的基本路径与模式》，载《现代法学》2008年第4期。
⑦ 吴凯杰：《论环境法典总则的体系功能与规范配置》，载《法制与社会发展》2021年第3期。
⑧ 参见苏永钦：《体系为纲，总分相宜——从民法典理论看大陆新制定的〈民法总则〉》，载《中国法律评论》2017年第3期。

"牵涉到的问题,真正说起来,超过这个总则,不单是法的结构,而更多的是总则所表现出来的系统化精神与抽象的倾向"①。上述所谓体系效益或言系统化精神是在"规则—原则"的架构下提出的。这种法律体系观吸收了纯粹法学的规范理论,并进一步将法律规范类型化为规则和原则两种基本要素,兼顾整个体系的形式理性和逻辑自足性,同时也吸收了利益法学价值融贯性的思想内核②。因此,"规则—原则"的架构可以极大地弥补环境基本法模式的总分结构在逻辑自洽性、价值一致性等方面所存在的缺失。至于环境法典模式的总则所具有的抽象倾向,则主要得益于它的立法技术,即潘德克顿模式的"提取公因式"方法。公因式的提取,要么是在总则中规定共同的部分,把例外的情形交由分则处理,要么是从分则中提炼出更具抽象内涵的规范放置在总则中,以弥补分则的不足。法典模式下总则与分则的规范之间构成"普通—特别""共同—个别"的关系③。总则与分则平等适用,这样就可以通过更新分则的方式侧面弱化法典可能存在的滞后、僵化之弊端④。就此而言,法典的总分结构是一个开放性结构,能够与时俱进,不断适应法律的新发展。

三、制定环境法典总则的现实动因

在"适度法典化"模式指引下编纂的环境法典总则在理论上具有更强的体系强制效力,同时具有更为灵活的动态性、开放性和适应性。从现实主义角度考量,借助于环境法典总则的编纂,可以发挥其面向实践的诸多功能。举其要者,包括整合各个不同环境要素的立法,填补现有环境法律上的空白,提升环境法律的适用性,以下分述之。

(一)整合不同环境要素领域

按照要素分割立法是过去世界各国环境立法的通行模式,我国环境法在发展初期就是遵循这一主线,强调对不同污染源的末端治理和对单一自然资源的保护和管理,注重发挥单行法的规范功能。长此以往,我国环境法律规范系统被划分成了污染防治、自然资源管理和区域生态保护等子系统⑤。这些子系统内部又可以按照特定环境要素划分成不同领域。以污染防治领域为例,这一领域被分为了水污染防治、海洋污染防治、大气污染防治、土壤污染防治、放射性污染防治、固体废物污染防治等。由此可能导致一个环境要素领域被多部立法调整的情况⑥,例如,我国涉水立法就有《中华人民共和国水法》《中华人民共和国水污染防

---

① [法]勒内·达维德:《当代主要法律体系》,漆竹生译,五南图书出版公司1990年版,第89页。
② 参见徐以祥:《论我国环境法律的体系化》,载《现代法学》2019年第3期。
③ 参见苏永钦:《体系为纲,总分相宜——从民法典理看大陆新制定的〈民法总则〉》,载《中国法律评论》2017年第3期。
④ 参见竺效、田时雨:《瑞典环境法典化的特点及启示》,载《中国人大》2017年第15期。
⑤ 参见徐以祥:《论我国环境法律的体系化》,载《现代法学》2019年第3期。
⑥ 参见吕忠梅:《新时代环境法学研究思考》,载《中国政法大学学报》2018年第4期。

治法》(简称《水污染防治法》)、《中华人民共和国防洪法》、《中华人民共和国水土保持法》等多部法律。

这种单要素、分割式立法明显有悖于生态系统的整体性和相互关联性,也进一步加剧了法律条文之间的重复、冲突和制度的碎片化问题。以单位环境违法行政处罚双罚制为例,该制度基于"公司法人格否认"原理,在单位环境违法时,既对单位实施行政处罚,也对单位成员(直接负责的主管人员和其他直接责任人员)进行处罚,从而起到"刺破公司面纱"和精准威慑的作用[①]。然而,在我国生态环境立法实践中,由于相关立法草案的起草时间和起草部门不同等,该项制度时有时无,相当不统一。我国部分环境立法例如《水污染防治法》《中华人民共和国大气污染防治法》(简称《大气污染防治法》)、《中华人民共和国土壤污染防治法》(简称《土壤污染防治法》)、《中华人民共和国固体废物污染环境防治法》(简称《固体废物污染环境防治法》)、《中华人民共和国海洋环境保护法》(简称《海洋环境保护法》)、《中华人民共和国长江保护法》、《中华人民共和国生物安全法》(简称《生物安全法》)都有双罚制的规定。但是有些环境立法例如《中华人民共和国放射性污染防治法》(简称《放射性污染防治法》)、《中华人民共和国野生动物保护法》(简称《野生动物保护法》)以及新近颁布的《中华人民共和国湿地保护法》(简称《湿地保护法》)、《中华人民共和国噪声污染防治法》(简称《噪声污染防治法》)、《中华人民共和国黑土地保护法》(简称《黑土地保护法》)等均没有行政处罚双罚制的规定。即使是有双罚制规定的环境立法,对于某一种特定环境违法行为是否采用双罚制以及具体处罚种类、数额等也多有不同之处。以常见的环境违法行为"拒绝、阻扰监督检查或者在接受监督检查时弄虚作假"为例,《水污染防治法》《大气污染防治法》《土壤污染防治法》《固体废物污染环境防治法》《海洋环境保护法》均明确规定了该项违法行为的行政处罚责任,但具体责任规定又有相当差异(见表1)。

表1 现行污染防治法关于"拒绝、阻扰监督检查或者在接受监督检查时弄虚作假"的罚款规定

立法时间	法案名称及条文	对单位的罚款	对单位成员的罚款
2017年	《水污染防治法》第八十一条	2万元以上20万元以下	无
2018年	《大气污染防治法》第九十八条	2万元以上20万元以下	无
2018年	《土壤污染防治法》第九十三条	2万元以上20万元以下	5 000元以上2万元以下
2020年	《固体废物污染环境防治法》第一百零三条	5万元以上20万元以下	2万元以上10万元以下
2017年	《海洋环境保护法》第七十五条	2万元以下	无

在持续推进生态文明建设的当下,环境法如果想要去"碎片化",落实现代环境政策的整体性保护理念,就必须按照系统论的思想对不同环境要素领域的法律规范进行重组。借

---

① 参见吴卫星:《我国环保立法行政罚款制度之发展与反思——以新〈固体废物污染环境防治法〉为例的分析》,载《法学评论》2021年第3期。

助环境法典编纂的契机,在总则中综合考虑污染在不同环境要素之间的迁移和转化,整合污染防治、自然资源管理和区域生态保护等环境领域,统筹海洋和陆地环境保护,从而实现环境法体系的协调、融贯和自洽。

(二)填补环境法律空白

总则的一个重要作用在于填补环境立法的空白,我国环境法律特别是《环境保护法》还缺乏现代环境法的新内容,例如有关环境权、综合环境许可证等的规定。环境权是生态文明时代的核心权利,自20世纪70年代以来已有近90个国家在其宪法中明文规定了公民环境权[1]。在区域国际法层面,环境权被一些区域性人权公约或者区域性环境公约确认,1981年通过的《非洲人权和民族权宪章》第24条、1988年通过的《美洲人权公约经济、社会和文化权利领域议定书》(《圣·萨尔瓦多议定书》)第11条、1998年通过的《在环境事务中获取信息、公众参与决策和诉诸司法的公约》(《奥胡斯公约》)序言及第1条、2003年通过的《非洲人权和民族权宪章关于妇女权利的议定书》第18条第1款、2004年通过的《阿拉伯人权宪章》第38条、2012年通过的《东盟人权宣言》第28条(f)项均明文承认了环境权。1950年通过的《欧洲人权公约》没有环境权的明文规定,但欧洲人权法院认为它是一部"活的文书",应该根据目前的情况加以解释[2]。欧洲人权法院通过对该公约的扩大解释,频繁运用该公约第8条家庭和隐私权(right to family and private life)来保护环境利益,这是该公约机制下保护个人环境法益最重要的一条管道[3]。尤其值得注意的是,联合国人权理事会2021年10月8日第48/13号决议、联合国大会2022年7月28日第76/300号决议先后确认享有清洁、健康和可持续环境的权利(right to a clean, healthy and sustainable environment)是一项人权,正式在全球层面承认环境权是一项独立的人权。

当然,也有不少国家例如哈萨克斯坦、爱沙尼亚、赞比亚、坦桑尼亚,在缺乏宪法环境权规定的情况之下通过法律确认了环境权(法定环境权)。例如,在没有明确的国际法、欧盟法和宪法基础的情形下,《爱沙尼亚环境法典(总则)》第23条规定了"满足健康和福祉需求的环境权"(right to environment that meets health and well-being needs),其立法初衷是确立一个实体性的权利,而非仅仅将其作为一项程序性权利。爱沙尼亚最高法院的立场是,只有当相关环境标准和每个人容忍环境影响的义务能够在法律中得到确定时,一项独立的主观环境权才会被确立。由于第23条依赖于几个未定义的法律概念("环境""健康和福祉需求"

---

[1] 参见吴卫星:《环境权入宪的比较研究》,载《法商研究》2017年第4期;吴卫星:《环境权理论的新展开》,北京大学出版社2018年版,第18页。

[2] See Kaarel Relve. The Subjective Right to Environment in the General Part of the Environmental Code Act. Juridica International, Vol. 24(2016), p. 33.

[3] 参见吴卫星:《环境人权在联合国系统之演进——联合国人权理事会第48/13号决议之评析》,载《人权法学》2022年第3期;吴卫星:《环境权研究——公法学的视角》,法律出版社2007年版,第172-177页。

和"重要联系"等），其未能通过爱沙尼亚最高法院对独立主观环境权的测试[①]。然而，这并不意味着爱沙尼亚环境权入法的失败。环境权条款位于总则中，而总则的重要设计目的在于整合单行法的内容，编纂和扩展围绕环境权的法律实践。因此，总则中的环境权并不需要像单行法中的条款一样单独通过有关独立主观权利的检验，它可以交由分则确定其权利范围和内容。我们不能不肯定《爱沙尼亚环境法典（总则）》在确立环境权方面的重大意义，它使得个人使用环境和保护自己免受风险和伤害的利益获得了权利保障。虽然在法典分则尚未完全配套之时，爱沙尼亚最高法院并未承认其独立主观环境权的地位，但一些法院，特别是塔林巡回法院，已经在司法实践中做出了承认[②]。

《爱沙尼亚环境法典（总则）》向我们展示了环境权入法的可能途径。我国环境法典及其总则的编纂应当回应人民对于优美生态环境质量的需要，实现环境法规范与宪法规范的交互影响和体系性融贯，特别是在我国生态文明入宪但现行宪法尚未明确规定环境权的背景下，环境立法要为公民享有环境权提供切实保障，以便为今后宪法明确规定环境权提供实践素材与制度支撑[③]。因此，环境法典总则的制定是我国在法律中确立环境权的绝佳时机，环境权入法将标志着我国环境法不仅仅是实施环境管理之法，更是权利保障之法。

现代环境法的一个发展趋势是从还原主义的碎片式的单要素保护迈向整体主义的系统性、综合性保护[④]，综合环境许可证（integrated environmental permit）制度即是代表这种转变的重要体现。欧盟1996年颁布的《综合污染预防与控制指令》（Integrated Pollution Prevention and Control Directive）和2009年通过的《工业排放指令》（Industrial Emission Directive）确立了工业污染排放的综合许可证制度。环境综合许可证制度是《爱沙尼亚环境法典（总则）》的一个亮点，该法规定了一个单一的环境许可证程序，用来取代按照环境要素领域划分的许可证申请程序。综合许可证制度将极大地简化和降低许可证申请者和行政机关实施现行法律的成本，它是一个很好的例证，表明爱沙尼亚在减少现有环境法内部和外部的过度监管方面所付出的努力[⑤]。

反观我国，现行《环境保护法》只是笼统地规定了排污许可管理制度，而没有包含资源

[①] See Kaarel Relve. The Subjective Right to Environment in the General Part of the Environmental Code Act. Juridica International, Vol. 24(2016), p. 36, 41.

[②] See Kaarel Relve. The Subjective Right to Environment in the General Part of the Environmental Code Act. Juridica International, Vol. 24(2016), p. 42.

[③] 参见张震：《环境法体系合宪性审查的原理与机制》，载《法学杂志》2021年第5期。

[④] 参见柯坚、琪若娜：《"长江保护"的客体识别——从环境要素保护到生态系统保护的立法功能递进》，载《南京工业大学学报（社会科学版）》2020年第5期；杜寅、高颖：《从还原论、整体论到系统论：环境法学方法立场的省思》，载《贵州大学学报（社会科学版）》2021年第2期。

[⑤] See Hannes Veinla. Basic Structures of the Draft General Part of the Environmental Code Act. Juridica International, Vol. 17(2010), pp. 136-137.

利用许可制度。排污许可管理制度重点关注的对象是大气污染和水污染。鉴于此,国内有学者提出应当从中提取出更抽象的环境许可制度置于总则中,统一许可证申请程序①。这种程序的一体化与实体环境法的统一一样,都有助于实现生态环境整体性保护的目标。也就是说,行政机关在颁发许可证的时候,必须考虑整体影响,从而确保对环境的最佳保护。综合环境许可证制度不仅有助于统一排污许可与资源利用许可两个领域,起到规范精简功能,还有助于将许可规制的手段上升至更高的规范位阶,为其他环境领域创造性地运用此项手段提供基础。因此,环境许可制度可谓法典功能和特征的"集大成者",体现了法典是"兼具体系性的法律清理的改革法"②。

(三)提升环境法律的适用性

环境法学和环境法都面临着从"外来输入型"向"内生成长型"的转变,这种转变的前提是环境法基础理论必须建立在中国的生态文明发展道路、生态文明建设理论、生态文明体系逻辑之上,将生态文明建设的政治话语转化成为法律话语③。我国《环境保护法》中宣示性条文较多,它们难以真正为司法所适用,这是限制其发挥应有效力的重要原因。

爱沙尼亚在过去一段时间里同样面临这一问题。有学者指出,爱沙尼亚环境法的许多基本原则被规定为政治范畴而不是法律范畴④。缺乏制度化、系统化功能以及实施机制的基本原则难免沦为政治口号。为此,《爱沙尼亚环境法典(总则)》确立了可供法律适用的基本原则。这些基本原则作用的直接对象是立法者、执法机关以及法院。立法者在制定环境单行法时必须考虑这些原则,特别是在起草环境法典分则部分的时候。对于执法机关和法院来说,这些原则将作为解释准则。以风险预防原则为例,作为最能体现当今环境法本质特征的一项基本原则,它在总则部分一以贯之,实现了环境法体系逻辑层面的自洽性以及价值层面的内在一致性。为了实施这一原则,主管机关在颁发环境许可证时必须考虑到科学不确定性和采取适当预防措施的必要性。这一原则还增加了"个人"层面,即每个人都有义务了解他(她)的活动对环境的潜在影响,并采取最佳技术,减少对环境可能产生的不利影响。公众知情权、参与权等权利应当得到充分保障,确保公众能够充分获取与环境有关的信息并参与决策,从而有效控制环境风险。环境影响评估的对象应当包括环境风险,以尽可能地避免严格责任的适用。正如我们所看到的,基于风险预防原则的个人或机构的具体义务、环境影响评估程序、环境民事责任和许多其他法律手段为这一基本原则提供了必要的实施层面。

---

① 参见吴凯杰:《论环境法典总则的体系功能与规范配置》,载《法制与社会发展》2021年第3期。
② 参见[德]沃尔夫冈·卡尔:《法典化理念与特别法发展之间的行政程序法》,马立群译,载《南大法学》2021年第2期。
③ 参见吕忠梅:《新时代环境法学研究思考》,载《中国政法大学学报》2018年第4期。
④ See Hannes Veinla. Codification of Environmental Law: Major Challenges and Options. Juridica International, Vol. 5 (2000), p. 60.

这有效扭转了爱沙尼亚环境"框架法""包含政治文本而不是法律定义的文本"的局面,极大地提升了总则的执行力①。

环境法律规范过于原则、抽象,其宣示性和号召性过强,对具体法律行为缺乏明确的规范性和指引性的背后,有法律技术化的原因。现代环境领域专业化与技术化的趋势越来越明显,在提供与环境有关的具体、易于实施的规范方面,立法机关的作用日渐式微,其越来越倾向于提供一个宏观性、原则性的框架,随后通过附属立法、行政立法进行具体化②。现代技术的司法化一方面加剧了环境法律"实质上的技术化",即各种环境标准以及生态修复、损害鉴定评估等都具有浓厚的技术性色彩;另一方面导致了环境法律"形式上的技术化",催生了一个体积庞大的"尾巴",各种配套的实施细则、实施办法、管理条例等使人应接不暇,导致公众难以知悉和掌握日益技术化的环境法律③。在此过程中,环境法律作为行为规范与裁判规范的特征在逐步消解,最终可能被"束之高阁"。执法、司法机关过分倚重专家或者技术机构的鉴定和判断,技术或工程层面的考量主导环境风险决策,将造成环境决策中技术理性与公众理性之间的冲突,削弱环境执法与司法判决的可接受性。借助法典的适用性因应环境法律技术化,有利于增强法律的可获知性、易传授性和可接受性④。

德国学者沃尔夫冈·卡尔在论及法典化理念与特别法发展之间的关系时说:"法典编纂不能导致形成无结果的规范,如同空中楼阁,而是需要一定的附着力,以确保现实和问题的适当性与确定性,并恰当地处理(符合)事实及其专业法的多样性。"⑤也就是说,法典编纂需要将抽象的原则具体化,经由这些具体制度和规则来实现目标,并从法律技术层面为相关主体设置权利与义务,便于法律的实施和适用。当下,环境法典总则的制定恰逢其时,总则可以将行之有效的中央政策文件固定下来,并把它们纳入法治运行的轨道上来。虽然总则的条款相较于分则而言,较少地具备实际解决问题的功能,而较多地承担着体系化功能、结构化功能和秩序功能,但仍应强调总则条款的适用性和执行力,避免其朝着类似宪法总纲的方向发展,偏重政治指引而缺乏直接的规范效力⑥。

---

① See Hannes Veinla. Right to the Environment in the Context of EC Approximation and Codification of Estonian Environmental Law. Juridica International, Vol. 4(1999), pp.110-114.
② See T. P. van Reenen. Reflections on the Codification of South African Environmental Law(2): A Suggested Normative Structure and Content of a Codification. Stellenbosch Law Review, Vol. 5, No. 3(1994), p. 336.
③ 参见何江:《为什么环境法需要法典化——基于法律复杂化理论的证成》,载《法制与社会发展》2019年第5期。
④ 参见何江:《为什么环境法需要法典化——基于法律复杂化理论的证成》,载《法制与社会发展》2019年第5期。
⑤ [德]沃尔夫冈·卡尔:《法典化理念与特别法发展之间的行政程序法》,马立群译,载《南大法学》2021年第2期。
⑥ 参见[德]沃尔夫冈·卡尔:《法典化理念与特别法发展之间的行政程序法》,马立群译,载《南大法学》2021年第2期;朱庆育:《第三种体例:从〈民法通则〉到〈民法典〉总则编》,载《法制与社会发展》2020年第4期。

四、我国环境法典总则基本架构的设想

在对环境法典总则的功能及其编纂的必要性进行论证之后,下文将阐述我国环境法典总则的基本结构和内容的初步设想。按照法典体系的一般构造,环境法典总则应当包括一般规定、环境法基本原则、公众环境权利、环境监督管理体制和制度体系等内容。但是,鉴于法典编纂的分阶段性和我国环境立法的现实需求,率先编纂的环境法典总则又需要超越一般法典总则编的内容。例如,按照学界主流观点,我国环境法典框架结构应包括总则编、污染控制编、自然生态保护编、绿色低碳发展编和生态环境责任编①。照此构想,生态环境损害责任(修复责任和赔偿责任)内容应当纳入最终成型的环境法典的法律责任编。不过,需要注意的是,环境法典整体编纂成功所需时间较长,而生态环境损害责任的立法有较强的迫切性。我国全国人大及其常委会尚无生态环境损害责任的专门立法,该项制度的法源主要体现为《民法典》第一千二百三十四至一千二百三十五条、《生态环境损害赔偿制度改革方案》等国家规定,为此需要通过正式立法衔接《民法典》相关规定并就该项制度的基本框架进行补白。基于此种现实考量,环境法典总则可以包含生态环境损害责任的内容,待以后最终编纂环境法典时可以再将其移出总则编,植入法律责任编即可。与此类似的是,其他环境法律责任、环境司法专门化等内容均可做这种技术处理,从而使得环境法典总则具有更广的涵摄范围,并在总则通过之后、法典最终编纂完成之前这一特定历史阶段在一定程度上发挥"准法典"的功能。

(一)一般规定

首先是总则的一般规定,主要内容包括立法目的、适用范围、重要概念的定义等内容。特别需要指出的是,总则对重要概念的澄清是非常必要的,有利于保证概念的同质性。法的要素包括法律概念、法律规则和法律原则,其中法律概念是法律大厦的基石。因此,各国环境法典或者环境基本法大多对重要概念进行界定。例如《哈萨克斯坦共和国生态法典》第1条对该法典所涉及的环境、环境损害、环境排放、环境保护、环境污染、自然客体、自然资源、生态许可证、排放标准等105个基本概念作了解释和阐述。《爱沙尼亚环境法典(总则)》第3—7条就环境妨害、环境风险、环境威胁、设备与运营者、排放、排放限值、环境质量限值、污染行为与污染结果等概念作了界定。我国现行《环境保护法》仅在第二条对环境的概念作出解释,环境法典总则应当结合《中华人民共和国宪法》第二十六条关于"国家保护和改善生活环境和生态环境,防治污染和其他公害"的规定以及其他相关规定,将宪法中涉及环境与自然资源保护的规定予以具体化,对环境、生活环境、生态环境、自然资源、自然生态保

---

① 参见吕忠梅:《环境法典编纂论纲》,载《中国法学》2023年第2期。

护、环境污染、其他公害、生态保护红线、重点生态功能区、生态环境敏感区、生态环境脆弱区、重点排污单位、重点污染物等一些基础性概念和术语进行立法界定。

（二）环境法基本原则

总则的第二部分规定环境法的基本原则。如前所述，基本原则在总则中起到提纲挈领的作用，同时它也是保障法典开放性和适应性的核心。我国《环境保护法》仅在第五条概括性地规定了"保护优先、预防为主、综合治理、公众参与、损害担责"的环境保护原则，这显然是不够的。总则恰当的做法是逐条分列基本原则并予以说明。前面在论及《爱沙尼亚环境法典（总则）》如何将政治文本转化为法律文本之时，以风险预防原则作为示例，阐述了抽象的原则是如何贯彻于总则之中并且有效串联起各项具体制度的。因此，总则对基本原则的列举和阐释是必要的。风险预防原则是各国环境法典中一项普遍的法律原则，例如《法国环境法典》第一编"总则"第L110-1条第2款第（1）项、《爱沙尼亚环境法典（总则）》第11条均是关于风险预防原则的专门规定。当人类迈入环境风险社会，生态环境安全的价值愈加凸显，为了守住自然生态安全边界，确保生态安全，在法治体系中构建风险预防原则及其体制机制显得尤为迫切[①]。我国《大气污染防治法》第七十八条关于有毒有害大气污染物的管理、《水污染防治法》第三十二条关于有毒有害水污染物的管理、《生物安全法》第二章关于生物安全风险防控体制的规定等均体现了环境风险预防和风险管理的理念和规则。因此，为顺应环境法从结果控制向风险预防的转向，我国环境法典总则应当将《环境保护法》第五条规定的"预防为主"原则区分为一般的预防原则和风险预防原则，以因应当代环境保护风险管理的理论和实践，并为实践中已经出现的预防性环境公益诉讼提供原则性的规范与指引[②]。

（三）公众环境权利

环境法基本原则之后应当系统规定公众环境权利，这里的公众环境权利包含实体性权利与程序性权利。无论宪法是否规定环境权以及环境权是否可诉，一个普遍的共识是环境法典的总则部分需要的是作为独立主观权利的环境权，而不是宪法条款的再宣示[③]。近年来，环境权的概念和内容面临泛化的危险，对此，总则在规定环境权时最好进行类型化处理。当代环境法对于公众环境权的完备规定包括三个方面：一是"环境权的本体性规定"，也即公民有在清洁、健康、美丽的环境中生活的权利；二是"环境权的保障性规定"，即通过规定

[①] 参见吕忠梅：《习近平法治思想的生态文明法治理论》，载《中国法学》2021年第1期。

[②] 关于预防性环境公益诉讼，请参见李华琪：《论中国预防性环境公益诉讼的逻辑进路与制度展开》，载《中国人口·资源与环境》2022年第2期；刘梦瑶：《预防性环境公益诉讼的理路与进路——以环境风险的规范阐释为中心》，载《南京工业大学学报（社会科学版）》2021年第2期。

[③] See T. P. van Reenen. Reflections on the Codification of South African Environmental Law（2）: A Suggested Normative Structure and Content of a Codification. Stellenbosch Law Review, Vol. 5, No. 3(1994), p. 354.

环境权的保障性权利——环境知情权和公众参与权,从事前和事中角度保障环境权的享有;三是"环境权及其保障性权利的救济性规定",即在环境权、环境知情权和公众参与权受到侵害或者有侵害之虞时,可以通过行政复议、诉讼程序获得事后救济①。

2014年修订的《环境保护法》第五章专章规定了信息公开和公众参与,明确规定公众"享有获取环境信息、参与和监督环境保护的权利",特别是其第五十八条确认了社会组织的环境公益诉权,这种立法范式和内容都是新《环境保护法》所做出的历史性贡献。然而,新《环境保护法》没有确认实体性的环境权,也遗留下了历史性遗憾。不过,我国一些地方环境保护立法已有实体性环境权的规定,例如《广东省环境保护条例(2022年修正)》《广西壮族自治区环境保护条例(2019年修正)》《宁夏回族自治区环境保护条例(2019年修正)》《海南省环境保护条例(2017年修正)》都规定了公众享受良好环境的权利,以及知情、参与、监督和举报的程序性权利。另外值得注意的是,2021年9月国务院新闻办公室发布的《国家人权行动计划(2021—2025年)》将"环境权利"单独成章,与"经济、社会和文化权利""公民权利和政治权利"相并列。因此,我国环境法典总则的编纂应当审时度势,型塑出以环境权为核心的公众环境权利体系,以公众环境权利为重要支柱推进生态文明法治建设以及生态环境治理体系与治理能力的现代化。

(四)环境监督管理

环境立法的一项重要作用就是创立国家环境管理体制。无论是1989年制定的《环境保护法》,还是2014年修订的《环境保护法》,对于环境管理体制的规定均是极其简略的。例如现行《环境保护法》在第十条用两款规定了统一监督管理和分级分部门相结合的环境管理体制,但是对于各个不同行政部门具体有什么环境保护职权、环境保护主管部门的统一监督管理权有何体现,都没有做出具体规定。2018年国家机构改革之后,我国国家环境管理体制发生了较大变化,在国务院层级,环境监管权力进一步向新组建的生态环境部集中。生态环境部的职权涵盖了原环境保护部的所有职能,国家发展和改革委员会的应对气候变化和减排职能,原国土资源部的监督防止地下水污染职责,以及水利部、原农业部等部门的相关职能。环境法典总则的编纂应当进一步巩固国家机构改革的成果,厘清生态环境主管部门与自然资源主管部门、水行政主管部门、农业农村主管部门、交通运输主管部门等相关行政机关之间在环境保护领域中的职责分工,并建立相应的协调机制与协调机构。

在环境监督管理制度方面,环保规划、环境影响评价、环境许可、环境监测、区域联防联控、突发环境事件处理等都可以纳入总则之中。特别是在排污许可作为我国固定污染物环境管理的核心制度的背景下,应当进一步完善该制度,加强该制度与环境影响评价等相关制

---

① 参见吴卫星:《环境权在我国环境法典中的证成与展开》,载《现代法学》2022年第4期。

度的衔接,并借鉴国外经验和我国实践以法律形式确认综合许可证制度。我国《环境保护法》第四十五条规定的主要是针对大气、水等单个环境要素的排污许可制度,2019 年修正的《排污许可管理办法(试行)》第八条规定"对排污单位排放水污染物、大气污染物等各类污染物的排放行为实行综合许可管理"。法典总则应当总结下位法和实践经验,以法律形式确立综合环境许可制度,以简化许可程序,强化环境许可在固定污染源管理中的核心作用,推进生态环境的整体性和系统性保护。

（五）环境法律责任

环境法律责任应当囊括哪些内容,罚则是单独设立还是依附于具体的条文之后,这些是在总则制定过程中无法回避的问题。鉴于环境法律规范主体上属于行政法范畴,环境法律责任的主要内容应当是环境行政责任。新《环境保护法》在环境行政责任方面的创新和亮点是其第五十九条规定的"按日连续处罚制度",不过按日连续处罚责任的法定构成要件之一是"受到罚款处罚",在法律效果方面是"按照原处罚数额"按日连续处罚。这样按日连续处罚需要以前一个罚款处罚决定的做出为前提和基础,而罚款处罚决定(特别是需要经过听证的),其程序的展开需要一定时间,必然会影响到按日连续处罚决定的及时做出。因此,按日连续处罚制度的法定构成要件和法律效果的规定存在一些欠缺,导致其适用起来颇为复杂和困难[1],需要在环境法典总则编纂时加以改造和完善。另外,2021 年全国人大常委会修订了《中华人民共和国行政处罚法》,环境法典总则应当基于新《行政处罚法》和行政执法实践,就环境行政处罚的特别种类、处罚程序特别是听证程序、环境行政处罚裁量基准,以及从轻、减轻处罚情形,做出进一步的细化规定。在环境行政处罚引发的行政诉讼实务中,人民法院因被告违反法定程序或者正当法律程序、行政处罚明显不当而做出撤销判决或者变更判决的情形较为常见[2]。

就环境民事责任而言,我国《民法典》第七编(侵权责任)第七章(环境污染和生态破坏责任)确立了环境私益侵权责任和环境公益侵权责任(生态环境损害赔偿责任)的二元结构[3]。环境法典总则应当与《民法典》第一千二百三十四至一千二百三十五条规定的环境公益侵权责任相衔接,细化生态环境损害赔偿责任制度,特别是要确立《民法典》第

---

[1] 长期以来按日连续处罚案件数量偏少。例如,2021 年 1—12 月全国环境保护按日连续处罚案件仅为 199 件,远远低于同期查封扣押案件 8 897 件、限产停产案件 1 093 件、移送拘留案件 3 397 件、涉嫌犯罪案件 1 868 件。参见《生态环境部通报 2021 年 1—12 月环境行政处罚案件与〈环境保护法〉配套办法执行情况》,https://www.mee.gov.cn/ywdt/xwfb/202201/t20220122_967946.shtml,最后访问日期:2022 年 8 月 20 日。

[2] 参见吴卫星、周嘉敏:《坏境行政处罚司法审查被告败诉考——基于 122 起环境行政处罚诉讼案件的实证分析》,载《南京工业大学学报(社会科学版)》2021 年第 3 期。

[3] 参见吴卫星、何钰琳:《论惩罚性赔偿在生态环境损害赔偿诉讼中的审慎适用》,载《南京社会科学》2021 年第 9 期;陈伟:《环境污染和生态破坏责任的二元耦合结构——基于〈民法典·侵权责任编〉(草案)的考察》,载《吉首大学学报(社会科学版)》2020 年第 3 期。

一千二百三十二条惩罚性赔偿责任适用于生态环境损害赔偿领域的具体规则。有学者提出"生态环境修复责任"作为环境法的一种特殊责任类型,不同于民事责任方式中的"恢复原状",是环境法典责任体系不可缺少的内容①。笔者赞同将生态环境损害赔偿责任和生态环境修复责任纳入总则的法律责任中,至于非环境特定性的民事责任则不必纳入,仍将其保留在原来的法律之中。关于环境刑事责任的规定,一般来说有两种通行的做法。其一,环境刑法作为原来刑法典的一部分保留。因为环境刑法想要实现对环境领域的监管,仍然要从刑法的一般功能出发。其二,附属刑法模式,即将环境刑法从刑法典中分离出来作为环境立法的一部分。考虑到刑法补充威慑的功能,因此总则可以通过引致条款规定有关环境刑事责任。目前我国《环境保护法》采用的就是这种"准用性规范模式"②。总则可以继续沿用这一模式,在确保法律条文简洁性的同时,提醒法律适用者注意环境刑事责任与其他法律责任之间可能存在的重叠和折抵。

(六)环境司法专门化

因应环境立法和环境保护的综合性发展,环境司法的专门化是一个必然的趋势。传统上依刑事、民事、行政分置的法院内部审判组织已无法满足环境纠纷解决的需求,许多国家陆续建立了专门的环境法院或者环境法庭审理环境案件。我国第一个专门环境法庭于2007年正式揭牌,开启了我国环境司法专门化的历程③。在最高人民法院和地方人民法院的积极推动下,数量众多的环境资源法庭、环境资源审判庭与合议庭如雨后春笋般相继被设立。由于环境资源法庭或者审判庭的设立尚缺乏明确的法律依据,从长远来看,环境司法专门化在我国的进一步发展受到制约。为了保障环境司法专门化的健康发展,我国亟须在法律层面为专门环境司法机构提供组织法依据。另外,值得探讨的是,是否需要迈向更高形式的环境司法专门化,也即是否需要在某些区域或者流域设立专门的环境法院。环境法典总则应当对此做出回应,就环境司法的组织机构、受案范围、管辖和裁判方式等内容做出统一规定。在这方面,《瑞典环境法典》具有重要的借鉴价值,该法典第20章至第23章对环境法庭和环境上诉法庭的组织结构、受案范围、诉讼程序等内容作了专门规定④。

五、结语

从20世纪70年代以来,现代环境法经历了不同世代或者阶段的发展,其总体发展趋势是迈向一种整体主义的综合性和系统性的环境保护范式。环境法典的编纂是20世纪末以

---

① 参见王灿发、陈世寅:《中国环境法法典化的证成与构想》,载《中国人民大学学报》2019年第2期。
② 王灿发、陈世寅:《中国环境法法典化的证成与构想》,载《中国人民大学学报》2019年第2期。
③ 参见王树义:《论生态文明建设与环境司法改革》,载《中国法学》2014年第3期。
④ 参见《瑞典环境法典》,竺效等译,法律出版社2018年版,第93-111页。

来大陆法系国家出现的一种普遍性现象,我国环境法典的编纂既顺应了世界环境法的发展趋势,又因应了对生态环境领域进行整体保护和系统治理的需要,有助于深入推进我国生态文明建设、回应人民对于优美生态环境的需要。从为学界所广泛接受的环境立法"适度法典化"立法模式出发,考虑到总分结构的法典形式在构建科学的法律体系方面的显著优势以及法典编纂存在长期性和复杂性的特点,我国应当采取分阶段编纂的方式,首先制定环境法典的总则部分。环境法典总则通过厘清生态环境保护领域的基本概念,明确规定风险预防原则、综合环境许可证制度、以环境权为核心的公众环境权利体系,优化环境监督管理的职权配置、法律责任体系和环境司法体制,将在我国环境立法和生态文明建设进程中发挥重要作用,并为最终完成环境法典的编纂奠定坚实基础。

信息公开申请权滥用的治理路径重构*

——基于组态分析的视角

董 妍**

摘　要： 以系统思维观察信息公开"不当申请争议",发现这是一个复杂的社会现象。针对这一问题,采用针对复杂成因的定性比较分析法,能够更为准确地描述出"不当申请争议"的原因,有利于对症下药。经过分析,"不当申请争议"的产生路径分为抑制型争议数量少、发展不足型争议数量少、公开不足型争议高发和机制成熟型争议高发。争议数量少并非"无讼""和谐"状态的体现,争议高发也并非矛盾激化的体现,而是政府信息公开乃至法治发展过程的一个必经阶段。在这种认知之下,不应将减少争议数量作为评价诉源治理效果的唯一标准,而是应当在系统思维之下,依据争议产生的路径不同实施治理,发挥个案溢出效应,促进府院互动,从查清个案源头转变为追溯争议发生的深层次原因,还应当注重典型案例推广、类案治理以及普法工作。

关键词： 模糊集定性比较分析法　信息公开申请权不当行使　行政争议　诉源治理　系统思维

　　党的二十大报告指出,要坚持系统思维。这一重要论述对于行政争议的诉源治理十分重要。在现行行政争议的实质性化解中,经常追溯到争议的前端,了解争议产生的真正原因,但是,这种原因分析只局限于个案的范围内,将个案和整个环境割裂开,缺乏系统思维,虽然对个案的解决具有一定的帮助,但是在从根本上防治类似争议产生方面的作用有限。在系统思维指导之下,应当以更宏观的视角考察争议产生的社会原因,并以更丰富的途径进行诉源治理。

　　政府信息公开制度建立以来,部分申请人不当行使政府信息公开申请权,以达到给行政机关施压目的的情况在实践中并不鲜见,也并非我国独有,甚至有学者称其为政府信息公开

---

* 基金项目：研究阐释党的十九届六中全会精神国家社科基金重大项目"弘扬社会主义法治精神研究"（22ZDA072）。

** 作者简介：董妍,天津大学法学院副教授,博士生导师。电子信箱:dongyan_publiclaw@163.com。联系电话:18622991635。

制度的伴生性问题①。"陆红霞诉南通市发展和改革委员会政府信息公开答复案"(以下简称"陆红霞案")②对申请人不当行使申请权、诉权的行为作出了司法回应。该裁判虽然在一定程度上对不当行使权利的申请人起到了震慑作用,但是,客观地说,这只是在缺少实体依据下的权宜之计,甚至仅从程序上裁定驳回起诉的裁判方式在一定程度上加剧了诉讼程序空转现象③,学术界也因此对该裁判表现出了担忧④。实践中,法院和行政机关也多次进行诉源治理,与案件当事人进行沟通,但是,此类案件在有些地区仍然保持一个高发的状态。

为此,2019年《中华人民共和国政府信息公开条例》(以下简称《条例》)进行了修改,对于申请人大量、频繁申请政府信息公开的行为设置了说明理由、延期答复和收取信息处理费等制度,将对不当行使申请权的规制从司法程序提前至行政程序。更为重要的是,前述规定理顺了申请人、行政机关和法院之间的关系,将申请人是否构成申请权不当行使的初次判断权交由行政机关⑤,法院得以从争议本身抽离出来,回归中立地位,对行政机关初次判断的合法性进行认定。这一改变与行政诉讼裁判对象是具体行政行为合法性的定位相契合。因而,《条例》修改中对不当行使申请权规制的制度安排是对政府信息公开制度环境的重塑⑥。在新的制度环境中,法院的任务是对申请人和行政机关之间关于信息公开申请权不当行使行政争议(以下简称"不当申请争议")进行化解,当然,申请人与行政机关也将在新的规则下展开又一轮的博弈⑦。

化解行政争议是行政诉讼的立法目的之一⑧。《条例》的修改与行政诉讼立法目的契合。但是,从诉源治理的层面而言,仅重视诉讼中的裁判规则是不够的,更重要的是运用系统思维,分析造成"不当申请争议"的原因,对症下药,才能使诉源治理获得效果,真正做到争议的实质性化解。同时,通过实证研究,特别是数据分析,透视出仅凭理论研究难以发现的问题和规律,可以使我们对"不当申请争议"进行重新审视。

然而,对于"不当申请争议"发生原因的考察绝非易事。社会本身就是个非常复杂的系

---

① 参见石龙潭:《信息公开与"权利滥用"——日本的现实和应对》,载《财经法学》2018年第5期。
② 参见江苏省南通市中级人民法院(2015)通中行终字第00131号行政裁定书。
③ 参见葛晓燕:《诉源治理视阈下行政诉权有效行使保障的司法进路——基于程序性驳回案件的实证考察》,载《中国应用法学》2022年第1期。
④ 参见沈岿:《信息公开申请和诉讼滥用的司法应对——评"陆红霞诉南通市发改委"》,载《法制与社会发展》2016年第5期;梁艺:《"滥诉"之辩:信息公开的制度异化及其矫正》,载《华东政法大学学报》2016年第1期;王锡锌:《滥用知情权的逻辑及展开》,载《法学研究》2017年第6期;王贵松:《信息公开行政诉讼的诉的利益》,载《比较法研究》2017年第2期。
⑤ 参见董妍:《政府信息公开不当申请规制研究——兼论〈政府信息公开条例〉第35条的适用》,载《河北法学》2022年第9期。
⑥ 参见耿宝建、周觅:《新条例制度环境下政府信息公开诉讼的变化探析》,载《中国行政管理》2020年第2期。
⑦ 参见肖洒:《信息公开缠讼司法规制的实效性考察》,载《行政法学研究》2020年第3期。
⑧ 《行政诉讼法》第1条。

统,社会科学中原因与结果之间往往并不存在线性和对称关系。前因是多重并发的,一个结果的出现,在大多数情况下并非单一原因所致,而是众多条件的"因缘和合"和"化学反应"[①]。在众多的条件中,每个条件起的作用也不尽相同,这些都影响着原因的确定。鉴于此,本文采用针对社会科学复杂原因进行研究的模糊集定性比较分析法(fsQCA)对"不当申请争议"的原因进行系统层面研究,以期为重新认识"不当申请争议"的产生和诉源治理提供一个新的视角和思路。

一、研究方法与数据分析

将"不当申请争议"的产生放到社会中作系统观察,会发现诸多相关因素都对这一争议的产生具有重要影响,本部分将采用模糊集定性比较分析法,对"不当申请争议"产生的原因进行分析。

(一)研究方法

要考察"不当申请争议"的成因,需要将法院适用《条例》第三十五条裁判的案件数量(以下简称"争议数量")多的地区和争议数量少的地区进行比较,在此基础上明确造成两种结果的核心因素。前因条件的选取是fsQCA研究方法的基础,对于前因条件的选取必须具有一定的合理性,才能保证结果的有效性,同时,因为社会本身是个极其复杂的系统,各种因素相互关联,在研究中不可能也没有必要将所有与结果要件关联的因素确定为前因要件,设定太多的前因条件不但不能达到预期的研究效果,而且会因为过多的前因条件而使得研究不能聚焦,甚至丧失研究的科学性。如果说尽可能地占有文献和数据考验的是研究者的技术与耐心,那么适当的挑选、舍弃文献和数据,考验的便是研究者的智慧。鉴于此,本文对于前因条件和结果条件的选择按照以下方法进行设定:

第一,在北大法宝数据库中检索法院适用《条例》第三十五条进行裁判的案件,获得法院裁判的"不当申请争议"案件数量,并以各省为单位对数据进行汇总,以形成案件数量的对比。该数据为本研究的结果要件。

第二,实践影响。由于适用《条例》第三十五条与新《条例》实施前法院适用缺乏诉的利益的裁判均是为了政府信息公开的不当申请问题,并且在一定程度上反映出一个地区法院裁判的思路和习惯,因此本研究对2019年以前适用诉的利益的裁判(以下简称"诉的利益案件数量")也进行了检索,并按照各省汇总,作为一个前因条件。

第三,透明度影响。将各省政府数据开放评分中的评估指标作为前因条件。政府信息公开制度与政府数据开放一脉相承,都是地方政府透明度的重要指标。政府透明度反映出

---

① 参见杜运周、贾良定:《组态视角与定性比较分析(QCA):管理学研究的一条新道路》,载《管理世界》2017年第6期。

地方政府主动公开政府信息和政府数据的情况。依照学术界一直以来的观点，依申请公开纠纷产生的一个重要原因是主动公开不够，因此，将对政府主动公开的评估情况作为前因条件。由复旦大学和国家信息中心数字中国研究院联合发布的《中国地方政府数据开放报告》（2021）①，旨在对于地方政府透明度作出评估，也成了学术界重要的研究材料，不少论文以此评估结果为素材进行研究②。在该评估体系中，包含准备度、平台层、数据层、利用层四个指标。准备度包含法规政策、标准规范、组织推进三个一级指标；平台层包括平台体系、开放协议、发现预览、数据集获取、社会数据及利用成果提交展示、使用体验、互动反馈等七个一级指标；数据层包括数据数量、开放范围、关键数据集质量、关键数据集规范、关键数据集安全保护等五个一级指标；利用层包括利用促进、利用多样性、成果数量、成果质量、成果价值等五个一级指标③。这些指标全面地反映了地方政府数据开放情况，因而将上述指数作为前因条件。

第四，经济影响。将各地区2021年GDP作为前因条件，因为经济活动影响公众的信息需求，同时过往的研究中也表明经济发达地区信息公开行政诉讼案件较多④。

依照上述内容，本文考察的前因条件和结果如表1所示：

表1 前因条件和结果条件

前因条件						结果条件
透明度影响				经济影响（GDP）	实践影响（诉的利益案件数量）	争议数量
准备度	平台层	数据层	利用层			

其实，除上述前因条件以外，一个地区法治政府建设的水平、公众的权利意识、政府信息公开制度的宣传程度等也在一定程度上影响着结果要件。在前因条件筛选时主要基于以下考量：法治政府建设情况虽然有可供用于研究的评估数据⑤，但是与政府透明度相比，法治政府评估指数与政府信息公开制度的直接联系程度较弱，加之二者之间在一定程度上存在包含关系，即政府透明度建设是法治政府建设的一部分，为了避免前因条件的泛化，在前因条件选取中应当选择更为直接的而非更为广泛的，因而选择政府透明度作为前因条件更为合适。此外，前因条件的选取还需要具有可行性，fsQCA作为社会科学研究方法，其应用领

---

① 复旦大学数字与移动治理实验室：《中国地方政府数据开放报告》，http://www.ifopendata.cn/report，最后访问日期：2022年11月2日。

② 参见夏姚璜、邢文明：《开放政府数据评估框架下的数据质量调查与启示——基于〈中国地方政府数据开放报告（2018）〉》，载《情报理论与实践》2019年第8期。

③ 复旦大学数字与移动治理实验室：《中国地方政府数据开放报告：指标体系》，http://www.ifopendata.cn/static/report，最后访问日期：2022年11月2日。

④ 参见董妍：《政府信息公开判决解析——基于各地高级法院二审判决书的解读》，载《上海政法学院学报（法治论丛）》2016年第4期。

⑤ 如中国政法大学法治政府研究院发布的多份《中国法治政府评估报告》提供了较为全面的评估数据。

域涉及管理学、政治学、经济学甚至是信息学、情报学等众多学科,但是在法学领域应用较少。原因之一是法学研究领域中可以量化的前因条件较少,部分评估报告采取描述性的表达,无法转化成 fsQCA 需要的数据形式。更为重要的是,在为数不多可供使用的数据中,需要选取能够将多个作为前因条件的数据整理成从同一维度描述的形式,这也给数据的选取增加了一定的难度。本研究中几个前因条件,都是以地域为维度进行描述的,倘若有的前因条件按照时间描述,有的按照地域描述,则无法形成同一研究中的前因条件。公众权利意识、政府信息公开制度宣传程度等内容,或是因为没有可供使用的数据库,或是因为描述维度与其他前因条件不同,因此也不适宜纳入前因条件。

综上所述,本研究将透明度影响、经济影响、实践影响作为前因条件是综合考虑了科学性和可行性的结果。

通过对数据进行整理,剔除无效和缺失的数据,以各省为单位,对数据进行汇总后,共得到 30 个有效案例,符合 fsQCA 方法较为擅长研究中小样本案例的特点,原始数据整理如表 2 所示:

表 2 原始数据

案例	准备度	平台层	数据层	利用层	经济发展水平	诉的利益案件数量	争议数量
1	15.26	13.88	30.45	17.10	73 516.00	19	26
2	11.18	13.38	24.24	17.30	83 095.00	13	19
3	12.07	11.95	11.71	15.40	19 586.42	0	18
4	7.54	10.84	25.78	5.10	12 4369.67	30	3
5	6.10	9.96	17.19	11.00	53 850.79	4	4
6	9.87	8.69	21.23	3.60	24 740.86	2	1
7	7.46	7.87	17.47	6.10	48 810.36	2	1
8	7.30	4.50	13.56	6.20	29 619.70	2	3
9	2.10	7.65	13.49	0.50	4 522.31	0	0
10	4.63	4.62	3.61	6.20	6 475.20	1	0
11	1.50	3.84	12.49	0.50	58 887.41	6	8
12	3.43	5.10	1.99	2.00	42 959.20	4	10
13	1.40	1.92	1.32	6.80	116 364.20	53	7
14	0.70	2.25	3.53	4.00	40 391.30	2	3
15	0.70	3.43	3.35	2.00	10 243.30	1	1
16	5.04	1.68	0.19	0.00	50 012.94	4	0
17	1.50	2.80	2.36	0.00	29 800.98	5	0
18	0.80	3.23	0.14	1.50	46 063.09	6	3
19	4.44	1.09	0.00	0.00	29 619.70	7	0
20	0.80	0.00	0.00	4.00	3 346.63	0	1
21	1.20	0.65	2.10	0.00	14 879.20	5	0

续表

案例	准备度	平台层	数据层	利用层	经济发展水平	诉的利益案件数量	争议数量
22	3.14	0.00	0.00	0.00	13 235.92	2	1
23	2.50	0.58	0.00	0.00	20 514.20	1	0
24	0.80	0.64	0.69	0.00	15 983.65	0	0
25	1.20	0.71	0.00	0.00	2 080.17	0	0
26	1.40	0.00	0.00	0.00	28 584.10	37	3
27	1.20	0.00	0.00	0.00	27 146.76	1	5
28	12.39	15.12	26.73	16.50	43 214.85	2	0
29	4.24	4.58	21.51	10.70	40 269.60	104	4
30	6.13	5.4.	21.75	7.00	15 695.05	10	2

依据 fsQCA 的方法,需要先对数据进行校准,制作数据集合隶属分数表,用 fsQCA 软件对六个条件变量和一个结果变量进行数据校准,将 25% 分位和 75% 分位作为完全不隶属和完全隶属的值,50% 分位数据为交叉数值①。

表 3 校准锚点

锚点	准备度	平台层	数据层	利用层	经济发展水平	诉的利益案件数量	争议数量
25%	1.200 0	0.699 175 824	0.105 0	0.000 0	15 491.087 5	1.00	0.00
50%	3.281 5	3.635 714 286	3.440 0	2.800 0	29 619.700 0	3.00	1.50
75%	7.338 8	8.075 833 333	18.410 0	6.850 0	49 111.005 0	7.75	4.25

本文将以上述内容为研究对象展开分析。

(二)单变量必要性分析

单变量必要性分析的目的在于检验在所有的前因条件中是否存在导致结果的充分不必要条件,即在前述六个前因条件中,是否存在某个单独变量可以导致特定结果的情况。根据 fsQCA 的规则,当某个条件变量的一致性大于等于 0.9 时,就可以认为该条件变量为结果的必要条件。按照上述思路进行必要性分析,得到下表:

表 4 单变量必要性分析

条件变量	争议数量		~争议数量	
	一致性	覆盖率	一致性	覆盖率
准备度	0.581 081	0.625 346	0.460 581	0.461 219
~准备度	0.499 356	0.498 715	0.625 865	0.581 620
平台层	0.648 649	0.682 465	0.438 451	0.429 248

---

① [比]伯努瓦·里豪克斯、[美]查尔斯 C. 拉金等:《QCA 设计原理与应用:超越定性与定量研究的新方法》,杜运周、李永发等译,机械工业出版社 2022 年版,第 80 页。

续表

条件变量	争议数量		~争议数量	
	一致性	覆盖率	一致性	覆盖率
~平台层	0.457 529	0.466 842	0.675 657	0.641 497
数据层	0.656 371	0.679 547	0.428 078	0.412 392
~数据层	0.432 432	0.448 299	0.667 358	0.643 762
利用层	0.718 147	0.741 036	0.410 788	0.394 422
~利用层	0.413 127	0.429 719	0.730 29	0.706 827
经济发展水平	0.745 817	0.757 516	0.353 389	0.333 987
~经济发展水平	0.344 273	0.363 946	0.743 43	0.731 292
诉的利益案件数量	0.685 972	0.735 173	0.370 678	0.369 655
~诉的利益案件数量	0.411 840	0.412 903	0.734 440	0.685 161

注:~代表逻辑运算中的"非"。

从表4可以看出,本研究中没有任何一个条件变量一致性大于0.9,可以说明无论是透明度中的准备度、平台层、数据层和利用层,还是经济和实践影响,都不能构成导致结果的充分不必要条件,这也就意味着一个地区的争议数量并不是由单一条件决定的,而是多个条件相互作用的结果,证实了采取组态研究方法的必要性。

(三)条件组态分析

组态分析考察的是不同条件之间的相互作用导致特定结果的路径,采用fsQCA软件对争议数量多和争议数量少的路径分别进行分析,得到了复杂解、简约解和中间解。一般来说,中间解是重点考虑解释的路径,本研究中中间解路径与复杂解路径是一致的。对于争议数量多的地区而言,一共呈现出四种组态形式,每一条路径的一致性均高于0.9,同时中间解的覆盖率为0.523 166,一致性为0.93 234,运行结果真实有效。争议数量少的中间解的覆盖率为0.591 978,一致性为0.840 864,且每个路径的一致性均高于0.8,结果真实有效。

同时结合简约解中条件变量分布状况,将中间解的四条路径与简约解的两条路径结合,区分最终组态路径的核心条件与边缘条件。若某条件变量在简约解与中间解同时出现,则为核心条件,在组态路径中起重要影响作用;若只出现在中间解,则为边缘条件,起辅助作用(见表5)。

表5一共呈现了四条导致争议数量多的路径和四条导致争议数量少的路径。在争议数量多的路径中,通过对比发现,路径1与路径3和路径4中均属于核心条件的都是平台层和诉的利益案件数量。上述两个核心条件会出现争议数量多的结果,即平台层*诉的利益案

表5 导致争议数量多和争议数量少的路径

组态类型	争议数量多				争议数量少			
	路径1	路径2	路径3	路径4	路径A	路径B	路径C	路径D
准备度	●	⊗	●	⊗	⊗	⊗	⊗	●
平台层	●	⊗	●	●	⊗	⊗	●	⊗
数据层	●	⊗	⊗	⊗			⊗	⊗
利用层	●	●	⊗	⊗		⊗		⊗
经济发展水平		●	●	●	⊗	⊗	⊗	●
诉的利益案件数量	●	●	●	●	⊗		⊗	●

注：●与⊗表示条件存在，⊗与⊗表示条件不存在，●与⊗表示核心条件，●与⊗表示辅助条件，空白表示在路径中条件可能存在、可能不存在。

件数量→争议数量[①]。路径1、路径3和路径4均属于这一条件组合之下的分化,三者之间的区别在于,路径1除经济发展水平不重要以外,其他条件均存在,而路径3是以较好的准备度和较高的经济发展水平作为辅助条件,路径4是以较好的数据层和较高的经济发展水平作为辅助条件。路径2的核心条件是较好的利用层和较多的适用诉的利益案件数量,在拥有这两个核心条件的地区,会出现争议数量多的结果,即利用层 * 诉的利益案件数量→争议数量。在路径2中,高经济发展水平是辅助条件。

fsQCA方法认为,正反因果关系是非对称性的[②],即与争议数量多相反的条件组合,不一定得到争议数量少的结果,结果的出现是由特定条件的组合而产生的,在每一个组合路径中,各条件的作用不同。鉴于此,为了更加全面分析,还需要考察导致争议数量少的组态形式。通过分析得到了复杂解、简约解和中间解,由于复杂解和中间解重合,因此只考虑简约解和中间解。从表5可以看出,争议数量少的地区,存在两种条件组态形式：路径A、路径B和路径C是低准备度分数和低经济发展水平的组态形式,即～准备度*～经济发展水平→～争议数量；路径D是具有高准备度和低平台层的组态形式,即准备度*～平台层→～争议数量。

（四）研究焦点

通过对争议数量多和争议数量少的路径进行分析,可以发现,出现争议数量多的地区恰恰是政府透明度和经济发展都较好的地区,而出现争议数量较少的地区正是那些透明度较低、经济发展不太好的地区。这是与以往的认知有所差别的,特别是政府透明度高的地方却

---

① *为逻辑运算中的"与"。
② 参见[美]查尔斯 C.拉金：《重新设计社会科学研究》,杜运周等译,机械工业出版社2019年版,第4页。

出现了更多的争议,这似乎与学术界一直以来主张的依申请公开争议数量多是主动公开不足导致的观点不符,这也使对这个问题的探索更有意义。

当然,这并不意味着单纯的高透明度就导致了争议的增加,这一点已经通过单变量的必要性分析进行验证,争议的增加需要高透明度和其他条件共同发生作用才会发生,其中,诉的利益案件数量是形成一个地区争议数量多的核心条件。这是通过单纯理论研究很难发现的一个规律,也正是引入组态分析的意义所在。基于此,本文的任务在于:第一,通过组态分析,剖析争议数量的组态类型,对争议发生的原因进行阐述;第二,在上述分析的基础上,试图重新对"不当申请争议"进行解读,并就其诉源治理途径提出建议。

二、信息公开申请权不当行使行政争议成因的类型分析

通过前文的分析,可以对争议数量多和争议数量少的几种路径进行进一步类型化概括,明确争议数量及其成因的类型。

(一)抑制型争议数量少

在低争议数量的路径中,路径 D 属抑制型争议数量少。

通过对这一路径进行分析发现,该类型地区在规范和制度层面,制定了较为完备的规范政策,具有较为系统的政府信息公开和政府数据公开标准规范,同时有较为有利的组织推进。但是,数据层和利用层存在不足,这意味着属于该类型的地区在公开数据的数量、范围和质量等方面表现并不佳。利用层反映了对数据的促进利用以及利用数据的成果。在路径 D 中,利用层的表现也欠佳。综合来看,在政府透明度方面,抑制型争议数量少除了准备度有较好表现以外,其他方面表现均不佳,政府透明度建设方面存在着较为明显的不足,特别是平台层表现不佳作为一个核心条件出现。平台层不足作为抑制型的核心条件可以有两种情况:一是由于政府主动公开准备充分且取得了较好的效果,因此公众利用平台申请信息公开的情况较少,平台利用率较低,因而呈现出利用层成为一个导致争议数量少的核心因素,从这个意义上来说,符合了学术界之前的猜想,即主动公开越多,依申请公开越少。但是,从该路径中利用层和数据层表现欠佳作为辅助条件可以看出,这种推论并不成立,该类型中政府公开的数据和数据的利用程度都不佳,因而公众的信息需求恐怕并没有得到满足。第二种情况就显得不那么乐观了,由于平台层建设较差,公众并不能利用政府提供的平台便利地提出政府信息公开申请或者获取政府信息,申请途径被阻断或者申请不便,对申请起到了抑制作用,与之相关的"不当申请争议"自然无从谈起,最终呈现出争议数量少的结果。结合其他原因进行分析,这是较为可能的一种情形。

该类型的路径中具有较好的经济发展水平。在司法层面上,在《条例》实施前,法院适用诉的利益条款裁定驳回起诉的信息公开行政诉讼案件数量较多,这意味着法院对于申请

人不当行使申请权进行了较为严格的规制,并在缺乏规则的情况下,对规制采取了较为积极的态度,应当说这对于申请权不当行使也起到了一定程度的抑制作用。在这种路径中,申请人没有选择诉讼的方式解决纠纷是由限制的制约导致的[①]。

在政府透明度建设和司法的双重抑制下,该类型表现出争议数量较少的结果。

该类型具有较好的准备度意味着在公开方面,有较好的基础制度建设,比如规则制定较为完善,组织体系较为完善,但是平台层、数据层和利用层发展水平较低意味着公开制度并没有真正落到实处,只是处于一个规范建构的阶段,公开没有真正地被实施。该类型还有一个辅助条件是经济发展水平较好,良好的经济发展水平为信息公开制度的建立提供了一个良好的经济基础和条件,因而这些地区的准备度表现优秀。但是政府透明度的其他层面表现不佳表明该类型地区对于公开制度的整体推进程度不足。其实,较好的经济基础完全可以支撑平台层、利用层和数据层的发展,至少可以为平台层的发展提供充足的资金保障,这也就意味着该类型地区政府透明度建设不足更多来源于主观上的动力不足而非客观上的条件不能。加之司法层面对于申请权不当行使的严格规制,可以说,在该类型中,信息公开申请和诉讼都被抑制住了,因而呈现出争议数量少的结果。

通过抑制而非化解的方式来得到争议数量少的结果并非法治社会中所追求的目的和结果。矛盾应该及时得到化解而并非抑制,因而该类型呈现出的争议数量少并非我们所追求的矛盾得到解决甚至是"无讼"的状态,相反,这种暂时的抑制可能会成为未来发展的一种障碍,或者未来会呈现出矛盾爆发的态势。

(二)发展不足型争议数量少

在争议数量少的路径中,路径A、路径B和路径C都属于发展不足型争议数量少。

在发展不足型中,还可以继续进行细分,路径A和路径B属于类型1,路径C属于类型2。类型1中除了个别前因条件不重要以外,其余的条件都是以不存在为条件的,即政府透明度较低,经济发展水平较低,司法实践适用诉的利益案件数量也较少。这种路径中,经济发展水平较低,政府透明度的各项建设基本不足,公开制度整体建设处于发展不足的状态,因而争议数量较少。

与类型1不同的是,类型2中平台层和数据层发展较好,但是这并不意味着该类型拥有较高的政府透明度,因为类型2中准备度和利用层表现不佳,这表明这一类型中的公开制度仅仅停留在建设了一个相对"好看"的公开平台,并且在平台上做到了及时公开一部分数据。但是,由于缺乏相应的制度建设和组织体系保障,因此数据公开的质量不佳,很难被公众利用并发挥出价值,换言之,这种类型的平台和数据更像是为了完成任务或者符合某种要

---

① 参见程金华:《中国行政纠纷解决的制度选择——以公民需求为视角》,载《中国社会科学》2009年第6期。

求而搭建的一个"华而不实"的框架,并没有真正起到促进政府透明的作用,更遑论政府信息和政府数据的利用。

在发展不足型争议数量少中,由于公开制度并未发展成熟,因此申请政府信息公开的数量较少,无论《条例》修改前后,形成争议的数量自然较少。发展不足型争议数量少与传统的对政府信息公开诉讼的研究中经济欠发达地区案件数量较少的研究结果是契合的,印证了经济发展水平影响公民公开意识以及信息公开制度建设这一结果[①]。

应当说,这种争议数量少的类型与我们真正希望的矛盾被化解的状态存在很大差距,也不是法治政府建设中希望出现的类型。

（三）公开不足型争议高发

在争议数量多的路径中,路径2、路径3和路径4属于公开不足型争议高发。路径2的政府透明度中利用层得分较高,这意味着对于数据的利用产生了较好的效果,但是准备度、平台层和数据层得分均不高,一方面政府公开的数据和信息得到了较高的利用效果,另一方面其他方面建设不足,这意味着该地区公众对于政府信息的利用需求较高,有限的政府数据都能发挥较好的作用,但是由于准备度、平台层和数据层不足,政府透明度建设整体不够,数据和信息公开的程度不能满足公众对于政府数据的要求。

公开不足型争议高发的几种路径中,经济发展水平较高都是辅助条件。在经济发达地区,企业的经济行为更活跃,而政府信息可以在一定程度上消解信息不对称,为企业提供良好的营商环境[②],因而经济发达地区的企业对政府信息和政府数据的需求也就相对较高。在这种环境中,准备度、平台层和数据层发展不足,公众的需求得不到满足,自然产生的争议数量就较多,出现"不当申请争议"的概率也较大。在此种情况下,法院为了应对大量的纠纷,因而倾向于对不当申请权进行较为严格的规制,同时采取较为主动的态度。由于公开不足型争议高发的根本矛盾在于供需不平衡,因此即使在《条例》进行修改以后,也不能从根本上解决问题,争议数量仍然较多。

公开不足型争议高发与学术界一直说的依申请公开多是由主动公开不足引起的这一论断是契合的,当然,这一论断也并不总是被证明是正确的,在下一类型中将展开论述。

（四）机制成熟型争议高发

导致争议数量多的四种路径中路径1可以概括为机制成熟型争议高发。在这一路径下,除了经济发展水平是不重要的因素以外,其他的因素均存在,其中较好的平台层和较多的适用诉的利益案件数量为核心条件,其他关于政府透明度的要素起辅助作用,但是都以建设得

---

① 参见董妍:《政府信息公开判决解析——基于各地高级法院二审判决书的解读》,载《上海政法学院学报（法治论丛）》2016年第4期。
② 参见于文超、王丹:《政府信息公开、政策不确定性与企业盈余管理》,载《产业经济研究》2022年第3期。

较好为条件。在这种路径中,行政机关在主动公开方面从组织规范到平台建设再到数据信息利用都建设较好,具有较高的政府透明度,同时,司法对于不当申请的行为采取了一个较为严格的规制态度,也意味着司法形成了一种较为固定化和成熟的回应机制。应当说在这一路径中,从行政到司法都形成了较为成熟的机制,因此称为机制成熟型争议高发。

这种类型与学术界通常所说的主动公开程度较高则依申请公开较少的说法并不相同,从根本上来说,是由社会科学因果关系的复杂性所导致的,即主动公开并非依申请公开的必要条件,而是需要与其他前因条件共同起作用,才能导致特定的结果,这再次印证了本研究采取组态研究方法的可行性和合理性。具体来说,对机制成熟型争议高发还可以作出如下解读:第一,较好的经济发展水平是政府透明度建设的重要基础,特别是在数字化背景下,对于信息平台的搭建,经济发展水平起到了非常重要的促进作用,经济较发达地区将政府信息公开和政府数据开放制度和平台建构得较为完善。相对于规范而言,财政支持对于政府透明度的推动作用更为明显[①]。第二,较好的政府透明度建设,促进了公众权利意识的提升,公众申请的政府信息公开较多,相应地出现"不当申请争议"的概率较大。第三,经济较为发达的地区,公众对于数据和信息有更为强烈的需求,为了满足自己的需求,更容易向政府申请公开信息和数据。第四,随着申请的数量的增加,"不当申请争议"出现的概率也就相对较多,法院为了缓解压力,对不当行使权利的当事人予以震慑,就必须在司法层面有一定的回应,采取对应性手段把案件送出门[②]。而在《条例》修改之前,由于规则的不完善加之"陆红霞案"的示范效应,法院更倾向于采用否定诉的利益的方式来对不当行使权利行为进行司法规制。这也在一定程度上能够反映一个地区司法裁判的习惯性进路,即对于不当行使权利规制的严格程度。当然,这种之前的习惯性裁判进路并不能完全表明在新《条例》实施之后法院更多地适用第三十五条来认定申请人不当行使申请权,只是表明一种倾向和趋势,这是因为在《条例》修改之前,对于权利不当行使的规制任务是由法院来完成的,这意味着是否适用诉的利益裁定驳回起诉问题上,法院几乎享有完全的主动权,而在《条例》进行修改以后,法院的职权仅限于对于纠纷的解决,行政机关和申请人之间必须是基于"不当申请争议"的案件,法院才能适用《条例》第三十五条进行裁判,法院几乎没有选择权。因此,《条例》实施后,依据第三十五条进行裁判的案件可以准确反映出该地区"不当申请争议"的情况,但是,在《条例》修改前,适用诉的利益案件数量反映出的是一个地区法院对待此类案件的规制态度,从一个侧面也反映出了该地区对于申请权不当行使规制的一个态度。

上述四个类型是依据定性比较分析法对我国目前"不当申请争议"产生的原因进行的

---

① 参见代佳欣、许阳:《技术依赖、财政支持与府际竞争:政府数据开放绩效的"推拉模型"研究》,载《河海大学学报(哲学社会科学版)》2022第5期。

② 参见孔繁华:《行政诉讼实质性解决争议的反思与修正》,载《法治社会》2022年第1期。

分析，不同类型呈现出的成因路径不同，这也是对"不当申请争议"进行诉源治理的基础和依据。

三、"不当申请争议"诉源治理的起点：对信息公开不当申请的再认识

信息公开行政争议，特别是"不当申请争议"部分是源于对行政机关行为的不满，甚至是为了谋求法律之外的非正当利益[①]，因而给行政机关带来了较大的压力。这也使得"不当申请争议"的诉源治理不仅关系到对公民权利的保护和对行政机关权力的监督，更关系到社会秩序是否能够恢复到正常的状态，关系到能否成功引导当事人树立规则意识。鉴于此，对"不当申请争议"的诉源治理显得尤为重要，而溯源治理的起点在于如何正确认识不当申请和"不当申请争议"。

（一）研究视角的演变与调适

2008年《条例》的实施在全国范围内建立了政府信息公开制度，2019年《条例》进行了一次较大规模的修订。这十几年中，法学学术界对于政府信息公开制度的研究呈现出明显的实践导向特征，实践中出现的问题就是学术界研究的焦点和热点。

2008年前后，在政府信息公开制度初创阶段，大多数学者围绕政府信息公开制度的整体建设情况进行宏观研究，包括对政府信息公开法治化的探讨[②]，政府信息公开制度在保障公民知情权方面的作用[③]，衡量政府信息公开的标准[④]以及政府信息公开制度的实现条件[⑤]等问题，另有学者结合相关案例对政府信息公开制度进行探讨[⑥]。2011年前后，由于实践中已经有大量的信息公开行政诉讼，因此聚焦于信息公开行政诉讼的原告资格、受案范围产出了一部分学术成果。有学者认为，信息公开行政诉讼的原告资格必须立足于现实，不能脱离现阶段的环境而无限扩大[⑦]，有学者对当时信息公开行政诉讼受案范围规则的问题进行了分析[⑧]，还有学者基于司法实证研究，对依申请公开运行进行了考察，并对其中的问题进行了剖析阐述[⑨]。直至2011年，《最高人民法院关于审理政府信息公开行政案件若干问题的规

---

① 参见曹鎏：《作为化解行政争议主渠道的行政复议：功能反思及路径优化》，载《中国法学》2020年第2期。
② 参见韩大元、杨福忠：《试论我国政府信息公开法治化》，载《国家行政学院学报》2004年第2期。
③ 参见刘莘、吕艳滨：《政府信息公开研究》，载《政法论坛》2003年第2期。
④ 参见肖卫兵：《论衡量政府信息公开的标准》，载《情报理论与实践》2005年第4期。
⑤ 参见杨霞：《政府信息公开实现条件研究》，载《档案学通讯》2005年第3期。
⑥ 参见刘飞宇：《从档案公开看政府信息公开制度的完善——以行政公开第一案为契机》，载《法学评论》2005年第3期。
⑦ 参见王振清：《政府信息公开诉讼原告资格问题研究》，载《行政法学研究》2009年4期。
⑧ 参见黄学贤、梁玥：《政府信息公开诉讼受案范围研究》，载《法学评论》2010第2期。
⑨ 参见于立深：《依申请政府信息公开制度运行的实证分析——以诉讼裁判文书为对象的研究》，载《法商研究》2010年第2期。

定》发布,学术界对于信息公开行政诉讼的研究才出现了降温的趋势①。在"陆红霞案"之后,学者围绕着信息公开行政诉讼"滥诉""缠诉""诉的利益""诉权"等问题展开了研究,试图对困扰实务界的问题予以理论回应。有学者指出,诉的利益应当在具体的环境中适当微调,否则在行政诉讼制度内部容易产生紧张关系②。针对"陆红霞案"的裁判,有学者认为,对诉的利益的认定是审判权应有的职能,但是该案的裁判进路存在一定的问题③,甚至有滥用审判权的嫌疑④。学术界对于"不当申请行为"和"不当申请争议"的态度以及对于是否需要规制、如何规制等问题并未形成统一认识。

随着2019年《条例》修订的完成,对于信息公开不当申请问题的探讨逐渐减少,但是相关问题的研究并未停止,因为实践中不当申请行为并未因规则的调整而销声匿迹。应当说,在政府信息公开领域中,实务界的需求和态度成了学术研究选题的重要来源和动力之一。立足实践、解决现实问题是学术应有的态度,特别是对于法学这一实践性较强的学科而言,是难能可贵的。各阶段的研究也确实在一定程度上为实践作出了不小的贡献。

但是,实践导向并不意味着学术研究削弱应当具有的前瞻性和指导性,单纯聚焦于具体问题而缺乏系统思维的学术研究在应对实践问题时提出的对策也必然是不尽如人意的,因为学者普遍缺乏一线行政工作的经验,在操作性建议方面本就不擅长,如果再丧失了理论高度,此种对策必然只是学术界的自说自话而已。学术界无论对于"不当申请争议"的态度如何,都是聚焦于问题本身的,而学术研究想要给实务提供理论支撑,就必须以更宏观的视角来进行研究。

因此,对于学者而言,对待"不当申请争议"的研究,应当在扎根于实践的基础之上,从纷繁复杂的现象中抽离出来,要认识到"不当申请争议"并不是孤立存在的,而是镶嵌于整个社会之中,将社会看作一个系统,"不当申请争议"是这个系统中的一部分,以系统思维去重新观察争议发生的原因、争议的角色和定位,从更广阔的视角去寻求争议的解决之道,这也是本文对"不当申请争议"成因采取组态研究的出发点。

(二)对"不当申请争议"的接纳与宽容

从社会环境的系统出发,"不当申请争议"是众多社会争议中的一种表现形式。争议在整个社会中究竟是何种角色和定位,有的学者主张人类社会存在的意义就在于要削弱人与

---

① 由于涉及政府信息公开制度的研究成果数量太多,因此本部分只选取少量成果,其余未列出成果亦对该问题的研究作出了重要贡献。
② 参见章剑生:《行政诉讼中滥用诉权的判定——陆红霞诉南通市发展和改革委员会政府信息公开答复案评释》,载《交大法学》2017年第2期。
③ 参见沈岿:《信息公开申请和诉讼滥用的司法应对——评"陆红霞诉南通市发改委案"》,载《法制与社会发展》2016年第5期。
④ 参见梁艺:《"滥诉"之辩:信息公开的制度异化及其矫正》,载《华东政法大学学报》2016年第1期。

人之间的矛盾和冲突,这是社会应当承担起的功能和责任[①]。在这一观点下,自然特别强调争议的化解。而有观点则认为,社会中争议和冲突是普遍存在的,没有争议的社会环境只存在于乌托邦式的幻想当中[②]。这种观点虽然也强调争议的化解,但是对于争议化解所追求的目标,特别是单纯的量化上的目标少了第一种观点的"执念"。上述两种观点虽然存在一定的差别,但是有一点是一致的,那就是把争议看作社会中的一种现象,承认其客观性,而非将争议视为一种病态的存在[③]。只有在抛弃对争议全盘否定的价值取向、消解负面情绪的基础上,我们才能更理性地、更客观地观察争议,才能真正地化解争议。

近几十年以来,我国经历了快速的发展和改革,公众是改革的参与者也是改革的受益者,在改革和秩序重塑的过程中,公众对自己权利的珍视和敏感是前所未有的[④]。公民受教育水平和权利意识与选择诉讼途径解决争议的数量成正比[⑤]。政府信息公开制度在我国起步较晚,却在短期内快速发展,公众权利意识迅速提升,但是责任意识和规则意识还有所欠缺[⑥],这些导致了不当申请行为以及与之相关的行政争议集中爆发。同时,2014年《中华人民共和国行政诉讼法》第一次修正确立的立案登记制度,畅通了诉讼渠道,也为更多的信息公开行政争议诉诸司法途径提供了制度基础。

政府信息公开制度、公开规则与公民权利意识、规则意识发展不均衡导致了"不当申请争议"的发生。

公民的不当申请行为给行政机关和法院带来了较大的工作压力,更重要的是,这种频繁、大量的不当申请行为,经常还伴有集体申请、群体诉讼,甚至是将政府信息公开作为信访的一种途径[⑦],形成了不稳定因素,加大了地方政府维稳的压力,使得行政机关和法院产生了较大的心理压力。基于此,实务界便一直在寻求如何合法地规制不当申请行为。"陆红霞案"正是产生于这一背景之下,虽然该案的裁判在一定程度上受到了学术界不少的质疑,但是学者也自觉不自觉地针对这一问题展开了研究,有不少学者以实践为导向提出了一些应对措施,特别是经济措施[⑧]。但是,我们必须注意到的是,无论是提出规制途径,还是反对在诉讼中对于不当申请行为进行规制,关注的焦点都是不当申请行为本身,化解的方法也都在

---

① 参见[法]埃米尔·涂尔干:《社会分工论》,渠东译,生活·读书·新知三联书店2000年版,第15页。
② 参见[美]科塞:《社会学思想名家:历史背景和社会背景下的思想》,石人译,中国社会科学出版社1990年版,第660页。
③ 参见赵树坤:《社会冲突与法律控制:当代中国社会转型的法律秩序检讨》,法律出版社2008年版,第15页。
④ 参见戴建志:《最高人民法院行政审判庭庭长赵大光谈行政纠纷的实质性解决》,载《人民司法》2010年第7期。
⑤ 参见程金华、吴晓刚:《社会阶层与民事纠纷的解决——转型时期中国的社会分化与法治发展》,载《社会学研究》2010年第2期。
⑥ 参见徐运凯:《行政复议法修改对实质性解决行政争议的回应》,载《法学》2021年第6期。
⑦ 参见林鸿潮:《政府信息公开的诉讼之路堵在何处》,载《法制日报》2008年12月4日第3版。
⑧ 参见程洁:《资格限制还是经济约束:政府信息公开申请主体的制度考量》,载《清华法学》2017年第2期;孔繁华:《滥用行政诉权之法律规制》,载《政法论坛》2017年第4期。

争议的个案之内,化解的途径无论是在诉讼程序中还是在行政程序中,都聚焦于不当申请行为的规制。在《条例》进行了修正并且规则相对完善的今天,"不当申请争议"依然屡禁不止的现象提醒我们有必要从个案中抽离出来,从"不当申请争议"成因的视角进行研究。

以系统的视角观察前文分析的争议数量成因类型,抑制型争议数量少的地区是由于相关制度不健全,抑制了申请的途径,发展不足型争议数量少是由于发展不充分,这表明一个地区的争议数量少并不意味着各项规则的完善,更不意味着政府信息公开制度的构建达到了预期目标,进入了"无讼""和谐"的状态,这种争议数量少的状态是一种发展不充分的表现,并非我们所追求的目标。法治不是"凡事必讼"①,但是诉讼的数量也不是衡量是否"和谐"的唯一标准。诉源治理的目标一直是控制案件的增量而非案件的数量,这也证明了案件的数量并非评估治理效果的唯一标准。从前文的类型分析来看,公开不足型争议高发是由公开制度建设不完善造成的,应当尽量避免。机制成熟型争议高发则是政府信息公开制度发展到一定程度的一个必然阶段,权利意识增强是诉讼增加的一个重要原因②。公众权利意识的增强加之救济途径的畅通,形成了较多的争议数量,这是制度建设和普法教育成效显著的一个侧面,我们有必要进一步在引导公民理性维权、增强规则意识以及争议的实质性化解上下一番功夫,但是不能一味地对争议数量多这一现象给予否定性评价,如同我们不能因为立案登记制度确立之后大量案件涌入法院,就否定畅通的司法救济途径一样。况且,放眼世界范围内,这一现象本就是与政府信息公开制度相伴而生的③。虽然大多数国家予以了一定的限制,如美国有法院对代理滥用诉权案件的律师处以罚款(Philips v. Valley Communications, Inc. 2010),还有法院裁定对于纠缠申请,行政机关可以拒绝答复。在日本,会利用审判资源对当事人的诉求是否有必要进行判断④。德国法院则会以缺乏权利保护必要性为由驳回诉讼请求⑤。总体上,特别是在司法层面上基本上对不当行使申请权保持谨慎的否定。这是因为政府信息公开制度关心的核心问题是争讼信息是否能够公开,而申请人的动机并非主要判断标准,其也不是判断其行为适当性的因素(US Department of Justice v. Reports of Committee. for Freedom of Press, 1989)。更何况,就信息公开行政诉讼本身的特性来说,因其兼具主观诉讼和客观诉讼的双重属性⑥,所以在诉讼阶段对原告的诉求贸然否定,与宪法保障的知情权、诉权的理念和要求相悖⑦。

---

① 参见王旭光:《以依法能动履职为诉源治理贡献检察力量》,载《人民检察》2022年第10期。
② 参见徐胜萍:《论公民法律意识对纠纷解决策略选择的影响》,载《新疆大学学报(哲学·人文社会科学版)》2015年第1期。
③ 参见肖卫兵:《论政府信息公开申请权滥用行为规制》,载《当代法学》2015年第5期。
④ 参见[日]原田尚彦:《诉的利益》,石龙潭译,中国政法大学出版社2014年版,第7页。
⑤ 参见吕太郎:《民事诉讼法之基本理论(一)》,元照出版公司2009年版,第214页。
⑥ 参见董妍:《信息公开行政诉讼之权利保护必要性的司法认定》,载《中南大学学报(社会科学版)》2022年第5期。
⑦ 参见王贵松:《信息公开行政诉讼的诉的利益》,载《比较法研究》2017年第2期。

鉴于此,在思考实践中"不当申请争议"的解决之道时,不迷失于、不局限于具体的争议之中,始终保持清晰的头脑和敏锐的目光,将"不当申请争议"放到所处的社会环境中去观察,明确"不当申请争议"的出现是法治发展乃至社会发展的一个必然阶段,以更加包容和接纳的态度对待不当申请行为,不一味追求"零争议",这是现阶段学术界应有的系统思维和视野,同时也是学者的使命所在。在争议化解的方案中如果单方面强调对申请人行为的规制,而忽视了造成这一现象的复杂原因,实属舍本逐末之举,效果自然难以达到预期目标。

此外,对不当申请行为保持宽容和接纳的态度也是法治的要求,宽容是自由的内在要求,也是法治社会中不可或缺的内容,法治社会离不开宽容精神①。对待公民权利意识提升而导致的权利不当行使,可以以正确的方式进行引导,可以适当地规制,但是,需要在规制和接纳之间去寻求一种动态的平衡,这是法治的追求,也是法治的应有之义。

当然,宽容与接纳不当申请行为,并不意味着可以对此类行为坐视不理,而是要以一个更客观、更理性的态度来思考此类争议的化解,特别是针对诉源治理展开讨论。

四、"不当申请争议"诉源治理的基本思路:系统思维下的个案溢出效益

在争议的解决方面,世界各国都面临着同样的难题,ADR(Alternative Dispute Resolution)模式最早由美国提出,意在用诉讼之外的途径解决纠纷,减轻诉讼压力,恢复社会秩序②。这种模式在我国的争议实质性化解实践中已经得到了较好的实施。但是,正如前文所说,这种聚焦于单个案件的争议解决模式,只能解决个案争议,而对于从源头上减少争议的发生作用甚微。相比之下,发轫于成都人民法院的"诉源治理"符合我国当下实际情况,是有利于真正减少争议的良好路径,形成了一系列极具特色的实践和创新③。诉源治理是在案件数量居高不下、法院不堪重负、当事人难以忍受的背景下提出的治理问题④,强调各种治理资源的整合,充分发挥不同主体的优势,使其形成合力,共同致力于从源头上减少争议,这也是系统思维在诉源治理领域中的体现⑤。诉源治理形成的联动司法体制是中国特色社会主义司法制度优越性的重要体现,是整合社会资源化解社会矛盾的必由之路⑥。诉源治理是极具中国特色的社会主义法治建设经验,同时,给予当事人多样的选择,并以公众的利益为出发点,真正在矛盾化解中为公众办实事,也符合"以人民为中心"的基本理念。

---

① 参见梁家峰:《法治视界内的宽容》,载《新视野》2005年第6期。
② See Albert K. Fiadjoe. Alternative Dispute Resolution: A Developing World Perspective. Cavendish, 2004, pp.19-20.
③ 参见四川省成都市中级人民法院课题组、郭彦:《内外共治:成都法院推进"诉源治理"的新路径》,载《法律适用》2019年第19期。
④ 参见梁雪:《新时代诉源治理的理论之基与实践之路》,载《法律适用》2022年第10期。
⑤ 参见张文显:《新时代中国社会治理的理论、制度和实践创新》,载《法商研究》2020年第2期。
⑥ 参见梁雪:《新时代诉源治理的理论之基与实践之路》,载《法律适用》2022年第10期。

"不当申请争议"相对于其他行政争议而言,数量多,且反复申请、提起诉讼的人员相对固定,个别人消耗了大量的行政和司法资源,实践中给行政机关和法院带来了较大的困扰,治理难度较大。单纯强调个案的实质性化解难以达到预期的目标,当事人会"改头换面"继续通过提起其他政府信息公开申请或者诉讼给行政机关施加压力。从这个角度来说,诉源治理在"不当申请争议"的化解中尤为重要。更重要的是,不能单纯以减少争议的数量作为诉源治理的唯一目标和标准,从前文的组态类型分析来看,机制成熟型争议高发地区虽然在制度上仍然有较大的提升空间,但是和其他类型相比是发展最充分的一种类型,这一点前文已经做了较为详细的阐述,此处不再赘述。不能将争议数量作为诉源治理的唯一标准还有一个重要原因,那就是公平和正义不仅是客观的,而且也是可以被主观感知到的,所以司法系统"努力让人民群众在每一个司法案件中感受到公平正义",公众对于法治水平的评价和感受,不是依据争议发生的频率和强度,而是在于化解冲突的能力和效果[①]。从这个角度来说,诉源治理、实质性化解争议的实效是要靠人民群众的切身感受来衡量的,而不是被冰冷的数字所主导。

依据前文的分析,不同地区出现争议的情况有所不同,因此在进行诉源治理时应当既坚持系统思维,充分考虑争议发生的真实原因,将争议的化解放到整个社会环境中,不孤立强调某方面的作用和某个主体的责任,又需要针对不同地区的"不当申请争议"产生的原因对症下药,实现精准治理,关键是发挥个案的溢出效应,具体来说包括以下几个方面:

(1)发挥个案溢出效应,促进府院互动,从查清个案源头转变为追溯至争议发生的深层次原因

从个案源头上来说,部分"不当申请争议"的产生源于征地、拆迁行为中,申请人的期望值与实际得到的补偿款不符,因此借助依申请公开制度大量提出政府信息公开申请、提起行政诉讼,给行政机关施加压力。这是目前理论界和实务界都已经关注到的问题。从个案角度来说,对于当事人以不当行使权利的方式谋求法定权益之外的利益的行为,应当予以规制,这样才能使得有限的司法资源真正用于对理性行使行政诉权者的充分保障[②]。"陆红霞案"的裁判便体现了这种思路,2019年《条例》修改时在行政程序中设置的说明理由、延迟答复、拒绝提供、收取信息处理费等制度也体现了对不当行使权利行为的规制思路。然而,从定性比较分析的结论来看,把"不当申请争议"放到更宏观的社会环境中考察它的产生,发现政府透明度建设、经济因素、《条例》修改之前诉的利益在司法中的适用等,都影响着一个地区"不当申请争议"的产生。这表明"不当申请争议"的诉源治理应该以个案为切入点,

---

[①] 参见顾培东:《社会冲突与诉讼机制》(修订版),法律出版社2004年版,第18页。
[②] 参见章志远:《行政诉权分层保障机制优化研究》,载《法学论坛》2020年第3期。

但是治理的对象和途径应当延伸至个案之外。因为单纯化解个案争议虽然可以解决眼前的争议，但是对于日后避免此类案件发生的作用是十分有限的。司法审查以个案为基础，立足于解决个案纠纷，但是对于屡禁不止的"不当申请争议"，要进行有效的诉源治理，就必须发挥个案的溢出效应，将个案解决的功能不再局限于具体的案件当中，而是辐射到与之相关的制度中，因为这些诉讼前的制度才是诉源治理的根本所在。不当申请的诉源治理应坚持系统思维下对治理资源的梳理，针对不同类型纠纷发生的原因，采取不同的措施，整合不同的资源，达到"办理一案，治理一片"的社会效果，源于个案，超越个案，体现个案的溢出效应，扩大治理效果的辐射范围，通过诉源治理防范新的争议产生[1]，同时，推动相关制度，特别是政府透明度的提升。这便是"不当申请争议"诉源治理中的系统思维。

（2）在系统思维下的精准治理，要在进行资源整合之前，明晰"不当申请争议"产生的原因，通过不同的途径，对不同的资源进行整合

针对抑制型争议数量少、发展不足型争议数量少和公开不足型争议高发这三种类型，要注重加强府院互动，在司法处理争议的过程中，充分发挥司法的监督作用，即实现《中华人民共和国行政诉讼法》第一条中"监督行政机关依法行使职权"的目的。前述三种类型，"不当申请争议"产生的原因一般都是行政机关政府信息公开制度建设存在一定的问题，政府透明度整体不高，特别是平台层建设存在问题，导致公众与行政机关之间的沟通不畅，公众的信息诉求被抑制。在这一前提下，法院通过对个案的裁判和司法建议等形式，以"不当申请争议"的个案为契机，找出产生问题的原因，与行政机关就政府信息公开制度建设的问题和不足之处进行沟通，敦促行政机关推动透明政府的建设，特别是畅通公开途径，满足公众的信息需求，打造阳光政府，树立政府威信。目前司法实践中，已经出现了法院在裁判中指出行政机关政府信息公开制度存在问题的情况，并明确了这是造成相对人多次申请和诉讼的原因。在"刘波宁诉任丘市住房和城乡建设局案"中[2]，行政机关认为原告多次、反复申请政府信息公开，且没有合理理由，应当不予处理。而法院经过审理则认为，申请人之所以四次提出同样的政府信息公开申请，是因为行政机关一次也没有履行公开义务，行政机关怠于履行职责才导致原告重复申请的行为，原告行为并无不当，因此也就没有了《条例》第三十五条的适用空间。上述案件中，法院明确了，不应让申请人承担行政机关未履行职责的不利后果，也不能因此免除行政机关的公开义务，这是"任何人不应从自己的违法行为中获利"这一古老法则的体现。法院在裁判中明确指出了行政机关履行职责过程中存在的问题，为行政机关合法合理实施政府信息公开制度提出了完善的建议，司法上的否定评价对行政

---

[1] 参见张步洪、张立新、刘浩：《行政检察类监督促进诉源治理：最高人民检察院第三十六批指导性案例解读》，载《中国检察官》2022年第14期。

[2] 参见河北省任丘市人民法院(2020)冀0982行初27号行政判决书。

机关改进政府信息公开行为具有非常重要的警示意义。除了针对争议中的行政机关以外，个案的溢出效应还体现在，法院可以和同级政府的执法监督部门就政府信息公开普遍存在的问题进行沟通，指出实践中存在的问题，提出完善的建议，通过执法监督部门对行政机关进行更为常态化的监督，促进政府信息公开制度的持续实施。

针对机制成熟型争议高发，这是政府信息公开制度从发展初期走向完善的一个必然阶段。属于该类型的地区，想要对"不当申请争议"进行诉源治理，根本途径在于推动几个前因条件的全面发展，推动政府透明度、经济、司法审判和公民规则意识共同发展，使政府信息公开制度的发展迈入一个有序发展的新阶段，将"不当申请争议"这一困扰行政机关和法院的问题转化为法治政府建设的助推器。具体来说，法院以个案为契机，推动一系列法律制度的进一步发展，敦促行政机关加大政府信息公开制度建设的力度，进一步满足公众的信息需求，并且对政府信息公开制度进行深化，在此基础上，鼓励和促进公众对政府信息的再利用，充分发挥信息红利，提升政府信息公开制度的附加值，为政府信息公开制度的进一步完善和实施奠定良好的基础和环境。同时，法院在处理争议时，也应当特别注意推动行政机关依法行政的建设，结合个案处理，将行政复议作为争议化解主渠道、行政机关负责人出庭应诉等具体制度进一步落实，充分调动各种资源化解争议，树立政府权威，使政府信息公开制度成为推进法治政府建设的着力点之一。

需要说明的是，无论上述哪种类型的府院互动，虽然聚焦的重点不一样，但是法院都应当特别注意和党委以及同级政府之间的联动。因为司法机关和行政机关都受党委的领导[①]，单纯的司法裁判和司法建议未必能够起到预期的作用，与同级党委和政府之间保持沟通，并将具体的问题、建议反馈给党委和政府，由党委和政府协调推动，可以充分发挥党委的领导协调作用，统筹各项资源，在最大程度上优化资源配置，使行政机关对问题予以足够的重视，使得调整更为顺畅。同时，虽然行政机关是政府透明度建设的主要责任人，但是某一个行政机关也很难独立完成政府透明度从制度到平台的建设，需要取得财政、网信等其他部门的支持。此时，人民政府的协调作用就特别重要，能够为本级及下级行政机关提升政府透明度提供制度和资源上的支持，还能发挥重要的统筹协调作用，减少政府信息公开制度进一步推进中的阻力，这也是法院主动融入党委和政府领导的社会治理的一种重要方式和途径[②]。

发挥个案溢出效应还应当注重典型案例推广、类案治理以及普法工作。我国并非判例法国家，但是实践中，最高人民法院和最高人民检察院的指导性案例发挥了重要作用，有效提升了办案质量[③]。相对于抽象的规则而言，典型案例虽然普适性不足，但是其所具备的特

---

① 参见姜明安：《论新时代中国特色行政检察》，载《国家检察官学院学报》2020年第4期。
② 参见王旭光：《以依法能动履职为诉源治理贡献检察力量》，载《人民检察》2022年第10期。
③ 参见卢志坚、秦颖：《"指导性案例基层巡讲"着力提升办案质量》，载《检察日报》2022年12月16日第5版。

征可以在实践中发挥更为显性的优势。一方面,典型案例、指导性案例的经验总结源于具体的个案,对于规则适用的情节是具体的,更容易被准确理解。另一方面,典型案例因为有具体案情的限制,因而不会陷入成文规则僵化的缺陷,具有一定的灵活性和适应性。此外,在普法中,特别是对公众而言,典型案例的影响远大于成文规范的影响也是不争的事实。"陆红霞案"之后,有地区复议、诉讼"双下降"的事实便是佐证。

在挑选典型案例的时候,应当精心挑选,精准推送。所谓的精心挑选是针对本地方的情况,挑选出能够反映出本地方突出问题的案例,而不是简单地对其他地区有影响的案例的机械宣讲。精准推送是指针对不同原因引起的"不当申请争议",以及争议的双方,需要在不同的环节推送不同的案例。

针对发展不足型争议数量少、抑制型争议数量少和公开不足型争议高发地区,对行政机关应当推送行政机关因透明度不足败诉的案例,此类案件对行政机关具有警示意义,并对行政机关日后的政府信息公开行为起到了警示和引导的作用。同时,将政府信息公开工作中行政机关可能出现的法律风险提前以案例的形式向行政机关进行普及,也是促进行政机关依法行政、降低行政机关行政法律风险、保护执法人员的重要途径。针对上述地区的公众,在普法的过程中要坚持权利意识和规则意识并重的思路,告知法律赋予公众的正当权利,并且向公众普及正确实现权利的途径,而非通过政府信息公开申请和诉讼的途径进行迂回。

针对机制成熟型争议高发,因其已经完成了一定程度的发展,因此关键并不在于对基本制度的普及,而应当抓住以下三个重点:首先,法院可以与行政机关一道,联合高校和研究机构,以委托课题的方式,将目前实践中存在的问题进行梳理、研究,课题承担人负责提供全国范围内乃至世界范围内政府信息公开制度实施较好的案例和举措,为行政机关改进政府信息公开制度开拓思路和视野。其次,应当加强和公众的沟通,进一步提升平台建设水平,利用各种智慧城市治理手段,精准收集公众的信息需求,利用各种信息平台,除了对公众需求量大的信息主动公开以外,还可以利用算法手段实现主动公开信息的精准推送,将政府信息公开制度的实施融入数字政府的背景之下,进一步提升政府透明度。最后,以前述两项工作的实施为契机,将政府信息公开工作嵌入整个社会治理体系之中,以"不当申请争议"为突破口,构建诉源治理的机制,为提升社会治理能力提供可以借鉴的优秀经验。

五、结语

以系统思维观察"不当申请争议"的产生和诉源治理,可以跳出"头痛医头、脚痛医脚"的狭隘视野,有效化解争议,避免争议产生。更重要的是,在系统思维之下对"不当申请争议"诉源治理的探索,是将这一司法领域的问题嵌入了国家治理和社会治理的框架之中,是对党的二十大报告中提出的"全面依法治国是国家治理的一场深刻革命"的具体回应。同时,在对"不当申请争议"进行诉源治理的过程中,注重府院互动,注重普法教育,也是"坚持法治国家、法治政府、法治社会一体建设"的应有之义。

刑法中财产定义省思与重构*

熊建明**

摘　要： 刑法采用财产分类的方式来定义财产，至少在四个方面成为刑法规范、学理和知识上的洼地。一是无视财产的自然属性。私有财产是财产最早也是最普遍的存在形式，即使在国家全面主导时代，也是财产第一表现样式；公共财产却需要示范、引导、教育、设计甚至强制，才会形成并持续。二是财产仅有公共和私有两分，并非当下中国财产结构现状；公共财产分类标准单一且概括性强，仅国有和集体所有，目的性事业为补充；私有财产分类糅杂，漏洞很多甚至还有错误；外资公司及私营企业财产在两分之外。三是无视营利性法人和非营利性法人在法律上的独立身份及完整的财产主体地位，财产主体缺失多多。四是其内涵与外延无法指向财产新类型和表现形式，与分则中财产罪行规范既无对应也无关联，更不包含违禁品；在体系上沦为僵尸规范；学术上采取财产性利益通说，极不妥适。刑法中财产定义仿照宪法却又极不彻底，应当重构，或借用其他法律，甚至常识中财产属性与指涉，最为妥当；或采用费雪方式，从利益、归属、交换、度量等四个侧面给予定义，以备刑法体系自洽，并在更为广阔的视野里把握新型财产及其样态，亦为理性选择。

关键词： 刑法中财产定义　财产性利益　权益性财产　仿照宪法　费雪方式　财产定义规范重构

一、引言

财产在刑法规范、学理和知识体系中，具有极其重要的基础地位。刑法是通过财产分类的方式来定义财产的，总则第九十一条、第九十二条即是。梳理既有文献，以刑法中财产定

---

*　**基金项目：** 本文是江西省高校人文社会科学研究规划基金项目"刑法上'其他'及司法扩充研究"（项目号：FX18014）阶段性研究成果。

** 　**作者简介：** 熊建明，南昌大学法学院副教授。

义规范作为研究对象的成果并不多①,与财产相关,包含财产性利益在内的研究则不少②。研究刑法中财产分类定义,依然具有积极的学术与实践意义。

追溯其源会发现现刑法中财产定义,脱胎于旧刑法第八十一条和第八十二条。基于时序,考察新旧刑法中财产定义,并回溯至新中国成立早期,能清晰展示财产定义在新中国的变迁。这种变迁与中国经济制度、经济结构、经济活动及其演变息息相关。

本文从刑法第九十一条、第九十二条切入,省思新中国刑法财产分类、认知及其缺陷,并提出可能的重构之道。

除引言外,全文分五个部分。第一部分基于历史维度的刑法规范教义学范式,梳理、解析、评判财产定义及演变。第二、三两部分进入刑法中财产定义的结构,体系性地展示其中落后、悖理甚至错误之处,表明刑法中财产定义业已成为中国刑法规范、知识与学理上的洼地。第四部分对刑法中财产类型和财产理论(以张明楷教授著述为样本)予以常理和学理上的评析,以证明刑法财产定义规范、财产类型、财产理论等有违于财产一般规律,如财产性利益这一类型并不可取,虚拟性财产和违禁品是当然的财产,无须过多笔墨等;从原理上阐述刑法中应当如何设定财产,鉴于财产形态繁复多样,并且新财产样式仍在不断产生和形成之中,既不宜采用列举方式表述,亦不当过分逼仄地缩小财产范围,将一些原本属于财产范畴的样态(如知识产权)和业态(如包含商业情报、商业秘密在内的商业模式等)剥离出去。第五部分为全文结语,若基于刑法体系自洽,确需在刑法中定义财产,亦当采用费雪方式,给予形式界定,或者囿于刑法知识与学问体系及实践之局限,放弃对财产定义,而借用其他法律、法规,甚至业内惯例或共识,以及生活信念中对财产的常识性认知,来确定个案中涉及的财产观念、形态和价值③,坚持动态考察和把握财产。

二、财产定义历史维度的规范教义学解析

现刑法与旧刑法间有极密切的承继与沿袭。财产定义就是反映此承袭关系的一个显著例子。立足于旧刑法,追溯至新中国成立伊始,就基本能把握中国刑法中财产定义变迁。与此同时,刑法中财产定义与宪法也大有联系。

(一)刑法文本追溯

在刑法中特别单独规定财产,始于1950年7月25日由中央人民政府法制委员会起草的《中华人民共和国刑法大纲草案》。其第六章第七十四条出现了国有公有财产:"凡国家

---

① 周旋:《〈刑法〉第九十一、九十二条"财产"条款应予废止》,载《法学》2012年第3期。
② 其中尤以王玉钰博士论文(华东政法大学2008年)《刑法中的财产性质及财产控制关系研究》和陈烨博士论文(武汉大学2014年)《刑法的特殊财产类型研究》为著例。
③ 事实上,刑法中已有借用型定义,如第一百八十六条"违法发放贷款罪"中,对关系人范围的确定,以《中华人民共和国商业银行法》为准,并未自主定义。

机关、国营公营企业之财产,及依法设立的合作社之财产,为国有及公有财产。在国家机关或国营公营企业保管或运输中之财产亦认为国有及公有财产。"

第十一章设置了侵害私有财产罪,却未对私有财产予以定义,但这绝不意味着对私有财产没有判断标准。其标准就是,依财产主体、日常生活中财产观念,即当时通常的社会认知等。这充分表明,私有财产是人们日常生活中最常见也最习惯的一种财产样态,既无需特别教育,也不用单独通过法律予以规定。

正是要在一般财产即私有财产范围和观念中彰显国有及公有财产,才放弃定义私有财产,而着重对国有公有财产予以特别规范。这同样充分说明,在新中国当时的财产语境里,如未具体明示,财产就是私有财产。私有财产是财产的自然属性和天然形态,在新中国成立伊始,即有坚实而普遍的根基。也正是这一定义,开创了通过财产分类的方式来定义财产的中国刑法先例。

虽然刑法中公共财产与私有财产同定义并列模式,并未出现在此草案中,但公私财产采用列举方式界定[①],已初露端倪;不仅如此,刑法针对财产及财产秩序的犯罪,在分则中分别以破坏社会主义市场经济秩序罪和侵犯财产罪各自成章体例,也由大纲草案奠定底色[②]。

大纲草案中单一规定国有公有财产模式,被随后1954年9月30日的《中华人民共和国刑法指导原则草案(初稿)》沿袭。不过用公共财产替换国有公有财产,私有财产更名为公民财产[③]。公共财产以穷尽列举方式排序,计有五类,国家所有、合作社所有,包括劳动群众集体所有或部分集体所有、公私合营企业所有、人民团体所有,以及在国家管理、使用和运输中的财产。刑法第九十一条第一款中第(一)项和第(二)项,以及第二款,即出自该草案第三十七条;刑法第九十一条第二款"以公共财产论"中,并未出现"私人"字样,因而只是体例上的承继。相对于刑法,该草案学理性表现在,它将公私合营企业、人民团体,作为相对独立于国家和集体的财产主体。该草案依然未界定私有财产,这说明在当时,私有财产不仅在现实中,而且在观念上,具有普遍意义。

1957年6月28日的《中华人民共和国刑法(草案)》沿用上述草案范式,仍只规定公共财产。其在结构体例上有修正,未在分则正文中界定公共财产,而是在总则项下设置一个附则分章,公共财产定义移至附则,这已是刑法模式前身;人民团体改为社会团体;首现私有

---

① 参看该大纲草案第一百三十九条规定和第一百四十条规定,均采用列举模式,其中内含生产资料与生活资料、动产与不动产以及主体为他人与非他人等两分标准。参见高铭暄、赵秉志:《中国刑法立法文献资料精选》,法律出版社2007年版,第223页。

② 参见高铭暄、赵秉志:《中国刑法立法文献资料精选》,法律出版社2007年版,第217、215、213页,第六章设为侵犯国有或公有财产的犯罪,第七章设为职务上的犯罪,第八章设为经济上的犯罪。

③ 参见高铭暄、赵秉志:《中国刑法立法文献资料精选》,法律出版社2007年版,第238、244页。

财产法定拟制为"以公共财产论"体例,谓刑法第九十一条第二款"以公共财产论"前身①。其仍未单独规定私有财产,说明依然将私有财产当成一个无须法律单独定义的日常现象。

在体例上,其不再将侵犯公共财产罪单列一章,而是将其分归于侵犯财产罪和渎职罪两章,妨害社会经济秩序罪与侵犯财产罪并行单立,是刑法分则中财产犯罪分列于两章,即破坏社会主义市场经济秩序罪和侵犯财产罪之体例雏形。

1963年10月9日的《中华人民共和国刑法(草案)》既有继承又有突破,刑法财产定义模式也随之成型。

继承是将财产定义放在总则附则一章,公共财产依主体两分为国有和集体所有外,还有"以公共财产论"。"以公共财产论"中的私有财产,为在财产公共和私有两分中,属于公民所有的合法财产。这表明,私有财产的自然属性有所消退,需要通过法律规定予以确认。而法律的确认方式,无疑包括未经确认,即推定为私有财产一类;并且以私人财产取代私有财产,也在显示公有财产与私有财产,至少在体量和重要性上,不能同时对向并列存在。

财产首次两分为公共财产和公民所有的合法财产,且并行单独界定,是其突破;之所以两类财产并列规定,可能的原因在于,在农村通过社会主义集体化,在城镇通过社会主义改造和建设后,公民私人所有的财产发生了巨变,尤其财产类型变得极为单一,指涉也极为狭窄,需重新规定。公民所有合法财产采用生产资料和生活资料标准,此标准首次在草案中明晰,沿用至今②。

在第37次稿(1979年5月12日)中的财产界分,与上述草案并无本质差异,在表述上则有所不同,如将草案中"国家所有"改为"全民所有","集体所有"改为"劳动群众集体所有";在公民所有的合法财产中,将生活资料细分为合法收入、储蓄、房屋和其他生活资料,将生产资料具象为依法归个人或家庭所有或使用的自留地、自留畜、自留树等,标准和框架依然没变。这些差异及其内容,原封不动地进入旧刑法第八十一条和第八十二条。分则中有关财产及财产秩序的犯罪,还是三分法:破坏社会主义经济秩序罪、侵犯财产罪、渎职罪。

现刑法自1997年10月1日起施行,第九十一条、第九十二条界定刑法中的财产。相较于旧刑法,现刑法在规定公共财产时,将旧刑法中"全民所有的财产"改为"国有财产",回归至1963年草案模样;在财产主体标准外,新增财产目的性用途标准作为补充;其中,第九十一条第二款将旧刑法中的"国家"替换为"国家机关、国有公司和企业",用"集体企业"替换了旧刑法中的"人民公社、合作社、合营企业"。在公民私有财产的规定中,删除了旧刑法中"合法"一词;生活资料分类沿用,生产资料删除了"使用",仅限于"所有",将个人与家

---

① 参见高铭暄、赵秉志:《中国刑法立法文献资料精选》,法律出版社2007年版,第261页。
② 参见高铭暄、赵秉志:《中国刑法立法文献资料精选》,法律出版社2007年版,第288页。之前的草案隐约出现过生产资料如生产工具、耕畜等,生活资料则没有列举,一律为他人财产。

庭在财产主体中置于同等位序,弃用了旧刑法中亚分类;增设了个体户和私营企业作为公民私有财产主体,算是扩张了公民私有财产主体范围,但无视公民私人与个体户和私营企业间主体属性的差异;新设了依法归个人所有的股份、股票、债券及其他财产等。有关财产及其秩序的犯罪,虽为三分法,却有两个显著差异:一是将破坏社会主义经济秩序罪更改为破坏社会主义市场经济秩序罪,其中社会主义市场经济秩序,主要指向财产交易与流转秩序;二是将贪污贿赂犯罪从渎职罪中剥离,新设贪污贿赂罪一章,侵犯财产罪不变。

总体上看,现刑法中财产定义,与旧刑法并无实质差异,依然采用分类列举方式,仅增添了时代变化所致新财产类型。这一判断表现在三个方面:一是分类的主要框架依然是公共财产与公民私有财产。二是公共财产确认标准还是国有与集体所有两分,占有和公益标准为补充。三是在公民私有财产中,生活资料与生产资料两分依然占主导地位。表述上有一些变化,基本反映了新中国经济成分、经济结构、经济运行机制及其变迁。

(二)与宪法文本连接演变

如果不仅局限于刑法视野,而是将其与同时期宪法予以对照,就会发现一个极有趣也极值得研究的现象。1949年9月29日通过的《中国人民政治协商会议共同纲领》作为新中国临时宪法,其中第三条明确规定"中华人民共和国必须取消帝国主义国家在中国的一切特权,没收官僚资本归人民的国家所有,有步骤地将封建半封建的土地所有制改变为农民的土地所有制,保护国家的公共财产和合作社的财产,保护工人、农民、小资产阶级和民族资产阶级的经济利益及其私有财产,发展新民主主义的人民经济",1950年7月25日公布的《中华人民共和国刑法大纲草案》很好地与此共同纲领进行了衔接。比如它在章的层次里,分别设置侵犯侵害国有或公有财产罪和侵害私有财产罪,并且将国有对应于国家机关和国营企业,而将合作社及公营企业对应于公有;在侵犯私有财产罪中,明确列示出矿山、工厂、仓库、作坊、生产工具、耕畜等生产经营客体以及包含土地在内的生产资料,将这些经济实体和生产资料作为私有财产中财产的限定词,甚至与其说是限定,不若讲是按照重要和关键的少数、次要和非关键的多数这一原则予以列举亦不过分;并且作为一种特意强调,是对临时宪法中财产规定的具象化表达;对包含国家财产在内的公共财产,未采用列举方式,而是以财产主体予以表述。

1954年9月30日的刑法草案,晚于1954年9月20日新中国首部正式颁布的宪法,二者在财产规定上虽有连通或衔接,但这种连接似乎只有半截子:五四宪法第五条规定中国生产资料所有制有四种,其中全民所有制在现实生活中表现为国营经济,合作社所有制表现为劳动群众集体所有或集体部分所有,即集体经济,尽管被称为劳动群众集体所有,但实际上只指农村即农民劳动群众集体所有,即农村集体经济,二者统合即为社会主义经济。而个体劳动者所有制和资本家所有制则完全归属于生产资料(公民)私人所有制。

1957年的刑法草案更与五四宪法渐行渐远,只有公共财产定义,并依主体三分,以"公共财产论"为补充,完全未对公民或私人财产予以触及。1963年的刑法草稿中公共财产只有国有和集体所有两种,公民所有的合法财产以生活资料和生产资料两分,但未列举,这也与五四宪法没有直接的联系。

为什么时间越往后,刑法对财产的规定越与宪法保持疏离?

1979年5月12日的刑法草稿出台之前,五四宪法被七五宪法所代替,七八宪法又替换了七五宪法。对于生产资料所有制,七五宪法只保留了全民所有制和劳动群众集体所有制,第七条第三款出现了自留地和自留畜,作为私人所有的生产资料由人民公社社员经营,第九条第二款规定公民对其劳动收入、储蓄、房屋和其他生活资料有所有权;七八宪法首次将劳动群众集体所有制扩及城镇地区,形成城镇劳动群众集体所有制,与农村劳动群众集体所有制合称为劳动群众集体所有制。这些规定奠定了刑法最后草稿中财产规定的框架。公民私人所有的合法财产虽有生产资料和生活资料之分,但无论是房屋还是自留树,都附着于土地,农民或城镇居民对土地是无所有权的,农民及其家庭对其经营管理的自留地不享有所有权。另外,自留树是刑法最后草稿的独创,宪法并未提及。财产及其所有制呈现"一大二公"的格局,越来越单一化,而刑法调整的主体是自然人的行为,两者结合促使刑法中财产定义逐渐远离宪法中财产规定。

1982年12月4日通过现行宪法。宪法第十二条规定社会主义公共财产;第十三条规定公民合法的私有财产。刑法完全照用宪法模式与体例,将其中财产亦设为公共财产和公民私有财产两类,即公共财产为国家所有和劳动群众集体所有,反映在现刑法第九十一条第一款前两项。第九十二条公民私人所有财产前两项,与旧刑法类似,但删除自留地、自留畜与自留树等类型列举。

综上,不管是旧刑法,还是现刑法,对财产规定从始至终,尽管其中有些甚至有较大偏移,但总体上与宪法保持了较为高度的一致,这是其最显著的特色,甚至说是表彰宪法的法条,亦不过分。

为什么刑法要照搬宪法模式?刑法中财产定义是通过财产分类方式完成的,财产分类在宪法中最为齐备且正统,除了照搬,刑法再不可能有其他方式。尽管进一步对此解释并非本文主题,但通过梳理宪法与刑法中有关财产规定的衔接与变迁,大体能够看出为什么公民与家庭私有财产及其权益,未能进入宪法中基本权利一章,而是作为一种财产结构及所有制组成因子,进入宪法总纲。

刑法中财产定义,具有极强的历史连续性、极高的稳定性和较密的宪法衔接性。从1949年10月至1997年10月以及至今,即便有些变化,也是极其微小而无实质殊异的。

（三）基于历史维度评价

相较于宪法和民商法等法律部门，刑法对经济生活及其变迁的适应较为逊色，甚至是严重滞后；比方说国家所有的财产，与国有公司、企业和国有事业单位，或人民团体或社会组织等所有的财产，刑法对此并未区分，政企不分、政社不分表现极为明显，无视国营企业改制、国有企业改造等[①]；土地上的权利只体现了所有权一项，使用权隐而未显，房屋所有权标示不明，对权益性财产、外资企业或公司财产刑法未予关注，知识产权、商业模式、商业秘密和商业信息等剥离在财产列举之外，网络平台、大数据、虚拟财产和虚拟货币或符号等出现在司法实践中的财产新类型，却不能从刑法中的财产定义获得法源性、规范性与学理性支撑等。

这一论断不仅基于刑法中财产定义的历时性梳理与解析，得以清晰显示，而且若进入刑法第九十一、九十二条所设财产规范世界，更能够获得佐证；一旦进入其中，就会发现刑法中财产定义极值省思因而极须重构。

三、公共财产定义规范教义学解析

刑法是通过对既有财产形态分类来定义财产的。首先是公共财产和公民私人所有财产之分；第九十一条在公共财产框架内再予细分。

第九十一条分为两款，第一款为公共财产本体论，第二款为以公共财产论；显然，以公共财产论所指财产并非公共财产，而是一种非公财产，基于其与国家或社团、组织间有某种法律上或经济上的联系所作的法律拟制。从公共财产类型看，相当于创设了一种新分类标准。

（一）第九十一条第一款第（一）项、第（二）项分类标准解析

先看第一款，第（一）项为国有财产，第（二）项为劳动群众集体所有的财产。

1. 国有财产和集体所有财产解析

在第九十一条中，公共财产是国有财产和集体所有财产的上位概念，并且整个条文主要是依财产所有主体为分类标准。但如果从宪法角度，就会发现，国家所有是从全民所有化身而来的，宪法第七条中"国有经济，即社会主义全民所有制经济"即为明证，而"全民"中的"全"表示在中华人民共和国领土主体范围的这一整体，"民"无疑是指具有中华人民共和国国籍的所有公民；这表明属于全民所有的财产，必定是也只能是分散遍布在领土上的，同时又有整全性和一体性，但分散就天然地意味着可以分割。故全民所有，虽可以说是全体公

---

① 有关国营企业改造为国有企业，以及国有企业公司化改制，参张维迎：《企业理论与中国企业改革》，上海人民出版社2015年版，第53、122、168页等。

民集体共同所有,却具有极强的地域属性,天然具有属地性和分割性。

显然,为便于持有、经营、管理、保护和增值这样的全民所有财产,就需要为这些属于全民所有的财产设定一个法定的具有属地性的代管主体,因为不可能让每一位公民都参与其所有量较为微小的经济与财产事务。国家领土主权系由国家享有并行使,国家就是主权存在的表征,具有极强的属地性和属人性,以及由此所产生的主权排他性和法律适用优先性[1];这样的代管主体就自然且必然地只能是国家。故宪法第十条第一款直接规定"城市的土地属于国家所有"。

但国家不能仅是观念上的存在,还得有结构化的呈现,后者以制度化模式显示国家的存在。这种制度化模式,在国家之内,就是由纵横两维、行使国家权力的国家机关充实。国家必须机关化,因而国家所有其实就进一步转化为国家机关所有或行使,正如土地管理法第二条第二款"全民所有,即国家所有土地的所有权由国务院代表国家行使"所示。机关是实体组织化的表象。因此,可以认为国家所有即为国家机关所有。将上述机理框示如下:

全民所有——国家所有——国家机关代表所有或代行国家所有权。

其中全民所有为观念上的彰显,国家所有是制度化所有,国家机关代表并代行国家所有权则是一种显性的体制架构,国家机关所有才是经济运行中实在可触摸的具象。

劳动群众集体所有遵循同样逻辑。依宪法,劳动群众集体所有分为两类,即农村集体经济和城镇中合作经济(宪法第八条)。以农村集体经济为例。农村集体所有[2],其实是在地域性较强的社区内全体村民作为一个整体共同所有;全体村民整体得以组织化,农村劳动群众集体所有转化为农民集体组织所有,农村集体组织在现实中为村委会或村民小组,故村委会或村民小组代表农村集体所有并代行集体所有权。其中机理框示如下:

全体劳动群众集体所有——全体村(组)民共同所有——村委会(村民小组)代表全村(组)所有或代行所有权。

其中全体劳动群众集体所有是一种观念表达,集体所有表现为组织化所有,村委会或村民小组代表并代行集体所有权是一种实践架构,是现实财产主体[3]。

国家机关有中央国家机关和地方国家机关。国家机关的设置与国家政权权能和层级密切相关;如以中国中央国家机关为例,有全国人民代表大会、全国人民代表大会常务委员会、国家主席和副主席、中央军事委员会、国务院、最高人民法院、最高人民检察院、国家监察委

---

[1] 通常认为,刑法第六条第一款是刑法适用的属地管辖,但更精确且恰当的说法,当为具有优先适用之优位性的属地管辖,它并未排斥其他国家或地区的刑法属人管辖和保护管辖,只有不存在外域之属人管辖和保护管辖,它才具有独一性和排他性。

[2] 在宪法语境中,有时甚至将农村集体所有简化为集体所有,如宪法第十条第二款"农村和城市郊区的土地,……,属于集体所有"即是著例。

[3] 限于篇幅,且国家与集体在组织属性上极相似,但在规模与层级上截然有异,下文不详述集体所有情形。

员会,以及中国人民政治协商会议等九大国家机关,如果加上执政党内的政党工作机构,则还有中国共产党中央委员会,以及参政议政政党和其他政治组织的中央机关,尽管它们不是国家政权机关,但都是享有相应权力的国家的政治机关。地方国家机关则依国家政权层级,也有相应的国家权力享有和行使机关,和与之对应的执政党的地方工作机关,计有四级:省、自治区、直辖市,较大市即设区市,县、市辖区、县级市,乡镇。在某种意义上,这些国家政权机关以及国家的政治机关,都是国家机关的必要组成部分,它们所享有或占有并能处分的财产,都是国家所有的财产,都可简称"国有财产"。因此,即使将国家财产中的所有权主体仅限于国家机关或国家的机关,国有财产在结构上也只能表现为一个复杂性极高的财产层级组合,具有政治性而非法律性;国有财产太过概括抽象,看似无所不指,实则一无所指。显然,这样的分类对技术性和操作性极强的刑法及实践几乎没有作用。

正因为国有财产主体如此众多且极其繁杂,且机关毕竟不是人,需要在保有、使用、增值国有财产方面设立一个意思表达主体,以表彰其意志,而只有自然人才能成为这样的主体,所以国有财产机关所有,最终一定会转化成能够代表国家机关行使所有权的国家机关工作人员代表所有;负有特定职责的国家机关工作人员——不限于单个自然人——代表国家机关行使其掌握的国有财产所有权,该特定个人及其组合对国家机关负责并报告工作,特定国家机关对国家负责并报告工作,几乎是一切财产国家所有制模式的最终归途和实践机制。

因此,以全民所有为本源的国家所有,在转化为国家机关所有并由国家机关工作人员代为处置之后,真正的人民本体和国家的代表本体都退隐无痕,只有明面上的国家机关及其工作人员了[①]。

能够证明本文这一论断的,还可以从刑法中找到规范依据。刑法第九十三条第一款和第九十四条都是规定国家工作人员的。其根据有两个:一是在国家机关中从事公务,特定的国家机关也是国家机关[②];二是具有国家编制。相应的贪污罪和受贿罪即以此特别的身份,即国家工作人员为基础设定的,其中贪污罪贪污的财产就是国有财产。因为国家机关太杂太多,故不以机关罗列,而以在机关中具有国家编制的从事公务的工作人员为标准,来描述国家机关所有的财产被侵占掠夺即贪污和挪用更具简洁性和操作性。通过这种转换,就将相对抽象的财产主体具象化至特定的个人层面,有助于对对国有财产的刑法保障,毕竟刑法所调整的犯罪行为的主体在绝大多数情形下为自然人及其组合。

---

① 从这样的财产所有逻辑里,也能够合理解释刑法设置"以国家工作人员论"的必需性。
② 国家机关这一标准就将执政党、民主党派、人民政协等政治性国家机关排除在外,为弥补这一立法缺失,司法解释将其纳入以国家工作人员论范围。参见2003年11月13日最高人民法院《全国法院审理经济犯罪案件工作座谈会纪要》,其中规定在乡镇以上中国共产党机关、人民政协机关中从事公务的人员,司法实践中也应视为国家机关工作人员。不将其置于国家机关工作人员范畴,无疑与中国共产党执政党地位严重相悖,且严重矮化执政党宪法和政治地位。应当将监察法所定监察对象全面置于刑法及其司法解释中。

不仅公共财产中两种类型于刑法无甚意义,而且即使依公共财产既有亚分类,也会发现其财产主体也是极为缺失的。

2. 国有财产中特别的国家主体类型辨析

要弄清刑法里公共财产中各类所有主体,需要基于第九十一条及公共财产现状予以展开。

事实上,国有财产中若主体为国家机关或国家的机关,它们手中各自所掌握的财产即为国有财产。但就国家这一整全宪法主体而论,各个国家机关或国家的机关所享有的财产及其各种权利,却与国家所有的财产是相对独立的;正如部分与整体间的关系,整体包含部分,但既不能完全代表亦不能随意支使其中任一部分。单纯地以国有财产概括性总称上述各级各类国家机关或国家的机关享有的财产,尽管从财产的来源、隶属或归总上并无差异,亦自无问题,但实际状态尤其是财产运用、使用、收益、处置则完全是大相径庭、互不干扰的;并且它们彼此之间实际上是存在财产的流转交付的,如中央与地方间的转移支付等,因而以极为抽象概括的国有财产,来统称上述各级各类机关所拥有的财产,难说妥适。尽管就刑法而论,基于保护国有财产法益的结构性并无分殊,但就财产本身的界定而论,还是省略了过多的国有财产的机关主体,至少就概念逻辑自洽体系而论,是极不妥当的。

这种不妥当,尤其表现在国有财产与社会间互联互通的架构和过程中。如国家可以国库为担保发行国债,国家可垄断各种彩票的发行,国有土地、国有频率(频谱资源)等的依法转让等,这些财产样态及其动态,并非每类国家机关或国家的机关都能拥有或参与的,而它们又是现代社会极其重要的国有财产表现。

并且如果将财产私有含义,确定为将与财产及其各种表现形态有联系的主体比照,于众多主体中,某一特定主体与之具有更为紧密、更利害攸关的利益关系,即将财产私有与财产特定化于某一主体等义来类比于国有财产,那么很容易看到,在国有财产这一结构内,各级各类国家机关或国家的机关拥有的财产,彼此间界限还是极其清晰分明的,互不干涉、互不隶属,依规则或依价值(表现为货币计价)转让的特征极其明显。

故以国有财产来统称之,无疑类似于将美国人、伊朗人、俄罗斯人和中国人等以国别界分的各国各族人统称为人或地球人,虽无错却对特定的语境或场合无任何助益。国有财产作为一个概括性统称,至少就刑法规范适用性而论,不仅是极不妥当的用语,更是极无实践性、无主体的确认。

不仅国有财产的定义掩盖了更多的国家财产主体,劳动群众集体所有的财产也同样如此,限于篇幅恕不展开。

(二)第一款第(三)项、第二款解析

第九十一条第一款第(三)项并非基于财产所有或占有状态,而是依据财产使用收益的目的性事业而予确立,即用于扶贫等在内的公益事业,源自社会赞助或专项基金管理控制。这当是最为狭义之公共财产。

单单如此界定还不够。必须基于此类公共财产的使用及收益归置何类主体而确定。只有为的是大众利益和社会公益事业,才是真正意义上的公共财产。并且这样的公共财产显然不可能置于国家机关,或国家的机关,或集体经济组织名下,而只能隶属于专为目的性事业设置的经济实体或社团组织。

第九十一条第二款采法定拟制,将国家机关、国有公司、企业、集体企业和人民团体管理、使用或者运输中的私人财产,拟定为公共财产,其财产界定采双重标准,即依所有权属于私人所有的财产,和虽为私人所有但实际占有控制并非在私人名下的财产。如此界定,并非混淆公共财产与私人财产界限,乃是基于财产混同无法界分财产所有状态,便利一体化整体管理、使用或运输所致。故两种标准合一,就是依财产被占有或控制的现状来确定虽为私人所有,却以公共财产论处的财产。

(三)国有财产中非国家主体展示

无论是国有财产、集体所有财产,还是源自社会捐助用于扶贫等社会公益事业的财产,公共财产可能的主体不仅远不止这些,而且也不可能仅限于国家机关或国家的机关以及集体经济组织等。

首先讨论国有财产主体中的非国家主体。由宪法第十六条可知,国家财产主体除了国家机关或国家的机关之外,还有一种极有分量且数量众多的财产主体,就是各种层次的国有企业[①]。

何谓国有公司?就是由国家作为出资人设立、具有独立法人人格和独立财产的经营实体,依公司法和民法典,虽然国有公司的注资主体为国家,但一经依法设立并运营,国有公司则成为依法受保护的独立财产和经营主体,作为营利性法人与国家保持相对独立。也就是说,国有公司的财产虽为国有财产,但绝非等效于国家直接控制或所有或占有的财产。国有公司对其拥有的财产及其各种孳息,依法享有完全的各种财产权利,而与国家无关。国家与国有公司之间,是出资人或股东与公司间的法律和经济关系。国家对国有公司的财产及其权益,只能依其出资人或股东身份获取,或者依设立公司时签署的投资协议而主张。

国家不仅会设立国有独资公司,而且会与其他财产主体共同设立国有控股公司、国有参股公司等多股东公司。这些国有控股或参股的公司不仅是国有公司,享有源自国有财产的所有独立权利,与国家机关或国家的机关对国有财产享有的所有权利,而且相互独立、完全不同;国家作为股东,还与其他非国家股东间存在财产联系,并不能像国有独资公司那样行

---

① 在本文意义上,公司即企业,二者同义等效。因宪法文本未出现公司一词,仍用企业示之。

使专断的股东权利。

另外,在国有财产项下,还有主导国家和社会的科教文卫艺等特别事业的社会事业实体,如事业单位、人民团体和社会组织,以及国家设立的各类协会等等,它们都是因其目的性事业而特别获得国家特定财产的主体,与通常的国有财产主体也同样迥然有别相互独立。这一点从民法典总则第三章第三节"非营利法人"可知,尤其是第八十七条和第九十一条之明示;至于国家设立的各类协会,如中国足球协会等,则可参民法典总则第三章第四节"特别法人"之相关规定。因而它们对其目的性事业的注资财产及持续性运营所致孳息,享有独立排他的所有权利。

也许疑问在于,因刑法第九十一条第二款有在国有公司、集体企业和人民团体管理、使用或者运输中的私人财产以公共财产论这一规定,可借此推断国有公司、集体企业和人民团体自身所有的财产无疑当属公共财产。但除非经由难以理解或极其隐晦的实质解释路径和方法,否则依其字面意思及意义射程,难以发现支撑这样推断的意义联结与语义逻辑。也许有质疑说,这可能是例外反证规则,或者举异常以明正常,但以公共财产论的立意显然不在此。

无论是国有公司,还是集体企业,它们名下的财产虽不能直接归属于国家或集体,却依第九十一条立法逻辑和意义涵指,将其归结于公共财产名下是毫无疑问的。因此,第九十一条具有非常严重的缺陷和遗漏。

另外,不可忽视却被刑法立法主体无视的,就是在中国境内的外商投资公司,其中有一种表现形式,就是中外合资公司;当中方投资主体为国有公司时,它们无疑也是国有财产中的非国家主体。外商投资公司是中国经济结构中重要的经济主体,但其名下财产却既未纳入公共财产范畴,亦未在公民私有财产中有所体现,就因为它无法在国家、集体、个人既三分又合一的整体框架里安置!

这当是刑法中不可原谅的忽略,甚至遗憾!还有具有营利性法人地位的民营公司,也难以在此整体框架里归置,也予忽略,同样令人百思不得其解!

(四)公共所有与国有和集体所有间追思

可进一步省思:能否将国有财产和劳动群众集体所有财产归结于公共财产名下?

因国有财产和集体所有财产最终都会表现为机关代表或代行所有,国家机关或国家的机关是国家政权正常有效运行时的具体架构和表征。在一个以国家为单元的广阔社群里,不可否认,国家机关或国家的机关能够完全代表国家(但考虑到国家机关的层级与功能,可全权全能代表的机关极为有限),但能否成为以国家为单元的社群里各类成员和组织的全体和全权代表,有待商榷与论证。

如果凡是国家的就是公共的,意味着国家与公共同义,但这既扩张了国家的含义,又突破了公共之通义界限；或者反过来，凡是公共的就一定与国家有关或国家有份，这一论断绝非天经地义的自明公理，当以审视。如果遵循劳动群众集体所有的财产也是公共财产这一表达逻辑，那么在中国大地上，就有无数个劳动群众集体，每个集体所有的财产，相对其他集体和国家，仍可归于只属于该特定集体的"私有"财产，因而至少在现实中，我们能够观察到无数无须国家参与但同样是公共的财产和事务。将国家所圈建的社会，简单地三分为国家、集体、个人是否有待深刻省思？

如果集体财产也位列公共财产名下，那么这里的公共指涉范围，无论是就地域还是涉及人群，都是一个极其有限的场域，是一个边界极其清晰的公共场域，本身就表明利益与利益主体是有限且与其他域外利益——不论公共与否——及其主体是相对独立的。因而在集体的整体框架里，是存在相对为私的情形的。相对于集体之内的每一个体，集体财产的确是公共的，但在集体与集体之间，则彼此确凿无疑地是私有（尽管这私有之主体未见得是私人）的，此集体所有的财产绝非彼集体所有。甚至各地方国家机关之间也存在同样的机理。

综上，刑法中公共财产定义存在严重不当、缺陷与遗漏之处，有待重构。

四、公民私人所有财产定义规范教义学解析

从体例上，刑法中财产定义完全仿照宪法第十二条、第十三条。宪法第十二条规定社会主义公共财产，包含国家财产和集体财产，不仅受宪法保护，且其地位神圣；第十三条规定公民合法的私有财产，国家依照法律保护公民私有财产。刑法第九十一条规定公共财产，第九十二条规定公民私有财产。两条合于一体，即是刑法中财产定义全貌。

（一）与宪法的关联性

但是，宪法并非只有第十二条、第十三条规定了财产。宪法第十一条规定个体经济、私营经济等非公有制经济，第十六条规定国有企业自主经营权，第十七条规定集体经济组织经济活动自主权，第十八条规定外国企业和其他经济组织或者个人在中国享有投资及其收益的权利等，显然这些权利和利益中包含财产。

如果再考虑刑法第九十一条第一款第（一）项和第（二）项，与第二款以及第九十二条，就会发现刑法中财产定义，是采分类列举式，并未对什么是财产予以界定。

分类具有某种结构性，其中国家、集体、个人是其三大类主体。显然，对照宪法第十四条第三款"国家合理安排积累和消费，兼顾国家、集体和个人的利益"的表述，可知刑法以此三大类主体结构性合成的财产分类，具有极强的政治性，但社会性极为缺失[①]。

---

① 有关国家范围内的市民社会比较好的中文论述，参刘军宁：《保守主义》，东方出版社2014年版，第165页以下。其实就中国经济结构而言，宪法以多个条文共同真实地展现了社会的多元多样性，可惜刑法学人可能未予理会。

刑法并未完全照搬宪法中经济实体及其财产权益的规定,而只是撷取其中一部分以建构自身的财产全貌,因而无疑是不完整齐备的[①]。并且正是此种不完备,导致刑法中财产定义呈现种种缺陷、缺失甚至错误,尤其表现在第九十二条。

(二)第九十二条位序解析

无论公共财产与国有财产关系如何,刑法先定义公共财产再定义公民私有财产这一规范排序,是有悖于财产与主体归属的起源与演进规律的。

观诸历史和现实,就会发现私有财产是财产的最早甚至第一重极为自然的表现形式,并且会永远存在下去;以私有财产为根基,才会逐渐诞生并演进一些非私有财产结构与形式,如公共财产、国有财产或集体财产等。

其中的道理简单朴实。财产是由劳动转化或创造的,而劳动首先出自个人;并且劳动最初的表现形式,一定也是个体的。只有人类认知到组织起来的益处优于个体,才会出现组织化或结构化劳动,即为了合作而为的分工。故劳动的私人性与社会性,使得财产最初也是最为重要的所有形式,一定是私人所有[②]。也正是在此种意义上,经济学的理性假设,即人是自利的,是有着深厚的人性与历史根基的,甚至再往前进一步,设定在中性意义上,人是自私的也是可证立的,毕竟是自己辛苦劳动所得,依其意志也不大可能轻易施惠或授予他人。

因此,刑法以立法权威逆向先提公共财产——法条排序会因其内含比较而显示某种相对重要性——后及私有财产,相当于有意将经济领域中的分配(包含原始设置)强行置于生产之先,是谓一种直观上的颠倒,与认知理性和真实的历史相悖。尽管这种倒序既与宪法中财产定位顺序保持一致,亦与其中"国家、集体、个人"排序吻合,但不得不说,就呈现时序而论,无疑是个人、集体、国家这样的次第呈现,更为符合常情世理和历史。并且从起源上看,公共财产、国有财产和集体所有财产,大都是通过财产再分配而形成的,在分配基础上,再逐渐积累而得。

[①] 宪法第六条至第十八条是规定中国社会主义财产及经济体制、经济结构和运行机制及经济主体与其权利和利益的结构性规范体系:第六条规定社会主义经济制度的基础即生产资料的社会主义公有制;第七条规定国有经济在国民经济中的主导地位;第八条规定农村和城镇劳动群众集体所有制经济及其表现形式;第九条规定土地与其上(含下和内)的自然资源权属;第十条规定最为重要的生产资料和生活资料即土地类型及其权利样态和归属;第十一条规定非公有制经济及其地位;第十二条规定社会主义公共财产;第十三条规定公民私人所有的合法财产;第十四条规定国家经济结构、内容要素及相互关系;第十五条规定国民经济运行机制;第十六条至第十八条规定经济运行架构中经济实体及其权益等。这些内容基本上都在1997年刑法公布之前即已存在。但显然,刑法中财产对宪法中财产未作整体参照,尽管不否认在其分则中有部分反映,但只是摘取其中极小一部分,以为自身财产规范建构之基。

[②] 有关财产与个体的人类劳动间关系,可参见[英]洛克:《政府论》(下篇),叶启芳等译,商务印书馆1997年版,第18页以下;[美]穆雷·N.罗斯巴德:《人、经济与国家》(上册),董子云等译,浙江大学出版社2015年版,第240页以下。实际上,只要不是有意基于意识形态方面的禁锢或偏好,就会极为容易地发现,生产资料和劳动资料私有制是天然自生的,劳动出自个人的劳动能力,身体无疑是属于个人的,以自己劳动去获取自然造物并加工满足日用需要,自然而然;这种方式持续并普及,就是私有制的发端与成型。

但第九十二条的问题远不只在于排序颠倒,更在于其不仅杂糅,多有漏洞及缺失,甚至还有一些明显悖理的错误。

(三)公民私人所有财产分类解析

第九十二条对公民私人所有财产的分类标准极为混乱无序。

1. 先论第(一)项、第(二)项

第(一)项与第(二)项结合似乎是基于生产资料与生活资料标准,且主体主要确定为个人。

但问题在于,合法收入与储蓄,并不能完全归于生活资料项下。以通常含义及表现形式来看,绝大多数情形下,收入表现为现金。收入中除去一些必要日常消费及其他生活支出(正常和意外的都算在其中)后的余额如果存在银行里,即为储蓄,因而储蓄也是现金,但若存在国有银行里(这是中国绝大部分情形),这些现金当属于第九十一条第二款中虽为私人财产却当以公共财产论名下的公共财产。

收入中减去储蓄余留可为生活消费的部分,才是真正意义上的生活资料。将合法收入与储蓄并立,作为彼此相对独立的生活资料表现形式,是不合适的;并且有些定期、具有投资理财功能的储蓄,是能够产生利息的,具有资本属性;而资本显然不能归入生活资料范畴。

房屋是用来住的,似可归入生活资料范畴;但房子是价值巨大的综合体,无疑为资本品,如非自住房屋出租可以收取租金,即使只有一套自住房屋,如出售也是可以很快变现的,亦可用来抵押,因而除供生活居住之用外,还具有投资保值增值功能,故作为耐用生活用品,房屋不能完全归于生活资料项下。

将生活资料再细分为耐用生活资料与消费生活资料[①],其中耐用生活资料中有些是可以用作投资品的,比如作为代步工具的家用轿车用来跑出租业务,就是家用轿车作为投资品的经营活动,甚至手机、电脑等也是如此,前者可用于直播购物,后者可用于网上买卖股票或创作。因而房屋等耐用品生活资料,不宜完全归结于生活资料项下。

另外,以个人为财产所有主体,将其财产依生产资料和生活资料予以初分,有时固然可以,但是选择合法收入、储蓄和房屋作为生活资料财产列举形式,极为欠妥。

可能更加重要的是,将个人财产依生活资料与生产资料标准予以分类,一定程度上不仅过时,而且完全不合用于现代财产及其流转增值规律。网红直播,以及为直播提供服务的平台,消费积分,个人公众号及其打赏机制,虚拟财产,俱乐部会员卡上的特权等等,到底是生产资料还是生活资料?生产资料和生活资料这种针对有体财产的分类标准,已显得极为陈

---

① 参见[奥]路德维希·冯·米瑟斯:《社会主义:经济与社会学的分析》,王建民等译,中国社会科学出版社2012年版,第4-6页。

旧落后,完全不适合当下生产与生活难以截然分开的经济和生活现实。

第(二)项财产主体,除了公民个人之外,还有家庭。显然家庭无论在哪种意义上,不可能等义于其中每一个家庭成员;相对于个人,家庭是一种以婚姻、血缘关系和共同经济为纽带而组成的亲属共同体①。因而将家庭财产归结于公民个人财产名下是不妥当的,将个人财产归结于家庭名下也同样如此。

在此,可以举一例。如果一对有未成年子女的父母协议离婚,离婚意味着家庭解体,家庭解体就需要分家析产。若个人与家庭作为财产主体无区别,那么家庭财产分割时就应当将未成年子女作为财产主体算一份,而实际上婚姻期间家庭财产视为夫妻共同财产,在双方之间分割,要特别考虑到未成年子女,但双方仍是分割财产的主体。

2. 第(三)项解析

可能也是更为重要的,第(三)项还出现完全不同于公民个人及其家庭的财产主体,即个体户和私营企业。它们名下的财产无论怎么归类,都不应当纳入公民个人财产名下,如此规定是完全错误的。

第一,个体户是一个经济术语而非法律名词,它或者指个体工商户,或者指农村家庭承包经营户,或者指城镇以家庭为单位的手工作坊,包含代销店在内的各种小店铺和摊点,甚至微商。因此,即使不质疑将个体户等义于公民个体的适当性,就是按照第九十二条第(二)项将生产资料分个人和家庭各自所有的立法逻辑,第(三)项也错误明显:个体户不是个人户。

第二,私营企业是以个体工商户为发端的民营经济实体,如果除了家庭成员之外,还雇有八名外来员工为其企业工作,则这样的私营企业,虽然与以家庭为单位的个体户并无实质差异,但还是有显著区别的,至少规模较家庭成员为主的个体户大,财产总量及分配总是与规模正相关,因而这样的财产主体既不可能等义于公民个人,亦不可以等义于家庭或个体户。

如果私营企业生意打理得很好,需要将其经济实体的组织属性设定为公司,或者公民从一开始,就合伙入股成立有限责任公司或股份有限公司,那么此类私营公司在法律上,就具有与国有公司大体相同的地位。公司是一个营利性法人,无论如何都不能归于公民个人财产层面。

因此,将私营企业在财产种类、总量及经营规模上,与公民个人财产等量齐观,不能不说当时立法主体见识有限。后继之人也不觉得这是一个问题,就更是令人遗憾:刑法修正案如此之多且频,却少有关注着力于此。这一以计划经济为主市场调节为辅时代的思绪,在刑

---

① 参见杨大文:《婚姻法学》,中国人民大学出版社2018年版,第2页。

法中残留至今,只能表明刑法学界商业知识粗浅、原始。这一评断当不是非难。

第三,第(三)项财产脱离生产资料与生活资料标准,采主体为与公民个人相对的非个人实体进行列举,却未对财产范围与类型加以规定。这表明第九十二条前三项采用了两项标准:一是生产资料与生活资料;二是所有权个人主体和非个人主体。

第四,到了第(四)项,另设标准予以列举,即基于财产形态或表现形式予以规定;但此标准与列举却显得更加混乱不堪,错误连连。

3. 第(四)项解析

因第(四)项是紧随前三项位序而存,故依照刑法立法惯例,将前三项财产之外的财产,统称为其他财产诚然可以。但问题在于,就实际情形而论,第(一)项中合法收入所指范围极为宽泛,几乎可包括一切以货币形式存在的财产,储蓄虽为现金,但拥有储蓄的公民个人则只是持有存款凭证(卡);房屋虽可泛指一切建筑固定物,但毕竟只有一种;第(二)项更加抽象,只要是归属于家庭和个人所有的生产资料,都在其中,但并未指明其可能存在的具体形态;第(三)项仅涉及财产所有主体,财产形态未及分毫。综合前三种,无法给出在此三类财产之外的其他财产种类和形态,故相较于刑法其他条款中"其他",完全不能确定此"其他"的任何含义:按照第(一)项,生活资料之外的财产即为其他财产,按照第(二)项,是指生产资料之外的财产,按照第(三)项,是指个体户和私营企业之外的财产。将三项可能的其他财产予以汇总,却找不到可能存在的共同义项,遑论其确指范围。既不能归于生活资料,也不能归于生产资料,只能属于公民个人和家庭,并且既不是现金,也不是房屋,还不是现金凭证的财产是什么样的财产?难以设想。

因此,"其他财产"这一分类本身就不合适。

如果第(四)项中"其他财产"之义,只及于本项,并未跨入项与项之间,即为股份、股票、债券之外的其他财产,其错误则更显而易见。

明显错误的情形,表现在"其他财产"之前,又列了依法归个人所有的股份、股票和债券。本项可能的立法意图,是要表达代表财产的权益凭证,而非实际的财产形态;即如果将前三项视为一体,第(四)项当成另类,那么前三项是指财产在现实中实际呈现出的样态,第(四)项则是指能够代表前三项财产的权益凭证,谓凭证化财产。但它们既不能和前三项财产之外的其他财产并列于一个项文中,也难以看出除了股份、股票和债券之外的其他凭证式财产到底是什么。并且储蓄是最为典型的凭证式财产,即在一般情形下,储蓄对存款人而言,不过是一张储蓄卡或银行存款凭证或电子单证。因此,本项至少存在语义不通、逻辑混乱的错误。

更加明显的错误表现在将股份与股票并列,使其各自成为不同样式的财产凭证。股份证券化,就是股票,二者是同一实体内容的实质与形式之分;股份可能是既有现金,亦可能是实物,还可能是可兑现权利如知识产权或权益如商业秘密等单体或组合,股票则一律表现为现金额度的纸质单证或电子数据。但二者所指是同一实体则毫无疑义。考虑股份是股份有限公司股东股本,而公司类型还有有限责任公司,可将股份作符合常理和逻辑的扩大解释,使其指向有限责任公司股东出资额,进而将与股份对应的股票亦扩张至有限责任公司股东出资证明。

股票和债券之上位概念,并且在刑法分则中已用的一个词,就是证券。债券依中国法律,只有两类,一为国债,一为公司债。证券既指股票和狭义债券,亦指此两种之外的其他权益证明或资产凭证。而这样的权益凭证不只是(甚至主要不出现)在公民私人所有的财产清单里,包括国有财产在内的公共财产,才是其真正的表达大户:公共财产有极多极复杂的权益性财产凭证。把这类代表财产的权益样式仅归入私有财产名下,匪夷所思。

综合上述第九十二条所论,可知立法主体对自改革开放以来,以中国公民个人及家庭为典型代表的私有财产演变、形态及结构和表现样式等完全不了解,甚至连最为基本的公司常识都有待补课,以致出现一种在立法体例及法条结构上的断裂与尴尬:就是总则中财产定义规范,对分则里任何涉及财产的犯罪类型,无论是在理解,还是适用上,无任何裨益[①]。如就权益凭证作为财产样式而言,令人疑惑的是,分则中出现的证券为何未在总则中存在[②]。

因此,无论从哪个角度,均能较为清晰完整地发现,刑法财产定义中,分类庞杂繁复,主体严重缺失,界限模糊混乱,逻辑不清,事理不明,完全是一片人造的荆棘丛林,急待认真细致梳理以修正更新。它们的存在,显示中国刑法立法和认知水平上存在着洼地,却被几代刑法人或体谅或忽略:事情的确如此,却深知修正极难,故姑且甚至只能如此,得予体谅;无论是在学习、研究中还是在适用中,只要不触及此定义,就不会产生任何可能的问题,遑论阻碍,故可以忽略。

也许有辩解,此两条脱胎于旧刑法第八十一和第八十二条,并且现刑法施行于1997年10月1日,当时的刑法条文起草和立法主体囿于时代与视野局限,如此规定当予体谅,不宜厚非。这一同情式谅解值得赞赏,评价和理解刑法前辈宜当依时代而不可脱离具体背景。但不得不说,这种辩解不能成立。理由有如下两点:

---

① 张明楷教授《刑法学(上)》刑法总论,未涉及第九十一、九十二条。甚至《刑法学》(下册)刑法分论侵犯财产罪一章中,也不论此两条。参见张明楷:《刑法学(下)》(第六版),法律出版社2021年版,第1212-1219页。

② 有足够理由认为,分则证券犯罪规范的设定,绝非起草第九十二条法案的那批专家所为。指出这一事实,令人忧虑地推断,刑法中开门立法,可能主要表现在向委托或接受专门行业或受专门行业指派的专家开放,而对社会一般大众是形式上公开征求意见,征求之后理睬多少并不确知。与专门行业有联系的专家们固然在具体事务和专业理解方面,其可信度权威且扎实,但是在利益和立场方面,有可能与部门或行业走得过近,国家立法可能沦为部门牵头、行业参与、专家起草、公开征求意见并修改之后,再交由立法机关审议表决通过的产物,实施的法律在立场与权益方面具有先天偏向的立法模式。刑法修正案出台也不例外,看起来是罪刑法定,实质是罪刑偏向法定,罪刑法定民主和尊重人权的基座,可能会悄无声息地逐渐被侵蚀。在中国要真正落实罪刑法定,可能要在制度上对部门和行业的影响有所忌惮并防范。

一是旧刑法第八十二条第（二）项中明确列出了依法归个人、家庭所有或使用的自留地、自留树、自留畜作为生产资料，使之成为归公民私人所有的财产，但这些自留性的个人资产，都是农村集体经济组织享有所有权的土地上附着物，第八十一条第一款第（二）项"劳动群众集体所有的财产"中，无疑包含了这些附着物。七九刑法起草和出台时确实并未有土地所有权与使用权两权分离的制度规范，但1988年施行的宪法修正案中明确提出了两权分离规范，它使得在农村集体所有的土地上，开始形成一种具有复合架构的土地上权利群。至1997年现行刑法面世有九年时间，却依然在其第九十一条第一款第（二）项中沿用"劳动群众集体所有财产"。这一对比昭示，刑法立法似有闭门造车，双耳不闻窗外经济变革风潮之嫌。

尤其令人不能接受的是，因不能纳入国家、集体和个人三位一体结构范畴，外商投资企业和民营企业或公司的财产，就既不在公共财产范畴，亦不在私人财产项下，成为无法置于刑法规范世界里的法外财产。

二是1993年出台的宪法修正案第七条明确规定，"国家实行社会主义市场经济"，早于刑法面世四年多，财产主体更加多元复合，财产样式繁杂。刑法起草和立法主体却完全不受此修正案及实践的影响和感召，继续对财产沿用旧刑法的两分法，并做出上述漏洞百出、错误明显的规定。如果不对其做出修正加以弥补，刑法在财产面前何以立足？

这种在知识、学理和规范上均为洼地的存在，使刑法中财产定义规范对调整纷繁复杂的分则中财产罪行规范毫无指引功能；是谓既无实践之功，亦无体系上规范粘连贴合之力，沦为彻底的具文。必须在省思基础上，全面重构。

五、财产及其类型刑法学理评析

刑法中财产定义规范存在缺陷，需要重构。刑法理论层面有关财产的学说是否亦有待反思并予重构，是重构刑法中财产定义首先面临的一个重大基础问题。对这一问题的省思，首先当注意财产类型的梳理和解析。

（一）财产类型解析

刑法理论主要是在讨论侵犯财产罪的侵犯对象，涉及财产类型。其中四种特别值得讨论：一是财产性利益，二是违禁物品，前者与有体或无体无关，后者主要是有体物；三是虚拟财产，四是债权凭证，二者之间有些共通之处。本文主题是讨论刑法中财产，包括但不限于侵犯财产罪情形。考虑到张明楷教授两卷本《刑法学》专著性教材在理论和实务界有巨大影响力，以及张教授本人在刑法学界极具学术威望，限于篇幅，本部分只对张教授在专著教材中所言展开①。

1. 财产性利益是否属于财产类型

张教授通过介绍德、日刑法中盗窃罪和诈骗罪的对象,导出财产性利益独立于财物的域外根据。考虑中国刑法中侵犯财产罪的对象一律用"财物"示之,就试图将财产性利益包含在财物中,作为一种新型财产,与财产其他类型相对独立但并存于财物中②。其他独立于财产性利益的财产类型有有体物、违禁品、债权凭证、虚拟财产等。对这些财物的讨论,仅局限于侵犯财产罪的对象范畴。本文主旨讨论刑法中财产,当从侵犯财产罪的对象入手,扩展到整个刑法规范体系中。

财物作为侵犯财产罪对象,当具有管理可能性、转移可能性和价值性三个特征。但这一论点极当受到质疑。在星期五未到鲁宾孙漂流居住的孤岛之前,包括阳光在内的任何物资,都只是鲁宾孙作为唯一的个人,在生活日常中的需用品,不必要求鲁宾孙与需用品之间有任何关系,遑论归属,因而需用品虽与财物或财产没有任何关联,甚至后者不可能出现在其日常生活中,却绝不排除因为需用而必需的管理,因而管理可能性并非财物独有特征。于人可用的物,甚至虽无直接可用却必须得予处理的物,如个人排泄物等,都得有必要的管理。如果坚持物的价值与人的劳动有关,那么鲁宾孙在岛上生产的物品,无疑也有价值。如果物不仅有用,而且能够随其劳动场合和方式可移动,则它同样具备转移可能性。

只有星期五到来后,才有必要就有限可用的需用品在星期五和鲁宾孙之间进行分配和消费,此时需用品才具有财的属性。只有在具有人际关系的社区和社会里,物才有可能财产化,并且也只有财产才是必需品,因为具有稀缺性和必需性。物品在人和人之间具有财产属性,首要表现就是物与人之间有归属和支配关系。只有这种归属和支配是必需且可能的,才具有管理的必要。因而管理的可能性掩盖了在人与人之间,同一类甚至同一个物品,与某个特定具体的人或主体间必须存在更具利害攸关的特定关系。在人与人之间天然地存在着交易倾向③;基于能力局限和生活需要,对归其支配的物品和他人之间的交换就自然而然,故只有具备可交换性的物品才可能具有财产性。可交换的物如果要顺利完成交易,必须能被度量,至于度量的依据是客观抑或主观在所不问,但必须具备可度量性。只有同时具备归属性、交换性和度量性,才有可能成为财产,不论是有体物、无体物、还是其他什么利益抑或凭证等,都是如此。并且会超出侵犯财产罪对象范畴,进入整个刑法规范世界,如货币、知识产

---

① 参见张明楷:《刑法学(下)》(第六版),法律出版社2021版,第1212-1219页。下文不再单独标注。
② 其实,将刑法分则第五章命名为侵犯财产罪,却在该章诸法条中使用财物,本身就表明刑法中财产定义对条文内容原始注入者不仅在规范上无任何约束力,甚至在语言表达一致性上也无限制。本文还是将财物理解为财产同义词,可互换使用:财物就是具有财产属性的物资。但如果引自张教授著述,则仍用财物。
③ 参见[美]哈伊姆·奥菲克:《第二天性:人类进化的经济起源》,张敦敏译,中国社会科学出版社2004年版。

权、商业秘密、销售渠道、网络平台、数据体系,甚至个体肖像或可兑现的社会声誉等均可归入其中。

据此三种属性标准,能够判断财产性利益就是财产,但绝非财产的新类型。原因在于:

被人类称为财产的客体或标的,之所以被称为财产,就是因为人类对其有利益需要和寄托。将财产用来修饰或限定利益,无非想表达除了人类拥有的表现为财产的利益之外,还存在着不以财产样貌显示的利益,如精神、人格或人际关系间的利益并不表现为财产,诚然不错。但人类习惯使用脱胎于财产的利益这个词汇,来表达人类在精神、人格与人际关系方面的好处与需求,正是利益的固有含义在历史和现实中拓展成型的结果。

用出自财产的利益,以表达具有财产属性却并不是财产的利益。用利益来表述相对独立于财产,却又具有财产属性的非财产形式的财产性利益,还是全部取义于财产中的利益。并且如此表达,丝毫不意味着财产中的利益与财产之外具有财产属性的利益没有相同的量纲,不可比较,不可转换,不能相互补充。作为相同的利益——如果非基于财产区分不可,最多只是表明利益并非源出财产一孔——对人类生存所需同样重要。况且如果这样的精神和人际关系方面的好处被破坏或毁损,进而有必要予以救济或惩罚时,最终还是会用财产方面的利益(表现为数量或情节等)予以有限弥补或者惩罚;类似的精准对应情形是,如犯盗窃罪判处无期徒刑,这是把盗窃行为所致数额或造成的严重情节,基于某种目前刑法甚或法律界无法量化呈现的计算方式,转换为无期徒刑,但不能说徒刑的计量单位是生命经过的时间长度,与盗窃的数额与情节不相干,就认定无期徒刑与其无关。

无论怎么讲,利益与财产密不可分,或者说财产于人的核心要义就是利益。利益亦如价值,是人类主观层面及其共同实践所体认的实在。将利益以"财产性"予以限定,相当于展示除了利益,财产中还有其他与人类相关的东西;事实上离开利益,作为标的的财产与人类无任何关系。正如对于一个自然人,如果我们在某些时候,需要表示其作为行为或关系主体时,却采用这样的表达,如生命性个人或生命性主体,或人格性个人或主体,多么别扭荒谬!

基于实践视角,被财产性利益囊括的财产表达形式,大约都有一种凭据(文书或单据等)、一种符号,甚至一组电子数据或系统等作为载体以显示其存在;因而即使这一客观载体本身并不具有财产属性,但通过它能够获得财产利益,其功用完全等效于通过财产本身即可获得利益,即已足够。之所以称其为财产性利益,还是表明它与财产关系密切,并且与有体物本身就是财产的情形有所差异,称其为衍生财产或权益财产,可能比财产性利益更为适宜。它们与人类深度有效多元利用有体物财产有极为密切的关系,并且或者源于此,或者极有利于提高人类开发使用有体物的经济效率。

正是基于上述认知,债权凭证、虚拟财产都是财产,并且在类型上具有极大相似或相近性,甚至归于一类,并非无理。在此,需要对虚拟财产稍微再予论证。

严格来说,虚拟财产是否为财产之所以引起争议,其实是未弄清这样一个实质上极为明显的问题:某些在现实生活中出现的虚拟品,是否可归为财产。大学里的校园卡,它作为校园生活的代币工具,能够经常性使用、支付、交换,但在校园外,就一无所用;网络游戏中的游戏币与此校园卡高度相似:此币在与其匹配的游戏世界里(其实不能说它是虚拟的世界,正确的表达当为一种具有特别味道的意义世界,系人类意识和活动的产物)的广泛存在和使用,正如校园卡在校园生活里一样。为什么将虚拟的东西以"品"或"物"称之,有两个原因:一是总有一个可客观触及的抓手存在,可以由实而虚;二是在虚的世界里,该"物品"专属专能专用,其虚的一面可被实的人类真实操作与运转,能够满足人类在特定生活或意义世界里的日用和精神需求。

将财产性利益、虚拟财产、债权凭证等都归入权益性财产,进而作为财产的表现形式即存在样态之后,就会发现无论是作为侵犯财产罪的标的,还是作为其他与财产有关的犯罪的对象,在刑法适用上并无实质不同。只是需要特别地就虚拟财产和一些以电子数据为抓手的权益性财产,与作为侵犯财产罪中财产标的的一些不同作些讨论。限于篇幅,仅讨论虚拟财产。

虚拟财产仅在特定的虚拟的生活或意义的世界里,其财产属性才存在,并且这个虚拟世界的真实性是由其创立者即平台掌控,所有进入其中的户主共同监督。将此世界里的财产非法占为己有,需要考虑两个特别情形:一是进入虚拟财产的原属主的私人空间或支配范围,实施属主操作,以实现非法占为己有的目的;二是非法占为己有之后,如何使用以节省自有财力投入或销赃变现脱离虚拟世界。前者是虚拟世界里的"物理"占有,后者是占有之后的收益归属。而这都离不开虚拟世界的平台管理和监督主体。并且失主或受害方如果频繁出入虚拟世界,会及时发现其财产丢失状况,那么其能够采取的自救或救济途径,排除向有权机关报案之外,既可以凭借其踪迹逆向追索技术知道是谁进入其私密空间,进而或者自行追讨,或者报告平台管理方即第三方,也可以立即向平台方报损,由平台幕后追踪寻觅。在虚拟世界里,若有一用户既未充值,亦未发现游戏战果记录,其财产却无来由剧增,而此剧增量正好与用户报失的损失量相当,那么可利用物理世界里巨额财产来源不明的思路予以质疑处置。虚拟世界里的游戏规则,无疑会有其中财产无故丢失的处理规范和流程。

权益性财产、违禁品等这些新型的财产存在形式,不可能被刑法中财产定义涵盖吸纳。现在需要依上述三种属性一体作为财产标准,来判断违禁品是否当为财产。

2. 违禁品作为例外的特殊财产类型

违禁品无疑当归入财产。首先是它符合三种属性,同时又包含人类劳动在内。之所以成为违禁品,原因在于当国家等公共政权组织出现之后,开始对人类的需求,基于族长或团体或国家父爱主义予以控制甚至禁止,使得人类需求尽可能在健康、正常、文明、持续的文化与道德方向渐次展开,并且因有了违禁,也能够引导和调节社会资源向非违禁方向配置,有利于整个团体或民族共同体可持续发展和实现财富增长。它们的存在也提醒我们,面对某些刺激性、成瘾性、依赖性极强的自然和人造物品,人类一些个体是完全没有抵抗力和免疫力的,需要借助同一社会中其他外界力量提供的帮助。通过法律令其成为禁止或限制拥有、享用、流通的违禁品,就是实现这种帮助的机制。

不仅如此,有些违禁品,其实是合法设计生产制造,经由正规销售渠道,作为有益于人类的财产而呈现于世,如杜冷丁盐酸哌替啶等,其之所以成为违禁品,正是因为违反法律、法规、规程而滥用所致。但同样,依刑法中财产定义,违禁品无论如何都不能成为财产。

在省思刑法学视野里的财产类型之后,还有必要反思对这些财产类型予以总体概括的刑法中财产理论。

(二)财产理论解析

目前,刑法理论认知财产存在三种虽不同但又有紧密联系的学说:一为法律的财产说,一为经济的财产说,一为法律的和经济的财产说,是谓折中说[①]。其中,法律的财产说据说已完全崩溃,除了表明刑法人认识财产曾经走过的路径之外,再未有他用;经济的财产说也有很多不足,但除仍具有一些有助于新理论面世的元素外,也未得到重视;当下真正被人看重的,是具有折中性的法律的和经济的财产说。目前权威学者认为法律的和经济的财产说,适当限制了处罚范围,总体思路具有可取性,但从中国情形看,对其个别结论仍有澄清其中疑问的必要。故可能具有较强能力解释刑法中财产的,是以法律的和经济的财产说为基础的折中说。

本文认为,此三种通说都不可取。

第一,财产既有经济属性,也有法律特性,并且只有具有经济属性,才能进入法律调整的范畴。但何为经济,经济与财产的关系又是什么,用经济来修饰并限定财产,是何意谓,是认清经济的财产说的关键所在;经济的实指就是财产,财产的存在及动态流转过程之综合即为经济。财产是就个人主体及其人际关系而论的,经济则是在一个充满财产的环境中,对每一财产及其主体的统合性表述。故用经济来限制或拓展财产意蕴是同义并行,而非进一步对财产的认知。一个自然之物或人工之物,不可能首先具有经济属性,才成为财产,更何况何谓经济属性,并非如一个不证自明的公理般清晰无疑义。

法律的财产说若讲得通,需要明白用法律修饰并限定财产的真实意旨到底为何。按公认的法理,自然造物或人工造物只有成为财产,才有可能受制或受保护于法律。法律与财产连在一起且有拘束力,即呈现为保护性或剥夺性的前提是,必须存在一个人际社会,其中充

[①] 参见张明楷:《刑法学(下)》(第六版),法律出版社2021年版,第1220-1221页。

满以财产为媒介的人际关系,即经济关系或经济的社会关系,才能出现法律与财产间的制度性或惯例性连接。但无论怎样发掘其中连接机理,都不是对财产本身的解释,也不促进对财产本身的认识。相较于财产,法律是附随伴生品,先有财产及其流转秩序之后,才会出现与之伴随的法律。

即使在刑法中,法律的财产和经济的财产有其特有的含义和所指,也不意味着它们可以脱离上述财产与经济、经济与法律、法律与财产间具有历时性和过程性意蕴的公理性常识,甚至完全与之相反而另立理论"山头",否则这些所谓的"山头"就会成为无源之识、无本之末。

因而无论是经济的财产还是法律的财产,或是经济和法律上的财产,本质上并未对财产加以界定,只是对作为财产的限定词(如法律的或经济的)与财产间的关联予以展释。

需要承认,是否界定财产,与刑法调整财产及其相关因素的必要性和重要性,并不直接相干。但观上述三种理论范式,似乎并未特别突显出其内含一种便于刑法调整财产并力求有效有为的理论素养。

第二,定义财产应当立足方法论上的个人主义,即使基于社会关系视角也理当如此。

"每个人对自己的人身享有一种所有权,除他以外没有任何人有这种权利,他的身体所从事的劳动和他的双手所进行的工作,我们可以说,是正当地属于他的。所以只要他使任何东西脱离自然所提供的和那个东西所处的状态,他就已经掺进他的劳动,在这上面掺加些他自己所有的东西,因而使它成为他的财产……劳动使得它们同公共的东西有所区别,劳动在万物之母的自然所已完成的作业上面加一些东西,这样它们就成为他的私有权利了。"[①]

人类为什么要劳动,是为了满足日常生活所必需,财产应需而生就是为了担当此纲。注意这里的"权利"其实与"财产"同义,就是指付出劳动的个体及其家庭,可以对其劳动附着物——通过劳动将其与其他公共的东西予以区分并独立——依其意愿独立占有、使用、收益、处分等。权利是从劳动主体角度而言,财产则从劳动所指向的标的物即客体而论,是谓同义架构。只是到了后期,个人或家庭财产增多,并且个体与家庭的生活需要不再仅限于物质层面,对财产的生产、创造、利用有了多种安排多层设计之后,财产与权利才可以分离,各自相对独立,并且也有了各自演变轨迹。但不要以为劳动创造财产因其古典而不再与时俱进,与事同兴;后世兴起至今仍极旺盛的知识产权、商业秘密、科学研究的发现或(尚未进入商业化阶段的)发明等,依然强调艰辛的付出与创造性劳动决定着对它们的独占和署名权,尽管署名权似乎与财产无关,但毫无疑问能够产生财富效应。并且人类生活所必需的也会因人因时因地而异,但主观上的需求开始占据主要份额;这可能正是对财产及其演化予以

---

① [英]洛克:《政府论》(下篇),叶启芳等译,商务印书馆1997年版,第19页。

分类解析的因由所在,如财物但不限于有体物、有价值之物,是否只及于动产,是否包括违禁品,葬祭物可否为财物,人的身体可否为财物,债权凭证可否为财产,虚拟品可否为财产等[①]。

因此,财产在本质上还是社会主体在生活中的利益,具有主体归属性。并且因权利与财产可予分开之后,财产的使用与流转也不受权利归属状态之影响。在社会日益复杂深化的进程中,如果将财产权利或利益类型化,其就得具有法律特性;任其在人际关系中流转即有经济属性,并且只有流转,才会出现经济活动。在孤岛上独自一人生活的鲁宾孙眼里,周围自然之物和包含其劳动的物品,在经济和法律上的属性均无。在孤岛世界里,只有鲁宾孙一个人是主体,无须用归属来描述它们与鲁宾孙的关系,更谈不上什么经济的和法律的,也不能将他收集、制作、使用和消费物品的生活过程称为经济,法律自然也没有存在的必要。归属性才是财产较为显著的属性;既有法律上的,也有经济上的,甚至也可有习惯上的或彼此默认的,还可以是观念上的。只用法律上的和经济上的予以概括,既不全面也不真实。

用财产表达归属于主体的生活中利益,财产就必须具有度量性,因为只有能够度量的财产才可能有交易和流转;货币是最常用也最广泛的度量工具,故凡能够货币化的,包括通过货币交换获得的均是财产(因而无须担心财产性利益、虚拟财产等不是财产)。基于其被广泛认同和接受的特性,以及背后较高的社会信任度支撑,货币本身也是财产。因而本文认为合理适当的财产概念理论当包含利益、归属、交易和度量四个要素:利益使得造物能够成为财产;归属能够明确财产与社会各类利益主体间的紧密联系;交易则通过改变归属关系,以更好更全面地满足个人和社会日用和精神等各个层面的需求,并造就财富增长及其机制;度量可确认各个利益主体所拥有的财产间的分际和边界。总之,形成财产有所属、财产可交易,利益有所归、度量有所准,并反映在法律上和经济上的财产秩序。明确财产是用利益、归属、交易和度量即货币来明晰社会中人际关系,进而规范与财产有关的全部社会关系,就会意识到"财产性利益"这个多见于刑法学界的术语,极无必要存在。

第三,上述三种有关财产概念的理论并非基于刑法中财产定义,而是另创,若一国理论学说不能与本国刑法规范及体系融化整合,那么要么是理论有问题,要么是规范存在瑕疵,或者是二者皆有问题。

第四,基于上述讨论并予推论,就会发现刑法中出现的或与之有关的知识产权、商业秘密、商业或内幕信息、网络平台、商业发票、各种票据或票证、信用卡、信用证、数据及流量、商品声誉和商业信誉、个人直播带货形成的网络声誉、保单及有价证券、货币与外汇、各种优惠券、权益凭证等都是财产及其表现样态。以此反照刑法中财产定义规范,就会发现,其与现

---

① 参见张明楷:《刑法学(下)》(第六版),法律出版社2021年版,第1212-1219页。

实及趋势落伍太多,因而必须重建。

如何在理顺财产类型及理论学说之后,重建刑法中财产定义规范,是需要认真慎思的议题。

六、结语:刑法中财产定义重构

重构刑法中财产定义规范,有两种思路。

(一)费雪方式

美国经济学家欧文·费雪在《资本和收入的性质》一书里[①],开宗明义地讨论并界定其著作框架里的"财富",其实即为中国刑法中财产。他首先将财富确定在有形物件或实体范畴,并认为属于财富的有形物件必须具备两个条件:一是它必须是有形的(material),二是它必定是有主的(owned)。他将财富的有用性包含在占有范畴里,而占有又与有主是有密切联系的。在确定财富范围及特性后,又将财富分为三类:一是由地表构成的财富即土地。二是土地之上建造的所有固定建筑物被称作土地改良物,土地和土地改良物一道又构成不可移动的财富,即不动产;将所有可移动的财富(除人类自身外)称作商品。三是人属于第三类财富(既包括为他人所有的奴隶,也指独立自主的自由人)。财富的有形性为度量财富提供了客观可操作的依据;其有主性意味着财富可转让交换,而交换一定是在两个所有者或有权处分者之间进行,在交换的架构里才会出现价格,有了可计算的价格,那么财富的价值就会具象地呈现出来。因而计量财富有三个维度,即数量、价格、价值。

在界定完毕财富之后,费雪开始讨论产权。在展开产权讨论之前,他又对财富范围予以有限度的扩张,即将一些抽象的服务、效用和产权纳入,将之视为一种无形的财富。拥有财富就是有使用权,这种权利被费雪称为产权(property),并认为所有权更为准确的说法应当是财富的使用权,此论断是建立在财富的用途基础上的。用途的本质在于,如果是有形物,则它意味着所带来的合意的变化,在此意义上,服务也可以说成是合意的事件,是所有者想要的或喜欢的。合意的服务通常是客观的,但服务的合意性则完全是主观的,它并非事件本身而是对事件的感受。

故一个人使用一项财富的权利,可定义为个人在社会和法律认可的情况下,享有该财富的服务的自由。因而产权是由财富的使用权或服务权组成的。由于服务总是面向未来的,因此具有一些不确定性,故产权就是获得一项或多项财富的部分或全部未来服务的权利。但尽管如此界定,还是需要明白,财富是有主的实体,而产权是抽象的所有权,且互为彼此,

---

① 参见[美]欧文·费雪:《资本和收入的性质》,谷宏伟、卢欣译,商务印书馆2018年版,第7-49页,本文涉及费雪一书的内容,都来自该书前三章,经由阅读整理而成。

即没有相应的产权就无所谓财富,无对应的财富即无产权。在证立此命题后,费雪接着对产权意义上的财富表现形态及归类标准予以分类,其中涉及股权、债券、票据、存款等。特别需要注意的是,他将知识产权、个人才能也归入财富范畴之中。

从上述引用费雪所论,大体可推断出以下结论,财富界定既要基于其在社会上的现实形态(含观念上的)予以理解,也要基于财富在法律上与主体的归属性予以确认,二者缺一不可。

无独有偶,米塞斯也基于同样的思维,对财产作了类似的阐述①。他认为作为社会学范畴的所有权,表现为对经济物品的使用权,所有者就是对经济物品有处置权的人。但此类所有权与法律上所有权有所不同。前者是对人们的经济目标所必需的物品的占有,此种占有具有初始或自然的所有权性质,表达的是人与物品的物质关系,与人和人之间或法律制度中的社会关系无关。法律的财产概念则恰恰要表达的是此种社会关系。故它区分出物质的占有和法律上的应当占有,法律承认缺乏这种实物占有的所有者和拥有者,故法律上的应当占有的意义只在于它为实物上的占有的获取、维持和恢复提供制度保障。因此,法律上的所有权是一种无差别的制度,既不分生活消费品和生产性用品,亦不分耐用消费品和非耐用消费品,是将自身与任何经济基础相分离的法律形式主义的必然要求。

结合两位大家对财富或经济物品的认知,可借鉴其用于刑法中财产定义规范的重构。

第一,刑法中财产定义既未完全脱离其社会实境,也未彻底地形式化。

第二,其分类标准忽略了生产资料与生活资料中生产性耐用品间的区分,以及生产性耐用品与私人及其家庭的必需的紧密联系,以作为提供充足的日用生活用品渠道的经济规律。

第三,它将个人信息、商业秘密以及知识产权等完全属于财富或财产范畴的广义要素,从财产规范中分离出来,人为地缩窄财产固有的指涉范围。

第四,它大大减缩了现实生活中财产归属的主体类型,只有国家、集体和个人,外商投资公司、私营公司或企业、国有公司、国有事业单位和社团或人民团体等,都被排除在外,或隐含在国家主体和集体主体之中。

第五,虽然不是最重要的,却极能反映国家对财产所持态度及所遵循价值的是,将公共财产置于私有财产之先予以张目,完全不符从古至今的财产增长及变迁时序:公共财产的增长,必须以私人财富的增长为前提,即使是国有公司,也必须以公司员工个体收入增长为动力。

因而无论从哪个角度来看,现行刑法中财产定义规范当予修订。

---

① 参见[奥]路德维希·冯·米瑟斯:《社会主义:经济与社会学的分析》,王建民等译,中国社会科学出版社2012年版,第3-19页。

如果追求刑法体系与概念的完整性，非要在刑法中界定财产不可，那么可采费雪方式，一是从价格、数量、价值角度予以度量化，凡包含了无差别的人类劳动的都可能形成财产，凡能形成价格的都可归入财富之中，凡能通过价格呈现其价值的也可归入其中，凡能计量财富彼此间效用的都归于其中。显然这样的界定需要具象化。二是从产权即有主性角度予以划分确权，即规划其边界，并将产权可能有的几种形态予以呈现。无疑这样的展示只能形式化，即具有结构性。采其广义的财产范畴，即将知识产权、个人信息等新型财产样态或具有财产收益的实体或概念都纳入其中。

在此，本文不妨尝试以一种指涉极广泛、抽取财产属性的表述方式来给刑法中财产下定义：

凡以人类无差别劳动为基底或与其有关联，可归属于特定主体，能够被人类价值手段度量，包含利益，并可交换以满足人生活需要，主要表现为物品、权益及其组合或衍生等，即为本法所示财产。

这一定义的优点有三个方面，一是将刑法中财产定义所指情形都予涵盖，却彻底避免其人造荆棘；二是未对财产分类，具有面向未来无限开放的规范余裕；三是在体系上可与分则条文及刑法司法解释和谐融合，极有利于实践中的司法解释。缺点也极为明显，似乎什么都涉及，却又完全不明白其实指，并非最优重构选项。

如果考虑到修订难度，既不能太过抽象，至无所不指，也不能具体至穷尽列举，还是难以避免挂一漏万，那么重构思路可采第二种方式。

（二）不予规定，在特定情形下借用其他法律的财产模式

所谓不予规定，就是跟从经济领域里的财产观念和理论，并以习俗（含市场）和信仰作为辅助和补充。在某种意义上，财产在界定上，具有与"时间"一样的特性，那就是如果你不问我什么是"时间"，我还知道"时间"是什么，如果你要问，我可能真的不知道。无须定义，但大家都明白什么样的有形体或无形体及权益可归入财产范畴，无论哪个社会，人们对财物、财产、财富都是有一个共通的抽象又具体的观念和认知的。

所谓特定情形，是指将刑事司法实践中遇到的具体问题识别至某个法律部门，借用该部门有关财产的定义或规范。这意味着，财产问题虽有时需要在法律上作出规定，但在刑法中不需涉及；可借用其他包含宪法在内的法律规范中的财产规定[1]。诚实地讲，其他法律或许能比刑法更好地界定财产，如民法视野中财产关系、公司法和证券法规范中财产及其流转交易关系等就是著例，它们所涉及的财产关系及范畴，可几乎不作任何变动，即能进入刑法的规范世界。

---

[1] 刑法尽管确实借用了宪法中的财产分类，但并未全部借用，否则缺陷与缺失不会太过明显。

本文的写作意义,不仅止于全面完整梳理、评析刑法中财产定义,提出重构设想,更有一种渐进性的延伸意义所在,那就是刑法分则诸章中,财产交易与流转之动态结构,即刑法视野中的财产秩序——它既构成社会主义市场经济秩序的基础,又是一国或地区经济运行的核心架构——又是怎样的,在财产定义教义学范式研究之后,更得费心尽力予以廓清。

著作权法视野下《刑法》中规避技术措施规则的教义学分析*

汪 叶 周子实**

摘 要：《刑法修正案（十一）》在《刑法》第二百一十七条侵犯著作权罪中新设立了作为第（六）项的规避技术措施规则，但是该规则在教义学上未能得到充分的阐释，存在着被不当适用的风险。从体系地位上看，规避技术措施规则并非独立的犯罪构成，其所保护的法益仍是著作权，但是应被明确为具体的专有权利。对该规则的教义学解读应当遵循法秩序统一性原则，以著作权法中的规则与理论作为出发点。规避技术措施行为分为规避接触控制措施与规避版权保护措施两类，前者侵犯了著作权人享有的接触权，后者则具有实质预备犯的性质，涉及的法益是复制权与信息网络传播权；尽管《著作权法》因对技术措施的范围规定狭窄而存在立法缺陷，但是刑法适用不应自我扩张。在此基础上，应基于刑法学原理进行更为深入的教义学解读：在司法解释正式出台前，"帮助行为正犯化"尚不能成立，对间接规避行为的处罚目前只能基于传统的共同犯罪理论；从"预备行为实行化"的理论出发，规避行为的成立须具有实施后续犯罪的目的，而其预备行为不应再受到处罚。据此，可对以下两类典型案件理清定性思路：在聚合盗链案件中，只有认识到所涉技术措施并非版权保护措施，而是接触控制措施，才能破除理论障碍，彻底解决定罪疑难；在制售网游外挂案件中，流行的运行规避说存在诸多重大缺陷而应被否定，非主流的复制规避说有一定的合理空间，但即便如此，当前的法律条文也不允许在此类案件中适用规避技术措施规则。

关键词：规避技术措施 著作权法 法秩序统一性原则 聚合盗链 网游外挂

---

* 基金项目：国家社会科学基金青年项目"大数据时代下违法犯罪记录制度一体化建构研究"（项目号：20CFX035）。
** 作者简介：汪叶，湖南大学法学院助理教授，湖南大学数据法治研究院研究员；周子实，湖南大学法学院副教授，湖南大学数据法治研究院研究员。

2021年3月1日生效的《中华人民共和国刑法修正案（十一）》（简称《刑法修正案（十一）》）为《中华人民共和国刑法》（简称《刑法》）第二百一十七条的侵犯著作权罪增设了第（六）项："未经著作权人或者与著作权有关的权利人许可，故意避开或者破坏权利人为其作品、录音录像制品等采取的保护著作权或者与著作权有关的权利的技术措施的。"这一行为在理论上被称为"规避技术措施"，相关的民事与行政法律规则早已存在于《中华人民共和国著作权法》（简称《著作权法》）、《计算机软件保护条例》、《信息网络传播权保护条例》等规范性文件之中。规避技术措施行为的入刑，既是为了借鉴国际做法完善对知识产权的法律保护体系，也是为了解决一些长期困扰实务界的刑法疑难问题。因而不少观点认为，随着这一规则的出台，聚合盗链、制售网游外挂等定罪争议问题将得以迎刃而解。但是，这类观点往往没有结合构成要件予以具体考查，更不用说进行基于类型化的细致分析——大多数刑法学者甚至没有意识到技术措施在著作权法上分为截然不同的两种类型，规避这两类技术措施的行为在性质上存在很大差异。因此，为了防止定罪思路的混乱与规则适用的恣意，有必要对该规则进行全面深入的教义学分析。在此过程中应当遵循法秩序统一性原则，注重结合著作权法的规则与理论，为其适用范围划定合理的边界，防止其成为网络时代的兜底条款。

一、规避技术措施规则的体系地位与保护法益

对刑法规则的教义学分析，应当首先确定法益，只有在法益的指引下才能进行科学的解释；而要确定法益，则需要先审视该规则在刑法体系中的地位。

（一）规避技术措施规则的体系地位

在刑法中设立规避技术措施规则是世界主要发达国家的普遍做法，通常的立法模式是将规避技术措施规则设立为独立的犯罪构成。比如，《德国著作权法》有单独一章规定刑事处罚，其中第106条至第108a条规定了直接侵犯著作权的犯罪行为，而关于规避技术措施的犯罪构成要件被规定在第108b条，该条设置了"至少轻率地导致对著作权或邻接权的侵害得到促进、成为可能、变得容易、受到掩盖"且"不是仅为自己或亲近之人使用"的成立门槛；再如《美国法典》第17编第1204条规定，出于商业利益或者个人经济利益而规避技术措施的应受到处罚，而直接侵犯著作权的犯罪行为被规定在《美国法典》第18编第2319条中。

在《刑法修正案（十一）》出台很早之前，我国学界对规避技术措施规则的立法模式就存在争议。一种观点主张借鉴域外立法经验，认为"将单纯的直接规避行为纳入侵犯著作权

罪行为范畴是不合适的，为其设置独立罪名才是犯罪化的合理思路"①。但是另一种观点认为独立犯罪说过于激进而不值得借鉴，我国应当将规避技术措施规则"纳入刑法已有的侵犯著作权罪刑法规范中"②。最终，立法者采用了后一种立法模式，规避技术措施规则被规定在《刑法》第二百一十七条第（六）项，与第（一）至（五）项中直接侵犯著作权的行为类型并列。从体系解释的角度出发，这当然不能被视为创设了一个独立的犯罪构成，只能算作在侵犯著作权罪的范围内新增了一种行为变体。尽管它与其他侵犯著作权的方式有明显差异，但是仍应当由此出发理解其法益，解读其规范构成。

（二）规避技术措施规则所保护的法益

目前有观点将"技术措施"视为一种独立的法益③，还有观点直接将侵犯市场交易秩序视作刑事处罚的实质根据④，这都是不恰当的。既然确认了规避技术措施属于侵犯著作权罪的一种行为方式，那么其所侵犯的法益当然也只能是著作权。然而问题在于，著作权作为法益只是一个笼统与宽泛的概念，在法律规定与实务运用中都必须具化为某一种专有权利。比如，《著作权法》第十条规定了著作权人享有的十余种专有权利，但是《刑法》第二百一十七条第（一）至（三）项实际上只保护了复制权、发行权、信息网络传播权等少数几种权利，第（四）项中的表演者权实际也仅限于表演者的前述这三种权利⑤。刑法对于著作权的保护是有类型限制的，这也就要求对规避技术措施规则所涉法益的理解必须精确且有边界。那么，接下来的问题是：规避技术措施规则具体保护的是著作权之中的哪几种专有权利？

在著作权法中，技术措施可以分为接触控制措施和版权保护措施两种类型，前者的作用是阻止未经许可浏览、欣赏作品的行为，后者则包括防止未经许可复制与防止未经许可传播两种情况⑥。版权保护措施所保护的复制权与信息网络传播权是《著作权法》第十条与《刑法》第二百一十七条明确规定的专有权利，因此在法益方面不存在疑问。相比之下，接触控制措施所涉及的法益是什么却并不明确，在《著作权法》第十条中找不到相应的专有权利。著作权法学界关于其正当性提出了"技术措施权说"⑦、"接触权说"⑧、"著作权中的正当

---

① 杨彩霞：《规避著作权技术措施行为刑法规制的比较与思考》，载《政治与法律》2012年第12期。
② 贺志军：《论我国技术措施规避行为之刑法规制》，载《法学论坛》2009年第3期。
③ 参见刘嘉铮：《网络游戏外挂刑法治理的限制解释》，载《法律适用》2022年第2期。
④ 胡春健、陆川：《提供规避著作权技术措施行为的刑法应对》，载《中国检察官》2021年第14期。
⑤ 参见劳东燕：《刑法修正案（十一）条文要义》，中国法制出版社2021年版，第147页。
⑥ 参见王迁：《著作权法》，中国人民大学出版社2015年版，第446-449页。
⑦ 参见赵海燕：《技术措施权的著作权性质探讨》，载《时代法学》2015年第13卷第1期。
⑧ 参见熊琦：《论"接触权"——著作财产权类型化的不足与克服》，载《法律科学（西北政法大学学报）》2008年第5期。

利益说"①等多种观点。从刑法学的角度来看,技术措施权这一说法的工具属性过强,缺乏稳固的理论基础;著作权中的正当利益过于抽象,无法体现出法益的权利属性;接触权说才是最合适的法益选择。接触权(access right),也可以被称为控制接触作品权或禁止接触权,指的是著作权人享有禁止他人随意接触作品的权利。一般认为,这一权利在美国法上由《千禧年数字保护法》所创设,是应对数字时代的新产物②。它长期以来得到了国内外著作权法学界的深入研究,有着充足的理论支撑。尽管我国法律没有明确规定这一权利,但是可以从《著作权法》第十条第(十七)项"应当由著作权人享有的其他权利"这一开放式规定与第四十九条第三款对技术措施的定义中推论得出,著作权人享有防止、限制未经权利人许可浏览、欣赏作品、表演、录音录像制品的权利。这就是接触权,其特殊之处在于,只有接触控制措施被设置之后,权利人才真正地向外界表达了对于作品非经允许不得接触;若权利人没有为作品设置接触控制措施,则可以推定权利人默许了不特定主体接触作品。

总而言之,著作权法意义上的技术措施是著作权人用来控制其作品是否被接触、复制与传播的技术措施③,其中版权保护措施保护的是法定的复制权与信息网络传播权,而接触控制措施保护的接触权也具有法律与学理上的根据。这三种权利正是《刑法》第二百一十七条第(六)项所保护的法益范围。

二、基于法秩序统一性原则的规范塑形

对《刑法》第二百一十七条第(六)项的教义学解读分为两个步骤:第一步是基于《刑法》与《著作权法》的法律规则,依据著作权法的现有理论进行整体上的规范塑形;第二步是依据刑法学自身的理论对该规则的适用边界予以进一步的教义学限缩。其中,第一步的基本立场是遵循法秩序统一性原则。

(一)基本要求:规避行为成立条件的刑民协调

著作权法上的规避行为成立需要满足客观要件与主观要件:(1)在客观上,行为人采取了规避技术措施的行为,规避行为包括避开与破坏,在行为方式上可作广义理解,在理论与实务中经常使用"破解"一词;此外,《著作权法》第五十条规定,在教学、科研、执行公务、安全测试等情形中可以避开技术措施。(2)在主观上,行为人须具有故意心态,即明知技术措施所保护的是著作权,却仍旧采取了规避行为,希望或者放任结果的发生。

基于刑民关系的常态理解,刑事责任的成立门槛通常要高于民事责任的成立门槛,只负

---

① 参见王迁:《版权法保护技术措施的正当性》,载《法学研究》2011年第4期。
② 参见王迁:《版权法保护技术措施的正当性》,载《法学研究》2011年第4期;贺志军:《论我国技术措施规避行为之刑法规制》,载《法学论坛》2009年第3期。
③ 参见熊琦:《论"接触权"——著作财产权类型化的不足与克服》,载《法律科学(西北政法大学学报)》2008年第5期。

侵权责任而不承担刑事责任是合乎逻辑与现实的。因此,要成立《刑法》第二百一十七条第(六)项中的规避行为,除了应当满足前述要求之外,还应当满足《刑法》设置的更高条件:(1)在客观上,刑法要求以"违法所得数额较大或者有其他严重情节的"作为入罪门槛,排除了符合一般情节者的刑事可罚性;(2)在主观上,刑法上要求构成犯罪必须"以营利为目的",排除了普通规避者的刑事可罚性。

(二)关键之处:技术措施的一般理解与类型化区分

对《刑法》第二百一十七条第(六)项进行规范塑形的关键在于对"技术措施"这一法形象的理解。若对这一概念范围进行不当扩张,则会导致刑事处罚的恣意,进而导致这一规则成为认定侵犯著作权罪其他行为方式存在困难时的兜底条款甚至是"口袋罪"。通常而言,依据著作权法的规则与理论,能够划定合理的边界:其一,著作权法上的"技术措施"有其特定内涵,本质属性在于著作权保护,《著作权法》要求技术措施以"作品、表演、录音录像制品"为保护对象。因此,那些与著作权保护不直接相关的内容被排除在外,比如,北京市高级人民法院制定的《北京市高级人民法院侵害著作权案件审理指南》第9.26条就明确将满足经营模式、经营策略、网络安全等的技术措施排除出"技术措施"的范畴。此外,为法定保护期已届满的作品设置的技术措施也不符合条件①。其二,技术措施还必须具备有效性,我国目前的主流观点采取了折中的立场,认为需要一般用户通过掌握一定方法后才能避开或破解的技术措施为有效的技术措施,这就将薄弱的保护措施排除在外②。其三,更为重要的是,著作权法学界将技术措施区分为接触控制措施与版权保护措施两类,二者所保护的法益存在明显区别,这在前文已经提过。基于法秩序统一性原则,对于著作权法上的这一重要分类,刑法学界不仅应当接受、吸收,还应当从刑法学的角度对其进行诠释。

1. 接触控制措施

规避接触控制措施是为了使得无权接触者能够浏览、欣赏相关作品。这里的无权接触者可以包括行为人自己,但通常指的是第三人,又由于刑法要求具有营利目的,因此典型案情是,行为人收取报酬为客户破解付费影视节目、电影光盘、电子书等的保护措施,使该作品能够被本无权欣赏的客户欣赏。当行为人破解接触控制措施时,作为法益的接触权通常情况下就会即刻受到侵害。从刑法的角度看,基于对社会危害大小、预防效果好坏、处罚对象多寡、处罚成本高低、处罚执行难易等多方面因素的考量,这种只处罚中间提供者而不处罚终端消费者的做法并不鲜见,比如组织卖淫的可罚而卖淫嫖娼的不可罚,贩卖毒品的可罚而吸食毒品的不可罚。需要注意的是,由于接触权与复制权、信息网络传播权是并列关系而非

---

① 参见时延安、陈冉、敦博:《刑法修正案(十一)评注与案例》,中国法制出版社2021年版,第246页。
② 参见王迁:《著作权法》,中国人民大学出版社2015年版,第454页。

补充或包容关系,因此在定罪处罚时只须援引《刑法》第二百一十七条第(六)项,而无须援引第二百一十七条中的其他项。

2. 版权保护措施

版权保护措施在理论上包括了防复制措施与防传播措施两种类型,规避版权保护措施涉及的法益是著作权中的复制权与信息网络传播权这两项专有权利。实施后续的复制行为或传播行为的主体既可以是规避行为人本人,也可以是作为客户的第三人。与规避接触控制措施的情形不同,由于规避版权保护措施旨在为之后侵犯专有权利(复制权与信息网络传播权)排除障碍,规避行为与侵害结果之间还存在着复制、传播等直接着手行为,因此规避行为在本质上只能算作侵犯著作权的预备行为。对其的法律规制在著作权法上可以被理解为法律介入的提前化,在刑法上应被理解为"预备行为实行化",因而规避版权保护措施属于实质预备犯。这主要涉及了三种情形:(1)规避版权保护措施后实施的后续行为构成了《刑法》第二百一十七条第(一)至(四)项中的犯罪行为①。这是最典型的案件情形,主流观点认为实质预备犯基于其属性应被后续的实行犯所吸收②,但在实践中则往往做整体评价:"当前涉及规避技术措施的著作权犯罪案件中,规避行为与后续复制发行等行为相结合的案件在法律适用上已有普遍共识,对行为整体做出刑法评价即可,无需对其中的规避技术行为单独评价。"③(2)规避版权保护措施后要实施的后续行为虽在性质上属于《刑法》第二百一十七条第(一)至(四)项规定的犯罪行为,但是后续行为未能实施或者未达到其罪量门槛,可以直接适用《刑法》第二百一十七条第(六)项进行处罚,但是同时也要援引《刑法》第二百一十七条第(一)至(四)项中的相应之项。(3)规避版权保护措施后实施的后续行为虽不属于《刑法》第217条第(一)至(四)项规定的犯罪行为,但是属于《著作权法》中的侵权行为,比如侵犯了放映权等,这种情况下的刑事处罚有商榷的空间,将在后文进行讨论。

(三)疑难问题:立法缺陷背景下的技术措施范围界定

前述的技术措施范围是基于学理的角度。《刑法》本身并没有对"技术措施"这一概念进行定义或分类,而目前存在的疑难是,《著作权法》关于"技术措施"的规定存在着立法缺陷。2020年修正后的《著作权法》第四十九条第三款规定:"本法所称的技术措施,是指用于防止、限制未经权利人许可浏览、欣赏作品、表演、录音录像制品或者通过信息网络向公众提供作品、表演、录音录像制品的有效技术、装置或者部件。"其中,"防止、限制未经权利人

---

① 《刑法》第二百一十七条第(一)、(三)、(四)项涉及的均为复制或信息网络传播行为,第(二)项中的出版也必然包含复制行为,只有第(五)项与此无关。
② 参见彭文华、刘昊:《论我国刑法中实质预备犯的范围》,载《中国应用法学》2018年第3期。
③ 胡春健、陆川:《提供规避著作权技术措施行为的刑法应对》,载《中国检察官》2021年第14期。

许可浏览、欣赏作品、表演、录音录像制品"涉及的是接触控制措施,"防止、限制未经权利人许可……通过信息网络向公众提供作品、表演、录音录像制品"涉及的是版权保护措施。从这一定义进行字面理解,规避技术措施规则适用范围被大幅限缩:(1)它将用于计算机程序的接触控制措施排除在外,因为它明确要求相关作品是用来"浏览、欣赏"的,而不是用来使用或玩的。这样一来,为办公软件、电脑软件等设置的密钥等保护措施就不属于法律上的技术措施,破解这类技术措施的行为不能被著作权法和刑法所规制。(2)它在版权保护措施中只规定了对信息网络传播权的保护措施,没有规定对复制权或其他任何专有权利的保护措施。依此,规避的技术措施只能是用于防止信息网络传播的,规避之后实施的后续行为也只能是信息网络传播行为。这是一个极为狭窄的定义,它既意味着规避防复制措施不受禁止,也意味着,若后续行为是其他侵犯著作权行为,也不能基于规避技术措施规则去处罚。

在著作权法上,这种定义的狭窄性无法通过学理解释予以弥补。王迁教授指出,在《著作权法》修改之前,只能通过"先修改《著作权法实施条例》或由最高人民法院发布司法解释,对受2020年《著作权法》保护的技术措施的类型进行超出其字面含义的'解释'予以解决"①。那么,对于刑法而言,就产生了一个令人困惑的问题:在刑法认定时,是应当严格遵守《著作权法》上的定义限定处罚范围,还是应当突破这一定义的束缚进行扩张解释?在这种冲突情形中,对于法秩序统一性原则的理解就至关重要。我国刑法学界关于法秩序统一性原则内涵的认识并不完全统一,比如有观点就认为前置法中的规则并不必然约束刑法的判断,因为"法秩序统一性的真正含义是'法规范的集合'不存在内在的、根本的矛盾,是目的论层面的统一……将法秩序统一性降格成了'部门法之间的统一',存在方法论上的缺陷"②。但是,获得更多认可的观点是,若一个行为在前置法中合法,那么在刑法中就不能被认定为犯罪③。如果说这一论断在合同效力与犯罪成立等一般的刑民关系上尚有转圜空间,那么在民事侵权与犯罪成立的关系中就不应存在任何疑问,因为"刑法与侵权法本就是同源而生的,更确切地说,侵权法正是在公私法分离的历史过程中从刑法中分离出来的,二者之间有着天然的相似性……这种分野,在目的上就要求刑法保持其谦抑性,一般侵权只需要承担民事责任,只有侵权行为超越了侵权法的边界,才需要刑法的介入。因此,在刑法上被评价为违法却在侵权法上被评价为不违法的异化局面,就必须得到避免"④。

规避技术措施的行为,除了具有民事侵权的性质之外,同时也更适宜"先民后刑"的判

---

① 王迁:《立法修改视角下的技术措施保护范围》,载《中外法学》2022年第3期。
② 周光权:《法秩序统一性的含义与刑法体系解释——以侵害英雄烈士名誉、荣誉罪为例》,载《华东政法大学学报》2022年第2期。
③ 参见陈兴良:《民法对刑法的影响与刑法对民法的回应》,载《法商研究》2021年第2期。
④ 周子实:《受害人承诺与受害人自冒风险中的刑民关系研究——基于英美法系与德国的比较视角》,载《刑法论丛》2018年第1期。

断顺序。在杀人、盗窃等传统的侵犯人身或财产的犯罪中,由于侵权关系显而易见,因此通常不会从民事侵权的视角来考察刑事责任,在程序法上也基本遵循着"先刑后民"的顺序。"在涉及'刑民交叉'案件中,对于事实清楚但法律关系复杂或技术问题难以判断的案件,可以民事上的权利确认及法律关系判断作为基础,进而作为刑事程序的先决依据,以保证法秩序的统一性。"① 这类案件通常具有较强的专业色彩,需要特定的专业知识方可作出准确的判断,而知识产权犯罪就属于此类情形。一方面,国家对知识产权的保护有着鲜明的功利性目的,知识产权法讲究个人权利与社会公共利益的平衡,其在规则适用与理论发展上与其他部门法存在一定的差异性;另一方面,部分知识产权犯罪涉及理工科方面的技术问题,需要以专业人士的技术判断作为基础。规避技术措施的判断就兼具了理论特殊性与技术色彩,因此对这类案件更应当谨慎。尤其在网络环境下,为了防止著作权犯罪的立法扩张所导致的罪刑不明确与不稳定,在司法适用中宜以限缩解释作为基本立场②。

基于以上理由,本文认为,尽管《著作权法》对"技术措施"的定义存在立法缺陷,但是在刑法适用中仍旧应当尊重实定法与前置法。在没有立法修正或出台司法解释的情况下,那些试图在学理上对"技术措施"作扩大解释的尝试是违背法秩序统一性原则的,将会导致不负民事侵权责任而要负刑事责任的错位评价结果。

三、基于刑法学自身原理的教义学解读

在依据法秩序统一性原则勾勒了《刑法》第二百一十七条第(六)项的基本规范轮廓之后,接下来需要基于刑法学的自身理论对该规则展开分析。目前刑法理论界对此存在着"帮助行为正犯化"的解读,其讨论对象主要指的是规避接触控制措施行为,但是该观点存在明显的误读。本文一方面将对此厘清,另一方面主张依据"预备行为实行化"理论解读规避版权保护措施行为,以限制规则适用的边界。

(一)"帮助行为正犯化"之厘清:对规避行为类型范围的认识

目前一种流行的观点将规避技术措施入刑理解为"帮助行为正犯化",认为规避技术措施在过去作为帮助犯只能依赖正犯的成立而成立,而现在则可以直接对其处罚③。比如,甲雇佣乙破解了某网站的技术措施,但甲所实施的侵犯著作权行为又不构成犯罪,那么原来依据共犯从属性原则无法处罚乙,现在则可以根据《刑法》第二百一十七条第(六)项直接将

---

① 王军、徐秋露:《涉嫌保险诈骗"刑民交叉"案件办理中——以"先民后刑"方式推进刑事案件正确处理》,载《检察日报》2020年5月8日。
② 参见周树娟、利子平:《网络环境下著作权犯罪的立法扩张与司法限缩——以〈刑法修正案(十一)〉为切入点》,载《江西社会科学》2022年第3期。
③ 参见劳东燕:《刑法修正案(十一)条文要义》,中国法制出版社2021年版,第147-148页;郭力瑄:《论规避著作权技术措施与帮助犯正犯化——对〈刑法修正案(十一)〉相关规定的分析》,载《知识产权研究》2022年第28卷。

乙定罪①。这种观点是对"帮助行为正犯化"的误读。立法层面的"帮助行为正犯化"指的是立法者将某一或某类犯罪的帮助行为直接规定为犯罪实行行为，设立犯罪构成与法定刑，使其成为独立的罪名，比如协助组织卖淫罪、资助危害国家安全犯罪活动罪、帮助信息网络犯罪活动罪。这些犯罪的行为方式被规定具有明确的"帮助"性质。按照这一标准，就《刑法》第二百一十七条第（六）项的条文表述而言，"帮助"既未被明确规定在条文之中，也并非"规避技术措施"概念的应然之义，因而这种立法入罪不属于"帮助行为正犯化"的范畴，即使行为人的规避行为可能是在帮助他人实现另一种犯罪。

真正涉及"帮助行为正犯化"的是另一个问题。我国《著作权法》规定了直接规避行为与间接规避行为，动手破解相关的技术措施的是直接规避（实行行为），对实施破解行为的人提供了装置、工具或技术的是间接规避（帮助行为）②。但是，《刑法》第二百一十七条第（六）项的条文表述中却没有间接规避行为，因此原理上只能按照传统共同犯罪理论，基于共犯从属性原则，作为帮助犯的间接规避行为的成立依赖于作为实行犯的直接规避行为的成立，其中就包含罪量上的依赖："当正犯由于实行行为无法满足罪量要求无法构罪的前提下，帮助犯自然也不成立。"③不过，网络犯罪具有一定的特殊性，帮助犯因"一对多"的性质而可能具有超越正犯的社会危害性，因此有司法解释规定了某些正犯罪量不成立的情况下也可单独处罚帮助犯，即所谓基于实质解释论与共犯独立性立场的"帮助行为正犯化"："在定罪上不依赖于实行行为人的犯罪情节，而直接根据自己的犯罪情节进行定罪量刑的刑法评价。"④关于规避技术措施的类似司法解释预计在将来会出台。2023年1月公布的最高人民法院、最高人民检察院《关于办理侵犯知识产权刑事案件适用法律若干问题的解释（征求意见稿）》规定：故意制造、进口、向他人提供主要用于避开、破坏技术措施的装置或者部件，或者故意为他人避开、破坏技术措施提供技术服务，违法所得数额、非法经营数额达到相应标准的，应当以侵犯著作权罪追究刑事责任。在上海市首例规避技术措施刑事案件"加密狗案"中，刘某未经著作权人许可，利用互联网等渠道故意向他人发行用于避开技术措施的破解版加密狗非法获利，上海市普陀区人民检察院以《刑法》第二百一十七条第（六）项提起了公诉，除了直接援引《著作权法》等前置法，还将《关于办理侵犯知识产权刑事案件适用法律若干问题的解释（征求意见稿）》作为了同质性解释的根据⑤。

---

① 参见郭力瑄：《论规避著作权技术措施与帮助犯正犯化——对〈刑法修正案（十一）〉相关规定的分析》，载《知识产权研究》2022年第28卷第1期。
② 参见王迁：《立法修改视角下的技术措施保护范围》，载《中外法学》2022年第3期。
③ 参见阎二鹏：《网络共犯中的罪量要素适用困境与教义学应对》，载《中国刑事法杂志》2020年第1期。
④ 于志刚：《共犯行为正犯化的立法探索与理论梳理——以"帮助信息网络犯罪活动罪"立法定位为角度的分析》，载《法律科学（西北政法大学学报）》2017年第3期。
⑤ 朱铁军、朱鹏锦：《间接规避技术保护措施应纳入侵犯著作权范围》，载《检察日报》2023年3月31日。

不过,在司法解释正式出台之前,解释论上的"帮助行为正犯化"目前还是无法成立的,因为单纯的学理解释支撑力不足。尽管有观点主张将《刑法》第二百一十七条第(六)项中的用语"解释为涵盖提供规避手段的行为"①,但是正如司法实务界观点所指出的,"对提供规避技术措施行为,尤其不存在正犯情况下的著作权违法认定存在刑法理论上的障碍"②。这样一来,在刑法上对间接规避进行处罚仍旧只能通过共同犯罪这一途径——间接规避行为是直接规避行为(实行犯)的帮助犯③。因而,基于传统理论,作为正犯的直接规避行为的罪量成立与否会影响作为帮助犯的间接规避行为的成立。

(二)"预备行为实行化"之展开:对规避版权保护措施的处罚限制

相比于规避接触控制措施,规避版权保护措施才是限缩解释的重心之所在。我国司法实务界有观点从著作权领域专有权利与公共利益平衡的角度出发,对美国法律禁止对接触控制措施的规避但不禁止对版权保护措施的规避的做法表达了赞同④。不过区分对待的本质原因是,规避接触控制措施通常直接侵害了法益,而规避版权保护措施具有实质预备犯属性,是刑法提前介入社会风险防控的表现,因此理应受到更多的限制。

实质预备犯是立法者通过"预备行为实行化"在刑法分则中设立的独立的犯罪构成,立法者通过这种方式明确告知司法机关应当处罚此类预备行为。我国学界对此普遍持限制立场,在立法论上要求这种预备行为与法益侵害之间应具有直接、紧迫的关系⑤,在解释论上要求对实质预备犯的适用范围进行严格限制。这种限制表现为两个方面:(1)实质预备犯的预备行为原则上不应再受到处罚,以防止刑法介入过度提前而成为彻底的风险防控法⑥。这一原则也应当适用于作为实质预备犯的规避版权保护措施情形。比如,尽管我国《著作权法》第四十九条第二款规定了不得以避开或者破坏技术措施为目的制造、进口有关装置或者部件,但是这种"准备工具"的行为作为实质预备犯的预备行为就不应当受到刑事处罚。(2)实质预备犯的成立要求后续行为具有犯罪性质而非一般违法行为⑦。比如,非法利用信息网络罪中的"违法犯罪活动""违法犯罪信息"就不应当被理解为包含嫖娼等一般违法情形。同理,在规避版权保护措施的案件中,如果是为了后续实施《刑法》第二百一十七条第(一)至(四)项规定的犯罪行为之外的侵权违法行为,那么规避行为也就不能成立实

---

① 王迁:《立法修改视角下的技术措施保护范围》,载《中外法学》2022年第3期。
② 参见胡春健、陆川:《提供规避著作权技术措施行为的刑法应对》,载《中国检察官》2021年第14期。
③ 参见张明楷:《刑法学(下)》(第六版),法律出版社2021年版,第1074页。
④ 参见胡春健、陆川:《提供规避著作权技术措施行为的刑法应对》,载《中国检察官》2021年第14期。
⑤ 参见高丽丽:《准备实施恐怖活动罪——以预备行为实行行为化为视角的宏观解构》,载《法学论坛》2018年第2期。
⑥ 参见熊亚文:《实质预备犯立法的法教义学审视》,载江溯:《刑事法评论:刑法的科技化》,北京大学出版社2020年版,第213-216页。
⑦ 参见熊亚文:《实质预备犯立法的法教义学审视》,载江溯:《刑事法评论:刑法的科技化》,北京大学出版社2020年版,第219页。

质预备犯。

在现实生活中,可能存在一种技术措施具有多重属性或者一个对象被设立多种技术措施的情形。因此,行为人在破解一种技术措施的同时可能也连带造成了另一种技术措施被破解的事实。比如,行为人想要破解的是一种非著作权法意义上的技术措施,但同时导致了防信息网络传播措施被破解。从理论上说,如果行为人在破解之后没有实施信息网络传播行为,在破解时也不具备信息网络传播的目的,那么就不能以防传播措施被破解为由对其进行处罚,因为典型的实质预备犯要求在主观上必须具有实施后续犯罪行为的目的[①]。当然,这种实体法上的主观限制在实务中往往会被"模糊化"的主观证明方式所逾越,司法机关可能基于防传播措施被破解的事实推定其破解时抱有信息网络传播的目的,只是基于其他原因没有实施后续行为。这里尤其还要考虑到,设立实质预备犯的深层目的本就是降低控方的证明责任,实现入罪的简便化。以非法利用信息网络罪为例,在预备行为尚未进入实行阶段的情况下,若以形式预备犯进行定罪,则难以证明行为人确有之后实行犯罪的主观目的,比如在网络上发布售卖违禁品的广告究竟是真是假,查实成本极高[②],而预备行为实行化降低了对后行为的主观心态的证明标准,从原本需要证明明确的主观目的到只须推定有大体的先期认识。本文认为:一方面,司法机关应当承担更大的证明责任,需要提供更多证据来证明其主观心态,不能仅以客观破解事实来推定行为人主观具有信息网络传播目的;另一方面,如果确有证据证明行为人没有此类目的,那么犯罪也就被直接排除。

四、聚合盗链案件中规避技术措施规则的适用思路

在对规避技术措施规则进行了教义学分析之后,需要将这些原理在具体案件中进行适用。虽然规避技术措施入刑受到了域外法的影响,但主要还是为了解决中国司法实践中存在的疑难问题。立法者明确指出,用规避技术措施的规定来处罚聚合盗链,是修正《刑法》第二百一十七条的动因之一[③]。聚合盗链案件的情形是,视频聚合平台通过"深度链接"等技术将其他视频网站或App的影视作品在自家页面或App上向用户播放。其造成法律评价困难的原因在于,这类影视作品仍旧存储于权利人的服务器中,视频聚合平台并不拥有存储它们的服务器。如何定性该类案件在著作权法界与刑法界都存在很大的争议,因此,我们现在需要结合新规则与理论来重新审视这一问题。

---

① 参见商浩文:《预备行为实行化的罪名体系与司法限缩》,载《法学评论》2017年第6期。不过,该文认为非法制造、买卖、运输、邮寄、储存枪支、弹药、爆炸物、危险物质、管制刀具等也属于实质预备犯,而且不需要主观抱有实施后续犯罪的特定目的。这种观点对实质预备犯的理解过于宽泛,值得商榷。
② 参见于志刚:《虚拟空间中的刑法理论》(第二版),社会科学文献出版社2018年版,第150页。
③ 参见王爱立:《中华人民共和国刑法:条文说明、立法理由及相关规定》,北京大学出版社2021年版,第806页。

（一）传统路径的争议：真的属于信息网络传播行为？

对于聚合盗链行为，刑法实务界的通说认为其在性质上属于信息网络传播行为。不过，信息网络传播行为在过去并未被规定在《刑法》第二百一十七条之中，因此司法机关要按照《刑法》第二百一十七条第（一）项进行处罚，就只能依据《关于办理侵犯知识产权刑事案件具体应用法律若干问题的解释》第十一条第三款，即将信息网络传播行为理解为"复制发行"行为，这当然有强行解释之嫌①。随着《刑法修正案（十一）》将信息网络传播行为规定为了与"复制发行"相并列的行为方式，这一障碍已被消除。然而，需要面对的真正问题是：聚合盗链真的属于信息网络传播行为吗？至少在著作权法领域中，这是一个极富争议的问题，存在着否定说与肯定说的观点对立，而且否定说仍占据着相对优势地位。

否定说认为，"任何著作权法意义上的传播行为都应当形成'传播源'，使作品从该'传播源'向公众传送。'深层链接'通常只是为用户提供了从同一'传播源'获得作品的不同途径，并未形成新的'传播源'，因此不构成'信息网络传播行为'"②。对传统的服务器标准的坚守是这一观点的重要内容，即认定构成信息网络传播行为的关键在于作品是否被存储于盗链者的服务器中，而聚合盗链的行为事实并不符合这一标准。肯定说则认为，随着网络技术的不断发展，坚守服务器标准是局限与片面的，因而提出了新标准来替代服务器标准，比如用户感知标准、实质性替代标准、提供标准等③。这些新标准尽管彼此内容有所差异，但是都不要求作品必须被存储至盗链者的服务器，只要作品在视频聚合平台直接播放，即属于信息网络传播行为。

这种理论上的观点对立也延伸到了司法实践之中，腾讯诉易联伟达案的二审改判就是最典型的例子。该案的一审法院采用实质性替代标准判定侵权成立："在技术飞速发展的背景下，不能将'提供行为'仅限于'上传到网络服务器'一种行为方式……易联伟达公司的一系列行为相互结合，实现了在其聚合平台上向公众提供涉案作品播放等服务的实质性替代效果，对涉案作品超出授权渠道、范围传播具有一定控制、管理能力，导致独家信息网络传播权人本应获取的授权利益在一定范围内落空，给腾讯公司造成了损害，构成侵权，应承担相应的民事赔偿责任。"④但是，北京知识产权法院在二审中坚持了服务器标准，最终撤销原判，驳回了腾讯公司的全部诉讼请求。在二审判决书中，法官花了很长的篇幅全方位论证了服务器标准的合理性，同时对用户感知标准与实质替代性标准进行针对性的批判⑤。可

---

① 参见刘晓光、金华捷：《"深度链接"刑法规制中的刑民交叉问题》，载《检察日报》2020年3月3日第3版。
② 参见王迁：《论提供"深层链接"行为的法律定性及其规制》，载《法学》2016年第10期。
③ 参见刘银良：《信息网络传播权的侵权判定——从"用户感知标准"到"提供标准"》，载《法学》2017年10期。
④ 北京市海淀区人民法院（2015）海民（知）初字第40920号民事判决书。
⑤ 参见北京知识产权法院（2016）京73民终143号民事判决书。

见,聚合盗链在著作权法上被认定为信息网络传播行为是非常困难的。相应地,刑法实务界实际上也不应依照《刑法》第二百一十七条第(一)项对其进行处罚。

(二)新兴思路的模糊:规避的究竟是何种技术措施?

由于视频网站通常会设置各类技术保护措施,而聚合盗链又必然会绕过或破解这类技术措施,因此新的规制思路应运而生:既然无法将盗链行为定性为信息网络传播行为,那么何不直接评价在此之前的规避技术措施行为? 这种判案思路在民事案件中已然成了主流趋势。在前述腾讯诉易联伟达案中,二审法院就告知原告"适用有关技术措施的相关规定禁止深层链接行为亦是有效救济途径"[1]。在搜狐诉迅雷案中,一审法院认为被告迅雷公司侵害了原告的信息网络传播权,应当依法承担相应的侵权责任;二审法院虽然也认定为侵权,但是主要理由却是被告未经授权跳过广告直接抓取视频,故意避开或者破坏原告为涉案作品采取的保护信息网络传播权的技术措施[2]。在腾讯诉真彩案中,二审的上海知识产权法院指出,真彩公司的行为未侵犯腾讯公司的信息网络传播权,但其破坏权利人为涉案影片采取的技术措施,违反了著作权法的相关规定,客观上导致作品传播范围的扩大,且屏蔽了页面广告、片前广告等内容,给原告造成了经济损失,应当承担相应的赔偿责任[3]。

在著作权法上,这种转变得到了理论界与实务界的共同认可。《刑法修正案(十一)》设立规避技术措施规则以规制聚合盗链,显然是受到了著作权法界思路转变的影响。但是,我国刑法学界几乎没有思考过一个基本问题,那就是视频网站设置的技术措施属于哪一类技术措施。正如前文所言,规避接触控制措施与规避版权保护措施无论是在所涉法益类型上还是在犯罪行为性质上都存在很大差别,因此要展开规则适用的考查,就必须先确定是哪一类技术措施。刑法学界有观点认为,在聚合盗链案件中,对规避技术措施进行处罚有助于保护权利人的信息网络传播权[4]。这种观点虽然没有明确指出技术措施的类型,但是从其表述中不难推论出涉及的是版权保护措施中的防信息网络传播措施。对于技术措施性质的理解,应当结合后续行为的性质,这样就能够展现出前述观点的问题:一方面,既然聚合盗链行为本身不被认为是信息网络传播行为,那么相应的技术措施当然就不能算是防信息网络传播的措施,规避防盗链措施的行为也不能算作规避版权保护措施行为;另一方面,就算聚合盗链行为能被评价为信息网络传播行为,那么直接依据《刑法》第二百一十七条第(一)项评价后续传播行为即可,何必多此一举提前处罚规避行为呢?不难看出,沿用信息网络传播权

---

[1] 北京知识产权法院(2016)京73民终143号民事判决书。
[2] 《搜狐视频起诉迅雷侵权终审胜诉,获赔16.4万元》,https://www.sohu.com/a/120933859_184641,最后访问日期:2023年6月13日。
[3] 参见上海知识产权法院(2018)沪73民终319号民事判决书。
[4] 参见劳东燕:《刑法修正案(十一)条文要义》,中国法制出版社2021年版,第148页。

的旧思路是无法彻底厘清定性问题的。

（三）规则适用的正确思路：以接触控制措施为出发点

正确的出发点是，聚合盗链案件中的技术措施应当被认定为接触控制措施，这实际上也是我国知识产权法学界中的主流观点[①]。从《著作权法》的规定出发，接触控制措施指的是用于防止、限制未经权利人许可浏览、欣赏作品、表演、录音录像制品的技术措施。法律在这里除了规定"防止"，还规定了"限制"。详言之，在接触权的范围内，权利人可以限定观看作品的群体、地点、时间与方式，而能够实现任一限定目的的技术措施都属于接触控制措施。视频网站的以下两种典型情形符合接触控制措施的要求：其一，对于特定影视作品设置了会员付费专享，并以相应的技术措施予以保护，这既可以说是限定了观看群体，也可以说是排除了非会员的观看资格，因此破解这一技术措施使得人人皆可观看显然属于规避接触控制措施；其二，对于部分影视作品虽然没有设定会员专享，却插入广告以获取收入，并以相应的技术措施予以保护，这是对观看方式的限定，行为人为屏蔽广告而破解此类措施，同样符合要求。

由于以上两种情形直接损害了权利人收益，因此理论上不存在争议。可能存在争议的是权利人利益没有受到直接损失的情形，这主要指的是，原视频网站对某类影视作品未设置广告或会员专享，但是通过技术措施防止他人盗链。如果以"著作权的正当利益"的视角来审视，那么由于权利人的利益无法被确认，规避这类技术措施的违法性就难以成立。但是，以本文主张的接触权作为法益，可以无须考虑权利人有无利益受损。这种技术措施可以被理解为对"地点"的限制，即只能在原视频网站的网页或 App 上进行观看，而盗链行为会造成创设新的观看"地点"，即聚合盗链平台的页面或 App。因此，这种看起来"利己不损人"的情形也可以被归类为规避接触控制措施。不过，相对于会员付费与广告插入，这类情形的社会危害性要小一些，因而在罪量方面应当设置更高的入罪门槛，保持刑法介入的谦抑性。

从刑法上的构成要件进行分析，规避技术措施规则也完全可以适用于聚合盗链案件：对象是受到著作权法保护的影视作品；技术措施是法律规定的用以防止、限制未经权利人许可观看作品的接触控制措施；客观行为是规避了这一技术措施，使得网络用户可以不受限制地观看作品，且不属于《著作权法》第五十条规定的例外情形；主观上是明知影视作品受到著作权法与技术措施的保护，却仍然希望规避该技术措施以使得作品被网络用户观看，同时往往也带有营利的目的。

这种定罪路径对于司法实务界而言具有节约、方便的优点，因为不再需要面对盗链行为是否属于信息网络传播行为的论证困难。需要注意的是，处罚理由从定性信息网络传播行

---

① 参见王迁：《认定聚合行为性质的正确思路：评腾讯诉真彩案》，载《中国版权》2019年第2期。

为转变为定性规避接触控制措施行为,尽管在形式上看起来是处罚时间的提前,但在实质上应被理解为处罚轨道的转换。这是因为,与规避版权保护措施行为不同,规避接触控制措施行为并不能被认为是《刑法》第二百一十七条第(一)至(四)项的预备行为,接触权与信息网络传播权是并列关系。司法机关只要不再打算去讨论信息网络传播行为成立与否的问题,那么就只应依据《刑法》第二百一十七条第(六)项进行定罪处罚,无须且不应再在判决书中提及《刑法》第二百一十七条第(一)项。可以说,《刑法修正案(十一)》的修正实现了在刑法上有效规制聚合盗链案件的效果,以接触控制措施为出发点来处理聚合盗链案件是合理且最为妥当的。

五、网游外挂案件中规避技术措施规则的适用可行性

规避技术措施规则的另一个热门适用对象是制售网游外挂案件。我国刑法学界将网游外挂分为了辅助操作类外挂与数据修改类外挂两种类型,予以区分考量。辅助操作类外挂不涉及数据的修改,采用模拟输入的方式减少玩家的重复性操作,实现自动挂机等目的,对游戏平衡性的影响小,社会危害性低,因此制作此类外挂一般不宜被认定为犯罪①。与之不同,数据修改型外挂会修改客户端程序、本地内存数据,或者破坏通信协议,修改客户端向服务器所传输的数据,对游戏平衡性的影响大,社会危害性达到了刑法介入的程度,但是理论与实务上对其依何罪处理存在很大的争议。主要有三种观点:一是非法经营罪,二是侵犯著作权罪,三是计算机信息系统类犯罪。从理论上看,三种观点各有利弊,因此至今仍未达成统一意见。其中,侵犯著作权罪的观点在《刑法修正案(十一)》出台后发生了重大转变,认为制售外挂属于规避技术措施行为成了其论证的新方向。但是,规避技术措施规则真的能够适用于此吗?

(一)认定成立侵犯著作权罪的旧观点及其缺陷

主张侵犯著作权罪的旧观点认为,制售网游外挂会构成《刑法》第二百一十七条第(一)项中的"复制"行为。以阶段为标准,这一观点实际上包含了制作复制说与运行复制说两种不同的立场:(1)制作复制说认为,制作网游外挂时通常要以原游戏程序作为基础,因此可能会"复制"原游戏的源代码②。比如在"穿越火线案"中,法院就指出被告人"在《穿越火线》游戏客户端不具备透视功能的情况下,增加了透视功能,该功能的实现必须复制互联网游戏程序的'源代码'……制作的网络游戏外挂程序与《穿越火线》游戏程序具有高度的相似性"③。(2)运行复制说则认为,外挂在运行过程中会对游戏客户端数据进行调用,因此必须

---

① 参见刘艳红:《人工智能时代网络游戏外挂的刑法规制》,载《华东政法大学学报》2022年第1期。
② 参见喻海松:《网络犯罪二十讲》,法律出版社2018年版,第197页。
③ 四川省成都市龙泉驿区人民法院(2014)龙泉刑初字第390号刑事判决书。

存在复制数据的事实。比如在"冒险岛案"中,法院就认定"'CS辅助'通过内存挂钩方式入侵《冒险岛》网游游戏客户端程序,获得对该程序内存地址、数据修改的控制权,调用、复制《冒险岛》124项客户端软件功能数据的数据命名、数据结构、运行方式,通过改变数据的数值、参数,以加强应用功能"①。从目前的司法判决来看,强调前者的居多,法院在认定"行为主要是复制互联网游戏程序的源代码"的同时又会指出"破译和擅自使用原网络游戏的通信协议"来作为补充论据。

但是,以侵犯著作权罪定罪处罚面临着一些难以克服的困难:(1)制作复制说面临的问题是,尽管程序源代码可以算作著作权法所保护的对象,但是与"换皮游戏"大量复制源代码的情形不同,外挂制作者在"二次开发"过程中往往只是参考了以上数据,其全新的构架本质上已经脱离了原游戏②,而在实务中"复制"的成立要认定外挂程序与权利人程序之间的较高相似度,这往往存在困难③。(2)运行复制说面临的问题更大,因为网游运行过程中产生的数据并非著作权法所保护的对象,外挂运行过程中的数据调用不宜被评价为"复制";尽管通信协议可能受到著作权法的保护,但是外挂软件对其进行的破译与修改并不属于复制行为④;更重要的是,此时开启并操作外挂软件的是网游玩家而非外挂制作者,制作者最多只能被视为提供犯罪工具的帮助犯,但是作为正犯的玩家们又是否受到过普遍的刑事制裁呢?所以,对于"复制"的解释应当仅限于软件制作阶段行为人的主动复制编写,而不能扩张至软件在运行过程中对数据的自行调用。基于以上种种原因,主张成立侵犯著作权罪的观点在近年来日趋沉寂。

(二)作为新思路的规避运行说及其缺陷

早在2004年,《国家版权局关于网吧下载提供"外挂"是否承担法律责任的意见》就曾指出,网吧为顾客提供外挂程序,属于著作权法上的规避技术措施行为。司法实务界也早有观点认为,"外挂对著作权的侵犯主要表现在破坏网络游戏技术'保护措施'和侵犯网络游戏'作品修改权'上,对作品的'复制发行'权的侵犯程度并不明显……在刑事立法中将'破坏技术保护措施'纳入侵犯著作权类犯罪予以规范,以利于更加准确地打击此类犯罪"⑤。2021年《刑法修正案(十一)》将规避技术措施入刑之后,这一思路立刻得到了呼应:绕过《刑法》第二百一十七条第(一)项,直接适用新增的《刑法》第二百一十七条第(六)项来解决问题。

---

① 上海市浦东新区人民法院(2010)浦刑初字第3240号刑事判决书。
② 参见刘艳红:《人工智能时代网络游戏外挂的刑法规制》,载《华东政法大学学报》2022年第1期。
③ 参见喻海松:《网络外挂罪名适用的困境与转向——兼谈〈刑法修正案(十一)〉关于侵犯著作权罪修改的启示》,载《政治与法律》2021年第8期。
④ 参见吴诗昕:《制作并销售网络游戏外挂软件行为的刑法适用》,载《犯罪研究》2021年第4期。
⑤ 石金平、游涛:《论网络游戏外挂的刑法规制》,载《政治与法律》2009年第10期。

目前占据主流的观点是运行规避说，该说的关注重点是，在外挂运行阶段，外挂程序自行破解那些用于保护客户端数据或数据传输的技术措施。李勇等指出，"从网游外挂的运行机制来看，其恰恰是通过读取、复制网络游戏的部分数据、程序，避开设置的著作权技术保护措施，通过拦截数据封包的形式干扰游戏的正常运营，完全符合法条的规定，是一种侵犯著作权的犯罪行为"①。原倾向于制作复制说的喻海松博士也转变为支持运行规避说，他认为，在《刑法修正案（十一）》出台之后，可以不再纠结外挂程序与权利人程序之间的较高相似度，而直接将网游外挂认定为规避技术措施，因为外挂运行的基本原理是"通过破坏技术保护措施实现作弊目的，'突破技术保护措施'是本质属性"②。

然而，这一观点是运行复制说的延伸，因此也天然具备了运行复制说所存在的缺陷。其首要问题就在于，与游戏的源代码不同，游戏运行中产生的数据并不具有著作权法上的意义，所以保护这类数据的技术措施也不属于著作权法意义上的"技术措施"。可以说，运行规避说的出发点完全站不住脚。即使我们勉强承认游戏运行的数据是受到著作权法保护的，那么也仍旧面临着以下问题：(1)从类型上看，这里的技术措施显然既不属于接触控制措施，也不属于版权保护措施中的防信息网络传播措施，只可能是版权保护措施中的防复制措施。然而，如前文所述，《著作权法》第四十九条第三款在对"技术措施"的定义中排除了防复制措施，因此保护这类数据的技术措施仍旧不是法律意义上的技术措施。(2)即使之后立法修正或司法解释认可防复制措施的法律地位，那么外挂运行时对数据的调用、对通信协议的破译修改既然都很难被认定为法律意义上的"复制"，那么也就可以反推这种技术措施也不属于防复制措施，仍旧不是法律意义上的技术措施。(3)就算回避了技术措施性质的问题，是否真的规避了技术措施也是可以辩驳的。刘艳红教授指出，"数据修改类外挂主要通过篡改数据封包实现其目的，对于玩家的计算机客户端以及游戏系统的客户端的保护措施都没有避开或者破坏。篡改数据封包的行为并不存在逃避保护措施的监管必要性，其在系统的监管端口都通过了审核，也没有对监管系统造成破坏，不符合《刑法修正案（十一）》中修增的规定，不具有刑事可罚性"③。(4)最后再退一步，即使认为外挂运行时规避了技术措施，那么实施直接规避行为的也是使用外挂的网游玩家，制作者向玩家提供外挂软件仅属于间接规避。如前文所述，在司法解释没有出台、只能依共同犯罪路径定罪的场合下，制售者作为帮助犯的犯罪成立依赖于作为实行犯的网游玩家们的犯罪成立，而这些玩家们显然在罪量上都难以达到犯罪的程度，所以制售者也不能成立犯罪。

---

① 李勇、孟晋：《〈刑法修正案（十一）〉背景下"网游外挂"罪名适用》，载《经济刑法》2021年第1期。
② 喻海松：《网络外挂罪名适用的困境与转向——兼谈〈刑法修正案（十一）〉关于侵犯著作权罪修改的启示》，载《政治与法律》2021年第8期。
③ 参见刘艳红：《人工智能时代网络游戏外挂的刑法规制》，载《华东政法大学学报》2022年第1期。

（三）规则适用的可行思路：对制作规避说的有条件承认

认为对制售网游外挂案件可适用规避技术措施规则的还存在另一种路径，即制作规避说，它是制作复制说的延续。该说认为，可罚的是在制作外挂阶段，制作者为制作外挂而破解那些用于防止源代码泄露的技术措施，之后使用外挂的行为因没有突破数据传输的技术措施而不具有可罚性[①]。

首先应当承认的是，网络游戏的源代码受到著作权法的保护，而且游戏公司通常也设置了保护措施防止源代码的泄露，因此对象条件是符合的。由于这里的技术措施不可能是接触控制措施或防信息网络传播措施，只能是防复制措施，所以这种观点面临的最大阻碍仍旧是《著作权法》第四十九条第三款在对"技术措施"的定义中排除了防复制措施。假使将来立法修正或司法解释认可了防复制措施的法律地位，那么制作规避说在一定条件下还是具有合理性的。

在司法实践中，能够进入刑事司法流程的，都是网游外挂已经制作完成且广泛销售的。这里就有两种情况：如果外挂程序与游戏程序的源代码之间具备了较高相似度，能够认定网游外挂本身侵犯了著作权（属于复制），那么规避技术措施规则就已然被吸收一并适用了；我们要讨论的是，如果二者不具备较高相似度，网游外挂无法认定为复制行为，是否可以单独适用规避技术措施规则。从理论上说，根据"预备行为实行化"的立法宗旨，如果外挂制作者确实抱有复制源代码的目的，只是最终复制比例未达到较高相似性程度，那么单独适用规避技术措施规则来定罪无可厚非。问题在于，如何证明和认定他抱有复制源代码的目的。正如前文所述，虽然实质预备犯要求在主观上具有实施后续犯罪行为的目的，但是这种主观限制在实务中往往会被"模糊化"的主观证明方式逾越，司法机关可能基于技术措施被破解的事实直接推定其破解时抱有复制的目的。这种做法有客观归罪之嫌，是不合理的。司法机关应当承担更大的证明责任，需要提供更多证据来证明其主观心态，代码相似度仍应是推定主观心态的重要依据。基于以下两个重要事实，这里还是要排除那些极低的代码相似度：其一，与其他查重工具一样，代码相似度检测工具也并不完善，两款独立开发的软件也可能检测出不为0的相似度；其二，大多数外挂制作者都是以新的架构重新编写代码，甚至是尽力避免使用源代码。因而，在本文看来，规避技术措施规则适用于制售网游外挂案件仅限于以下情况，即客观上代码相似度虽未达到较高程度，但达到了一定程度，而且行为人也没有证据证明自己没有复制源代码的意图。

总而言之，在防复制措施被立法或司法解释所确认的情况下，如果外挂与原游戏的代码相似度达到了较高程度，那么一般可以直接按照《刑法》第二百一十七条第（一）项进行处

---

① 参见刘嘉铮：《网络游戏外挂刑法治理的限制解释》，载《法律适用》2022年第2期。

罚;如果代码相似度没有达到较高程度,但也达到了一定程度,那么一般就可以按照《刑法》第二百一十七条第(六)项进行处罚。这里还需要说明的是,侵犯著作权罪的成立并不意味着计算机信息系统类犯罪就不成立。二者并非互斥关系,完全可以存在竞合关系。

六、结语

必须承认的是,关于规避技术措施规则的解释困境往往源自不完整的法律规定。因此,最彻底的解决方式是立法修正,在《著作权法》中扩张技术措施的范围,在《刑法》中明确规定间接规避行为的可罚性。考虑到中国司法实践的实际情况,更简便的方式当然是出台相应的司法解释,目前《关于办理侵犯知识产权刑事案件适用法律若干问题的解释(征求意见稿)》已经规定了间接规避措施的可罚性,那么建议其在未来正式颁布时还能够适当扩张技术措施的范围。不过,在立法修正或者司法解释出台之前,教义学分析仍应当以法律条文的表述作为出发点,坚守法秩序统一性原则与刑法基本理论,克制住扩张解释甚至类推的冲动。从目前的法律规则出发,解决聚合盗链案件的正确思路是定性为规避接触控制措施,而对于制售网游外挂案件目前尚无法通过定性为规避版权保护措施得到妥善解决。

人大常委会规范性文件审查的实证分析：
局部图景与规则形成[*]
——基于结构化理论的视角

张扩振[**]

摘　要：基于对公开材料的统计分析，人大的规范性文件审查的特点包括：在审查标准方面，回避合宪性审查，用合法性或适当性审查取代了合宪性审查；在审查模式方面，所有案件均以沟通协商的方式加以解决；在推动方式方面，以社会共识推动规范性文件的废除；在审查功能方面，审查工作主要致力于维护法制统一，保护公民权利。结构化理论是对这些特点进行解释的重要工具。结构化理论以规则、资源的再生产形成的结构二重性为基础，可以解释行为规则的形成过程。把规范性文件审查的法规则转化为一致性行为规则需要其他行为规则和资源的支持，人大常委会的审查充分利用了已有的行为规则和资源。全国人大常委会可以制度化现在的做法，通过公布案例的方式，逐步建立合宪性合法性审查的案例制度，实现在案件中进行宪法解释和法律解释。

关键词：规范性文件审查　结构化理论　人大常委会　合宪性审查

一、问题的提出：为何人大常委会行为如此谦抑？

1954 年制定的《中华人民共和国宪法》（简称《宪法》）在中国第一次建立了人民代表大

---

[*] 基金项目：国家社科基金一般项目"规范性文件合宪性事先控制的体制机制研究"（项目号：20BFX027）。

[**] 作者简介：张扩振，汕头大学法学院副教授。

会制度。人民代表大会制度被认为是我国的根本政治制度①,宪法赋予人民代表大会极高的地位和广泛职权,1954年《宪法》第二条规定,"人民行使权力的机关是全国人民代表大会和地方各级人民代表大会"。因此,人民代表大会不只是议事机关,而且是人民的权力机关。毛泽东在宪法起草委员会第一次全体会议上的发言体现了制宪者对人民代表大会的认知和解释。毛泽东把全国人大比喻为如来佛的手掌,他说,"我们的主席、总理,都是由全国人民代表大会产生出来的,一定服从全国人民代表大会,不能跳出如来佛的手掌",相比资本主义国家的议会,我国的人大更具有实权,因为"资本主义国家名义上是议会选出政府,实际上议会是政府的附属品"②。相比1954年的《宪法》,1982年对《宪法》的全面修改除了保持了人大地位和职权外,更是强化了人大常委会的职权和组织,例如全国人大常委会增加了解释宪法,监督宪法实施,制定和修改非基本法律以及修改基本法律,审查和批准国民经济和社会发展计划、国家预算的部分调整方案等方面的职权,增设了一些专门委员会,地方县级以上人大设立了常委会。根据彭真的解释,将原来属于全国人大的一部分职权交由它的常委会行使,这样做是为了加强人民代表大会制度。"全国人大常委会是人大的常设机关,它的组成人员也可以说是人大的常务代表,人数少,可以经常开会,进行繁重的立法工作和其他经常工作。所以适当扩大全国人大常委会的职权是加强人民代表大会制度的有效办法。"③ 因此,从宪法的条文和制宪者的原旨解释来说,人大具有崇高的地位和广泛的职权④。

关于人大制度的宪法规范在现实中落实得如何呢?从1954年9月15日第一届全国人民代表大会第一次会议召开到1957年上半年,全国人大基本正常运作,制定和批准法律、法令40多个,召开了近80次常委会会议,到1956年全国人大常委会办公厅的机关工作人员增加到365人⑤。但是从1957年下半年起,人大制度走上曲折之路,"社会主义民主法制遭到严重破坏,立法工作几乎陷入停顿"⑥。直到1979年人大才开始重新走上正轨。自1979年以来,人大在立法方面取得了显著的成就,截至2022年9月,现行有效法律共293件,地方

---

① 刘少奇在《关于中华人民共和国宪法草案的报告》中对人大的地位和权力做出了说明。刘少奇指出,"人民代表大会制度既规定为国家的根本政治制度,一切重大问题就都应当经过人民代表大会讨论,并作出决定","我国的人民代表大会就是这样能够对重大问题作出决定并能够监督其实施的国家权力机关"。参见刘少奇:《关于中华人民共和国宪法草案的报告》,载肖蔚云、王禹、张翔:《宪法学参考资料》,北京大学出版社2003年版,第28页。
② 韩大元:《1954年宪法与新中国宪政》,湖南人民出版社2004年版,第227页。
③ 彭真:《关于中华人民共和国宪法修改草案的报告》,载肖蔚云、王禹、张翔:《宪法学参考资料》,北京大学出版社2003年版,第100页。
④ 除了毛泽东、刘少奇、彭真外,邓小平、江泽民、胡锦涛、习近平等其他国家领导人也高度评价人大制度。例如习近平指出,"人民代表大会制度是中国特色社会主义制度的重要组成部分,也是支撑中国国家治理体系和治理能力的根本政治制度"。参见习近平:《在庆祝全国人民代表大会成立六十周年大会上的讲话》,载《求是》2019年第18期。
⑤ 蔡定剑:《中国人民代表大会制度》,法律出版社1998年版,第64页。
⑥ 全国人大常委会法制工作委员会法规备案审查室:《规范性文件备案审查理论与实务》,中国民主法制出版社2020年版,第226页。

性法规共1.3万余件①。2006年人大制定了监督法,监督工作也取得一些成效②。然而如果对比宪法、法律有关人大职权的规定,人大特别是全国人大及其常委会的有些权力很少行使,即便是行使的权力也表现得极为谦抑。宪法规定的全国人大监督宪法实施、改变或者撤销人大常委会不适当的决定,全国人大常委会的解释宪法,监督宪法实施,解释法律,撤销国务院的行政法规、决定和命令,撤销省级权力机关的地方性法规和决议的权力基本很少行使或者根本没有行使过。早在1979年全国人大常委会就开始了备案工作的探索,在1982年对近百件法规进行了审查③,开创了规范性文件审查的先河。根据2000年发布的《中华人民共和国立法法》(简称《立法法》)以及2006年发布的《中华人民共和国各级人民代表大会常务委员会监督法》(简称《监督法》),中国开始建立一套较为完善的备案审查制度。经过多年的发展,这套制度取得了一定的成效,但依然没有一部受到审查的规范性文件被撤销④,"到目前为止,全国人大常委会还没有启动过正式的撤销程序,因为一般经过沟通协商,制定机关都会自行纠正"⑤。有权力不行使或者不采用刚性的方式行使,说明了人大在行使权力的时候较为谦抑⑥。基于立法权的性质和合宪性判断的谨慎性,人大常委会确实应该谦抑。但这种谦抑如果到了完全不撤销处理的状况,就需要探讨其内在原因了。

本文以全国和省级人大常委会规范性文件审查权力为例进行研究。选择这两类主体作为研究对象的原因主要有:首先,目前学界对省级人大常委会的审查状况研究较少,本研究

---

① 中国人大网:《现行有效法律目录(293件)》,http://www.npc.gov.cn/npc/c30834/202209/1ffa180b336247069bf8b42eb1f337a3.shtml,最后访问时间:2023年4月7日;腾讯网:《我国现行有效法律293件》,https://new.qq.com/rain/a/20221019A0241V00,最后访问日期:2023年4月7日。

② 例如根据2022年全国人大常委会的报告,2021年全国人大常委会为了行使监督权,"听取、审议31个报告,检查6部法律实施情况,进行2次专题询问,开展7项专题调研,作出1项决议",在法律实施监督方面,"共有23个检查小组分赴各省(区、市)实地检查,委员长会议组成人员分别带队,常委会委员和专门委员会成员133人次、全国人大代表66人次参加执法检查工作"。参见栗战书:《全国人民代表大会常务委员会工作报告——2023年3月7日在第十四届全国人民代表大会第一次会议上》,载《人民日报》2022年3月17日第1版。

③ 这次审查由全国人大专门委员会进行,将审查的意见反馈给了制定机关,有的地方作了答复,大部通过制定机关自行修改解决。这种解决方式一直延续到今天。参见本书编写组:《规范性文件备案审查制度理论与实务》,中国民主法制出版社2011年版,第17页。

④ 全国人大常委会法工委法规备案审查室主任梁鹰解释了为何没有行使撤销权。他指出,"撤销"作为备案审查制度刚性的根本保障是必须存在的,但当前情况下并非最优的纠错方式。"正因为存在着'撤销'这样一种刚性最强、效力最高的纠正方式,才保证了我们通过工作沟通、发出审查研究意见、提出工作建议等其他纠正方式,能够顺利实现维护法治统一目的"。这个观点从侧面说明了撤销必不可少,将来需要激活这个制度。参见《立法法拟增强备案审查制度刚性,梁鹰:5年纠错未遇拒不改正》,https://m.mp.oeeee.com/a/BAAFRD000020230308771153.html,最后访问日期:2023年4月7日。

⑤ 全国人大常委会法制工作委员会法规备案审查室:《〈法规、司法解释备案审查工作办法〉导读》,中国民主法制出版社2020年版,第123页。

⑥ 人大常委会的备案审查也非完全谦抑,至少在专项审查方面看起来表现比较积极。例如全国人大常委会在2018年至2022年五年间通过专项审查共督促纠正2万多件规范性文件。参见《立法法拟增强备案审查制度刚性,梁鹰:5年纠错未遇拒不改正》,https://m.mp.oeeee.com/a/BAAFRD000020230308771153.html,最后访问日期:2023年4月7日。

可以弥补这方面的空白；其次，基于我国的政治体制，这两级人大常委会的行为逻辑有着相似之处，总体分析具有可行性。虽然全国和省级人大常委会两者在权力范围等方面有着不同，但两者均为代议机关，在宪制格局中所处的实际地位类似，在备案审查中处理的方式基本相同，所以可以合并分析。由于材料的限制，本文主要聚焦的研究对象是全国人大常委会，对省级人大常委会的分析有限。笔者基于全国和省级人大常委会公布的备案审查情况报告、全国人大常委会收集出版的典型案例①以及一些媒体报道的案例，对人大常委会规范性文件备案审查情况做一个素描，然后利用吉登斯提出的结构化理论探寻人大行使权力谦抑的原因，分析相关法规则与行为规则之间的关系，寻找可能的改进方案。

二、审查的基本情况：基于公开材料的局部图景

虽然从1982年起全国人大常委会就开始了规范性文件的审查工作，但2017年以前审查的具体情况，除了一些新闻媒体报导的典型案例外，公众一直知之甚少②。即使新闻报道的典型案例，公众也难以知道人大在其中到底起了什么作用③。自2017年全国人大常委会法工委首次向常委会报告备案审查工作以后，审查的状况才逐步露出水面。除了全国人大外，各省市、设区的市等也开始公开备案审查工作报告④。特别是2020年全国人大常委会法工委法规备案审查室收集整理了全国169件典型案例并公开出版，为备案审查情况的分析提供了较多的素材。

规范性文件审查的案件来源主要有两个方面：一是人大常委会在规范性文件备案后主动进行审查，这种审查的力度越来越大，目前人大常委会提出了"有件必备、有备必审、有错必纠"的原则。截至2018年11月底，制定机关共向全国人大常委会报送备案现行有效行政法规、地方性法规、司法解释12 397件。仅2019年一年，向全国人大常委会备案的规范性文件数量就有1 485件，2020则有1 310件，2021年1 921件，2022年1 172件。地方人

---

① 主要参考资料是全国人大常委会法制工作委员会法规备案审查室：《规范性文件备案审查案例选编》，中国民主法制出版社2020年版。

② 《法制日报》一篇报道指出，"出于种种原因刻意保持低调、对纠正的案例基本不对外公开……长期以来，备案审查工作一直蒙着一层神秘的面纱"，虽然十二届全国人大法律委主任委员乔晓阳曾把备案审查工作形容为"鸭子凫水"，意思是虽然从水面看鸭子保持不动，但是鸭子的脚在水下还是很忙的。但是由于情况没有公开，外界无法知道人大是否真的很忙。参见朱宁宁：《备案审查由"鸭子凫水"变乘风破浪》，载《法制日报》2019年2月26日第6版。

③ 例如2003年的孙志刚案，8位公民先后向全国人大常委会提出了审查建议，后来国务院也废除了《城市流浪乞讨人员收容遣送办法》（简称《收容遣送办法》），但全国人大常委会的作用一直不为人所知，学者们对此表示批评。例如童之伟认为，全国人大常委会没有对公民依2000年《立法法》第九十条提出的对《收容遣送办法》是否违宪违法的审查建议做出回应，削弱了废止《收容遣送办法》而代之以《城市生活无着的流浪乞讨人员救助管理办法》这个过程的法治意义。参见邓少岭：《"孙志刚案与违宪审查"学术研讨会综述》，载《中国法学》2003年第4期。

④ 截至2019年底，31个省级人大常委会均已开展了专项报告备案审查工作，已有15个省、自治区的85个设区的市、自治州向人大常委会报告了工作。参见全国人大常委会法制工作委员会法规备案审查室：《规范性文件备案审查理论与实务》，中国民主法制出版社2020年版，第26页。

大常务会备案数量则更为庞大。二是公民和组织向人大常委会提出审查建议。2004年到2013年底全国人大常委会共收到各类审查建议1 137件,其中属于备案审查范围的有475件[1],2012年至2019年底共收到公民、组织的审查建议3 000多件[2],2020年、2021年出现了爆发式增长,2020年收到审查建议5 146件,2021年6 339件,2022年4 829件[3]。所以全国人大常委会从2004年到2022年共收到建议2万余件,其中属于审查范围的1.5万余件(包括近千件针对《最高人民法院关于适用〈中华人民共和国婚姻法〉若干问题的解释(二)》第二十四条关于夫妻共同债务承担的规定的审查建议)[4]。地方人大常委会收到的审查建议的情况没有统计,2019年底全国省、市、县三级备案审查工作人员共计3 442人[5]。虽然总体上备案审查工作人员较为缺乏,但这些人员可以承担不少的审查工作,为审查建议的提出提供了支持。

我们收集整理了截至2019年底的大部分公开案例作为样本,其中包括《规范性文件备案审查案例选编》(简称《案例选编》)、省级的规范性文件备案审查报告、文献查询和媒体报道的案例,剔除重复的案例,共收集全国案例295件,这些案件中,省级人大报告占36.6%,案例选编占57.3%,其他仅占6.1%[6]。具体来源见图1。

这些案例都是人大认为比较典型的案例,或者社会影响较大的案例。应该指出的是,相对于主动审查涉及的数量巨大的规范性文件而言,这些案件只具有典型性。绝大多数的规范性文件经主动审查没有问题,也没有公民提出审查建议,这个比例非常高。相对于公民建议的被动审查而言,这些案件涵盖了相当大的比例。比如湖北省2014—2019年均发布了备案审查报告,公民建议情况全部用表格形式列出,每年多则6件,少则1件。这些案件都

---

① 杜青林:《健全宪法实施和监督制度》,载《人民日报》2014年11月11日第6版。
② 全国人大常委会法制工作委员会法规备案审查室:《规范性文件备案审查理论与实务》,中国民主法制出版社2020年版,第24页。
③ 参见:沈春耀:《全国人民代表大会常务委员会法制工作委员会关于2020年备案审查工作情况的报告——2021年1月20日在第十三届全国人民代表大会常务委员会第二十五次会议上》,载《中华人民共和国全国人民代表大会常务委员会公报》2021年第2期;沈春耀:《全国人民代表大会常务委员会法制工作委员会关于2021年备案审查工作情况的报告——2021年12月21日在第十三届全国人民代表大会常务委员会第三十二次会议上》,载《中华人民共和国全国人民代表大会常务委员会公报》2021年第1期;中国人大网:《全国人民代表大会常务委员会法制工作委员会关于十三届全国人大以来暨2022年备案审查工作情况的报告》,http://www.npc.gov.cn/c2/c30834/202212/t20221230_321013.html,最后访问时间:2023年4月6日。
④ 根据全国人大常委会法工委从2017年到2022年向全国人大常委会五个备案审查情况报告计算得出。
⑤ 全国人大常委会法制工作委员会法规备案审查室:《规范性文件备案审查理论与实务》,中国民主法制出版社2020年版,第228页。
⑥ 虽然近几年备案审查工作有了新进展,但全国人大常委会法工委法规备案审查室并没有编辑出版新的《规范性文件备案审查案例选编》,这一来源的案例截至2019年。如果仅收集2020年到2022年的报告案例,许多案例由于没有公布而无法得知,样本会有很大的偏差。原因是《规范性文件备案审查案例选编》的案例在2020年前占57.3%。从统计学的角度来说,这三年六成左右的样本无法采集将使样本失去信度和效度。如果《规范性文件备案审查案例选编》出现新的版本,笔者将会做进一步的研究。

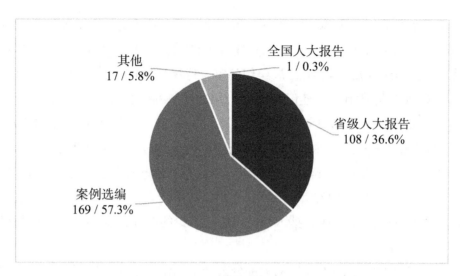

图 1　案例来源

在统计的案件之中。另外由于市县级人大数量巨大等因素,市县级的备案审查报告中的典型案例没有统计,本文只分析全国和省级两级人大的情况。

下面就几个方面来分析审查的情况:

第一,申请或审查的时间(见图 2)。

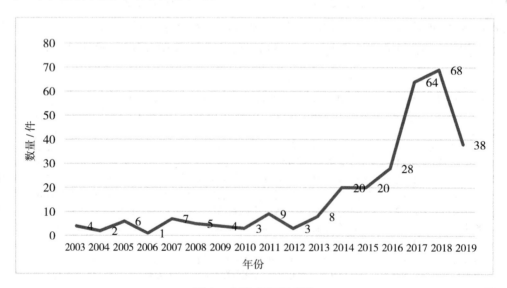

图 2　申请或审查时间

2003 年至 2013 年数量变化不大,平均每年只有 4.7 件。从 2014 年起数量开始上升,到 2018 年达到顶峰 68 件。2019 年的数字又有所下降,一种可能是《案例选编》收到的案例截至2019年底,2019年的有些案例还没有处理完毕,所以没有被整理收集进入《案例选编》。自2014起典型案件数量的增加说明了人大常委会在规范性文件审查方面的力度增强。

第二,规范性文件审查的启动主体(见图3)。

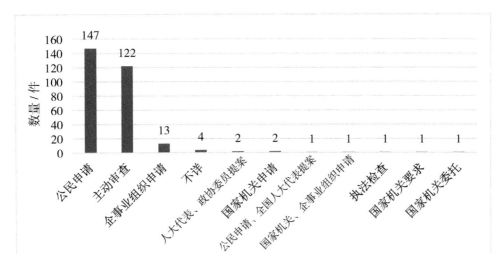

图3 审查启动主体

公民建议启动的审查最多,占50%,主动审查次之,占41%。由于主动审查涉及的规范性文件数量巨大,虽然通过主动审查发现问题的比例还是很低,但人大的主动审查还是发挥了不小的作用。特别是全国人大常委会在发现问题后,对某一领域的规范性文件进行了专项审查,取得了更好的效果[①]。另外,除了主动审查和公民组织建议外,人大代表、政协委员通过提案(包括公民申请、全国人大代表提案)建议对规范性文件审查有3件,通过执法检查发现问题进行审查的1件,这两种方式是人大规范性文件审查启动的新方式。相对公民而言,企事业组织建议审查的案件并不多,共13件,占4%,启动审查的积极性不高。国家机关提出审查建议(包括国家机关、企事业组织共同提出、国家机关委托提出)的有4件,占1%。有一件是由国家机关提出了审查要求,这个占比最低。这是能够查到的唯一一件由国家机关提出审查要求的案例,打破了法定国家机关从来不提出审查要求的印象[②]。

第三,案例所涉及的规范性文件的类型(见图4)。

---

① 例如在环境保护领域,2017年全国人大常委会对49件关于自然保护的地方性法规进行了专项审查,2018年推动环境保护领域规范性文件清理,共修改814件、废止127件地方性法规,修改或废止37件部门规章、456件地方政府规章、2件司法解释及11 040件其他规范性文件。2021年全国人大常委会集中清理长江保护、行政处罚、人口与计划生育等3个方面的法规、规章、规范性文件,共推动制定机关修改、废止法规和司法解释1 069件。参见全国人大常委会法制工作委员会法规备案审查室:《规范性文件备案审查理论与实务》,中国民主法制出版社2020年版,第24页以下;栗战书:《全国人民代表大会常务委员会工作报告——2023年3月7日在第十四届全国人民代表大会第一次会议上》,载《人民日报》2022年3月17日第1版。

② 参见内蒙古2018年《关于规范性文件备案审查工作情况的报告》。

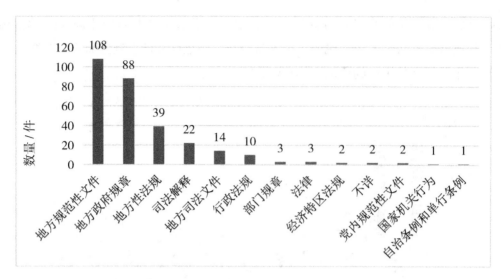

图 4 规范性文件的类型

在受到审查的案例中,排在前面的主要是地方规范性文件、地方政府规章、地方性法规、司法解释以及地方司法文件,这些合计占 92%。排在后面的则有自治条例和单行条例、法律、经济特区法规、部门规章、行政法规,这些合计只占 8%。由于典型案例多数是被审查出有问题的案例[①],这个排列一方面体现了文件的数量关系,规范性文件数量多则有问题的文件数量也会更多;另一方面也说明了挑战的成功率,挑战地方规范性文件和司法规范性文件的成功率较高,其他则成功率较低。在全国人大常委会的 56 件案例中,司法解释和司法文件占比最高,有 22 件涉及司法解释,比例为 39%。

第四,公民组织提出审查建议的申请理由(见图 5)。

很多案例没有说明公民提出审查建议的申请理由,在有说明的情况下,提出合法性审查的最多,占 45.8%,提出合宪性审查的次之,占 4.8%,然后是合宪性与合法性同时提出,占 4.2%,两者相加有 9%。一起提出合法性、适当性问题的案件数量最少,其次是单独提出适当性问题的案件。总之,审查建议主要涉及合法性问题,公民提出合宪性和适当性问题的较少。这首先说明由于宪法缺乏解释,各项条款的含义不清晰,公民难以把握相关规范性文件是否与宪法相一致;其次说明了公民的宪法意识不强,宪法权威性不足。有些合理性、适当性问题超越了法律的范围需要宪法的考量,对于这些问题公民也难以把握。

第五,被审查的规范性文件涉及的公民权利(见图 6)。

---

① 295 件案例中的 169 件《案例选编》中的案例全部是被纠正处理的案例,而省级人大报告的案例,一般也都是被纠正处理的。

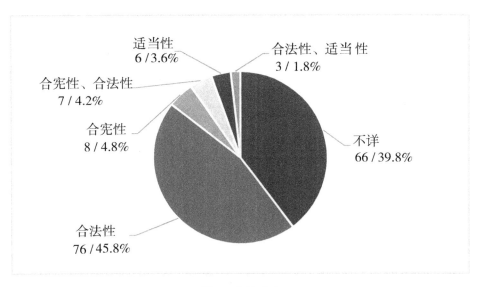

图 5 申请理由

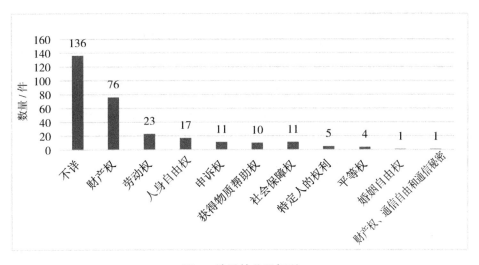

图 6 涉及的公民权利

除了没有说明的外,涉及最多的权利是财产权,其次是劳动权和人身自由权。概括而言,财产权、劳动权、人身自由权等权利占比较高,申诉权、获得物质帮助权、社会保障权等权利占比次之。这说明了公民对这些权利的关注程度较高,也说明了这些权利受到规范性文件的侵害较多。与之相对的是,关于公民言论、出版、集会、结社等方面的权利很少见。有关申诉权的案例有 11 个,这些案例一般涉及程序性问题,说明了公民对程序正义的关注有所提升。令人意外是平等权方面的案例较少,平等问题是很多公民关注的热点,但挑战平等权的案例成功率不高。

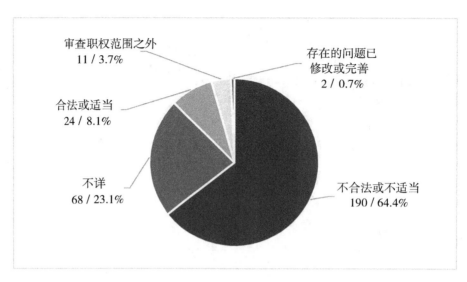

图 7 处理理由

第六,审查处理的理由(见图 7)。

由于公布的案例多数是被纠正的案例,可以看到多数案例都是有合法性或适当性问题的,这样的案例占 64.4%。只有少数案例在被认为是合法或适当的情况下被公布出来,占 8.1%。对比申请理由,可以看到虽然有 9% 的案件提出了合宪性问题,但所有案件的处理理由都回避了合宪性的疑问。这种情况在 2020 年之后有了新的变化,全国人大常委会强化了对合宪性的审查。2020 年到 2022 年三年报告了 5 件合宪性、涉宪性案例。

第七,审查中的主要行为模式(见图 8)。

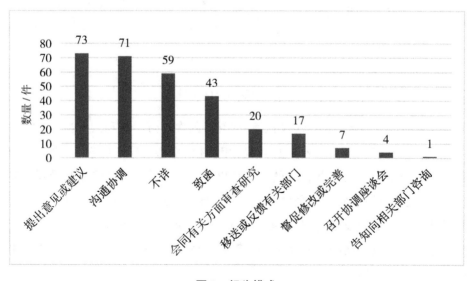

图 8 行为模式

由于审查的案例有些只是寥寥数语来进行描述,不像法院判决书那样比较详尽,因此无法知道有些案例被接收后做了什么。除了这些案例外,正如十一届全国人大常委会副委员长王兆国指出的,"对于在备案审查工作中发现的问题,要及时与有关方面沟通协商,妥善解决"①。因此人大常委会采用了提出意见或建议、沟通协调、致函、会同有关方面审查研究、移送或反馈有关部门、督促修改或完善、召开协调座谈会等方式加以协商解决。

第八,审查后的处理结果(见图9)。

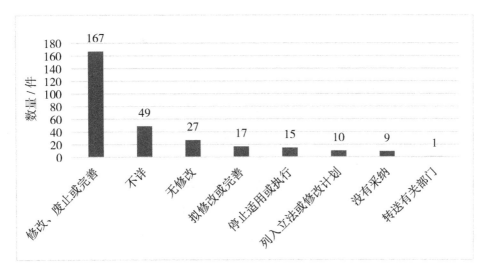

图9 处理结果

由于《案例选编》收集的是被纠正处理的案件,报告的案例也多数是人大常委会认为被处理得比较好的案例,所以这些案例所涉及的问题被纠正的比率非常高,70%的案件涉及的规范性文件被修改、废止、停止适用或执行,或者拟修改。也有部分案例的建议没有被采纳,或者相关规范性文件没有被修改,这些主要是人大常委会报告的公民建议案例。

三、结构化理论:人大行为的一种解释

通过统计分析,我们可以看到人大进行规范性文件审查的一些特点,以及总体上的谦抑性格。这种谦抑性格正是文章开头提出的问题。对这种情况,有学者从文化和政治制度的视角进行了分析②。本文基于社科法学的视角,以及人大在主导法规则生产中的功能,为了更好地解释这些特点,引入社会学的结构化理论来进行解读,分析以规则、资源、权力为基本

---

① 王兆国:《加强地方立法工作 提高地方立法质量——王兆国副委员长在内蒙古召开的第十次全国地方立法研讨会上的讲话(摘要)》,载《中国人大》2004年第16期。
② 参见马岭:《我国的合宪性审查制度及其文化审视》,载《法学杂志》2021年第5期。

因子的社会结构中的人大常委会①。同时结合认知理论和中国实践,对结构化理论进行了拓展,试图对理论发展做出贡献。

结构化理论是英国社会学家吉登斯提出来的,他在继承和批判帕森斯、默顿等人的结构主义和功能主义的基础上,提出了以结构二重性为基础的结构化理论。结构化理论反对把人客体化的结构主义和功能主义。个人是存在于社会之中的,正是人类行动者与他人的互动创造了所谓的社会的"结构和功能"②。"结构和功能"是一种"虚拟秩序","社会系统作为被再生产出来的社会实践,并不具有什么结构,只不过体现着结构性特征,同时,作为时空在场的结构只是具体落实于这类实践,并作为记忆痕迹,导引着具有认知能力的人类行动者的行为"③。

人大在国家机构中的定位有两个方面,即作为权力机关的人大和作为立法机关的人大。作为权力机关的人大,在国家机构中处于最高的地位,是其他国家机关的产生者和监督者,但宪法赋予的权力是广泛而模糊的。为何人大对很多权力的行使并不积极呢?这要了解社会结构中权力、资源与规则的关系。

吉登斯的结构化理论把关注点放在了人类行动者在一定时空所进行的活动。对于一个非人类的观察者而言,人类社会并不存在什么制度、结构之类的东西,这些只是人类构建的,比如知识产权制度、产业结构。可以首先观察到的是每个人的行为,进一步观察到的则是有些人的行为的类似性,再进一步分析他们行为的规律则可以看到他们的行为遵循某些规则。吉登斯对行动者的规律维持时间的长短进行了分类,时间长的则构成了制度。这些规则和资源的再生产则形成了结构。结构的扩展构成了系统、系统整合。

理解结构化理论需要从什么是权力入手。人的行动依赖资源和规则,一方面行动者的行动以规则和资源为基础,它们是人类认知能力的基础,这些基础可以被称为社会结构;另一方面行动者的行动又不断再生产由资源和规则组成的社会结构,这又被称为"结构的二重性"。吉登斯所理解的权力是一种人类行动者普遍性的存在,"权力的运用并不是特定类型行为的特征,而是所有行动者的普遍特征"④。权力就是一个行动者能够干预这个世界,或

---

① 法学作为一门解释性的应用学科,需要其他学科提出的理论来证明解释的科学性,否则法学将沦为逻辑推演的国度,并成为"概念的天国"(耶林语)。科学性强的学科必须遵循假设、验证的实验性分析,心理学比较符合这个条件,经济学部分符合这个条件,其他学科如社会学、政治学等则主要从人类经验中概括理论,科学性较低。本文采用的结构化理论是社会学的一种理论,这种理论除了社会学本身的分析外,还吸收了认知心理学的理论,增加了其科学性的成分。本文以结构化理论为基础,结合认知心理学、制度经济学理论进行综合分析。

② 心理学认为,个人为了解决其面临的日常问题,不断在以往的记忆中寻找解决的规则,如果不能解决问题则可以向他人学习有效的规则或者创造新规则,向他人学习就需要互动。英国学者尼克·查特在《思维是平的》中指出,"我们不是由来自内心黑暗世界的强大神秘力量所驱动的,我们的思维和行动只是过去思维和行动的变形"。参见[英]尼克·查特:《思维是平的》,杨旭译,中信出版集团2020年版,第228页以下。

③ [英]安东尼·吉登斯:《社会的构成——结构化理论纲要》,李康、李猛译,中国人民大学出版社2016年版,第16页。

④ [英]安东尼·吉登斯:《社会的构成——结构化理论纲要》,李康、李猛译,中国人民大学出版社2016年版,第14页。

者能够摆脱这种干预,特别是通过影响他人的方式,产生影响事件的特定过程或事态的效果。行动者的行动过程依据规则,以权力为工具。权力得以实施则需要资源,或者说资源是权力得以实施的媒介。资源包括两种:一种是物质资源,或者被称配置性资源,包括自然环境和人工物质产品,它来源于人对自然的支配;另一种是非物质资源,或者被称为权威性资源,来源于驾驭人的活动的能力,是某些行动者相对于其他行动者的支配地位的结果。权威性资源包括了对社会时空的组织、身体的生产和再生产以及对生活机会的组织。

这里有两点很重要:第一,人既利用资源,遵循规则行动,又不断再生产资源和规则,这形成了结构的二重性;第二,作为对行为规则的解释的法规则特别是组织规则是资源的一种,行动者为了解决其面临的问题,可以以法规则为媒介行使权力来达到其目的。《宪法》《立法法》的规定,只是人大这一行动者可以利用的权威性资源,但可以进一步来塑造行为规则和资源。虽然人大拥有法规则资源,但其他资源比较缺乏,所以人大想有效运用权力并不那么容易。

作为立法机关的人大,我国宪法赋予人大极为广泛的立法权,人大是最主要的立法者,或者是说规则制定者。作为规则制定者,人大完全可以利用这个权力把宪法对其的授权用法律的形式加以落实和强化。然而现实中人大并没有这么做,除了上面所说的资源限制外,还需要理解规则的本质、种类以及规则之间的互动。

个人解决问题的方法均可以被称为规则。"社会生活中的规则是在社会实践的实施及再生产活动中运用的技术或可以加以一般化的程序。"[1] 个体之所以遵循这些规则,很大程度上是这些规则可以解决问题。规则往往通过人与人的互动博弈而产生,身处某一社会中的人基于其认知的局限以及规则的时空特征,解决问题时能够选择的规则是有限的,这就构成了规则对人的行为的制约。规则同法规则是两个完全不同的概念,各种规范性文件表现出来的形式化规则并不是规则本身,只是对规则的法则化解释。"在话语层次上对一项规则进行形式化概括,就已经是对该规则的解释了。"[2]

结构化理论解释了人类行动者所处的社会环境,但没有明确说明法规则是如何产生及变迁的。这里可以借鉴权力中介理论。格兰诺维特认为,权力是一种中介,不管个人拥有怎样的权力特质,其都是一种权力的结构性表现,也就是两群人之间的中介者拥有了信息垄断于"鹬蚌相争,渔翁得利"的利益。其实这种看法是把权力放在了博弈的视角来看待。行动者的行为要达到某种效果,必须依赖规则,这也可以说是制度背景,同时要行使权力,支配资源,这个过程中会同其他人的行为发生关系,产生博弈,通过博弈会形成和再生产规则以

---

[1] [英]安东尼·吉登斯:《社会的构成——结构化理论纲要》,李康、李猛译,中国人民大学出版社2016年版,第20页。
[2] [英]安东尼·吉登斯:《社会的构成——结构化理论纲要》,李康、李猛译,中国人民大学出版社2016年版,第21页。

及资源。

法规则作为一种权威性资源,是在通过人的行动生产和再生产出来的。法规则有些是对人的行为规则的解释,或者可以理解为哈耶克所称的正当行为规则;有些则是被某些人学习或创造组织的规则。无论何种法规则,都是通过博弈形成的权威性资源,可以被行动者加以利用来达到其目的,而变迁也是博弈的结果,或者说制度以及规则都是一种博弈的均衡。

规则可以按照不同的角度分为不同的种类。有代表性的如哈耶克把规则分为正当行为规则与组织规则、正式规则与非正式规则、内在规则与外在规则等。以是否被明确记载并由一定权威机构或个人颁布为标准,可以分为文本规则和行为规则,其中法规则是文本规则的一种。文本规则包括记载了自然规律的规则法规则,以及诸如纪律、标准等其他规范人的行为的规则。行为规则是个人在生活中自己独处以及与他人共处时所遵循的规则,这些规则可以是内化的无意识遵循的规则,例如某些道德规则、文化规则,也可以是文本规则反复被执行后形成的自动或被动遵循的规则,比如某些交通规则。文本规则与行为规则之间可以差距很大,也可以是基本一致。

法规则是文本规则的一种,体现了文本规则的主要特征。法规则可以分为三种,分别是一致性法规则、改造性法规则和协调性法规则。第一,法规则可以是与行为规则基本一致的行为规则,被称为一致性法规则,哈耶克所称的正当行为规则是其中的一部分。这些规则被权威机构加以确认,一致性规则发生变化后权威机构也会加以确认,这被称作诱致性变迁。权威机构的确认可以实现行为规则的明确化并且使其传播的速度更快,比如民法、刑法的一些规则。第二,法规则也可以是一种改造性法规则。哈耶克的组织规则基本都是改造性规则。改造性规则出现的原因可以是个体为了解决问题或者说应对不确定性而创造出来或学习的新规则,这些规则被领导者认可。改造性法规则也可能是利益集团为维护或扩展自身利益而创造的规则或者恢复的旧规则,经由与其他集团博弈胜出而被权威机构采纳。改造性法规则的引入可以实现规则的强制性变迁,利益相关者可以借助它实现自身的利益,基于竞争会出现有利于人类行为者福利提高的规则。第三,改造性法规则对某个社会而言主要是对行为规则的强制改变,改造性规则不同于正当行为规则,它与行为规则之间的差距有大有小,为了使这两者之间更好地契合,法规则还有一类就是协调性法规则。协调性法规则的目的是让改造性规则与行为规则靠拢,或者说使改造性规则能够为行为者所遵循而进行的努力。由于人类长期生活在小群体的熟人社会,基于身份的行为规则经由长期规训已经内化到人类基因之中,如果不是经过长期演化骤然从身份社会进入契约社会,群体的身份社会的人情行为规则会与契约社会的法治行为规则产生剧烈的冲突,导致行为的失调并且长期无法形成成熟的契约社会,或者说陷入中等收入陷阱或者在贫困中无法摆脱。协调性法规则可以弱化两种规则之间的冲突。

由于法规则是一个可以带来利益的工具,因此各方主体特别是有能力表达的个体会利用各种方式来影响规则的样貌,这就导致立法或出台的政策都不是一致性法规则,只是有一些比较接近一致性法规则。法规则颁布以后,经过一系列的博弈后被解释成为一条条的实际执行的法规则。一致性法规则与行为规则一致,协调性法规则只具有协调性,这里重点谈一下改造性规则经过实施后产生的行为规则。第一种情况是改造性法规则与制度中的其他规则比较契合,没有严重的冲突,同时又有配置性资源与权威性资源的支持,经过长期运行后可以形成与改造性法规则基本一致的行为规则 A。第二种情况则是这条法规则被架空,没有被执行,这种情况可以被称为行为规则 0。由于偶然的原因,比如鹬蚌相争,渔翁得利的情况,或者基于博弈的策略,某条规则被纳入法规则之中,这个规则无法得到相应的资源进行再生产成为行为规则,这条法规则就被闲置。闲置的法规则虽然没有成为行为规则,但可以被相关利益者作为一种潜在资源而加以利用,在适当时候予以复活。第三种情况是这条法规则有强有力的资源支持,被强制施行,成为行为规则 A+。但这条法规则与其他规则之间无法契合,导致另外的行为规则 A- 的出现,A+ 与 A- 两种行为规则结合的结果是出现了法规则推行者没有预料到的反效果或者无效果。比如美国宪法曾经有过关于禁酒的条款,该条款导致了各种规避、违背此法规则的行为规则的产生,产生了非常坏的后果,最后此宪法条款不得不取消[①]。第四种情况则是改造性法规则经过解释和实施后,形成了与法规则部分一致的行为规则 B。这条法规则有一定的资源支持,同时也部分与其他规则相容,经过在社会结构中的不断再生产形成了行为规则 B,这也是比较常见的情况。以上关系总结参见表 1。

表 1 法规则与行为规则的关系

资源的支持强度	与其他行为规则的关系	形成的行为规则	
一般	相容	一致行为规则 A	
无	不相容	无效行为规则 0	
强大	不相容	一致行为规则 A+	反行为规则 A-
较少	部分相容,部分冲突	行为规则 B	

从改造性法规则的情况看,改造性法规则对于行为规则的塑造具有相当重要的功能。虽然大部分的法规则无法实现其初始的目标,转化为与行为规则一致的行为规则,但可以使

---

① 参见王晓光:《美国宪法禁酒令的立与废——兼谈美国进步主义时期的法制变迁》,载《法制与社会发展》2011 年第 6 期。

被创造出来的更符合人的效用的规则得到更快的推广,成为人类进步的重要力量。人大可以制定改造性法规则来实现其宪法定位,但是如果这些规则与其他制度规则不相容,或者可利用的资源较少,就会导致改造性法规则难以实现初始的目标。这两个方面对人大而言,不仅资源缺乏,而且由于人大制度建立时间很短,有关人大方面的共识规则很少,很容易与其他行为规则冲突,所以人大不得不谨慎①。正是基于上述的原因,人大在进行备案审查时出现了一些明显的特点。

四、审查的特点:结构化理论下的人大审查行为

根据上面的统计数据以及个案的情况,可以看到人大常委会对规范性文件审查的一些特点,除了在统计上可以明显看出的特点,比如公民建议在被动审查中的比例较高,涉及财产权的案件较多之外,还有如下的特点:

第一,人大的审查体现了其一贯的谦抑性作风。这表现为几个方面:首先,通过备案审查纠正的案件数量并不多。案例中规范性文件被明确纠正的总共207件,相比庞大的规范性文件的数量而言是极少的②。其次,审查的刚性不足。所有审查出来的规范性文件的问题都是通过协商方式加以解决的,这虽然体现了审查的一种特色,但也从另一个方面说明了人大常委会不愿意用撤销这种更刚性的方式来解决问题的谦抑态度。再次,虽然宪法赋予了全国人大常委会监督宪法实施、解释法律的权力,而且在备案审查中也出现了不少进行合宪性审查和法律解释的机会,但全国人大常委会多数选择回避。最后,由于所有的案例都没有进入撤销程序,因此处理问题的主体一般是人大常委会法工委。在全国人大的各种组织中,对备案审查问题做出研究建议的一般是法工委下面的法规备案审查室,人大常委会、人大宪法和法律委员会很少出面。

第二,审查工作主要致力于维护法制统一。《立法法》第五条规定,立法应当"从国家整体利益出发,维护社会主义法制的统一、尊严、权威",《法规、司法解释备案审查工作办法》将备案审查工作细化为四个目的,即保证党中央令行禁止,保障宪法法律实施,保护公民合法权益,维护国家法制统一。宪法规定了宪法的最高法地位,规定了法律、行政法规、地方性法规、规章的等级地位,立法主体在立法时,法定机关在事后审查时,均应该保证规范性文件

---

① 例如李鹏在任全国人大常委会委员长时,大力推进《监督法》的制定。当时的监督法草案想纳入两项制度,一是对法院的个案监督,一是行政机关首长向人大述职评议,但在法院和行政机关的反对下不得不放弃。参见李鹏:《立法与监督:李鹏人大日记》,新华出版社2006年版,第527页以下。

② 虽然如此,但公民的建议后被采纳纠正的概率还是比较高的。例如2003年到2019年全国人大收到有效公民建议大约1 900件(近千件涉及夫妻共同债务承担的规定),被明确纠正的案例有39件(《案例选编》中共有30件,其他8件,全国人大报告1件),加上1 000件被纠正的夫妻共同债务问题,以及重复被提出建议的问题,被纠正处理的案件比例还是比较高的。另外运动式专项审查也会有大量的规范性文件被制定机关修改。

不违背上位法。

第三，用合法性或适当性审查取代了合宪性审查。在典型案例中有一些公民或政协委员提出了规范性文件的合宪性问题，多数都没有得到正面的回应，最后往往用不合法或者不适当作为处理的理由。例如在有关人民检察院变更起诉的规定的案例中，公民提出变更起诉与宪法、刑事诉讼法有关规定相抵触，法规备案审查室对刑事诉讼法相关规定进行了解读，认为变更起诉与刑事诉讼精神不抵触。然而法规备案审查室又提出了应该保障被告人权利的意见，这个意见实际是说变更起诉规定应该符合宪法精神，但又没有明示，而用合法性与适当性分析取代了合宪性审查[1]。在有关收容教育规定的案例中，公民向全国人大常委会提出了合宪性审查建议，全国政协委员提出合宪性审查的提案[2]。全国人大常委会法工委强调其制定的时候是合宪的，只是情况发生了变化，需要废除这项制度[3]，这也是一种适当性分析[4]。

第四，适当性审查案例较少。人大在审查中用适当性标准进行审查的案例很少，主要是涉及处罚问题，涵盖公民的财产权、人身自由权以及一些社会权利，其他公民权利案件很少涉及。根据《法规、司法解释备案审查工作办法》，适当性主要用于处理违背社会主义核心价值观和公序良俗、公民权利义务规定不合理、立法目的与立法手段明显不匹配、与现实状况有重大不一致等问题。另外，这一办法第三十七条规定的对与党中央的重大决策部署不相符或者与国家的重大改革方向不一致的，应当提出意见，也是一个适当性的问题。

概言之，人大在进行规范性文件审查时，表现出较为谦抑的态度，回避合宪性审查和宪法解释权力的行使，积极进行主动审查和处理公民建议，尽量以维护法制统一的方式保护公民权利。对于人大的这些行为特征，可以用结构化理论进行解释，从而展现人大在中国的社会结构中如何进行理性选择。

首先，为何人大对公民建议审查有比较积极的态度。在备案审查制度建立之初，虽然有

---

[1] 参见《案例选编》案例45，全国人大常委会法制工作委员会法规备案审查室：《规范性文件备案审查案例选编》，中国民主法制出版社2020年版，第96-97页。

[2] 参见《案例选编》案例1，全国人大常委会法制工作委员会法规备案审查室：《规范性文件备案审查案例选编》，中国民主法制出版社2020年版，第1-3页；参见《收容教育废止之路：全国人大常委会首次回应公民的合宪性审查申请》，https://m.sohu.com/a/385872135_161795，最后访问时间：2023年4月6日。

[3] 合宪性审查从来不管一个法律制定的时候是否合宪，而是就目前的状况进行判断和解释。很多法律运行了多年之后才有人提出合宪性问题，这是正常现象，比如许多国家的合宪性审查的案件，并不是一个法律一出台就被认为违宪，虽然这种法律也有。

[4] 何海波认为收容教育应该被废除是因为其正当性存在问题。但正当性问题不是一个宪法问题吗？关于正当性的探讨，可以是宪法不出场的情况下从社会学、心理学、经济学等角度进行分析，或者直接就是一种法理的探讨，也可以是把宪法作为元规则的情况下，以宪法的条款和解释为依据进行分析探讨，这些探讨既可以容纳前述探讨的方法，还可以维护宪法的根本法地位，把相关问题的分析纳入规则之治的范畴之中。参见何海波：《论收容教育》，载《中外法学》2015年第2期。

一些专家学者会提出审查建议,但一般公民却很少提出建议。人大对公民建议的处理也不积极和公开透明,这条法规则处于只有少数人知晓的状况。随着时间的推移,公民建议的法规则被不断运用,人大也开始积极回应,法工委会向提出建议的公民和组织反馈情况[①],公民可以向人大常委会提出审查建议的法规则开始成为一条行为规则。

人大为何积极回应公民的建议呢?从现有的制度来看,这与两个方面的问题有关。其一,人大作为人民的代表机关,天然具有代表民意的正当性,这种正当性可以转化为人大可以使用的规则和权威性资源。在中国传统的规则体系中,并没有关于人大的规则,这是一个基本上需要从零发展的规则。人大为了在权力结构中取得一定的位置,能够依赖的主要是来源于对下级人大的指导资源以及人民的行为规则。公民在权利受损时,可以采用的救济方式有的依赖行政机关,比如行政复议、行政调解,有的依赖司法机关,比如民事和行政诉讼。作为代议机关的人大本来应该更能够联系民众,但基于人大的组成规则的限制[②],这方面的功能明显受限。人大必须开辟新的路线来寻找规则和资源的支持,备案审查的公民建议正符合这个条件。人大行使其权力,把公民对权利的争取与国家机关对资源的分配链接起来,再生产宪法和法律解释规则以及资源。

其二,事关宪法和法律的解释权。虽然宪法和法律授予了全国人大常委会解释宪法和法律的权力,但其基本没有行使这项权力。是全国人大常委会不想行使这项权力吗?是因为其工作繁忙而没有时间吗?这些因素也许都存在。更为重要的是,人大如果不处理具体的案件,就没有机会和能力来解释法律和宪法。因为法律解释的性质决定了只有在具体案件中法律解释的需要才展现出来,否则人大进行抽象的解释还不如进行法律修改。所以不少学者主张应该由立法者之外的实施者解释法律,尤其是由司法机关进行解释[③]。一般而言,公民建议的提出很多是由于其权利受到了侵害,特别是在诉讼中权利受到了侵害而无法得到救济[④],才提出了审查建议,因此具有了与诉讼案件类似的情形。在审查时解释宪法和法律是较为合适的时机。在这种情况下,人大的解释权可以逐步被激活。在以洛阳种子案、

---

① 《法规、司法解释备案审查工作办法》第四十八条第二款。

② 人大代表候选人的限制、层层选举组成的人大、人大会期的限制、人大人事和财权受党和政府的控制等问题使人大受到组织和行为约束。这些问题表面上看是民主制度、人大制度的完善问题,但这些问题迟迟无法得到重视和解决,说明了由党和政府控制的组织规则供给更愿意维持现状,而不是扩大人大其正当性基础。人大只能在目前的规则框架下做出细微的变化,比如让常委会组成人员与专门委员会成员重合,让更多代表专门从事人大工作,在不断的训练中培养专业性。

③ 参见张志铭:《法律解释学》,中国人民大学出版社2015年版,第160页以下。另外,司法机关在裁判文书中引用宪法是解释宪法吗?多数情况不是,它只是在解释法律,把宪法的精神贯彻到法律之中,或者用德国的法理论来说就是宪法形成了客观价值秩序,既然如此,法官当然要贯彻这种价值秩序。详细情况参见余军:《中国宪法司法适用之实证研究》,中国政法大学出版社2017年版,第104页以下。

④ 比较典型如"附条件逮捕"问题、浙江的"寄血验子"案等,参见《案例选编》案例46、52,全国人大常委会法制工作委员会法规备案审查室:《规范性文件备案审查案例选编》,中国民主法制出版社2020年版,第97、110页。

齐玉苓案为代表的一些案件中,有些法院通过审判行使着宪法明文规定属于全国人大常委会职权的宪法和法律解释权,合法性、合宪性判断权,对此,人大只能表达愤怒和无奈。另外,人大不得不把部分法律解释权、合法性判断权通过授权或立法的形式赋予法院和检察院。虽然人大曾经想通过个案监督的方式来介入司法,但这与现有规则有着较大的冲突,后来被迫放弃了。通过对公民建议的回应,人大可以逐步把部分权力转移到自己手中。比如法律解释权在《案例选编》的许多案件中,人大常委会法工委对法律进行了解释。例如在《案例选编》案例41关于企业破产案件地域管辖的案件中,人大常委会法工委法规备案审查室通过对《中华人民共和国企业破产法》《中华人民共和国民事诉讼法》的解释,认为《最高人民法院关于审理企业破产案件若干问题的规定》[①]"第三条在民事诉讼法规定的指定管辖情形之外增加了对企业破产案件可以调整地域管辖的情形,与企业破产法和民事诉讼法的规定不一致"[②],这就否定了此司法解释的第三条。人大也看到了在个案中解释宪法的可能性,所以提出了在合宪性审查中适时解释宪法的探索。有了把闲置法规则激活的机会,加上不断增加的公民权利诉求这一行为规则的支持,可以逐步实现从法规则到有效行为规则的转换。

其次,为何全部案例均以沟通协商的方式加以解决,没有一个案例进入撤销程序。在我国的纠纷解决规则中,通过调解协商来解决纠纷是一个具有很长历史的行为规则。在法律中,民事纠纷通过调解解决的机制最多,刑事和行政纠纷则经历从否认到承认的过程,行政诉讼中的调解,刑事诉讼的认罪认罚等协商机制分别在2015年和2018年纳入法律之中。这充分说明了法规则必须与已有的行为规则相容,才能更好地使法规则变成一致性的行为规则。人大在进行规范性文件审查的过程中,也是利用了已有的行为规则,尽量使法规则与行为规则相容,把看起来比较刚性的法规则变得比较柔性。这种做法"保护了制定机关立法的积极性、主动性,尽量降低审查纠错带来的影响"[③],使制定机关的权威性和公信力受到较小的影响[④]。

完全柔性的审查规则也存在问题。在法律的实施过程中,没有哪一部法律仅仅靠协商来解决问题。没有处罚的法律最终会使法律失去应有的作用。即使在以检察院为原告,行政机关为被告的行政公益诉讼中,虽然检察机关适用事先的建议程序,通过沟通协商解决了大部分的案件,但还是有一些行政机关败诉并承担相应后果。在这个过程中,法律的权威得

---

① 2002年7月30日《最高人民法院关于审理企业破产案件若干问题的规定》。
② 全国人大常委会法制工作委员会法规备案审查室:《规范性文件备案审查案例选编》,中国民主法制出版社2020年版,第91页。
③ 全国人大常委会法制工作委员会法规备案审查室:《〈法规、司法解释备案审查工作办法〉导读》,中国民主法制出版社2020年版,第120页。
④ 与这个类似的还有不少行为,比如审查中以维护法制统一作为主要目标,是因为统一在中国人的行为规则中占据了重要的位置。

到维护,法律得到严格的实施。在规范性文件审查的过程中,公民等相当于原告,规范性文件制定机关相当于被告,人大相当于案件的审理者。如果人大把所有的案件都通过协商的方式加以解决,这虽然给制定机关保留了面子,但是宪法和法律的权威却打了折扣,并不利于宪法和法律的实施。所以一个对立法进行审查的宪法制度,却没有一个责任机构承担相应的责任,这并非一个常态。人大之所以这样做,除了遵循协商行为规则外,还有就是其通过结构二重性过程生产的资源和规则还不足以支持人大把审查法规则完全转换成一致性行为规则①。

五、基于共识的人大规范性文件审查:结构化理论的进一步分析

除了统计数字体现的上述特点外,人大审查规范性文件时还有一个重要特点,就是利用媒体、知名人士、党中央对特定事项的关注等因素来推动审查。

在中央层面的66件审查建议中,有14件审查建议具有相关的社会舆论背景(详见表2)。②

表2 审查建议的社会舆论背景

规范性文件名称	制定时间	申请时间	相关社会背景	案发时间	申请人	是否为当事人
《城市流浪乞讨人员收容遣送办法》	1982年	2003年5月	孙志刚案	2003年3月20日	俞江、滕彪、许志永	否
《河南省农作物种子管理条例》	1997年修正	2003年11月19日	洛阳种子案,也称李慧娟案	2003年10月	肖太福、涂红兵、陈占军、朱嘉宁	否
公务员录用限制乙肝携带者规定		2003年11月20日	周一超杀人案	2003年4月3日	何家弘、章剑生等1 611位公民	/
《铁路客运运价规则》	1997年	2004年	五告发票案	2004年	郝劲松	是
《珠海经济特区道路交通安全管理条例》	2005年	2005年8月2日	在电动自行车业内引起轰动	2005年5月28日	东方公益律所	否
《国内航空运输旅客身体损害赔偿暂行规定》	1993年修订	2005年12月19日	"11·21"包头空难	2004年11月21日	包头空难罹难者家属	是

---

① 这种行为策略还包括用合法性和适当性审查取代合宪性审查,虽然宪法规定了全国人大常委会合宪性审查的权力,但要把这个法规则转换成一致性行为规则的资源和规则基础还没有完全具备,所以不得已只能用其他具备基础的规则代替。

② "/"代表不确定是否为当事人,比如律师可能是该案的辩护人(斯伟江律师便是"鹦鹉案"的辩护律师),李步云则是受辩护律师的"委托"提出的审查建议,对于这类申请人,可以说他是当事人,也可以说他不是当事人,因此不便于作分类。

续表

规范性文件名称	制定时间	申请时间	相关社会背景	案发时间	申请人	是否为当事人
《最高人民法院关于审理人身损害赔偿案件适用法律若干问题的解释》	2003年	2006年9月8日	三少女遇车祸同命不同价	2005年12月15日	东方公益律所	否
《城市房屋拆迁管理条例》	2001年	2008年4月4日	重庆"史上最牛钉子户"事件	2007年	张黔林	否
《城市房屋拆迁管理条例》	2001年	2009年12月7日	唐福珍自焚事件	2009年11月13日	沈岿等人	否
《铁路旅客意外伤害强制保险条例》	1951年	2011年7月29日	"7·23"甬温线铁路交通事故	2011年7月23日	尹田等人	否
《最高人民法院关于审理非法生产、买卖武装部队车辆号牌等刑事案件具体应用法律若干问题的解释》	2002年	2013年5月27日	河南天价过路费诈骗案	2011年	欧爱民	否
《最高人民法院关于适用〈中华人民共和国婚姻法〉若干问题的解释(二)》	2003年	2016年	离婚被负债		公民、全国人大代表	/
《最高人民法院关于审理破坏野生动物资源刑事案件具体应用法律若干问题的解释》	2000年	2017年10月30日	深圳鹦鹉案	2016年	徐昕、斯伟江	/
《浙江省高级人民法院关于部分罪名定罪量刑情节及数额标准的意见》	2012年	2018年1月	浙江寄血验子案	2017年	李步云	/

这些审查的基本模式是社会上出现了一个事件,这个事件被媒体广泛报道,引发民众的激烈讨论,这引起了一些公民的注意,他们看到了这一事件背后存在可能违宪或者违法的规范性文件,于是向全国人大常委会提出了针对规范性文件的审查建议。人大常委会看到这些建议有着广泛的共识基础,于是通过协商的方式使制定机关废除了相关规范性文件或某些条款。

如果这一事件的社会舆论不是很强,说明对此规范性文件所涉及的问题还没有达到广泛的共识,人大常委会处理时可能更加谨慎。如果有了知名学者或一些人大代表的背书,审查机构可能会积极处理。例如关于《最高人民法院关于适用〈中华人民共和国婚姻法〉若干问题的解释(二)》这个规范性文件,全国人大常委会法工委指出,"2017年全国人代会期间,有 45 位全国人大代表分别联名提出 5 件建议"①；又如《今日说法》对"寄血验子"案的报道中提到了著名法学家李步云。"2018 年 1 月，李步云致信全国人大常委会。不久便收到回复，根据反馈的情况，浙江省高级人民法院表示，《意见》属于应当清理的带有司法解释性质的文件，将与省人民检察院、省公安厅商议，停止执行相关条款。"②

在主动审查方面，人大常委会对党中央关注的问题给予了特别的推进。打好污染防治攻坚战，是党中央确定的"三大攻坚战"之一。2018 年 31 个省级人大常委会对有关生态环境保护、大气污染防治等方面的规范性文件进行了清理，共修改 517 件，废止 83 件，2019 年修改了 300 件、废止 44 件③。2020 年、2021 年则出现了更多的这种情况。例如 2020 年人大常委会贯彻习近平总书记关于新冠肺炎疫情防控、野生动物交易、《民法典》的指示，对相关规范性文件进行审查、修改；根据党中央部署，对食品药品安全领域的地方性法规进行专项审查和集中清理，共修改 39 件、废止 18 件；根据党中央部署，加大对与营商环境有关的行政法规、地方性法规、司法解释的审查力度，对在营商环境方面存在突出问题的 12 件地方性法规向制定机关提出修改完善意见④。

因此可以看到，审查机构对有广泛社会共识和党中央部署支持的规范性文件的审查比较积极。正如结构化理论所指出的，对于处于社会结构中的行为主体，如果意图使再生产资源和规则的过程向自己期望的方向发展，必须有规则和资源的支持。对于人大而言，树立宪法权威，推动法治进程，需要使规范性文件审查的法规则转换成一致性的行为规则，这必须有规则和资源的支持。广泛的社会共识代表了社会中多数人对某些行为规则是认可的，有了行为规则的支持，人大就可以把这些与行为规则相悖的法规则通过协商废除掉。再生产某种规则更需要权威性资源，在中国党中央的权威是最高的，因此有党中央及其领袖的支持的事项，是规则再生产的较优选择。另外，党中央之所以对某项事项予以关注，也说明了这一事项有着较广泛的共识，有行为规则的支持。因此可以说审查机构是基于共识进行了审查。

---

① 沈春耀：《全国人民代表大会常务委员会法制工作委员会关于十二届全国人大以来暨2017年备案审查工作情况的报告——2017年12月24日在第十二届全国人民代表大会常务委员会第三十一次会议上》，载《中国人大》2018年第1期。

② 今日说法：《参与孕妇超五万！全国最大"寄血验子"案背后的入刑之争》，https://www.sohu.com/a/297376070_235265，最后访问日期：2021年3月23日。

③ 全国人大常委会法制工作委员会法规备案审查室：《〈法规、司法解释备案审查工作办法〉导读》，中国民主法制出版社2020年版，第218页、第232页。

④ 沈春耀：《全国人民代表大会常务委员会法制工作委员会关于2020年备案审查工作情况的报告——2021年1月20日在第十三届全国人民代表大会常务委员会第二十五次会议上》，载《中华人民共和国全国人民代表大会常务委员会公报》2021年第2期。

六、结语 人大的规范性文件审查的改进

结构化理论把社会结构、制度、规则、资源等放在了人的实践或者说行为的角度下,因此一切制度、结构丛、系统都是在遵循规则的人的行为下得以存在的。所以,要想某种制度得以确立,核心问题是如何把法规则转换为行为规则。行为规则的形成是一个通过实践不断强化、重构、普及的再生产过程,作为促成行为规则的人类行动者必须有足够的耐心,不断调整其行为策略,充分利用已有的行为规则和资源来达到其目的。基于结构化理论,这里就通过公布案例的方式逐步推进宪法解释和法律解释,来探讨人大规范性文件审查的法规则及其行为策略的改进措施。

全国人大常委会法工委提出了"在备案审查工作中加强对法规、司法解释合宪性、涉宪性问题的审查研究,探索在合宪性审查中适时解释宪法"[①],而采用什么方式解释宪法需要探索。从世界各国解释宪法的实践看,更有效的办法是通过合宪性审查在个案中解释宪法。无论由普通法院进行审查的美国,还是采用宪法法院审查的德国,大都是在具体的案件中既审查了法律的合宪性问题,又对宪法进行了解释。对于全国人大常委会而言,比较正式的方式一般是通过决议来正式解释宪法,这种方式对资源和规则的支持要求较高,不适宜贸然进行。因此借鉴国外的做法,不去直接解释宪法,而是通过公布合宪性审查的案件的方式,通过案件来解释宪法。2020年全国人大常委会法工委法规备案审查室编撰的《规范性文件备案审查案例选编》可以看作一个开端。2023年中国人大网法制工作委员会页面新开设了"备案审查工作"栏目,设置了"备案审查工作案例选编"栏目,在公布案例方面取得了新进展。虽然《案例选编》里的案件没有一件是对宪法做出明确解释的,但人大提出的案例的概念成为以后探索的基础。

2010年最高人民法院颁布《最高人民法院关于案例指导工作的规定》,建立了案例指导制度,2015年制定了该规定的实施细则,强化了指导性案例的作用。根据规定和实施细则,法院对于在基本案情和法律适用方面与指导性案例基本相似的案件,应该参照指导性案例的裁判要点进行裁判[②]。全国人大常委会可以学习最高人民法院的做法建立自己的案例制度,通过发布公告案例、典型案例等方式探索可行的方式。在备案审查中,审查机关除了进行宪法解释外,更多情况下会涉及法律解释,例如在合宪性审查中可能需要对法律进行合宪性限定解释,在合法性审查中可能需要对法律的条文做出解释。全国人大常委会也可以通

[①] 沈春耀:《全国人民代表大会常务委员会法制工作委员会关于2020年备案审查工作情况的报告——2021年1月20日在第十三届全国人民代表大会常务委员会第二十五次会议上》,载《中华人民共和国全国人民代表大会常务委员会公报》2021年第2期。

[②] 参见《〈最高人民法院关于案例指导工作的规定〉实施细则》第九至十一条。

过公布案例的方式来探索解释法律①。经过探索,在相关资源和规则基本能够支持此项做法时,全国人大常委会可以通过决议赋予案例中宪法和法律解释的法定效力,使其成为约束行政机关、司法机关、各级人大以及公民行为的规则。

总结来说,在备案审查中人大常委会通过专项审查等方式推动了大量规范性文件的修改和废止,表面上看似乎人大常委会的表现并不谦抑,但从表现形式和实际效果来看,这更多是一种工作推动机制而非审查机制,人大常委会在审查中表现依然谦抑。虽然全国人大常委会法工委公布了几个合宪性和涉宪性典型案例,由于没有启动撤销程序,这种做法与其说是合宪性审查,不如说是一种合宪性控制,对可能违宪的规范性文件采取的控制措施。谦抑性原则虽然是合宪性审查机构应该秉持的原则②,但对目前的审查机构而言,更是其限于资源和权威的不足而不得已的做法。当条件成熟时,审查机构可以启动撤销程序废止不合法、不合宪的规范性文件。将来也许可以把现有的审查机构独立出来③,以更为独立和中立的姿态进行相关审查。

---

① 全国人大常委会法工委法规备案审查室主任梁鹰指出,"随着备案审查工作的深入开展,在合宪性审查研究中适时阐释宪法精神、原则、规定,或许可以作为开展宪法解释工作的一条探索途径"。参见《立法法拟增强备案审查制度刚性,梁鹰:5年纠错未遇拒不改正》,https://m.mp.oeeeee.com/a/BAAFRD000020230308771153.html,最后访问日期:2023年4月7日。

② 参见王书成:《合宪性推定与塞耶谦抑主义——读〈美国宪法原则的起源和范围〉》,载《政法论坛》2011年第5期。

③ 参见林来梵:《合宪性审查的宪法政策论思考》,载《法律科学(西北政法大学学报)》2018年第2期。

·青年法苑·

不动产征收控制的法经济学解释

吴先泉　张淑芳[*]

摘　要：财产权是实现个人自由的社会基础，但财产权也不是绝对自由的。在面对公共利益的需求时，财产权尤其是不动产权利要接受合理限制，直至被征收。因为不动产征收会带来社会整体福利增长，成为行使征收权的正向推动力，加之公益目的泛化、成本的财政幻觉，进一步导致征收权被滥用。如何控制征收权的恣意，从促进经济社会发展审视，应通过预期收益估算方式强化前置约束。土地供需关系一直是被忽视的关键因素，法律规范应将供需动态平衡作为征收条件，解决征而未用、房地产空置率高企等现象。不动产权利的自由权面向，将通常被忽略的主观价值纳入法治视野，采用一定程度的溢价实现对被征收人的情感损失的补偿。从征收权所涉利益、代际关系方面看，平衡公私利益，兼顾代际公平，将征收成本内部化，探索控制征收权的法经济学路径。

关键词：征收权　公共利益　经济效益　公平补偿

一、问题的提出

土地征收、房屋征收等新闻屡见报端，土地财政、房价高企始终是百姓谈论的热点，不动产征收一直是学者研究的重点，并未随着时代进步、法律修改而得到有效控制，进而丧失研

---

[*] 作者简介：吴先泉，上海财经大学博士研究生；张淑芳，上海财经大学教授、博士生导师。

究价值。财政部数据显示,2021年国有土地使用权出让收入再创新高,已达到8.7万亿元[①]。相较2007年的0.8万亿元,翻了十倍有余。若是考虑到房地产业、建筑业等土地间接税收及土地融资性收入等隐性收入,广义口径的土地财政规模将更为庞大[②]。这种"以地谋发展""以地生财"的发展模式终究不是长久之计,"土地财政"模式所带来的金融风险、环境破坏、土地违法、土地粗放利用、房价飙升等一系列问题,影响经济的高质量发展[③]。为什么土地财政一直处于稳健的上升期?一般认为,土地财政的产生与1994年的分税制改革密切相关[④]。地方政府承担了与其财力不相匹配的事权,因此,地方政府有动力通过土地征收、出让和开发获取财政收入。近几年,县级城市如雨后春笋般崛起的保障房公司即为实例,地方政府自己作为征收主体,通过旧城改造、保障房建设等方式,将征收的土地出让给保障房公司开发,形成高附加值的地方财政收入,地方政府也成为房价上涨的隐形推手。地方政府通过出让商业地产获得经济发展的基础,另外通过政策支持招商引资、贴补模式下的土地规模工业化扩张,但从长期实践看,大量工业项目存在"落得下、留不住"的现象,或成为僵尸企业,没有给地方带来税收、就业等红利,反而无价值消耗社会资源。土地财政对房价泡沫具有显著的正向影响效应,表明地方政府的土地财政是导致城市房价泡沫不断滋生累积的重要因素[⑤]。土地资源并不是取之不竭用之不尽的,如不采取有效的规制手段,依靠稀缺的土地资源拉动经济增长具有不可持续性[⑥]。

在实务中可以推导出这样的结论,征收补偿标准偏低,如征收集体土地,区片综合地价由土地补偿费和安置补助费组成[⑦],江苏三类地区区片综合地价最低标准为47 000元/亩,即土地补偿费最低标准为每亩23 500元,安置补助费最低标准为每人23 500元,安排被征地农民的社会保障费用99 620元,按照每人12.312万元的最低筹资标准缴纳社会保险。H市作为其中三类地区,2021年全市居民人均可支配收入42 973元,据此,H市农民每亩土地所获得的征收补偿(包括对接社保费用、70%的土地补偿费)未达到农民3年3个月的人均可支配收入。制定区片综合地价,往往考虑的是农民收益的补贴,并不能完全覆盖全部损失。由于补偿标准不是以土地的价格或者是使用租金为基准计算的,所给的补偿忽视了农

---

① 财政部国库司:《2021年财政收支情况》,http://gks.mof.gov.cn/tongjishuju/202201/t20220128_3785692.htm,最后访问日期:2023年1月4日。
② 刘佳、彭佳:《土地约谈抑制地方政府土地财政吗?——基于双重差分法的实证分析》,载《中国土地科学》2022年第7期。
③ 徐璐、周健雯、施雨欣:《地方政府财政压力、土地财政与房价》,载《政治经济学评论》2020年第4期。
④ 孙秀林、周飞舟:《土地财政与分税制:一个实证解释》,载《中国社会科学》2013年第4期。
⑤ 刘佳:《土地财政、房价泡沫与空间扩散效应》,载《统计与决策》2022年第12期。
⑥ 薛白、赤旭:《土地财政、寻租与经济增长》,载《财政研究》2010年第2期。
⑦ 不包括法律规定用于社会保险缴费补贴的被征地农民社会保障费用、地上附着物和青苗等的补偿费用。

地的潜在利用价值和其所承担的生产与保障双重功能[①]。农民享有的土地发展权被转移到政府手中,但并未获得与此相应的补偿,土地征收补偿并没能发挥社会保障的作用。

我国在立法上确立了"有征收则有补偿,无补偿则无征收"的基本原则,并在多部实体法对不动产征收条件、标准、程序等作出了明确规定,但在征收实践中仍存在公共利益界定的模糊性、公益目的操作便利性,征收补偿标准过低、补偿不到位等问题,使得不动产权人在被征收过程中遭受有违公平的特别牺牲。因此,不动产征收行为不能仅停留在关注合法性问题上,还应从合理性方面考量如何更好保护不动产权人的合法权益,不应发生合法征收行为导致不合理的征收效果。基于对于上述两种现象的分析,可以观之,《中华人民共和国土地管理法》(简称《土地管理法》)、《国有土地上房屋征收与补偿条例》(简称《征补条例》)一直推崇以公共利益为目的的征收,以及建构完备的征收补偿程序,来规范征收权行使,但实践中并未真正实现立法目的。探究现象背后的本质,其不同程度上忽视了政府作为理性经济人、征收制度存在交易成本、征收的负外部性、未能考虑被征收人的利益衡平等问题。在我国的一系列征收制度设计中,没有回答好如下几个问题:第一,征收权的行使是否带来了经济社会的发展,是否促使资源向更有效率的方向流动。第二,法律规定的公益目的是否被虚置,能否在实践中得到遵守,是否发挥着控制征收权滥用的作用。第三,在进行征收成本与收益测算时,成本是否能够得到体现,财产权的价值是否得到最大程序的保障。第四,征收权行使是否考虑负外部性问题,社会成本有没有被降到最低并进行分摊。本文基于几点分析进路,着力探讨征收权行使驱动力的原因,从征收主体行为的法经济学分析,以期能够就我国不动产征收制度的完善提供法经济学的思路。

二、征收权行使驱动力的根源

政府作为"理性经济人",其行为始终理性且自利,力求掌握完全信息实现收益最大化,但政府不可能准确了解全部信息和行为结果,只能基于有限的信息、有限的认知,进行相对最优的行为选择。征收权行使亦然,政府为寻求自身利益[②]最大化,努力通过行使征收权实现土地财政带来的红利,但对于不动产征收成本以及随后项目建设收益等信息分析不够,容易产生征收权行使的冲动。

（一）总体福利的增长

美国最高法院作出的一项支持将经济发展作为公共用途的裁决,引发了律师、学者,尤其是公众对征用权(eminent domain)的关注和批评。2005 年,美国最高法院在凯洛诉新伦

[①] 冯宪芬、蒋鑫如、武文杰:《土地征收补偿制度的经验借鉴与完善路径》,载《新视野》2020年第2期。
[②] 自身利益往往包括官员的政绩考核、地方财政、城市建设、经济发展等。

敦市一案中作出裁决,即使征用的土地最终将落入私人开发商的手中,经济开发也符合公共用途。法院判决背后的政策关注集中在州政府振兴萧条地区的必要性上[①]。政府机构征收一个私人财产,并将其交给另一个人,最终目的是造福公众。这种类型的征收通常被称为"经济发展型征收",因为地方政府经常通过征收私有财产并将其交给开发商来刺激经济发展。该案中,新伦敦市批准了一项发展计划,预计将创造1 000个就业机会,增加税收,振兴一个经济不景气的城市。为了实现目标,城市开始通过从有意愿的卖主那里购买房产,并利用征收权强制没收不愿意卖房者的财产。史蒂文斯大法官为最高法院撰写了多数意见,认为由于该计划毫无疑问地服务于公共目的,满足宪法第五修正案的公共用途要求。因为促进经济发展是传统的和长期被接受的政府职能[②]。在我国,经济发展型征收也不同程度地存在,尤其是对城中村、城郊接合部的征收行为,启动的初衷为改变危房集中、基础设施落后的现状,后期项目建设视国土空间规划的约束,来决定是用于房地产开发抑或是建设工业项目,这种征收会促进土地利用效率的提升,政府和不动产权人均能从征收中获利。但对于征收权的行使是否能够带来社会总体福利的上升,还应考察征收前后社会资源是否得到优化配置,项目成本是否得到充分考虑,征收是否带来负外部性等问题。因此,我们需要引入成本收益的分析方法,其中,平衡私人损失和公共收益是一种更广泛的分析过程,美国《土地开发示范法》(Model Land Development Code)称之为平衡损益。这种分析过程是从整个社会的角度进行成本效益分析,通过比较一项拟议行动的所有收益和所有损害,来衡量总体福利的变化[③]。例如,对城中村改造项目,用城市规划的术语建设用地容积率阐述,即为容积率指标的绝对上升,地块"高强度"开发会带来丰厚的出让金收益,带来总体收益的增长。与此同时,我们并没有计算一定的隐性成本,如社会控制成本、信访接待成本、基础设施建设成本、征收的交易成本、延迟动工成本等支出。以此推算,社会总体福利是否上升仍存有疑问。在我国现行法律框架下,并没有对于总体福利是否增长的评价标准,也缺乏相应绩效评价机制。因此,具体到每一次征收会带来总体福利的增长在一定程度上是政府的主观臆断,还需要建构相应的经济学模型予以检验。

(二)公益目的的失灵

在凯洛诉新伦敦市案中,关于州政府应该在多大程度上扩展公共使用的持续辩论达到

---

① 正如普特南(Putnam)所解释的,一个以广义互惠为特征的社会比一个不受信任的社会更有效率。Marisa Fegan. Just Compensation Standards and Eminent Domain Injustices: An Underexamined Connection and Opportunity for Reform. Connecticut Public Interest Law Journal, Vol.6(2006), pp.269-298.

② 当发展计划被最终确定,辉瑞一个投资3亿美元的制药研究巨头,宣布它在该地区的发展,新伦敦市议会于2000年批准了这项计划,并启动了征收程序。John T. Goodwin. Justice and the just Compensation Clause: A New Approach to Economic Development Takings. Notre Dame Journal of Law, Ethics and Public Policy, Vol.24, No.1(2010), pp.219-254.

③ Jeffrey T. Haley. Balancing Private Loss against Public Gain to Test for a Violation of Due Process or a Taking without Just Compensation. Washington Law Review, Vol.54, No. 2(1979), pp.315-337.

顶峰,该案法院决定,为了有利于公共经济的发展,私人财产可以被征用。正是该案,将公共使用这个词赋予了多层次的含义,使其更具有可塑性,而可塑性取决于所涉案件的独特事实。该案发生后,美国的多个州出台宪法修正案,禁止公共用途是为了经济发展,如加州的一项法案从公共用途的定义中排除了任何为私人用途而占用或破坏私人财产的行为,包括但不限于将财产用于经济发展的情况。更好的方法是措辞更加谨慎,例如只有当征收的主要目的是增加税收或发展经济时,才禁止将财产转让给私人[①]。凯洛诉新伦敦市案重申了公共目的作为公共用途(public use)最广泛和最自然的解释,支持城市使用土地征用权获得房主的财产是为了经济再发展计划,因为该计划毫无疑问地服务于公共目的。托马斯法官认为,公共用途条款最自然的解释是政府或其公民作为一个整体使用被征用的财产[②]。公共用途只要求存在某种产生公共利益的目的,或者经济学家定义的正外部性[③]。美国经典的市场理论,推动社会资源优化配置,也曾在贫民窟、旧城区改造中发挥了积极作用,但不断拓展的公共用途使政治上无话语权的有色人种社区走向衰败,跌入更为贫困的境地。在我国,城中村的土地以及集体土地之所以受到关注,是因为付出较低的征收成本,净地后就可以较高价格成交,这也是促进经济发展的公共用途所产生的效应,在这种情况下,仅仅依靠公共利益限制征收权的行使则稍显无力。公共利益不断丰富的内涵,取决于开放的定义方式,也是时代不断发展的产物。目前,我国由政府(如住建、资规部门)来定义一个项目征收是否符合公共利益需要,但政府作为"土地财政"的驱动者、获利者,很难作出公平合理的判断,其会尽可能将征收行为解释在公共利益的范畴内。

一般来说,对征收权行使的两大约束是公共使用原则和公平补偿要求。然而,公共使用原则很少作为控制征收权滥用的角色出现。一个世纪前,美国谨慎的司法部门在援引公共使用原则来约束国家的工业化进程时犹豫不决。如今,为促进经济再开发和更新以及日渐衰败的城市中心发展而进行的大规模征收很常见,而公共使用原则为业主提供的保护就更少了。因此,寻求法律改革和补救其商业损失的财产所有者必须将注意力集中在正当补偿上,而不是他们的财产将被用于何处。为了满足公众改善的需要,法院开始逐步消除公共使用的狭隘观点。他们将公共用途定义为公共利益,并得出结论认为,任何促进经济增长的项目都有助于社会的普遍福利,因此,公共用途就是公共利益,且公共利益仍处于不断发展过

---

① Mark S. Kubiak. Public Use or Public Purpose? The Ever-Changing Role of the Courts and the Legislature in Interpreting the Public Use Clause in Deciding Whether a State Can Take Private Property in Eminent Domain Proceedings for the Purpose of Promoting Private Economic Development. Duquesne Law Review, Vol.44(2006), pp.709-728.

② David L. Breau. A New Take on Public Use: Were Kelo and Lingle Nonjusticiable?. Duke Law Journal, Vol.55, No.4 (2006), pp.835-864.

③ Steven M. Crafton. Taking the Oakland Raiders: A Theoretical Reconsideration of the Concepts of Public Use and Just Compensation. Emory Law Journal, Vol.32, No.3(1983), pp.857-900.

程中。但想从概念上定义公共利益并不容易。而且,公共利益是一个宽泛且模糊的概念,虽然《征补条例》对部分符合公共利益的情形进行了界定,但仍有导致征收权被滥用的解释空间。例如旧城区改建中,危房集中、基础设施落后等情形如何判断,危房达到多少比例,水电气供应、污水垃圾处理设施落后是什么情形,没有相应的评判标准,但对于正向推进此类改造则有相应的政策支持①。司法审判实务中,往往缺乏对于旧城区改建的实质审查,只针对项目是否符合"四规划、一计划"②要求而作出判定。根据法律法规的规定,"四规划、一计划"通过一定形式的程序即可制定出台,而被征收人在这些宏观管控措施中施加的反征收作用微乎其微。脱离实质审查,旧城区改建这一公益目的界定则完全取决于征收权执掌部门,也就是说相应区域的私有财产权随时面临不合法律实质性规定的征收,但一切程序又那么的合法。这时控制征收权的公益目的,完全成为征收合法外衣,虚化为单纯的程序性事项。

三、征收主体行为的法经济学分析

现阶段,我国不动产征收的主要问题在于如何保障财产权受到平等对待,使得征收成本内部化,确保征收不仅从公正、效率等行政任务角度考量,还保持征收行为在经济学上的理性,从而能够反向约束征收的冲动。法经济学以"个人理性"及"资源稀缺性"为认识论基础,之于不动产征收领域应以征收主体、征收制度作为主要研究对象,实现经济学意义上的效率、均衡等价值目标。对于征收行为的审视,则应以成本收益分析、均衡分析及供求分析为基本手段,揭示征收主体行为产生的内在机理和制度背景,透过经济学视角分析不动产征收控制乏力的现实困境。

(一)征收权的权力异化

限制财产权方式有多种,其中最重要的就是征收权。征收权一词的起源相对较晚,由荷兰法学家格劳秀斯在1625年创造。格劳秀斯对土地征收权的分析具有重要意义,其认为在国民获得土地之前,国家已然拥有对土地的原初所有权,目前的土地拥有者持有土地受制于隐含的原始授权,国家可以通过合法手段选择重新拥有所有权,这称为"保留权利"理论③。财产权的社会职能从公共利益的角度是允许征收权存在的,征收权的行使也是财产权在面对公共利益时不得不作出的特别牺牲。在我国,《土地管理法》《征补条例》在提及行使征收权时,除了首先要符合公益目的外,还规定了确需征收这一条件,这往往也是我们在征收实务中容易忽视的,该前提条件也面临不具有可操作性的问题。确需这一法定条件是从征收

---

① 《国务院关于进一步做好城镇棚户区和城乡危房改造及配套基础设施建设有关工作的意见》(国发〔2015〕37号),2015年6月25日印发。

② 即国民经济和社会发展规划、土地利用总体规划、城乡规划和专项规划,市、县级国民经济和社会发展年度计划。

③ Richard P. Wolfe. Appropriation of Property for Levees: A Louisiana Study in Taking without Just Compensation. Tulane Law Review, Vol.40(1965), pp.233-288.

权行使的必要性方面进行的规定,从法经济学视角分析,应包括两层规范意涵:一是征收的实施必然带来社会福利的总体上升,收益大于成本的支出,政府作为"理性经济人",其行为动机多为利益动机,也就是追求的目标是经济利益和政治利益最大化。二是可供支配的土地资源不能满足公共利益的需求,一定要通过征收来实现行政目的。必要性规定主要从《土地管理法》的关于保护土地资源,促进合理利用土地的立法目的出发。目前,实务中对于前述论证理由进行了有效运用,但没有从社会机会成本和资源优化配置角度考虑控制征收权的行使。例如,只要有征收集体土地的指标,就会创造条件去实施,对公益目的进行利己裁量,并没有考虑法律的约束条件,致使征收权行使失去正当性基础。

关于征收权促进经济发展的争论,在两个完全没有吸引力的替代方案之间转换。产权倡导者坚持认为,如果政府不能严格限制私有财产转让给私人,那么小企业、整个社区将面临州和地方政客及富人反复无常的毁灭。"一个人的家就是他的城堡"表达了所有私有财产权利的不可侵犯的基本原则。地方政府的支持者则认为,取消征收权这一有效的再开发工具将会阻碍任何投资的努力,从而使老社区孤立起来[1]。《土地管理法》将成片开发纳入可予征收的范围,基本承继了经济发展型征收的观点,对于征收权在这方面行使是否符合公共利益的争论也基本告一段落。但如何来实施成片开发以满足公益目的,多有文章围绕规划框定、程序控制、司法审查等角度展开论述,却未关注到该征收行为所带来的经济发展是否真实存在或预期可实现,是否激励资源向最具有生产力的人转移。假如成片开发并没有带来经济的发展,导致政府方土地资源预期收益过低,则其不能被认为是社会资源的优化配置。

(二)征收权的负外部性问题

关于美国宪法第五修正案中禁止在没有公正补偿的情况下征收财产的规定,前司法部部长拉姆齐克拉克说,宪法中没有比这更重要的概念,因为它保护公民的财产,自由不可能在无财产权的国家存在[2]。可以说,财产是人开展社会交往、生产生活的基础,也是生命权维系、自由依附之所在,即财产权有其自由权的面向。从法治范畴来讲,财产权的自由权面向是对于国家的防御功能,是实现个人自由的社会基础。作为社会人,财产权是提供给所有者公平参与社会分工、交换的机会,广义上社会公平主要包括权利公平、机会公平、规则公平、司法公平,财产权保护主要在权利公平方面阐述,即享有的基本权利平等,不允许不平等对

---

[1] James J. Kelly Jr. We Shall Not Be Moved: Urban Communities, Eminent Domain and the Socioeconomics of Just Compensation. St. John's Law Review, Vol. 80, No. 3(2006), pp.923-990.

[2] W. Harold Bigham. Fair Market Value, Just Compensation and the Constitution: A Critical View. Vanderbilt Law Review, Vol.24, No.1(1970), pp.63-92.

待①。财产权体现出来的价值,从资源配置的最佳状态讲,是财产权人自愿将财产出卖于最乐意支付对价的购买者,使得交易价格达到最大值,实现社会财富的最大化,是社会效率的体现。公平、效率是制度的价值体现,如征收补偿制度不能为解决负外部性提供方案,交易价值不能体现财产权在市场自由、交易自愿的原则支配下的价值,则无法将资源配置调节成最优状态,公平效率也就无从谈起。

当政府取得财产的权利时,美国最高法院一贯要求支付公正的补偿②。何为公正补偿,应该以市场机制为基础来判断价值的高低,涵盖财产权的物化产品、精神、情感等等。财产权致力于激励社会整体的勤劳③,如果预期不能从中获得收益,则不利于社会整体。然而,目前征收实务中凸显的负外部性问题,即未被征收补偿所涵盖的额外成本。外部性是无意识的却是有害的经济行为④。征收行为可能具有的负外部性,包括征收导致财产权人不得不搬离原社区,承包经营权人的集体土地被征收不得不从这辈开始离开世代耕种的土地,另外寻找谋生之路,财产权人未能从原有土地的红利中分到一杯羹,等等。可以说,现行的制度设计中,没有关照到财产权人的这些诉求,也是导致征收权滥用的原因所在。同时,我们应该注意到,从公共利益的视角,公平补偿在宪法上除了征收公民财产权平等对待这一横向比较轴线,还应确保公共财政支出与私人获得补偿之间的公平性问题,不因偏倚造成公共利益和被征收人利益的失衡。

(三)征收成本的财政幻觉

当重新分配经济资源的社会决定必然带来痛苦而明显的机会成本时,这些成本最终如何在社会所有成员中分配?损失是由遭受损失的人承担,还是"社会化"?⑤麦迪逊指出了保护财产和防止暴政之间的联系:在权力恣意的地方,任何财产都得不到适当的尊重。如果政府不被要求为土地征用权所占用的财产支付费用,联邦政府可能会用被征收的财产替代其他对社会价值可能较低的投入。政府用更有价值的资源替代不那么有价值的资源,这是一种"财政错觉"(fiscal illusion)。由于财政错觉妨碍了资源在市场上得到最有价值的利用,财政错觉造成了配置效率低下的后果。因此,补偿要求的一个功能就是消除错觉,迫使政府

---

① 参见张文显:《法治与国家治理现代化》,载《中国法学》2014年第4期。

② John A. Humbach. Constitutional Limits on the Power to Take Private Property: Public Purpose and Public Use. Oregon Law Review, Vol.66(1987), pp.547-598.

③ 冉昊:《法经济学中的"财产权"怎么了?——一个民法学人的困惑》,载《华东政法大学学报》2015年第2期。

④ [美]保罗·萨缪尔森、[美]威廉·诺德豪斯:《经济学(第16版)》,萧琛等译,华夏出版社1999年版,第267页。

⑤ 霍布豪斯坚持认为,一个合理的社会秩序不应把一个人的幸福建立在另一个人不可避免的痛苦之上,把全社会的幸福建立在一个人的痛苦上。Frank I. Michelman. Property, Utility and Fairness: Comments on the Ethical Foundations of "Just Compensation" Law. Harvard Law Review, Vol.80, No.6(1967), pp.1165-1258.

承担其行动的实际成本①。因此,在征收中产生了公平合理补偿、公允市场价值、征收公告时点市场价格等概念,这些概念的提出是为了公平分担项目成本以及将成本内部化。前述相关概念基本可解释为,一个房地产买家没有购买义务但愿意出的价格,将支付给一个愿意以此价格成交但没有出售义务的所有者。

在 United States v. Cors 案中,最高法院承认公平市场价值并不是总是合适的,并解释道,修正案没有包含任何确定的公平标准。最高法院在努力寻找能够实现实质争议的工作规则时,采用了包括市场价值在内的实用标准。但它拒绝将其视为迷信,因为它可能不是最好的价值衡量方法②。根据美国最高法院对公平市场价值的定义,政府可能会忽略某些成本,这使得政府很容易在"财政幻觉"下运营。"财政幻觉"理论认为,政府将做出效率低下的决策或监管决策,因为它们被允许将成本外部化,而不是被要求将成本计入预算支出③。在这种情况下,征收权的行使,必然导致大量的财产权被褫夺,未过安全使用期的建筑物被夷为平地,一定的社会资源遭到浪费,不科学不合理的补偿方式将导致项目成本外部化。还有些损失在大多数国家都没有得到重视和弥补,这些损失包括自身不动产中没有市场价值的特殊品位、特别改造等。征收中未能得到充分补偿的被征收人会采取维权行为,通过群体信访事件、法律诉讼、阻挠施工等方式造成项目推进的成本过高。因此,除了征收项目本身的公益性,还要将环境成本、资源浪费、对邻里的规划影响等纳入征收成本。如果政府陷入对项目成本的财政幻觉,必然导致征收权的滥用。

四、基于法经济学理论的征收权控制路径

合法合理行使征收权,确保征收权行使符合公益目的,促进经济社会发展,保障财产权益。行使征收权的合法性问题不是本文所关注的重点,就合理性问题需要对征收目的以及各方利益进行衡量。一般意义上,利益衡量方法主要有三大类型:一是比较利益位阶;二是成本收益分析方法;三是比例原则④。财产权与征收权背后是公共利益与个人利益的博弈,比例原则是优越的利益衡量方式。比例原则主要关注公益的重要性、补偿措施的适当性问题:采取征收权必须能够实现促进公共利益的行政目的;财产权被褫夺后,是否选择对财产权最小侵害的方式将所有权人的权利恢复至征收之前的状态,即是否给予了公平合理的补

---

① Michael H. Schill. Intergovernmental Takings and Just Compensation: A Question of Federalism. University of Pennsylvania Law Review, Vol.137, No.3(January, 1989), pp.829-902.
② Marisa Fegan. Just Compensation Standards and Eminent Domain Injustices: An Underexamined Connection and Opportunity for Reform. Connecticut Public Interest Law Journal, Vol.6(2006), pp.269-298.
③ Laura H. Burney. Just Compensation and the Condemnation of Future Interests: Empirical Evidence of the Failure of Fair Market Value. Brigham Young University Law Review, Vol. 1989, No. 3(1989), pp.789-821.
④ 戴昕、张永健:《比例原则还是成本收益分析法学方法的批判性重构》,载《中外法学》2018年第6期。

偿。遵循目的正当性、措施适当性、必要性、均衡性的结构化模板来处理利益冲突[①],比例原则能够衡量征收权的行使与财产权的保护之间是否成比例,征收补偿是否符合最小侵害原则;但比例原则并不能关照利益衡量的每个方面,尤其是不能考虑各种社会成本以及成本收益因素、负外部性等问题。法经济学是在资源稀缺、经济人、有限理性及机会主义等理论假设的基础上[②],运用成本收益分析、均衡分析、供求关系等方法研究解决法律问题,为我们确定如何征收、如何补偿提供了一个崭新视角。其经济效率的推演加上价值关怀,提高了社会的效率,实现了社会的公平,促进了社会的运行有序。

（一）成本收益论证

随着公益目的的精细化发展,公众对公共利益的认识与时俱进,经济发展型等公共用途征收在我国征收实务中大量出现[③],尤其是在集体土地征收中的成片开发类型。对于经济发展型征收,通过成本收益分析来进行制度验校显得特别重要,其中成本包括给予被征收者的补偿和各项税费、征地谈判成本、信访接待成本、社会控制成本、信誉损失等。在此类征收之前,需要通过一定的经济模型,确定预期的公共利益会实际产生。预期收益模型采用一个模糊的标准,要求征收者计算与项目成本相比较的预期收益。在这个模型中,以美元数量(B)表示潜在利益,乘以它发生的概率(P)。这个值再除以1加上期望收益率,也就是折现率(r)的和,取t次幂,表示的是多年以后,这种利益将会产生。这是对所有潜在的未来收益进行的操作,对结果值进行汇总以计算预期收益。然后将预期的收益与项目的成本进行比较,以确定它是否值得追求[④]。预期收益 $= \sum_{i=0}^{n} \frac{P_i * B_i}{(1+r)^t}$ 这组模型需要遵守的几个原则,即征收行动的需要、后果及相关数据有充足的资料为依据,征收应尽量增加社会的净收益,在政策法规调整、行业发展状况等因素影响下确定拟建项目的次序,使社会总净利益最大化。

---

① 史欣媛:《论比例原则在经济法中的适用》,载《现代法学》2022年第2期。
② 史晋川、吴晓露:《法经济学:法学和经济学半个世纪的学科交叉和融合发展》,载《财经研究》2016年第10期。
③ 定期调度组卷报批进度,对重点项目积极向上争取计划指标,缓解用地压力。苏自山、司解伟:《做好项目用地文章,激活发展动力,含山经开区多措并举破解项目落地难题》,载《马鞍山日报》2021年7月12日第2版。在项目立项阶段,自然资源部门会参与和介入,引导项目尽量避免占用永久基本农田和生态保护红线。自治区自然资源厅通过加强和各级基层自然资源局的联动,指导后者尽可能提前做好前期的征地、踏勘论证等工作。张唯:《创新机制,优化流程,重点项目用地审批按下"快进键"》,载《宁夏日报》2021年9月16日第4版。2021年组卷上报用地82批次11 056亩,有效保障了双汇第三工业园、中粮面粉全产业链、智能食品装备产业园等65个省市重点项目用地需求。刘立新、张中强、黄润胜:《河南省漯河市用"三三制"工作法提升用地审批效率,有效保障重点项目用地需求——变"项目等地"为"地等项目"》,载《中国自然资源报》2022年3月28日第1版。
④ 假设通用汽车工厂建成10年后,有35%的可能性给市政府的支出(以工资和税收的形式)达到3亿美元,30%的可能性是支付4亿美元,20%的可能性是支付3.5亿美元,15%的可能性是支付2亿美元。这项工程的总成本是2亿美元。当这个计划开始实施的时候,底特律的替代投资的预期回报率为7%,所以这个价值被用作贴现率。在上述假设中,将贴现率从7%降低到6.5%将使得预期收益增加近800万美元,而将年限增加到12年将导致预期收益减少近2 100万美元。John T. Goodwin. Justice and the just Compensation Clause: A New Approach to Economic Development Takings. Notre Dame Journal of Law, Ethics and Public Policy, Vol.24, No.1(2010), pp.219-254.

不同征收制度安排带给征收方与被征收方的成本收益是不同的,应最大程度降低征收制度运行成本,达到资源合理配置和利用效率最大化。当预期收益小于成本时,该项目是否有利于促进经济发展,是存有疑问的。但该模型的主要缺陷是,信息不可能准确获知,确定公式中的变量异常困难,而且微小的变化会对结果产生很大的影响。除了对预期收益的估算,还应关注成本效益问题。为避开公平市场价值的陷阱,政府应该将收入的外部性计入公平补偿。这些外部性可能包括重置价格、重新安置成本、启动设施成本、收入损失和商誉损失等。将这些费用列入成本收益分析将有助于政府作出更好的决定[①]。一般而言,地方政府对于工业用地的出让,都想通过低价征收、低价出让的方式来招商引资以获得更多的经济增长、就业增长和政绩的最大化。但往往事与愿违,实践中大量存在不计土地成本落户而产能落后或效益欠佳的项目,项目明显不符合国家产业政策,或者属于粗放型发展。部分地方政府在项目落地时,违反国家土地调控政策,低于成本价甚至"零地价"出让,结果土地换优质项目的计划落空,造成整体社会福利的下降、土地资源的浪费。所花费的成本高企、未能获得良好经济增长的项目落地,这不符合经济效益,不利于地方经济发展。土地财政对经济的拉动作用弱化,要使土地财政的规模与城镇化发展阶段相协调[②]。经济效益可进一步细化为"经济未充分利用因素""税收因素""不动产所有权因素"等诸多考量因子[③]。当然,拉动就业、增加税收等经济促进型并不是征收权启动的全部事由,像垃圾处置场、城市绿地等纯公益事业的项目不适用于该利益衡量方式。

(二)土地供求关系硬约束

从法理看,征收制度的供给者应是纯粹的利他主义者,事实并非如此,由于体制机制原因,在征收政策的制定实施中发挥主导作用的仍然是政府。土地资源在经济社会发展中承担着重要的支撑作用。在我国,土地资源异常稀缺,历来的土地政策是提倡集约利用,实施建设用地总量的控制,达到土地供需动态平衡。法律保护权利的救济模式分为三种:财产规则、责任规则和不可让与规则。财产规则赋予权利持有人专有的权利,以决定非持有人为使用受保护的资产或权利而必须支付的代价[④]。其实这种代价,也是财产权的所有人在面对资源配置时能够获得法律保护的"防护罩",这不仅是财产权如何获得补偿的问题,还有财产权在面临重新分配经济资源的社会决定时所付出的机会成本。机会成本对于财产权来说,

---

① Bruce C. Fuchs. Eviction of the Residential Tenant as a Result of Housing Code Enforcement: A Regulatory Taking Requiring Just Compensation. Capital University Law Review, Vol.12(1983), pp.481-494.
② 文竹、金涛:《关于中国经济增长模式的一个解释框架——基于"土地财政"的演进分析》,载《金融研究》2022年第4期。
③ 卢超:《都市更新判断中的民主过程与司法审查——基于美国法的考察比较》,载《行政法学研究》2012年第4期。
④ James J. Kelly Jr. We Shall Not Be Moved: Urban Communities, Eminent Domain and the Socioeconomics of Just Compensation. St. John's Law Review, Vol. 80, No. 3(2006), pp.923-990.

是财产权合理的存续，并不为无端的征收付出代价。当征收权的行使将成本在社会中进行摊销，社会的所有成员都要参与负担的承受。从供需关系看，大量的建设用地在社会中闲置或被低效利用，其实就是资源的浪费，再行征收权将导致原先财产权受到无价值的减损，有限资源没有得到优化配置。

结合城市发展和现有存量土地资源，制定年度供给计划，并作为反向约束征收权行使的机制。目前，在成本开发方案的否定性条款中，有大量批而未供或闲置的土地、低效用地的不予批准①。这时，财产规则权利可以通过地区土地停供禁令保护持有人免受不必要的征收，将该条规则纳入土地管理法律规范，有利于检视征收权行使的必要性。国有土地房屋的征收中，公共利益中的旧城区改建，将征收后的土地投入房地产，也需要进行房地产市场供求平衡分析。一组数据显示，中国城镇居民家庭的住房拥有率为96%，一套住房的家庭占比为58.4%，两套住房的占比为31%，三套及以上住房的占比为10.5%，户均拥有住房1.5套②。城郊接合部、城中村的土地被大量征收后，进行商品房开发，而存量商品房空置率过高则是社会资源的巨大浪费。因此，针对土地资源的稀缺性，法律制度设计应当考虑在此情况下谨慎启动征收行为。在存量住宅规模过大的地区，应当停止住宅用地供应，进而将停供传递到征收端，形成对征收权的硬约束。

（三）被征收人利益的衡平

利益衡平是在通过法律调整主体行为的过程中，经过互动达到价值最大化而趋于持久存在的合理优化状态。有效率的征地制度就是努力使各主体利益趋向均衡，不偏袒一方。支付经济有效的公平补偿有时可能会有隐藏的成本，当政府通过行使征用权来获取财产时，传统的补偿措施——财产的市场价值——不仅是不充分和不公平的，而且在经济上效率低下的后果。但如何采用补偿模式显得特别重要，既要考虑被征收者的经济利益，还要抑制机会主义的寻租行为。财产规则可以通过禁令保护持有人免受不必要的转让，而责任规则要求持有人接受等值现金作为其财产的替代品。当国家行使征收权，持有人以及财产的利益相关方失去了拒绝出售的能力，只剩下对出售价格的裁决③。如何确定出售的价格，将征收

---

① 《自然资源部关于印发〈土地征收成片开发标准（试行）〉的通知》（自然资规〔2020〕5号），2020年11月5日施行。
② 中国人民银行调查统计司：《中国城镇居民家庭资产负债调查》，载《上海商业》2020年第5期；贺诗：《央行〈调查〉显示：三成城镇家庭两套房 户均资产318万》，载《中国经济周刊》2020年第9期。
③ 财产规则保护赋予权利持有人专有的权利，以决定非持有人为使用受保护的资产或权利而必须支付的价格。因此，所有受财产规则保护的权利转让必须是双方同意的；所有不经双方同意而转移权利的企图都会遭到禁止。相比之下，责任规则给予非权利人不经权利人同意而获得权利的权利，并支付由第三方（通常是法院或立法机构）决定的代价。权利持有人将不能禁止第三方取得他的权利；相反，他将不得不要求赔偿。最后，不可让与规则禁止所有权利的转让，无论是双方同意的还是非双方同意的。大多数东西都有一个普遍的需求，赋予它们可从一个所有者转移到另一个所有者的价值。James J. Kelly Jr. We Shall Not Be Moved: Urban Communities, Eminent Domain and the Socioeconomics of Just Compensation. St. John's Law Review, Vol. 80, No. 3(2006), pp.923-990.

成本内部化,从世界各国的实践来看,存在以下模式。一是完全补偿模式。对征收实行全额的补偿,以市场经济交易价值作为评估标准。意大利的征收规则类似于此,赔偿应包括一个由专家确定的与销售交易完全相同的公正价格。法律给予持有人完全的赔偿,就好像他是基于自己自由意志作出的出售决定。赔偿必须排除不公正的牺牲和不正当的得利[1]。从被征收人的角度出发,自愿出售的情感也应得到尊重和补偿,如在加拿大,围绕着强制剥夺的所谓"津贴"也存有争议,没有明确的法律准许给予津贴的做法。但在实务中,土地所有者不愿意出售土地,就可以获得平均10%到50%的补贴[2]。我们希望业主在决定是否投资时考虑到某种可能性,如果大坝建成,投资就会被浪费,但如果业主获得政府的全额补偿,他没有理由考虑大坝的可能性。因此,业主对大坝的可能建设漠不关心,会倾向于过度投资,从而导致经济效率的损失[3]。该模式的弊端就是促使所有者不考虑投资的合理性问题,有机会主义的倾向[4]。二是适当补偿模式,由法官事后裁定。作为合宪性审查和救济的替换产物,更多的美国法院愿意选择适用民权法案作为法令性救济,适用的好处就是更容易获得相应损害赔偿金和律师费[5]。三是公平补偿模式。其是指权衡公共利益与私人利益后决定补偿的原则。公平的补偿通常都是按照公平的市价进行的[6]。美国宪法第五修正案表明了没有公平补偿就没有基于公共利益的征收行为。土地征收的完成是政府征收行为下基于市场价值的强制交易[7]。在德国,《基本征收法》规定,征用是基于一般公众的利益的,赔偿数额的确定应当充分考虑社会公众和当事人的利益。补偿应根据被征收的不动产的"市场价值"来确定,排除了因征收引起的价值变化的补偿。此外,一个相当特殊的条款,排除了"增加价值后业主可以接受一个公平的购买或交换来避免没收",这在任何其他国家都没有发现。在法国,"公正和优先的赔偿"被定义为包括对"由征收引起的全部直接的、物质的和肯定的损害赔偿"。根据法院惯例所确立的原则,将土地所有人恢复到相同或类似的地位被认为是"公正的",评价的基础永远是市场价值[8]。四是合理补偿模式。即权衡公益的需要,参考当

---

[1] W. Harold Bigham. Fair Market Value, Just Compensation and the Constitution: A Critical View. Vanderbilt Law Review, Vol.24, No.1(1970), pp.63-92.

[2] W. Harold Bigham. Fair Market Value, Just Compensation and the Constitution: A Critical View. Vanderbilt Law Review, Vol.24, No.1(1970), pp.63-92.

[3] Daniel A. Farber. Public Choice and Just Compensation. Constitutional Commentary, Vol. 9, No.2(1992), pp.279-308.

[4] 如果大坝没有建成,业主可以期待从他的额外投资中获得回报,而如果大坝最终建成,业主可以从政府获得他的补偿。

[5] Peter C. Ward. The Just Compensation Clause and Land Use Regualtion: Will Compensation Ever Be Just. California Regulatory Law Reporter, Vol.6, No.4(1986), p.4.

[6] 梅夏英:《物权法·所有权》,中国法制出版社2005年版,第130页。

[7] Peter C. Ward. The Just Compensation Clause and Land Use Regualtion: Will Compensation Ever Be Just. California Regulatory Law Reporter, Vol.6, No.4(1986), p.1.

[8] W. Harold Bigham. Fair Market Value, Just Compensation and the Constitution: A Critical View. Vanderbilt Law Review, Vol.24, No.1(1970), pp.63-92.

事人的财产状况给予适当的补偿数额①。公平补偿模式让政府在解释补偿标准时拥有一定裁量权,有利于根据不同的情况维护权利人的私有财产。公平补偿兼顾公私两个方面的利益,力求平衡公私两方面的利益。它的私人目的是保护个人的财产权不受政府的任意侵犯。美国宪法第五修正案的措辞是为了限制政府的权力,保护个人免受潜在的政府权力过度延伸的侵害。公平补偿条款迫使政府公平地对待个人,保护少数土地所有人不受对其财产有利益的多数人的侵害,个人不会单独承担公共利益的成本②。公平补偿条款通过迫使政府考虑公共利益是否超过支付个人补偿的成本,在经济效率低下的情况下反向制约国家行使征收权。

政府提高价值的社会化。克莱顿·吉列(Clayton Gillette)教授建议,当私人财产被用于经济发展时,补偿应不仅反映征收土地的当前价值,还应反映拟定项目对市政当局的预期收益的一定百分比。这种对预期收益的分享将促进政府对收益的高效决策。其理念是,如果政府被要求分享开发项目的收益,那么政府将不太可能为低效的经济开发项目征收财产。只有当政府有理由相信有关的发展将足以支付补偿成本的收益时,额外的强制性补偿才会鼓励政府采取行动③。这是土地红利的二次分配,政府为产生土地红利作出了重大贡献,产权人参与分配红利,是基于土地的双重价值。事实上,当政府提议征收财产时,财产的价值就会增加。政府行为所增加的财产价值太具有投机性,不能作为公正的补偿计入公平市场价值。除了支持公平市场价值作为一种完整的公正补偿措施,还应支持公众能从开发商的利润中获得一部分。其实我国对于土地使用权出让金的用途,可以反映公众从出让金的取得中获得了一定利益。部分土地出让金用于土地整理复垦、宜农未利用地开发、基本农田建设、农田水利建设以及改善农业生产条件的土地开发④,这是让公众从征收中分享增值部分。这个比例由被征收的土地的分割块和这些土地作为一个合并单位的价值之间的差异得出的,着力关注这块土地在合并前后的市场价值,还需要对征收动机、开发商的市场预测进行分析。这样会减少开发商提出开发计划的动机,在这种方案下开发商依赖于经济发展所创造的利润,而不是最初转让房地产的升值。

(四)社会成本内部化

运用社会成本理论来解释法律制度选择和创新的各种动因⑤。在某种程度上,房地产的

---

① 梅夏英:《物权法·所有权》,中国法制出版社2005年版,第130页。
② Marisa Fegan. Just Compensation Standards and Eminent Domain Injustices: An Underexamined Connection and Opportunity for Reform. Connecticut Public Interest Law Journal, Vol.6(2006), pp.269-298.
③ Katrina Miriam Wyman. The Measure of Just Compensation. U.C. Davis Law Review, Vol.41, No. 1(2007), pp.239-288.
④ 《国务院关于将部分土地出让金用于农业土地开发有关问题的通知》(国发〔2004〕8号),2004年3月22日印发。
⑤ 社会成本理论指出,假设市场交易成本为零,只要权利起始界定明确,则资源配置可通过市场交易达到最优。但是零交易成本假设是不存在的,所以法律应该在权利界定上使社会成本最小化,社会资源配置达到最优化。

市场价值不能反映社会成本,因为政府没有承担一些社会成本[①]。例如,城市基建的投入、对利益受损方的补偿、被征收方的情感津贴等社会成本。虽然要求政府支付这样的补偿并不会阻止政府实施需要的项目,但这会让政府考虑这些项目是否真的需要,以及它们是否真的"值得",促使政府放弃不产生市场利益的项目。让被征收人获得公平合理的补偿,被证明是一种迫使决策者内化其行为成本的手段,从而鼓励其作出有效的决策。特别是,公平补偿经常被描述为一种要求政府承担获取成本的机制,从而促使政府作出是否征收财产的有效决定。土地资源在我国是稀缺的,随着城市化进程,可用土地资源逐步被耗尽。政府不断招拍土地换取财政收入,该种短期行为既有悖于"代际公平"又不利于土地资源的有效使用[②],会带来严重的代际公平问题。补偿要求提高经济效率,因为这样政府会考虑项目中涉及的所有成本和收益,防止政府陷入对项目成本的财政错觉,并阻止滥用征收权。

代际资源补偿。征收权一般会产生额外收益——资源的价值在征收后几乎总是比以前更高。目前的补偿公式将这些盈余的100%分配给征收方,而不分配给被征收方。评论人士以公平为由,对这样的分配提出了质疑。爱泼斯坦的论点包含了一个有价值的见解,即不能过高估计二次寻租问题。实施立法程序以确保国家征用权的行使动机受到以下条件的限制:征收方给予被征收方的赔偿应等于其财产的机会成本,并招致与征收相关的正当程序成本[③]。例如,我国土地承包关系保持长久不变,也就是说承包方能够世代通过承包田生产经营获得收益,征收是以固定的代价,不可回溯地剥夺了这种资源的代际分配。应该重新审视国家主权的概念,对自然资源的主权必须受到代际公平的制约。征收法理学中的一个根本问题是,对财产使用的限制是由部分人还是由公众适当的承担[④]。征收条款的主要目的之一是禁止政府强迫某些人独自承担公共负担,而这些负担按照完全公平和正义的原则,应该由全体公众承担[⑤]。后代人与当代人对生存和发展的土地资源有平等权利,不能以牺牲后代人的利益为代价来行使征收权,需要考虑代际损失的机会成本内部化,将土地资源利用控制在保障更多人生存利益的范围之内,将更多土地资源留给后代。

财产权主观价值的可期待性。我国的征收制度设计,忽视了人格和财产之间的关系,没有体现"故土难离"的感情寄托,强制交易一定程度影响了补偿的公平合理性。出于客观目的,我们排除了邻里关系疏远、远离朋友以及人际关系被迫改变等社会成本。自然法学说认

---

① Harry S. Gerla, James Geoffrey Durham. Economically Efficient Just Compensation: An Exchange of Views. University of Dayton Law Review, Vol.12, No. 1(1986), pp.45-56.
② 刘汉霞:《论我国房地产税的本质及其立法要点》,载《广东社会科学》2017年第4期。
③ Thomas W. Merrill. Economics of Public Use. Cornell Law Review, Vol.72, No. 1(1986—1987), pp.61-116.
④ Royal C. Gardner. Taking the Principle of Just Compensation Abroad: Private Property Rights, National Sovereignty, and the Cost of Environmental Protection. University of Cincinnati Law Review, Vol.65, No.2(1997), pp.539-594.
⑤ D. Benjamin Barros. Defining "Property" in the Just Compensation Clause. Fordham Law Review, Vol.63, No.5(1995), pp.1853-1882.

为,财产权与生命权、自由权是基本权利,社会对私有财产的承认通过尊重人的能动性进一步促进了自我实现。黑格尔认为,没有私有财产提供自由的外部空间,就不可能有个人自由①。玛格丽特·雷丁将批判集中在人格、隐私、财产和自由之间的联系上,将财产权作为固有的个人权利来捍卫,即一个人只有通过参与一种财产关系才能成为一个真正的自我,审视了现行的征地法是如何损害个人权利的。既然承认一个人可以在某种构成意义上与一个外部"事物"联系在一起,那么由于这种联系,人应该在控制那个"事物"方面被赋予广泛的自由②。她还提出,财产可以分为个人财产和可互换财产,有些对于个人有特殊意义的物品的灭失,无法通过另一件物品来缓解。这隐喻了政府一方的义务,即保障公民作为人格所必需的所有权利。住房权出现在《世界人权宣言》第 25 条,住房权作为其他经济、社会和文化权利(如食物、衣着、医疗和社会服务)中的一项列举权利,一般被视为国际法中的第二代人权③。从玛格丽特·雷丁对财产权的理解可以得出,对征收的公平补偿可能超过财产的公平市场价值,其中含有财产权主观价值的部分。美国宪法第五修正案的"公正补偿"标准并不要求政府赔偿某些可能发生的损失,不可赔偿的是难以量化的无形(或主观)损失。在美国最高法院的判决中显示,市场价值本质上是一种便宜规则,而不是一种概念上的束缚。这些损失包括业主对其所在房产或社区的情感依恋,以及没有市场价值的特殊品位。现在立法的变化是,美国好几个州现在要求赔偿无形损失,如业主对财产的情感依恋④。因为我们知道,每一块土地、每一处房产在这个世界上都是独一无二的存在,对于所有者具有特殊的感情意义,尤其是世世代代、祖祖辈辈生长的地方。虽然很难对情感损失进行估值,但我们不能假设这个价值总是零。我国征收的主流观点认为,公平补偿需要一个客观的估价标准,不应包括财产对其所有者的主观价值的任何因素⑤。但在存在情感依恋的情况下,所有者发现资产中的情感效用对其他市场参与者来说是无法获取的,因此没有体现在市场价格中。换句话说,所有者同意出售资产的价格(保留价格)会超过普通市场参与者将支付的

---

① 亚里士多德批评柏拉图对共同财产的偏爱,认为私有财产最重要,因为它会鼓励人们关注自己的事务,而不是过度地干涉他人的事务。洛克认为,一个在物体上花费劳动的人可以将它们从公共领域中移除,并声称它们是私有财产。洛克还增加了功利主义的维度,他声称物体只有在沦为私有财产时才会对人类有益。Abraham Bell, Gideon Parchomovsky. A Theory of Property. Cornell Law Review, Vol.90, No.3(2005), pp.531-616.

② 玛格丽特·雷丁的财产与人格理论基于黑格尔的哲学。Marisa Fegan. Just Compensation Standards and Eminent Domain Injustices: An Underexamined Connection and Opportunity for Reform. Connecticut Public Interest Law Journal, Vol.6(2006), pp.269-298.

③ Helen Yu. Just Compensation: Ideal or Compromise: A Comparison of the Implementation of the Just Compensation Clause and Forced Urban Evictions in China and South Korea. Transnational Law & Contemporary Problems, Vol.16(2006), pp.189-220.

④ Katrina Miriam Wyman. The Measure of Just Compensation. U.C. Davis Law Review, Vol.41, No.1(2007), pp.239-288.

⑤ 刘连泰:《征收补偿中的主观价值》,载《法学家》2020年第2期。

价格(市场价格)①。米歇尔曼(Michelman)教授认为,占用的稳定性引起不安全的预期对经济成果和稳定的社会秩序是有破坏性的。他推荐了一种功利主义理论,当他所称的情感成本(demoralization costs)②(不安全的代价)超过和解成本(settlement costs)(提供补偿的社会成本)时,将对所有项目进行补偿。假设的公平市场价值与业主在真正自愿出售物业时合理要求的售价之间的差距,可以由附带成本来解释。家庭的主观价值来源于伴随拥有房屋而来的个人尊严和社会地位,以及个人对家庭和周围土地的情感价值。房产所有者对他们拥有的土地产生了一种特殊的依恋,并不断改良,特别是当土地在家族中世代相传时③。约翰·费认为,如果侵权法能够承认和计算情感损失④,那么土地征收法就没有理由不做这样的制度安排。在征收土地的诉讼中,没有自愿的卖家,虽然很难用价格计算业主有多不情愿或不高兴,但对业主不想出售的事实给予一些补偿是恰当的。可以理解的是,基于业主对自己情感损失的感知进行个案分析,会从效率的角度带来挑战。更简单地说,改革可以设定5%或10%的固定溢价,以增加征收的公平市场价值。最公平的补偿情感损失的方式可能是逐步补偿,假设从1%到20%不等。有人去年买下了她的房子可能只收到2%的溢价。而那些在房子里住了50年,在那里成家立业的人,如果被迫出售,就不得不改变社区,可能会得到公平市场价值20%的溢价⑤。在相当情况下,上述溢价可能进一步阻碍征收权的行使。其实要真实测试出被征收者的心理预期,可以通过房产税的实施来推导和测算。亚伯拉罕·贝尔(Abraham Bell)和吉迪恩·帕乔莫弗斯凯(Gideon Parchomovsky)教授提出了一种特别有趣的自我评估机制,用来实现主观价值作为补偿的衡量标准。根据他们的提议,政府将宣布考虑征收某些财产。这些房产的所有者将报告他们对其房产的估价。为了鼓励诚实地自我估价,贝尔(Bell)和帕乔莫弗斯凯(Parchomovsky)建议,那些房产最终没有被征收的个人将被要求根据他们的主观估价缴纳房产税⑥。充分保护财产权所固有的自由权需要征收制度的改革,有效的征收制度改革则需要将重点从公共使用转向公正补偿,而公正补偿要考虑主

---

① Abraham Bell, Gideon Parchomovsky. A Theory of Property. Cornell Law Review, Vol.90, No.3(2005), pp.531-616.
② 弗兰克·米歇尔曼(Frank Michelman)教授所说的情感成本,就是过低补偿对被征收者在心理和情感上的打击。由于存在难以衡量的主观损失等因素,征用补偿在许多情况下是不完全的。参见张千帆:《"公共利益"的困境与出路——美国公用征收条款的宪法解释及其对中国的启示》,载《中国法学》2005年第5期。
③ 在金博尔洗衣公司诉美国政府案(Kimball laundry co. V. united states)中,法兰克福法官这样写道:财产价值源于主观需要和主观态度,因此它对所有者的价值可能与它对接受者的价值相差很大。Lucas J. Asper. The Fair Market Value Method of Property Valuation in Eminent Domain: "Just Compensation" or Just Barely Compensating?. South Carolina Law Review, Vol.58, No.3(2007), pp.489-508.
④ 《中华人民共和国民法典》第一千一百八十三条第二款规定,因故意或者重大过失侵害自然人具有人身意义的特定物造成严重精神损害的,被侵权人有权请求精神损害赔偿。首次规定对具有人身意义的特定物侵权行为,须依法承担精神损害赔偿责任,因为特定物包括人格利益和身份利益因素。
⑤ Marisa Fegan. Just Compensation Standards and Eminent Domain Injustices: An Underexamined Connection and Opportunity for Reform. Connecticut Public Interest Law Journal, Vol.6(2006), pp.269-298.
⑥ Katrina Miriam Wyman. The Measure of Just Compensation. U.C. Davis Law Review, Vol. 41, No. 1(2007), pp.239-288.

观价值的因素。虽然这种成本是主观的,公平市场价值是客观的,但房主被迫放弃自己的房子而遭受的挫折和伤害是应该得到补偿的,是财产权的自然权利色彩。

（五）阻止机会主义不动产权人的寻租活动

在博弈分析中,每个参与者在决定采取何种行动时都会有策略性、有目的地行事,并考虑决策行为对其他人的可能影响,以及其他人的行为对他的可能影响,选择最佳行动计划寻求收益的最大化。在不动产征收领域,如果只考虑征收者和被征收者的激励,经济价值补偿是最有效的①,公平市场价值补偿是次优的。须考虑效率所必需的四个因素,即征收者的动机、被征收者的动机、评估的准确性和评估的成本。首先,被征收者在获得全额补偿时会过度投资这一公认的理论在理论上是成立的,但它没有准确描述被征收者在现行美国法律下的动机。其次,大多数文献中所依赖的关于征收者的行为假设是不现实的,因此导致了低效率的低补偿的政策建议。最后,系统地分析了评估成本和评估准确性,提出了一种基于补偿目的的财产价值评估框架②。当全额补偿(即经济价值补偿)被支付时,征收财产的政府被认为有动机考虑征收的社会成本。全额补偿,会造成道德风险问题③,而零赔偿会导致潜在的侵权人不计后果。

公平市场价值应排除的因素中,商业价值因不属于正常土地利用范畴而不应成为补偿对象。在米切尔诉美国一案中,原告1 440英亩(约5 827 486平方千米)的农田被政府征收了,原告在这片土地上种植了一种特殊等级的玉米。政府的收购迫使原告破产,因为原告种植的玉米的特殊品质使得他几乎不可能搬迁,原告要求将其农业经营的价值作为其土地公平市场价值的一部分。法院否认了这一赔偿,称对原告企业的破坏是"征收土地的无心事件"④。商誉和持续经营价值不是宪法意义上的财产。商业损害是不可赔偿的,因为征收实际上只是拿走了土地,而不是生意。企业仍然可以在其他地方继续经营,商誉或持续经营的价值可以随其转移而不丧失价值。损害本身只是一种推测,业主无法找到一个完全合适的地点持续经营价值的可能性很小。利润更多依赖于土地所有者的努力,而不是土地本身,因征收而造成的利润损失具有投机性的。与宪法承诺绝对保护的权利相比,企业在本质上不那么有形,在变迁中也更不确定。

---

① 经济价值是公平市场价值加上主观价值。对房地产投资者来说,主观价值接近于零。

② 公平市场价值加上按比例发放的奖金应该给予房主。非住宅业主,因为他们的经济价值接近公平市场价值,只有权获得公平市场价值。Yun-Chien Chang. Economic Value of Fair Market Value: What Form of Takings Compensation is Efficient?. Supreme Court Economic Review, Vol.20, No.1 (2012), pp.35-88.

③ 这里的问题类似于侵权法中平衡侵权人和受害者的动机时面临的问题。

④ Bruce C. Fuchs. Eviction of the Residential Tenant as a Result of Housing Code Enforcement: A Regulatory Taking Requiring Just Compensation. Capital University Law Review, Vol.12(1983), pp.481-494.

五、结语

财产对于每个人来说不可或缺,但是相对于生命权、人格权、人身自由和精神自由而言,仅具有工具性意义[①]。作为交换、分配的客体,具有工具理性,个人会对自己的行为进行排序,以最大限度地实现个人定义的目标[②]。公平正义是现代法治的核心价值追求,也是中国特色社会主义的内在要求。《中华人民共和国国民经济和社会发展第十四个五年规划和2035年远景目标纲要》提出建立土地征收公共利益认定机制,缩小土地征收范围,强调"让发展成果更多更公平惠及全体人民"。我们应当根据每一种行为本身是能够增加还是减少与其利益相关的当事人的幸福这样一种趋向,来决定赞成还是反对这种行为[③]。法律是合作的框架,合理的利益分配是合作的基础,征收权的行使要能取得预期的法律效果、社会效果,应关注代际公平问题,不让今日之开发影响后代对资源的利用。在对私有财产权征收时,应须充分考虑被征收人的利益,不造成有悖于公平的特别牺牲,科学运用补偿模式,促使征收成本内部化,有效防范征收权的滥用。

---

① 汪进元、高新平:《财产权的构成、限制及其合宪性》,载《上海财经大学学报》2011年第5期。
② Jeffrey J. Rachlinski, Cynthia R. Farina. Cognitive Psychology and Optimal Government Design. Cornell Law Review, Vol. 87, No.2(2002), pp.549-615.
③ [美]E.博登海默:《法理学:法律哲学与法律方法》,邓正来译,中国政法大学出版社2010年版,第109页。

《民法典》视域下连带债务的诉讼构造与程序规则*

丁金钰**

摘　要：《民法典》第一百七十八条、第五百一十八条有关连带债务的规定仅仅在民事执行程序中能够得到完美适用，但在民事审判程序中却面临着共同诉讼形态模糊不清的尴尬境地。固有必要共同诉讼否定债权人的选择权与实体法宗旨相悖，而普通共同诉讼仅仅关注"债务独立性要件"，对于给付的同一性和数个诉讼标的之间紧密的牵连性均难以作出妥当解释。连带债务诉讼虽然不具有共同诉讼的必要性，但是如果形成共同诉讼，法院必须进行合并审理、合一裁判方可实现民事实体法的制度精神和防止矛盾判决的目的。以类似必要共同诉讼作为连带债务的诉讼形态，能够平衡实体请求权在民法典上的静态配置与诉讼程序中的动态实现，为解决其他类型多数人债务的诉讼形态提供一个参考样本。债权人对连带债务人中的一人提起给付之诉，以"有利推定原则"作为连带债务人诉讼行为产生涉他效力的判断基准，判决效力采既判力片面扩张说。

关键词：连带债务　类似必要共同诉讼　普通共同诉讼　既判力　合一确定

一、问题的提出

根据《中华人民共和国民法典》（以下简称《民法典》）总则编第一百七十八条、合同编第五百一十八条的规定，在连带责任或连带债务的情形下，权利人有权选择某一具备清偿能力的债务人履行全部债务，或者要求全体债务人分别履行债务；若某一债务人清偿债务超

---
* 基金项目：国家社会科学基金项目"民事强制执行基础理论研究"（项目号：20BFX082）的阶段性成果。
** 作者简介：丁金钰，中国人民大学纠纷解决研究中心助理研究员，中国人民大学法学院博士研究生。

过自己的份额,可以向其他债务人追偿。《民法典》拓展责任主体范围并赋予债权人选择权,有助于叠加数个连带债务人之责任财产,降低债权无法实现的概率。

不过,民事实体法上承担连带责任的依据是多数债务人构成连带关系,这是一个预设的前提,而对连带关系存在与否的判断是诉讼程序中需要判定的先决问题。在诉讼系属中,有关当事人之间的诉讼标的究竟是单一之债抑或多数人之债悬而未决,法院只能依据当事人在诉讼中的主张与抗辩情况予以审查判断。申言之,当生效判决确定当事人的债权债务关系构成连带债务时,债权人才可以随意向债务人中的一人、数人或全体,同时或先后请求全部或一部之给付。因此,《民法典》第一百七十八条、第五百一十八条有关连带责任形态的规定仅仅在民事执行程序中能够得到完美适用,但在民事审判程序中却面临着共同诉讼形态模糊不清的尴尬境地,由于连带责任制度实体权利义务的规定与诉讼程序设计之间的严重脱节[①],学界至今仍对于类似必要共同诉讼和普通共同诉讼究竟孰是孰非或者孰为上策争执不下。我国中青代民事诉讼法学者的普遍共识是采取德国、日本的理论,认定连带责任或者共同侵权属于诉讼标的同一种类的普通共同诉讼。然而,在连带债务问题上借鉴德日的共同诉讼理论,能否真正解决我国的实践问题?《中华人民共和国民事诉讼法》(2021年修正,简称《民事诉讼法》)第五十五条在司法适用上的困境究竟是什么?对于连带债务人之一发生效力的判决对于其他连带债务人能够产生绝对效力还是仅具有相对效力?如何通过一种妥当的制度设计,既尊重债权人的处分权,又尽可能使事实上存在牵连关系的纠纷得以一举解决,已成为程序法学者与实体法学者不可回避的现实问题。

《民法典》有关连带责任的实体法规范是连带债务程序规则建构的基础,连带债务诉讼形态的选择应当紧扣实体法的原理,因此有必要改变当下实体法与程序法相互割裂的现状,兼顾连带责任在实体法上的静态配置和程序法上的动态实现。但我国《民事诉讼法》对共同诉讼类型之规定过于疏略,现有的程序法规范与实体法上的连带债务实体效力无法有效对接。债权人首先起诉部分债务人获得的生效判决对其他连带债务人产生何种效力,在学理上也尚未形成具有说服力的"通说"给司法实践提供指引[②]。鉴于此,本文对我国连带债务诉讼形态的实践现状和学术论争进行反思,并在实体法与程序法交互视域下对连带债务所涉及的当事人适格、诉讼标的识别、诉讼行为效力的判断基准以及判决效力扩张等问题加以探讨,以期兼顾连带责任债权请求权的静态配置与动态实现,维护债权人和连带债务人的实体权益与程序权益。

---

① 参见彭熙海:《论连带责任案件的诉讼形式》,载《法学评论》2012年第3期。
② 有学者已试图对该争议问题提出解决方案,有关多数人债务判决对案外债务人效力问题的详述,请参见陈晓彤:《多数人债务判决对案外债务人的效力》,载《华东政法大学学报》2019年第5期。

二、连带债务诉讼形态的实践检讨

《民法典》总则编第一百七十八条承继于《中华人民共和国民法通则》(简称《民法通则》)第八十七条,德国、日本和我国台湾地区也均有相应规定①,通过对大陆法系有关连带债务规定的分析,笔者对于连带债务的基本特征予以总结:首先,民法上纯粹的连带债务通常由一个债权人和数个债务人组成,数个债务人对同一个债权人承担给付义务。其次,每个债务人虽然就同一给付负担债务,但他们对该给付承担全部义务,而非仅就该给付的一部分负担义务。这一特征将连带债务与按份债务、协同债务区分开来。最后,债权人的任意选择权是大陆法系国家和地区的共识。在连带债务中,债权人可以根据自己的意愿向全部或一部连带债务人行使请求权,可以向任何一个债务人主张全部或一部给付。易言之,该请求权行使的对象、顺位、内容都具有可选择性。至于连带债务人相互之间应当承担多少份额,债权人在行使权利时无须关心。请求权行使的可选择性,符合债权人的利益最大化原则,因为只要复数债务人中的一人具备清偿能力,债权即可受到保护。基于连带债务的这一特征,债权人被形象地称为"法律上的老爷"(juristischer Pascha)。②

然而在民事司法实践中,"法律上的老爷"可以根据自己的意愿选择起诉全部或一部连带债务人的理想状态,却面临着静态的连带责任实体法规范与动态的诉讼程序之间不相融合的现实,法院在诉讼过程中适用诉讼形态的差异化,导致连带债务纠纷重复多诉和司法裁判"同案异判"的现象屡屡出现,这一方面源于连带责任制度的诉讼程序设计与实体权利义务规定未能有机衔接,也受困于连带债务本身数个当事人纵横交错的复杂关系和千姿百态的诉讼行为。连带责任的产生条件有二:当事人明示约定或源于法律规定,③前者通常以司法自治为原则形成连带债务,后者以连带侵权责任为主要表现形式④。以权利人行使诉讼实施权的不同方式,可将连带责任诉讼模式划分为整体型诉讼模式和选择型诉讼模式。权利人须对所有承担连带责任主体概括性行使诉讼实施权的,为整体型诉讼模式⑤,这种诉讼构成民事诉讼法中的固有必要共同诉讼形态(即要求将所有连带债务人均列为必要共同被告)。权利人根据自身利益安排可以自主确定被告的,为选择型诉讼模式。这种诉讼构成民事诉讼法中的类似必要共同诉讼形态或普通共同诉讼形态。但迄今为止,实践中对于连带侵权与连带债务案件的诉讼模式配置及共同诉讼形态仍未形成统一做法。

以共同侵权连带责任为例,在《民法典》出台之前,有关共同侵权的法律规范极为粗疏,

---

① 参见《德国民法典》第421条、《日本民法典》第436条、我国台湾地区所谓"民法"第272条和第273条。
② 参见张定军:《连带债务研究——以德国法为主要考察对象》,中国社会科学出版社2010年版,第64页。
③ 《民法典》第一百七十八条第三款:连带责任,由法律规定或者当事人约定。
④ 见《民法典》关于连带责任的相关规定。
⑤ 参见肖建国、黄忠顺:《数人侵权责任诉讼模式研究》,载《国家检察官学院学报》2012年第4期。

理论上众说纷纭，法官究竟采用何种类型的诉讼程序来处理共同侵权纠纷，缺乏统一的裁判标准。2003年《最高人民法院关于审理人身损害赔偿案件适用法律若干问题的解释》（以下简称《人身损害赔偿解释》）第五条为法院适用固有必要共同诉讼审理共同侵权纠纷提供了依据①。此条规范明确了在权利人仅起诉部分连带债务人的情况下，法院应当依职权追加其他连带债务人作为共同被告，从而剥夺了权利人的选择权②。但2020年《民法典》第一百七十八条明确规定被侵权人（权利人）有权请求部分或者全部连带责任人承担责任，也就是赋予了被侵权人自主选择权，连带债务人不再要求必须被一并起诉，其是否会被作为共同被告完全取决于原告自行斟酌裁量决定，实体法并无强制的要求，则由此所形成的单一诉讼或者共同诉讼，在性质上显然有别于以"一并起诉、一并应诉"为特征的固有必要共同诉讼。

在连带债务共同诉讼形态的选择上，德国、日本等大陆法系国家通常将普通共同诉讼作为此类纠纷的解决方案，我国《民事诉讼法》对必要共同诉讼未做类型化的划分，亦未对连带债务的共同诉讼形态予以明确。笔者在中国裁判文书网进行检索时发现，司法实践对于普通共同诉讼较为青睐，法院倾向于严格遵守《民法通则》第八十七条（现《民法典》第一百七十八条）的规定，认可债权人的自由选择权和处分权，原则上排除固有必要共同诉讼的适用。法院在裁判理由中通常不认为"连带责任主体在民事诉讼中属于必要共同诉讼的当事人"，并载明"连带债务是可分之债，权利人可以就各连带债务人分担的部分，单独请求分担义务的履行，也可以请求全部连带责任人承担连带债务"③。不过，最高人民法院似乎又有不同见解，在"李沈生与辽宁昊宇房地产开发有限公司等民间借贷纠纷案"中，最高人民法院认为必要共同诉讼与不可分之诉彼此勾连，并把连带债务界定为诉讼标的具有同一性的不可分之诉范畴，显然是将连带债务诉讼形态又理解为了固有必要共同诉讼④。

另有裁判观点认为，连带债务应当作为类似必要共同诉讼处理，在共同诉讼时通过对连

---

① 参见《人身损害赔偿解释》第五条第一款："赔偿权利人起诉部分共同侵权人的，人民法院应当追加其他共同侵权人作为共同被告。赔偿权利人在诉讼中放弃对部分共同侵权人的诉讼请求的，其他共同侵权人对被放弃诉讼请求的被告应当承担的赔偿份额不承担连带责任。责任范围难以确定的，推定各共同侵权人承担同等责任。"

② 2020年、2022年最高人民法院在修正《人身损害赔偿解释》时，均将此条规范作为第二条原封不动地保留了下来。理论界对于该条规定进行了深度的反思与批判，具体可参见杨立新：《共同侵权行为及其责任的侵权责任法立法抉择》，载《河南省政法管理干部学院学报》2006年第5期；肖建国、黄忠顺：《数人侵权责任诉讼模式研究》，载《国家检察官学院学报》2012年第4期；梁展欣：《民法与民事诉讼法的协同》，人民法院出版社2015年版，第59页。

③ 这种裁判说理方式在各地法院作出的连带债务判决书中较为常见，例如北京市第一中级人民法院(2017)京01民终7761号民事判决书、闽清县人民法院(2016)闽0124民初1573号民事判决书、温州市中级人民法院(2018)浙03民终2558号民事判决书、绍兴市上虞区人民法院(2016)浙0604民初5768号民事判决书等。

④ 参见最高人民法院(2016)最高法民终198号民事裁定书，最高人民法院在本案中认为"必要共同诉讼的诉讼标的是同一的，是不可分之诉。例如对共同共有财产的诉讼、共同侵权致人损害产生的诉讼、共同继承的诉讼、连带债权或连带债务产生的诉讼等"。

带债务人进行统一裁判,从而体现连带债务的牵连性。例如,甘肃省高级人民法院认为:"作为连带债务人在诉讼时的法律地位,《民法通则》第八十七条有明确规定,即债权人可以选择债务人中的一人或全部提起诉讼,而这一诉讼类型属于类似的必要共同诉讼,即诉讼标的虽然是共同的,但共同诉讼人一方不必全体一致参加诉讼;因此债权人有权选择部分债务人作为共同被告提起诉讼。"[1] 亦有法院在裁判文书说理时明确认为"对于同一法律关系或同一事实承担连带的义务而产生的诉讼,属于类似的必要共同诉讼"[2]。

整体上看,关于连带债务诉讼形态的选择,我国学界主要形成类似必要共同诉讼和普通共同诉讼两种对立主张,但实务中固有必要共同诉讼依然存在星星点点的运用实例,尚未正式退出民事司法舞台,甚至最高人民法院也有法官支持此种裁判观点;司法实践中将普通共同诉讼适用于连带债务纠纷的呼声不可谓不高,但远远没有取得司法通说地位。需要强调的是,即便适用普通共同诉讼处理连带纠纷,各地法院也无一例外地对数个连带债务人进行了合一判决,并未检索到法院对各连带债务人分别作出判决的案例,这种裁判方法实则已经背离了普通共同诉讼的程序规则。换言之,原告一旦以共同诉讼的形式而非以单一诉讼的形式提起诉讼,在裁判方法上都难免向恪守"合一确定"的类似必要共同诉讼逃逸。从理论层面对这一现象加以廓清,虽然连带债务共同诉讼形态在起诉阶段模糊不清,但无论起诉阶段适用普通共同诉讼抑或类似必要共同诉讼,其在判决作出阶段都会被裁判主体纳入必要共同诉讼的轨道进行推进。同样不容忽视的是,类似必要共同诉讼在民事诉讼法中未设明文,但实践中已经被部分法院直接作为连带债务纠纷的诉讼形态,其正当性、合法性仍需强势的理论论证。以上现象表明,现行共同诉讼制度在立法模式、分类标准以及程序规则等方面亟须进行反思与重构,这不仅是确立类似必要共同诉讼的基础,也是我国共同诉讼规范化适用和发展的必由之路[3]。

三、连带债务诉讼形态的建构原理

在程序法上谈及连带债务的诉讼形态,理论上有三种理论学说:固有必要共同诉讼说、类似必要共同诉讼说和普通共同诉讼说。本部分在对三种诉讼形态的建构原理进行批判、反思和比较的基础上,主张连带债务人中的一人或数人被诉,均不失为当事人适格,当数个债务人被起诉时,因各个诉讼标的之间具有显著的牵连性,连带债务的诉讼形态应被界定为"类似必要共同诉讼"。

---

[1] 参见甘肃省高级人民法院(2017)甘民终274号民事判决书。
[2] 参见长兴县人民法院(2015)湖长民受初字第35号民事裁定书。
[3] 蒲一苇:《类似必要共同诉讼的产生与适用:兼论连带债务的共同诉讼形态》,载《宁波大学学报(人文科学版)》2021年第5期。

（一）固有必要共同诉讼说的批判

持"固有必要共同诉讼说"的学者认为，通常各个连带责任人都具有足够的清偿能力，且他们所应承担的份额也是确定的；固有必要共同诉讼能够在权利人的权利保护与责任人的权益保障之间达成相对平衡，一揽子解决各方当事人之间的纷争，既保护了受害人利益，也兼顾了诉讼效率和责任人的利益，符合诉讼效益原则的要求，有利于尽快定纷止争①。笔者并不否认固有必要共同诉讼强制全体连带债务人参诉对于案件事实的查明具有推动作用，或许可以一揽子解决外部责任和内部追偿两大难题，但这不过是"如果一切顺利"的理想化状态，在笔者看来，适用固有必要共同诉讼处理连带债务纠纷，会产生以下不妥之处。

首先，固有必要共同诉讼无法回应连带债务的基本特征。根据传统的共同诉讼理论，固有必要共同诉讼是专为不可分之债所形成的纠纷所设，这类诉讼的当事人一方虽为复数，但诉讼标的的同一性决定了产生共同诉讼和合一确定之双重必要，所有的利害关系人必须一同起诉或被诉，当事人方为适格。复数的债权人或债务人都无法单独地行使权利或者履行义务，他们只能"同进同退"，多数人债务中的协同之债即是其例，作为不可分之债的下位概念②，协同债务的给付标的不可分，债权人只能请求所有债务人共同协力全部履行债务③，因此采用固有必要共同诉讼来处理颇为适当。但连带债务产生的诉讼，与协同之债具有本质区别。与我国大陆地区民法曾有渊源关系的德国民法、苏联民法和我国台湾地区所谓"民法"之通说均认为连带之债为复数之债④，债权人与数个连带债务人之间形成数个具有牵连关系的诉讼标的，任何一个债务人都可作出完全的给付，债权人可以任意要求任何一个债务人履行全部或一部债务。由此可见，连带债务完全可以单一之债的形式出现，甚至根本无须借助于共同诉讼便可顺利合法地解决纷争，遑论固有必要共同诉讼的适用了。从这个意义上讲，连带债务的基本特征与固有必要共同诉讼的强制合并特征天然地具有不相称性。

其次，固有必要共同诉讼要求全体利害关系人一并参诉方为"当事人适格"，与实体法赋予连带债务的债权人自由选择权之规定难以兼容。原本债权人可依据《民法典》第五百一十八条选择连带债务人中最具清偿能力的一个履行债务，但在固有必要共同诉讼形态下，法院将告知原告择一选择不符合起诉条件，必须将全体连带债务人作为共同被告，甚至依职权强制追加原告并没有起诉的义务主体作为共同被告，这显然罔顾了实体法的精神，有违民事诉讼的辩论主义和处分权原则，并且也会在判决既判力主观范围的确定上埋下隐

---

① 参见彭熙海：《论连带责任案件的诉讼形式》，载《法学评论》2012年第3期。
② 有关民法上协同债务问题的详述，请参见李中原：《多数人之债的类型建构》，载《法学研究》2019年第2期；齐云：《论协同之债》，载《法商研究》2020年第1期。
③ 参见张定军：《连带债务研究——以德国法为主要考察对象》，中国社会科学出版社2010年版，第59页。
④ 史尚宽：《债法总论》，中国政法大学出版社2000年版，第641页。

患。法院对于原告基于处分权合理行使而仅对一个连带债务人提出的请求置若罔闻,在私益诉讼中执意对包括案外债务人在内的所有权利义务关系都作出判决,显然超越了原告的诉讼请求范围,假设共同被告被判决败诉,则被强制追加到诉讼中的其他债务人更会觉得法院越俎代庖,这种人为将既判力主观范围进行无条件扩张的共同诉讼形态,显然造成了"法院审判权对当事人诉讼实施权的压制与侵略",致使实体法上"如鱼得水"的债权人在诉讼程序中"惨淡经营"。法院基于职权干预主义所为之强制合并,若是以牺牲债权人的处分权为代价,着实有悖于我国民事诉讼模式由"职权主义"向"当事人主义"迈进的发展趋势①。

综上所述,固有必要共同诉讼对于案件事实的查明或许确有裨益,也契合纠纷一次性解决的理念,但仅仅以避免矛盾裁判、存在连带债务所涉争议"一揽子"解决的可能性来证成其正当性,并不具有充足的说服力。这种基于便利程序运营管理案件而强制债权人将所有连带债务人作为共同被告(否则即视为放弃部分实体请求权)的做法,无疑会增加债权人的诉讼成本,加大债权受偿的难度,实践中应予摒弃。

(二) 普通共同诉讼说的反思

根据大陆法系共同诉讼理论,必要共同诉讼与普通共同诉讼的本质区别在于是否存在合一确定的必要。必要共同诉讼必须合一确定,因为诉讼标的之同一不允许裁判歧异。而本文讨论之连带债务诉讼形态,是在承认诉讼标的的复数的前提下进行的,只是各个诉讼标的之间具有显著的牵连性,如果我们固守传统的共同诉讼分类方式,连带债务之诉的确超越了必要共同诉讼的范围,在实体法上债权人对连带债务人分别享有债权请求权,但理论上一般认为构成同一种类诉讼标的,因此只能适用普通共同诉讼处理。这种观点具有相当的代表性②,在近年来中国大陆举办的历次学术研讨会上也被诸多学者反复提及和推崇。然而,普通共同诉讼的理论缺陷不容忽视,对于连带债务外部要件、多重给付如何规制、裁判方法为何向必要共同诉讼逃逸等方面均没有做出逻辑自洽、令人信服的回答。

首先,选择普通共同诉讼形态,无法改变普通共同诉讼在程序上相对独立的法律关系与实体上连带责任人之间的牵连关系相矛盾的事实③。普通共同诉讼只是基于法院审理负担之减轻、诉讼经济之追求,将多个单独诉讼进行简单合并,各共同原告的诉讼请求以及各共同被告抗辩事由均可以独立于其他人而存在,有着高度独立的诉讼实施权,法院对于各共同

---

① 参见滕威:《审判方式改革背景下民事证据制度运用检视》,载《东南法学》2018年第2期。
② 参见卢正敏、齐树洁:《连带债务共同诉讼关系之探讨》,载《现代法学》2008年第1期;任重:《反思民事连带责任的共同诉讼类型——基于民事诉讼基础理论的分析框架》,载《法制与社会发展》2018年第6期;蒲一苇:《诉讼法与实体法交互视域下的必要共同诉讼》,载《环球法律评论》2018年第1期;吕太郎:《民事诉讼之基本理论》,中国政法大学出版社2003年版,第95页。
③ 尹伟民:《连带责任诉讼形态的选择》,载《烟台大学学报(哲学社会科学版)》2010年第3期。

原告主张的诉讼请求以及各共同被告享有的特殊抗辩事由可以单独进行判断①，不受合一确定原则的拘束，更无须考虑裁判统一之要求。普通共同诉讼适用共同诉讼人独立原则，某一个连带债务人的诉讼行为、债权人对某一个连带债务人实施的诉讼行为（包括但不限于诉讼请求的放弃、认诺、和解、撤诉、上诉等）以及某一个共同诉讼人发生诉讼中止或终结等事由，均不会对其他共同诉讼人造成影响。诚然，连带债务的外部关系中包含"债务独立性要件"，但同样不容忽视的是数个债务相互结合而具有的显著牵连性。在实体法层面，牵连性表现为数个连带债务人承担同一给付义务，一人清偿行为便可使债务整体消灭；在程序法层面，牵连性体现在判决主文需要对数个连带债务人的民事责任作出合一认定。若将其作为"可分可合"的普通共同诉讼处理，则忽视了连带债务中"给付同一性"的外部要件，不利于案件事实的查明和数债务人之间内部分担关系的确定。

其次，普通共同诉讼的程序构造对于重复给付天然地缺乏免疫力。因为连带债务给付的同一性，每个债务人就同一给付负担全部债务，而非仅就该给付的一部分负担义务，基于诉讼标的的牵连性，法院应对诉讼标的合一确定，不允许对各共同诉讼人分别裁判，否则易使债权人拿到多份胜诉判决，有违公平原则。而一并起诉的普通共同诉讼必须分别作出判决，而不能像必要共同诉讼那样进行合一判决②，这是普通共同诉讼最核心的特质。法院在司法实践中合并裁判，正是为了消除后续连带债务纠纷重复多诉、重复受偿以及司法资源浪费的隐患。但此种裁判方法已经严重背离了普通共同诉讼的本来面貌，反而准用了类似必要共同诉讼的裁判规则。

需要仔细斟酌的是，赞同此说的学者往往从"主张共同、证据共通"原理的运用，信任法院能够对共通的事实作出统一认定，从而避免重复给付或矛盾裁判的情形出现③。但该观点显然忽视了"主张共同、证据共通"原则所具有的局限性，因为只有在债权人将数个连带债务人一并起诉至同一法院且法院认为可以合并审理、当事人也同意合并审理的理想状态下才能得到运用。试想：若债权人没有同时起诉而是先后起诉数个连带债务人，或债权人将数个连带债务人分别起诉至不同法院，则数个连带债务人处在不同的诉讼进程中，受理法院均有管辖权，无法将其并入同一诉讼系属进行审理，则"主张共同、证据共通"原则必然不敷适用。况且，数个债务人分处不同地域，很可能无从知悉彼此之间的诉讼情况④，一旦分别

---

① 参见三木浩一、张慧敏、臧晶：《日本民事诉讼法共同诉讼制度及理论——兼与中国制度的比较》，载《交大法学》2012第2期。
② 参见刘家兴、潘剑锋：《民事诉讼法学教程》（第5版），北京大学出版社2018年版，第102页。
③ 蒲一苇：《类似必要共同诉讼的产生与适用——兼论连带债务的共同诉讼形态》，载《宁波大学学报（人文科学版）》2021年第5期。
④ 例如，前诉中债权人甲与连带债务人A以调解方式结案，法院出具的调解书一般不对外公开，外人根本无从知晓。对于甲在其他地区法院另行提起的后诉，法院很难审查出甲的债权已实际获得生效裁判的确认。

应诉很难做到步调一致,同胜同败。因此,"主张共同、证据共通"原则适用范围狭窄、适用条件严苛,需要在满足"同一法院管辖""经当事人同意""经法院决定合并"等多个程序要件时才有适用的可能。单纯依靠此原则,无法证成普通共同诉讼说的正当性。

此外,根据《民事诉讼法》第五十五条第一款后半句规定,普通共同诉讼以法官裁量适用和当事人同意为并列前提,两者缺一不可。当事人如果没有寻求以共同诉讼的方式解决纠纷,即便法院希望合并审理,当事人也有权说不,致使案件只能呈现单一之诉的形式,这就为重复多诉、重复给付埋下了隐患;反之亦然,一旦法院认为案件无须合并审理,应当分离诉讼,即便当事人强烈希望法院合并审理,也往往会事与愿违。

(三)类似必要共同诉讼说的比较优势

1. 连带债务合一确定必要性之证成

大陆法系国家和地区普遍认为,就诉讼标的法律关系,各个共同诉讼人均有独自实施诉讼之权能,并不要求数人必须共同起诉或被诉,当事人始为适格;若数人选择共同起诉或被诉,判决结果对于共同诉讼人全体则必须合一确定,即成立类似必要共同诉讼①。简言之,类似必要共同诉讼虽无共同诉讼之必要,但当事人选择共同诉讼时,具有合一确定之必要。

在连带债务诉讼中,从实体法上需要从债权人与连带债务人之间的外部关系和连带债务人之间的内部关系两个维度加以衡量。外部关系是民法典规制多数人债务的首要目的,连带债务人之间的内部分担关系(内部关系)则居于其次。《民法典》事先预设好了多数人债务的性质和类型,并制定了相应的债之实现方式,却没有正面回答债权实现之前当事人对于外部关系产生争议时如何解决的问题,这正是民事诉讼法发挥作用的空间。上文已经论证,普通共同诉讼契合连带债务外部要件中的债务独立性要件,即认可债权人对于多个连带债务人分别享有不同的请求权,但遗憾的是,普通共同诉讼仅仅关注了这一个要件,忽视了诉讼标的之间的牵连性要件(数个债务相互结合而具牵连性)和同一给付要件(连带债务人之间承担"同一给付"),更没有考虑到被告可能提出的有关债务性质、类型的抗辩以及有关债权总额的抗辩事由。诚然,债权人对连带债务人享有数个债权请求权,但是这数个请求权之间存在密切的关联关系,无论债权人向某个、某些或者全部债务人提出请求,其债权请求权的总额都是恒定不变的;任何一个债务人承担了全部清偿责任,债权人的债权请求权即告消灭。连带债务人之间的这种牵连关系决定了普通共同诉讼无法满足连带责任诉讼模式的要求。如果债权人分别对不同的连带债务人提起诉讼或者法院不在同一个判决书中一并作出裁判,由于不同管辖地、不同审级之间的法院信息不共享,完全有可能出现"A 判决连带

---

① 参见[日]高桥宏志:《重点讲义民事诉讼法》,张卫平、许可译,法律出版社2007年版,第212页;黄国昌:《共同诉讼:第三讲——类似必要共同诉讼》,载《月旦法学教室》2006年第46期。

债务人甲承担 10 万元债务,B 判决连带债务人乙承担 10 万元债务"等双重给付判决,抑或"A 判决连带债务人甲胜诉,B 判决连带债务人乙败诉"等一肯一否的裁判结果,造成连带债务重复受偿抑或实体法律关系的混乱。

综上,连带债务诉讼虽然不具有共同诉讼的必要性,但是如果形成共同诉讼,法院必须进行合并审理、合一裁判方可达到防止矛盾判决的目的。当连带债务诉讼的外部要件产生争议,类似必要共同诉讼无疑是更优的选择,不但完整地回复了每一个债务人与债权人之间的关系,也反射了连带责任人之间的彼此牵连和影响①,同时兼顾了债权人有权向一人或数人同时或先后请求履行债务的实体法意旨。

2. 实现民事实体法的制度精神

保护和实现民事权利是任何国家民事诉讼制度的基本价值追求,也是国家为设立民事诉讼制度而对全体公民作出的承诺。事实上,如果将民法比作一把权利保护的利剑,那么民事诉讼法就犹如一本卓有成效的剑谱,指引民事主体如何将民事实体法律规范这把宝剑的功效最大化②。因此,民事诉讼的制度设计及其理论体系建构必须体现民事实体法的价值取向和权利构造,构建程序利用者导向的、符合当事人不同侧面诉讼需要的民事诉讼制度。

类似必要共同诉讼作为民事诉讼中的一项具体制度,同样责无旁贷地以保护民事权利为己任,其之所以有确立的必要,基本的根据就在于实体法向诉讼法发出了"指令",要求诉讼法在必要共同诉讼制度上实现与时俱进③。类似必要共同诉讼将当事人主义理念融入多数人债务诉讼程序中,包括积极当事人确定和消极当事人确定。这种诉讼形态填补了固有必要共同诉讼审理程序的僵化以及与实体法相悖的窘境,遏制了法院滥用职权追加必要共同诉讼人的势头,使必要共同诉讼制度更具弹性和灵活性。值得强调的是,固有必要共同诉讼和普通共同诉讼的理论早已深入人心,数十年的实践运用也已形成了相对稳定的实务传统,二者的程序构造不易改弦更张。但类似必要共同诉讼具有天然的"流动性"和"灵活性",自产生以来,其内涵和外延随着民法与民事诉讼法的交叉融合以及民法学者与民事诉讼法学者的深度对话而一直处在动态的调整与发展流变之中④,以至于有的学者称其为"流动的概念"或者说"类似必要共同诉讼的流动性"⑤。在遵循共同诉讼制度机理的基础上,适当跳出大陆法系规范体系的藩篱,扩张类似必要共同诉讼的适用范围,认可诉讼标的不具有同

---

① 尹伟民:《连带责任诉讼形态的选择》,载《烟台大学学报(哲学社会科学版)》2010 年第 3 期。
② 肖建国、丁金钰:《程序法视域下民法典违约精神损害赔偿制度的解释论》,载《苏州大学学报(哲学社会科学版)》2020 年第 4 期,第 29 页。
③ 汤维建:《论类似必要共同诉讼的制度性导入》,载《中国政法大学学报》2022 年第 1 期,第 45 页。
④ 肖建国、丁金钰:《不真正连带责任的诉讼构造——以〈民法典〉第 1203 条为中心》,载《宁波大学学报(人文科学版)》2021 年第 5 期,第 7 页。
⑤ 参见汤维建:《类似必要共同诉讼适用机制研究》,载《中国法学》2020 年第 4 期。

一性而具有牵连性的类似必要共同诉讼合法性,将为解决多数人债务诉讼构造这一民法的"迷雾地带"探寻更多可能存在的解释论出路。

3. 防止前后判决效力发生冲突

一直以来,我国法院对矛盾判决的容忍度非常之低,对矛盾判决采取的是一种"严格禁止"的态度①。矛盾判决的出现意味着同一法院或者不同法院对民事实体法律关系作出了相互矛盾、无法兼容的结论,这会导致司法公信力遭受减损,也无法令司法裁判真正获得当事人的认同。近年来,触及社会深层次矛盾的问题日益增多,人民群众对各种利益的需求不断增大,民事纠纷案件数量逐年攀升、样态复杂,基层法院在试图化解各式各样新型、疑难纠纷的过程中疲态尽显。如果本应该或可以用共同诉讼方式审理的案件被分开辩论和裁判,就会造成法院重复劳动、当事人诉讼成本扩大甚至判决结果相互矛盾,进一步加剧民事案件数量持续增长,法院不堪重负等现象。

就我国的司法现状而言,司法裁判统一性关涉到司法权威和秩序安定的价值追求,而这又是中国社会高速、平稳发展所迫切需要的前提条件②。必要共同诉讼以纠纷的一次性解决为价值依归,因此将与涉案纠纷有利害关系之人一并纳入诉讼即代表了必要共同诉讼制度的初衷。类似必要共同诉讼同样寄希望于纠纷的一次性解决,但不强求全体潜在的当事人一并参加诉讼,而是通过判决既判力扩张、反射效等避免产生矛盾裁判来实现。在可能产生矛盾判决时,法院通常会禁止当事人、案外人另行起诉避免矛盾判决的产生③。可见,类似必要共同诉讼在维护裁判统一方面具有不可替代性,有助于克服我国民事裁判总体上无法实现统一性的问题,促进和实现上述价值目标。

综上,基于统合协调民法典的立法宗旨与司法裁判统一性的双重考量,连带债务的诉讼形态应界定为"类似必要共同诉讼"。其正当性在于:(1)类似必要共同诉讼并不强制共同诉讼人一同应诉,能够将债权人的自由选择权和处分权落到实处。(2)对于当事人适格的审查采取较为宽松的态度,能够有效解决部分连带债务人因客观原因无法到庭的问题,符合诉讼经济原则。(3)在充分保障原告选择诉讼形态处分权的基础上,法院能够做的就是在防止矛盾裁判的指引下,进一步探索具体的程序法识别标准。通过既判力扩张规则的合理改造,可以防止同一法院或不同法院对于同一争议事项作出相互矛盾的判决。

---

① 吴兆祥、沈莉:《民事诉讼法修改后的第三人撤销之诉与诉讼代理制度》,载《人民司法》2012年第23期,第18页;林剑锋:《既判力相对性原则在我国制度化的现状与障碍》,载《现代法学》2016年第1期,第130页。
② 参见宋亚辉:《司法裁判追求"社会效果"的经验与理论》,载《东南法学》2014年第1期。
③ 参见金印:《既判力相对性法源地位之证成》,载《法学》2022年第10期,第152页。

四、连带债务诉讼形态的程序法构造

我国《民事诉讼法》规定的必要共同诉讼过于单一化,只有固有必要共同诉讼一种形态,这不仅会让法院追加当事人的职权过于强大,也导致民事实体法的制度宗旨难以得到贯彻落实①。因此,我们有必要采取三分法模式,引入类似必要共同诉讼制度,使得我国共同诉讼制度体系臻于完善。在构建连带债务诉讼形态的过程中,应当用发展的眼光看待类似必要共同诉讼,没有必要亦步亦趋完全照搬大陆法系国家传统理论,我们需要构建出富有中国特色的类似必要共同诉讼制度。

(一)当事人适格的判断

类似必要共同诉讼不要求全体当事人一同起诉或应诉,当事人有选择单独诉讼或共同诉讼的自由,这一程序设计能够很好地保障民事实体法赋予债权人的自主选择权。应当明确,债权人基于民法上的请求权单独起诉某一连带债务人完全符合起诉要件,其无须表明是单一之债还是多数人之债。法官原则上应在当事人选择和主张的范围内进行民事裁判,以贯彻辩论主义和处分权原则。但问题在于,在债权人起诉某一债务人发生诉讼系属效力后,法官面对的是一张无知之幕,无法准确判断单一之债的背后是否还隐藏着多数人之债,以及究竟构成哪一种类型(按份、连带、补充、协同、不真正连带等)的多数人债务,法官只能依赖原告主张的权利发生事实来恢复、重建多数人之债的面貌。《民法典》的规范是债权最终实现的规范,对于法院判决主文所确定的多数人债务,只有在强制执行领域才具有完全的可适用性。《民法典》第五百一十八条要想在民事审判程序中作为裁判规范,须以外部关系中连带债务的确定为前提。

在多个债务人承担同一给付的前提下,连带债务外部要件的判断需要连带债务人的共同参与才能水落石出,但在原告只起诉一人时,又必须保障其在实体法层面享有的自主选择权,不得基于纠纷一次性解决的考量随意追加其他利害关系人②,从这个角度看,类似必要共同诉讼对二者实现了较好的平衡。需要考虑的是:当被起诉的债务人提出抗辩,要求将未被起诉的其他连带债务人作为共同被告,并且法院也认为案件的基本事实需要其他案外债务人共同参与进来方能查明时,法院应如何判断当事人适格?这种情况下,法院首先应当行使释明权,向债权人释明相关情况,询问其是否同意追加其他案外债务人为共同被告,若债权人同意则可将其他案外债务人追加为共同被告,若不同意则可以将案外债务人列为无

---

① 汤维建:《论类似必要共同诉讼的制度性导入》,载《中国政法大学学报》2022年第1期。
② 追加其他被告参与诉讼不但有违《民法典》第五百一十八条的价值取向,也会让原告面临巨大的诉讼风险,因为被告数量越多,其拥有的抗辩事由也很可能相应增加。例如,原告选择起诉的被告没有主张任何抗辩事由,但一个被追加到诉讼中的被告主张了诉讼时效届满的抗辩事实,原告就将承担败诉的后果,这会导致原告的胜诉难度和个案诉讼成本极大地增加。

独立请求权第三人或者作为证人参与诉讼,从而实现查明事实和保障案外债务人诉讼知情权的目的,但不得径行将案外债务人追加为共同被告,否则违反民事实体法赋予债权人自主选择权的明文规定和民事程序法的处分原则①。设立类似必要共同诉讼形态的目的,正是强化当事人的程序选择权,控制法院在罗列当事人上的职权膨胀倾向,确保司法公正在确定当事人这个诉讼程序的源头上得以实现②。

我国《民事诉讼法》第五十九条规定了两种诉讼第三人,即有独立请求权第三人与无独立请求权第三人。因连带债务人之间承担同一给付义务,其一般不享有独立请求权,无法获得相当于原告的诉讼地位,故而连带债务人只存在以无独立请求权第三人身份参诉的可能性。无独立请求权第三人按照是否可能被判决承担民事责任,又可以分为被告型无独立请求权第三人与辅助型无独立请求权第三人③。被告型无独立请求权第三人如果被法院判决承担民事责任,其有权提起上诉,具有当事人资格。辅助型无独立请求权第三人因与他人的诉讼结果有法律上的利害关系而参加诉讼,在诉讼中起辅助其中一方当事人的作用,不具有当事人资格。第三人辅助参加的作用在于知悉本诉的情况,产生参加的效力④。因此,连带债务人若作为第三人参与诉讼,只能作为辅助型无独立请求权第三人,而不能作为被告型无独立请求权第三人,因为法院将案外债务人列为第三人的前提是原告基于其诉讼利益的考量不同意将案外债务人追加为共同被告。若将案外债务人列为被告型无独立请求权第三人,则此案外债务人又具有了当事人资格,享有当事人的诉讼权利义务,可能被判决承担责任,这与原告意愿相悖,违反了不告不理和处分权原则。案外债务人除作为辅助型无独立请求权第三人参与诉讼外,也可以作为证人保障其诉讼知情权,但此时会受到辩论原则与处分原则的限制。申言之,案外债务人作为证人只能站在主当事人一边进行诉讼,其虽然有权提供证据,进行辩论,但所提出的主张和抗辩不得同主当事人相冲突。

(二)诉讼标的牵连性的识别

大陆法系国家对类似必要共同诉讼的识别标准与"合一确定"的概念形影相依,合一确定是一个具有弹性的概念,可以扩张或限缩类似必要共同诉讼的适用范围,同时协调共同诉讼人之间的主体性与相互牵连性。关于合一确定内涵之理解,大陆法系传统理论中构建了三种学说,即逻辑上合一确定说、实体法上合一确定说和诉讼法上合一确定说。

逻辑上合一确定说注重从纠纷一次性解决的角度展开制度设计,其所对应的类似必要

---

① 在民事私益案件中,将何人作为当事人进行诉讼是原告的权能,对其予以限制必须有某种特别的根据,决定诉讼范围的应当是原告。参见[日]高桥宏志:《重点讲义民事诉讼法》,张卫平、许可译,法律出版社2007年版,第211页。
② 汤维建:《类似必要共同诉讼适用机制研究》,载《中国法学》2020年第4期。
③ 参见张卫平:《"第三人":类型划分及展开》,载《民事程序法研究》2004年第1辑,第84页。
④ 参见江伟、肖建国:《民事诉讼法》(第八版),中国人民大学出版社2018年版,第156页。

共同诉讼适用范围最为广泛,凡在逻辑思考下认为事实上有合一确定之必要者均属于应为合一确定裁判之类似必要共同诉讼①。实体法合一确定说以追求实体法律关系合一确定为目标,只要具有既判力扩张之情形就可纳入类似必要共同诉讼,并且根据民事法律关系是否具有非合一处理不可的立法者意旨来确定判决既判力的扩张范围。诉讼法上合一确定说主张基于既判力主观范围相对性原则,仅注重从防止既判力冲突的角度来界定合一确定内涵和类似必要共同诉讼的适用范围②,即法院对任一共同诉讼人所作判决的既判力也及于其他共同诉讼人,而实体法上多数当事人法律关系的种类则不会起到任何作用,更无法决定合一确定的内涵及作用方式③。诉讼法上合一确定说自产生之后就风靡于德国、日本以及我国台湾地区,该说通过缩限合一确定的范围,遏制了必要共同诉讼的适用范围过于泛化的现象,但因其局限于诉讼法上的价值考量,拔高了类似必要共同诉讼的适用门槛,不利于类似必要共同诉讼制度的发展,也无法实现实体法上追求裁判一致的目标。

随着社会进步和时代变迁,个案中民事纠纷类型和产生纷争的权利义务关系日趋多样化、复杂化,理论界对类似必要共同诉讼合一确定标准进行反思,将类似必要共同诉讼的内涵流动,令其更加富有弹性和灵活性,并将合一确定内涵从宽解释,以实现裁判结果之一致性和达到统一解决纷争之目的④。有学者认为,诉讼标的同一性不应作为类似必要共同诉讼适用的充分必要条件,类似必要共同诉讼应界定为诉讼标的客观牵连,虽然可以单独起诉,但数人如果共同起诉或共同应诉,法院必须合并审理、合一确定的诉讼⑤。最高人民法院的权威解读意见也指出,连带责任人不属于必须参加诉讼的当事人,如果原告同时起诉连带责任人的,也为共同诉讼,但一般称为类似的必要共同诉讼⑥。台湾地区所谓"最高法院"33年上字第4810号判例也认定:债权人以各连带债务人为共同被告提起给付之诉,被告一人提出非基于个人关系之抗辩理由者,对于被告各人即属于必须合一确定,构成类似必要共同诉讼⑦。归纳起来,上述理论和裁判观点可统称为类似必要共同诉讼的扩张适用说。

---

① 该学说下类似必要共同诉讼的适用范围相当宽泛,德国帝国法院在具体个案之适用上,采取了扩张解释路径,对于"合一裁判始能达到诉讼目的"之案例,例如债权人对数连带债务人请求给付之诉、债权人对主债务人与保证人请求给付之诉等,也认为具有合一确定之必要,适用类似必要共同诉讼。就此观之,凡在逻辑上不能为不同之认定者,皆有合一确定之必要。参见民事诉讼法研究基金会:《民事诉讼法之研讨(一)》,三民书局1986年版,第273页。
② Hellman, Zur Lehre von der sogenannten notwendigen Streitgenossenschaft, ZZP 1892, 6.
③ 张宇:《类似必要共同诉讼制度研究》,西南政法大学2017年博士学位论文,第71页。
④ 持这种观点的论著具体可参见汤维建:《类似必要共同诉讼适用机制研究》,载《中国法学》2020年第4期;廖永安、彭熙海:《论必要共同诉讼》,载《湖南财经高等专科学校学报》2001年第3期;赵信会:《必要共同诉讼制度的内部冲突与制衡》,载《河北法学》2004年第5期等。
⑤ 参见侯雪梅:《侵权连带责任诉讼模式的选择》,载《上海政法学院学报(法治论丛)》2014年第5期。
⑥ 沈德咏:《最高人民法院民事诉讼法司法解释理解与适用:条文主旨·条文理解·审判实务》,人民法院出版社2015年版,第783页。
⑦ 台湾地区所谓"最高法院"33年上字第4810号判例、41年台抗字第1号判例。参见刘明生:《连带债务与共同诉讼之形态》,载《民事诉讼法实例研习》,元照出版公司2011年版,第377-378页。

从扩张类似必要共同诉讼适用范围的立场来看,选择实体法上合一确定说这种较为宽松的标准,对诉讼标的同一或不可分的适用条件加以适当改造和变通,能够降低类似必要共同诉讼的成立门槛,使得共同诉讼人间诉讼标的有牵连关系者被扩张解释为类似必要共同诉讼的一种特殊表现形式,学界称之为"诉讼标的牵连型类似必要共同诉讼"①。具言之,诉讼标的牵连型类似必要共同诉讼可以突破诉讼标的同一性的限制,以实体法上合一确定的必要性、诉讼标的具有牵连性作为其与固有必要共同诉讼、普通共同诉讼的区分基准。如果数个诉讼标的之间相互影响且紧密牵连,法院对这些交织在一起的诉讼标的具有合一确定必要性,原则上不得分别裁判,以避免矛盾判决的产生。本文认为,民法典时代日趋注重权利保护的观念变化势必会影射到多数人债务的诉讼形态建构,实体法上合一确定说应成为研究类似必要共同诉讼和进行相关制度建构的首选方案。在连带债务诉讼中,连带债务人之间的诉讼标的存在牵连性,即通常是基于同一事实或法律上的原因而发生,且连带债务人的给付具有同一性,数个诉讼标的(实体法律关系)不宜割裂处理,具有实体法上合一确定的必要,因而完全符合诉讼标的牵连型类似必要共同诉讼的基本特征与识别标准。

(三)连带债务人诉讼行为效力的判断基准

《民事诉讼法》第五十五条第二款第一句规定:"共同诉讼的一方当事人对诉讼标的有共同权利义务的,其中一人的诉讼行为经其他共同诉讼人承认,对其他共同诉讼人发生效力。"此为我国民事诉讼法对于固有必要共同诉讼人的内部效力所设置的判断原则,学界称之为"协商一致原则"。然而,在连带债务的场合适用牵连性类似必要共同诉讼形态时,"协商一致原则"不能够得到完全适用;我国台湾地区对共同诉讼人的内部关系采取有利原则②。有利原则相较于协商一致原则的主要优点在于不需要把共同诉讼人实施的所有诉讼行为都纳入许可程序,而是直接推定共同诉讼人对于其有利的诉讼行为予以承认,方便案件审理。因此,在连带债务诉讼中,必须充分考量牵连性类似必要共同诉讼的特殊性,针对不同情形,构建连带债务当事人诉讼行为效力的判断基准。

首先,如果连带债务人共同应诉,则"协商一致原则"应作为共同诉讼人的主要行为模式,处在第一层次;"有利推定原则"处在第二层次。在连带债务诉讼中,只要某一债务人实施的攻击防御方法手段利及全体连带债务人,即推定其行为效力因诉讼标的的牵连而扩张至全体连带债务人(有利推定原则)。例如,某一连带债务人提出债权已经过诉讼时效的抗辩,基于连带债务的权利基础同一,数个债务人命运同一,则全体债务人都不再承担给付义务;再如,某一连带债务人对原告的诉讼请求予以认诺,这时应首先适用协商一致原则,看其他

---

① 汤维建:《类似必要共同诉讼适用机制研究》,载《中国法学》2020年第4期。
② 所谓有利原则是指如果共同诉讼人的行为不一致,则看共同诉讼人中一人的行为是否对共同诉讼人有利。不利于共同诉讼人的,效力不及于全体;如果有利,效力及于全体。

共同诉讼人是否同意,若全体一致认诺则对其他共同诉讼人发生效力,若不认诺则继续适用有利推定原则。因为认诺行为明显不利于其他共同诉讼人,所以原则上不具有涉他效力。值得注意的是,在考虑诉讼行为是否有利于其他债务人时,不应立足于法院审理结束后的视角看,而应当以诉讼行为发生时是否有利于其他共同诉讼人进行形式审查①,以免因以结果有利与否作论断而引发程序不安定之风险②。

其次,如果债权人仅请求特定债务人为全部给付时,法院应当行使阐明权告知原告尽可能将有关联性的被告申请追加进诉讼,成为牵连性类似必要共同诉讼,从而适用前述"协商一致原则"和"有利推定原则"判断诉讼行为效力。但若原告坚决要求以一对一的单一诉讼模式主张权利,案外债务人全程未能参与诉讼获得程序保障的时候,不宜简单地认为案外债务人诉讼实施权完全被代表,因为债权人完全可能与某一位债务人恶意串通进行虚假诉讼,或者选择诉讼能力最弱的债务人作为被告起诉,将其他债务人排除在诉讼系属之外而获得胜诉判决,这于其他连带债务人而言,实属不公。在多个债务人承担统一给付的情况下,连带债务的外部要件仍有赖多数债务人的共同参与,才能让法律事实完全还原具体的生活事实。因此,被原告所选定的债务人依法享有诉讼实施权,可以提出所有债务人享有的据以妨碍、消灭、阻却债权人请求权的抗辩事由,并有权向法院申请将其他债务人从当事人的身份转化为证人或者辅助型无独立请求权第三人的身份实际参加到诉讼中来,获得相应的程序保障,使得"协商一致原则"和"有利推定原则"在绝大多数连带债务之诉中获得一定程度的适用,从而使数个诉讼标的牵连的纠纷得以一举解决,确保诉讼经济原则得以实现。

(四)判决既判力的扩张规则

在财产关系给付之诉中,法院作出的确定判决对案外人产生何种效力,在实体法上涉及与一个债务人相关的事项之"涉他效力",在诉讼法上则属于判决对案外人效力问题的子集③,故应结合实体法因素与程序法规则对其进行深入研究。在连带债务之诉中,债权人甲如果状告全部的连带债务人,则生效裁判的既判力将及于所有的连带债务人,但这不属于既判力的扩张,而是既判力的适用和落实④。只有在原告仅仅起诉部分连带责任人时,判决既判力才有扩张之可能。然而,这里的既判力扩张并非全面扩张,而是有限扩张。详言之,债权人对连带债务人中的一人提起给付之诉,法院作出的确定判决之既判力客观范围发生扩张,主观范围则遵循共同诉讼人一方胜诉扩张、败诉时不扩张的"单向扩张"规则(einseitige

---

① 所谓有利于全体连带债务人,并不是指法院最终裁判所认定的利及全体的诉讼行为,而是在诉讼行为实施时,从形式上观察属于有利于全体连带债务人的行为。例如共同被告之一提供反证的行为属于积极的辩论行为,即便这份证据从结果来看恰恰证明了原告的事实主张,但原则上仍应认定其是有利行为,能够产生扩张效力。
② 胡震远:《共同诉讼制度研究》,上海交通大学出版社2010年版,第85页。
③ 参见陈晓彤:《多数人债务判决对案外债务人的效力》,载《华东政法大学学报》2019年第5期。
④ 汤维建:《类似必要共同诉讼适用机制研究》,载《中国法学》2020年第4期。

Erstreckung）①。

首先，连带债务纠纷中，债权人对连带债务人中的一人提起给付之诉，判决既判力客观范围扩张具有正当性，因为虽其他案外债务人非本案当事人，但其或作为辅助型无独立请求权第三人，或作为证人实际参与了诉讼，案外债务人的诉讼知情权以及举证、质证和抗辩的权利，均获得了最低限度的程序保障。究其根源，判决既判力客观范围发生扩张还是基于连带债务诉讼标的具有实体牵连性，是为避免矛盾判决所必需的。因此，无论债权人是否提起后发型诉讼，将来法院所作出的关联判决均不得与前诉判决主文相冲突。

其次，倘若债务人在前诉中获得败诉判决，则判决既判力的主观范围不能扩张到案外债务人。这是因为案外债务人不是本案当事人，即便是以证人或者以辅助型无独立请求权第三人身份实际参与到诉讼系属中，也不会被判决承担责任，不会成为判决主文所载明的被执行人，所以判决既判力的主观范围和执行力不能扩张，原告不能凭前诉的胜诉判决对案外债务人申请强制执行。只有当案外债务人依原告申请并获得法院准许，以类似必要共同诉讼人的身份实际参与到诉讼系属中，并获得较为充分的程序保障时，既判力的主观范围才能波及之。

最后，倘若债务人在前诉中获得胜诉判决，例如被告在诉讼中提出权利妨碍、阻却、消灭的抗辩使得原告债权请求权未能实现时，判决既判力的主观范围也不能当然地扩张到其他案外债务人。可借鉴我国台湾地区所谓"民法"第275条的"片面扩张说"②，具体而言：（1）债务人在前诉中提出了仅涉及自己的独立之抗辩事由（如债务人无民事行为能力而债务无效或证明其系受欺诈、胁迫而得撤销等），此种抗辩事由能够使其脱离连带债务关系，产生债务人不适格的法律后果，则该判决既判力的主观范围显然不能及于其他债务人。（2）该债务人在前诉中提出了涉及案外债务人共同享有的抗辩事由（例如债务已清偿、债务被免除、债务被抵消、债权因诉讼时效经过而消灭等③），而且此抗辩事由对案外债务人有利，则该判决的效力就能扩张至案外债务人，此时可认为既判力发生主客观范围双重扩张的绝对效力。

五、余论

从实体请求权与民事诉权的直接密切联系以及兼顾实体法秩序统一性与诉讼法纠纷一次性解决的立场出发，本文集中讨论了连带债务诉讼形态的选择问题，有以下两点结论和一

---

① Vgl. Rosenberg, Schwab, Gottwald. Zivilprozessrecht, 18. Aufl., München 2018, § 48. Rn. 13.
② 参见我国台湾地区所谓"民法"第275条："连带债务人中之一人受确定判决，而其判决非基于该债务人之个人关系者，为他债务人之利益，亦生效力。"
③ 参见郑玉波：《民法债编总论》（第2版），中国政法大学出版社2004年版，第396页。

点展望。

首先，司法实践中实体法权利义务关系千姿百态，固守传统三种共同诉讼形态的边界来解决多数人债务背后纵横交错的复杂态势和利害关系，已给人力不从心之感。共同诉讼的对象正日趋纷繁，应对之策也应该同步多元[①]。在笔者看来，与其固守大陆法系传统共同诉讼形态的疆界一成不变，倒不如结合多数人债务的特殊性，对共同诉讼体系作出更能体现民法典价值依归的解释。在当下的历史背景之下，若欲兼顾民法典权利保障的价值依归和程序法相关原理，只有把连带债务纠纷解释为类似必要共同诉讼，才能妥善地遵循民事实体法与程序法的宗旨和价值取向。这么看来，排除传统理论之间泾渭分明的僵硬性，设置出更具弹性、更加多样化的类似必要共同诉讼理论和制度可谓恰逢其时。

其次，民法典时代应拓展类似必要共同诉讼的内涵和外延，大陆法系传统民事诉讼理论中的类似必要共同诉讼适用范围十分狭窄，仅仅限制在原告提起的确认之诉和形成之诉中[②]，被告方为多数的给付之诉案件适用类似必要共同诉讼的情形寥若晨星，未来有必要进一步扩张类似必要共同诉讼的适用范围，使其一体适用于原告多数型的确认之诉、形成之诉和被告多数型的财产关系给付之诉中，赋予类似必要共同被告的合法性与正当性。

最后需要说明的是，保护权利和共同诉讼之间应当是目的和手段的关系，实体法上的规定如何能在诉讼程序中得到反映和运用，将直接影响到保护民事权利之目标能否得以顺利实现[③]。在连带债务的场合采用类似必要共同诉讼加以处理，能够有效平衡债权请求权在实体法上的静态配置与诉讼程序中的动态实现，为解决类似的中国本土问题提供多数人债务诉讼构造的参考样本。由此观之，有关民法典时代多数人债务诉讼构造的讨论将伴随类似必要共同诉讼理论的优化、制度的改造而一并进入蓬勃发展期。应以民事诉讼法学一般法理为指引，持续优化我国多数人债务的诉讼形态，更好地回应民法典对多数人债务特殊调整的需要，在民事诉讼法上提供更加多元的诉讼构造选择。

---

① 胡震远：《共同诉讼制度研究》，上海交通大学出版社2010年版，第94页。
② 典型的例子如少数股东为了公司利益提起的"股东派生之诉""确认股东大会决议无效之诉""撤销股东会决议之诉"以及"多个债权人基于代位权所提起的诉讼"等。
③ 肖建国、宋春龙：《民法上补充责任的诉讼形态研究》，载《国家检察官学院学报》2016年第2期。

· 域外译介 ·

论承继的共犯*
——以因果共犯论为视角

［日］松原芳博** 王昭武***译

摘　要：以下犯罪类型需要讨论承继的共犯的问题：①抢劫罪那样的手段-目的型结合犯；②诈骗罪、敲诈勒索罪那样的手段-目的型多行为犯；③抢劫致伤罪那样的结果加重犯；④由一系列的行为引起的伤害罪那样的包括的一罪；⑤监禁罪那样的继续犯。对此，现在主要是限定肯定说与否定承继说之间的对立。由于对先行情况的认识、放任乃至利用等限定肯定说的各种论据均不能在因果共犯论的框架之内，将"包括先行事实在内的该犯罪整体的不法内容归责于后行为人"或者"对后行为人的行为与先行为人的行为进行同样评价"予以正当化，因此，只要以因果共犯论为前提，就应该采取否定承继说。为此，对于在敲诈勒索罪、诈骗罪中仅仅参与收受财物的后行为人，只要不能认定其参与之后通过态度或者不作为实施了胁迫、欺骗，就与抢劫（抢劫杀人）罪的中途参与者一样，仅成立侵占脱离占有物罪的共犯。另外，事后抢劫罪属于原因-结果型的结合犯，仅参与暴力、胁迫的后行为人原则上止于成立暴行罪或者胁迫罪的共犯，但通过暴力、胁迫实现逃避财物之返还请求权的应成立第2款抢劫罪。

关键词：承继的共犯　因果共犯论　抢劫罪　诈骗罪　敲诈勒索罪　事后抢劫罪

---

* 本文原载于高桥则夫等编《野村稔先生古稀祝賀論文集》，成文堂2015年版，第189-207页。论文的中文标题为译者所加，原标题为《承继的共犯》。

** 作者简介：日本早稻田大学法学部教授、日本早稻田大学法学博士。

*** 译者简介：云南大学法学院教授、日本同志社大学法学博士。

一、前言

最高裁判所平成二十四年(2012年)11月6日决定①,是最高裁判所第一次针对承继的共犯做出的判断。

该案大致案情如下:A与B经过共谋,在第一犯罪现场、第二犯罪现场对C、D实施暴力造成伤害结果。其后,到达第二犯罪现场的被告人X经过与A等人的共谋参与进来,用金属梯子、方木材殴打D的背部、脚部,殴打C的头部、肩部、背部与脚部,并脚踢D的头部,实施了强度更大的暴力,相当程度上加重了C等人已遭受的伤害结果。对此,原判决(二审)②判定,"就X而言,其对A、B的行为以及由此引起的结果存在认识、放任,并且在将这种行为及其结果作为出于制裁目的的暴力这种实现自己的犯罪的手段而积极地利用的意思之下,共谋、参与处于一罪关系的伤害,将上述行为等作为这种制裁的手段实际加以了利用,因此,X对于包括其参与之前由A与B造成的伤害在内的整体,作为承继的共同正犯承担责任",这就支持了同样旨趣的一审判决③。对此,被告人一方以让X就共谋、参与之前的行为承担责任有违责任主义为由,向最高裁判所提出了上告。

最高裁判所虽认为上告旨趣不符合《刑事诉讼法》第405条之上告理由,仍依职权做出了以下判决:"对于共谋、参与之前A等人已经造成的伤害结果,由于被告人的共谋以及基于该共谋的行为与该伤害结果之间没有因果关系,因此,被告人不承担作为伤害罪之共同正犯的责任,仅仅对由共谋、参与之后足以引起伤害的暴力对C等人的伤害结果的发生所做出的贡献,承担作为伤害罪之共同正犯的责任,这样理解是相当的。原判决的……认定被理解为,其旨趣在于就被告人而言,利用C等人因A等人的暴力行为而受伤、处于难以逃走或者抵抗的状态,进一步实施了暴力。但即便存在这种事实,那也不过是被告人共谋、参与之后进一步实施暴力行为的动机或者契机,不能说,那是得以就共谋参与之前的伤害结果追究刑事责任的理由,是能够左右有关伤害罪之共同正犯成立范围的上述判断的情况。这样的话,就不得不说,包括被告人共谋、参与之前A等人已经造成的伤害结果在内,认定被告人成立伤害罪之共同正犯的原判决,存在错误解释、适用有关伤害罪之共同正犯的成立范围的《刑法》第60条、第204条之法令违反。"不过,最高裁判所认为,原判决的以上法令违反不会对罪数、处断刑造成影响,而且共谋参与之后的X的暴力行为相当程度上加重了C等人的伤害结果,本案量刑不能说是不当,因此不能认定属于应适用《刑事诉讼法》第411条的情况,最终驳回了上告。另外,本决定还附加了千叶胜美裁判官有关共谋参与之后的伤害

---

① 参见最决平成二十四年11月6日刑集第66卷11号,第1281页。
② 参见高松高判平成二十三年11月15日刑集第66卷11号,第1324页。
③ 参见松山地判平成二十三年3月24日刑集第66卷11号,第1299页。

的认定方法与本决定的射程的补充意见①。

针对从近年的下级裁判所的主流观点即限定肯定说（利用说）的角度肯定对共谋、参与之前的伤害的承继的原判决，本决定从因果共犯论的角度否定了对由共谋、参与之前的暴力引起的伤害结果的承继。在这一点上，与有关共犯关系脱离的最高裁判所平成元年（1989年）6月26日决定②一并作为因果共犯论对判例的渗透③，受到普遍关注。并且，以往的下级裁判所判例（裁判例）的倾向是，对于在一系列暴力行为的中途参与的后行为人，往往以伤害结果的整体性、不可分性为理由，让其就包括由参与之前的暴力引起的伤害在内的伤害结果整体承担责任。对此，本判决肯定伤害结果的可分性，否定将由参与之前的暴行所引起的结果归责于后行为人。在这一点上，又与针对在游戏厅里用非法手段窃取的弹子与通过合法游戏手段取得的弹子混在一起的案件的最高裁判所平成二十一年（2009年）6月29日

---

① 针对本决定的评析，参见豊田兼彦：《判批》，《法学セミナー》697号（2013年），第133页；早渕宏毅：《判批》，《研修》777号（2013年），第25页以下；丸山嘉代：《判批》，《警察学論集》第66卷2号（2013年），第151页；坂田正史：《判批》，《警察公論》第68卷5号（2013年），第83页以下；前田雅英：《承継的共同正犯》，《警察学論集》第66卷1号（2013年），第139页以下；久冨木大輔：《判批》，《捜査研究》第62卷11号（2013年），第21页以下；松尾誠紀：《判批》，《法学教室》401号（别册付録《判例セレクト2013》）（2014年），第28页；高橋則夫：《判批》，《刑事法ジャーナル》39号（2014年），第85页以下；森住信夫：《判批》，《専修法学論集》119号（2013年），第89页以下；照沼亮介：《判批》，《平成二十五年度重要判例解説》（2014年），第164页以下；水落伸介：《判批》，《法学新報》第122卷3、4号（2014年），第327页以下；設楽裕文、淵脇千寿保：《判批》，《日本法学》第79卷4号（2014年），第165页以下；今井康介：《判批》，《早稲田法学》第89卷2号（2014年），第101页以下；淵脇千寿保：《判批》，沼野輝彦、設楽裕文编：《現代の判例と刑法理論の展開》，八千代2014年版，第167页以下；小林憲太郎：《判批》，山口厚、佐伯仁志编：《刑法判例百選Ⅱ各論》，有斐閣2014年第7版，第166页以下；十河太朗：《判批》，大谷實编：《判例講義刑法1総論》，悠悠社2014年第2版，第142页以下。

以本判决为契机，学者迄今发表了以下论文：松尾誠紀：《事後的な関与と傷害結果の帰責》，《法と政治》第64卷1号（2013年），第1页以下；松宮孝明：《承継の共犯について：最决平成二十四年11月26日刑集66卷11号1282页を素材に》，《立命館法学》325号（2013年），第355页以下；小林憲太郎：《いわゆる承継の共犯をめぐって》，《研修》791号（2014年），第3页以下；阿部力也：《承継の共同正犯：部分的肯定説の再検討》，《川端博先生古稀祝賀論文集（上）》，成文堂2014年版，第557页以下；高橋則夫：《"承継的共同正犯"について》，《川端博先生古稀祝賀論文集（上）》，成文堂2014年版，第557页以下；橋本正博：《"承継的共同正犯"について》，《川端博先生古稀祝賀論文集（上）》，成文堂2014年版，第579页以下；小島秀夫：《いわゆる承継的共犯の規範論的考察》，《大東法学》第24卷1号（2014年），第7页以下。

② 最决平成元年6月26日刑集第43卷6号，第567页。

③ 参见朝山芳史：《実務における共同正犯論の現状》，《刑法雑誌》第53卷2号（2014年），第311页。

决定①②，一并作为对不利于被告人的结果一体化持否定态度的判例而广受瞩目③。

所谓因果共犯论，意味着（广义的）共犯也应该对基于自己行为的外界形成（对外界的改变）被追究责任④，这正是行为主义与个人责任原则在共犯中的体现。为此可以说，本决定意味着，最高裁判所承认行为主义与个人责任原则在共同犯罪中也是妥当的。本文想从以个人责任原则为背景的因果共犯论的视角，重新探讨能否成立承继的共犯的问题。

二、问题所在

（一）一般而言，所谓承继的共犯，是指先行为人部分实施特定犯罪的实行行为之后，在犯罪结束之前，后行为人认识到先行事实，在与先行为人之间的意思联络之下参与了该犯罪的情形，具体包括承继的共同正犯即先行为人与后行为人共同实施此后的犯罪行为的情形、承继的帮助犯即后行为人帮助先行为人完成犯罪的情形。

不过，从肯定过失的共同正犯的判例、通说的立场来看，尽管后行为人对于先行事实没有认识，但如果对先行事实存在认识可能性，也许会出现"过失的承继的共同正犯"的问题，例如，中途参与一系列的过失行为的，问题在于，能否成立包括由参与前的行为引起的（存在可能性的）死伤结果在内的（业务）过失致死伤罪的共同正犯呢？而且，与对先行事实的认识相关联，问题还在于，在行为人参与之前发生了加重结果的案件中，如果立足于肯定结果加重犯的承继的共同正犯的立场，（尽管单独犯中不需要对加重结果存在认识）这里是否需要对加重结果存在认识呢？⑤

与意思的联络相关联，立足于肯定片面的帮助犯（从犯）的判例、通说的立场，在缺少与

---

① 最决平成二十一年6月29日刑集第63卷5号，第461页。
② 该案大致案情为：共犯X通过作弊行为窃取"弹子店"（游戏厅）的弹子，被告人在邻桌以正常方式打游戏，但其目的完全在于扮演从店内的监控器以及店员的监视之下掩护X的作弊行为的"配合作弊者"的角色。在案发当时，在X的台子的（接弹子的）容器内有72枚弹子，放在被告人大腿上的"弹子篮"内有414枚弹子。对于该案，原判决（二审）以被告人打游戏的行为也能被评价为本案犯罪行为的一部分，受害"弹子店"显然不会允许被告人以这种方式获取弹子为理由，认定被告人获取的弹子也属于本案的受害财物，判定就（接弹子的）容器与"弹子篮"内的总计486枚弹子成立盗窃罪。相反，最高裁判所平成二十一年（2009年）6月29日决定则认为，"尽管可以说，X对自己通过作弊行为所取得的弹子成立盗窃罪，被告人也属于X的共同正犯，但对被告人自己取得的弹子而言，由于是通过受害店铺允许的正常的游戏方式所取得的，不能说也应立盗窃罪。原判决对于被告人通过正常的游戏方法取得的弹子与X通过作弊行为取得的弹子混在一起的上述'弹子篮'内的所有486枚弹子判定成立盗窃罪，在盗窃罪中有关占有侵害的法令的解释适用上存在错误，并且是事实认定错误，应该说，在本案中，盗窃罪的成立范围是除了上述（接弹子的）容器内的72枚弹子之外，止于上述'弹子篮'内的414枚弹子。"——译者注
③ 参见松尾誠紀：《事後的な関与と傷害結果の帰責》，《法と政治》第64卷1号（2013年），第1页以下；高桥则夫：《"承继的共同正犯"について》，《川端博先生古稀祝賀論文集（上）》，成文堂2014年版，第557页以下。
④ 参见平野龙一：《刑法総論Ⅱ》，有斐閣1975年版，第380页。
⑤ 有判例判定，即便对参与前的暴力所引起的伤害结果不存在认识，仍成立抢劫致伤罪的承继的共犯（参见札幌高判昭和二十八年6月30日高刑集第6卷7号，第859页）；但也有判例以对由参与前的暴力引起的伤害结果不存在认识为理由，否定成立强奸致伤罪的承继的共同正犯（参见冈山地津山支判昭和四十五年6月9日判时611号，第103页）。

先行为人之间的意思联络的场合,"片面的承继的帮助犯(从犯)"也成为问题,而且,如果采取肯定片面的共同正犯的立场,是否承认"片面的承继的共同正犯"也理应会成为问题。(在一定范围内)肯定承继的共犯的观点将对先行事实的认识、意思的联络包括在承继的共犯的定义之中,其旨趣究竟是否定"过失的承继的共同正犯"与"片面的承继的帮助犯(从犯)",还是只是将这些排除在当下的研究对象之外,这一点并不明确。

如果在承继的共同正犯的定义中包括"先行为人与后行为人共同实施此后的犯罪行为",看上去似乎完全如字面那样仅仅是指共同实施实行行为的"协动型"。但只要以肯定共谋共同正犯的立场为前提,在先行为人与后行为人的意思联络之下仅仅由后行为人承担剩余行为的"替换型"自不必说,想必也没有理由将在先行为人与后行为人的意思联络之下仅仅由先行为人承担剩余行为的"承继的共谋共同正犯"[1]排除在承继的共同正犯之外。

(二)承继的共犯成为问题的犯罪类型、案件类型是:①抢劫罪那样的手段-目的型结合犯;②诈骗罪、敲诈勒索罪(恐吓罪)那样的手段-目的型多行为犯[2];③抢劫致伤罪那样的结果加重犯;④由一系列的行为引起的伤害罪那样的包括的一罪;⑤监禁罪那样的继续犯[3]。学界主要研究的是①、②、③类型,有关④的判例也不少。

(三)在刑法学界,全面肯定说也曾得到一定的支持。该说主张,既然在对先行事实存在认识、放任的基础上参与进来,包括已经发生的结果在内,应就整个犯罪成立共犯[4]。近年来,全面肯定说已经销声匿迹,现在主要是限定肯定说——在利用先行为人的行为效果的限度之内承认承继的共犯[5],与否定承继说——从因果共犯论的角度仅就参与后的事实承认共犯[6],这两种观点之间的对立。而且,对共同正犯持否定承继说、对帮助犯(从犯)持限

---

[1] 承认"承继的共谋共同正犯"的判例,参见札幌地判昭和五十五年12月24日刑月第12卷12号,第1279页。

[2] 不过,在诈骗罪中,虽然以对方的交付为必要,但正如让对方向银行账户汇款那样,有时候也不需要行为人一方的接受行为,因而将其称为"多行为犯"是存在质疑的余地的。

[3] 分别针对各种事例对承继的共犯进行分析的学术成果,参见十河太朗:《承継の共犯の一考察》,《同志社法学》第64卷3号(2012年),第345页以下。

[4] 参见植松正:《再訂刑法概論Ⅰ総論》,劲草书房1974年版,第354页以下;木村龟二:《全訂刑法読本》,法文社1967年版,第270页;西原春夫:《犯罪総論》(下卷·改訂准备版),成文堂1993年版,第386页;等等。

[5] 参见大谷實:《刑法講義総論》,成文堂2012年新版第4版,第418页;大塚仁:《刑法概説——総論》,有斐閣2008年第4版,第294页以下;川端博:《刑法総論講義》,成文堂2013年第3版,第570页;藤木英雄:《刑法講義総論》,弘文堂1975年版,第290页以下;西田典之:《刑法総論》,弘文堂2010年第2版,第366页以下;平野龍一:《刑法総論Ⅱ》,有斐閣1975年版,第282页以下;等等。

[6] 参见野村稔:《判批》,平野龍一、松尾浩也编:《刑法判例百選Ⅰ総論》,有斐閣1984年第2版,第169页;相内信:《"承继的共犯"について》,《金沢法学》第25卷2号(1982年),第42页;町野朔:《惹起说の整備·点検》,《内藤謙先生古稀祝賀·刑事法学の現代的状况》,有斐閣1994年版,第132页以下;金尚均:《承継的共同正犯における因果性》,《立命館法学》310号(2006年),第150页以下;山口厚:《刑法総論》,有斐閣2007年第2版,第350页以下;浅田和茂:《刑法総論》,成文堂2007年补订版,第422页;曾根威彦:《刑法総論》,弘文堂2008年第4版,第258页;林幹人:《刑法総論》,東京大学出版会2008年第2版,第380页以下;等等。

定肯定说的二元说①的支持者也在增加。

（四）也曾有判例②持肯定说。例如，先行为人杀害被害人之后，后行为人帮忙夺取财物的，大审院昭和十三年（1938年）11月18日判决判定后行为人成立抢劫杀人罪的从犯③；又如，看到先行为人用菜刀砍向被害人之后，经过与先行为人之间的意思联络，后行为人又殴打了被害人，被害人最终因后行为人参与之前的行为死亡的，大阪高等裁判所昭和四十五年（1970年）10月27日判决判定后行为人成立杀人罪既遂的共同正犯④。相反，近年的判例则是限定主观说占主流。例如，对于在一系列暴力行为的中途参与进来的后行为人，大阪高等裁判所昭和六十二年（1987年）7月10日判决认为，由于不能认定积极地利用了参与之前的暴力，因此对参与之前的暴力所引起的伤害不承担责任⑤；也有判例以积极地利用了由先行为人的暴力引起的压制反抗状态而参与了夺取财物为由肯定成立抢劫罪的共同正犯，同时又以不能认定积极地利用了先行为人的暴力引起的伤害结果为由判定不对致伤结果承担责任⑥。另外，也可以零星地见到采取否定承继说的判例。例如，先行为人强奸被害人致其受伤之后，后行为人参与进来，奸淫了处于压制反抗状态的被害人，对此，广岛高等裁判所昭和三十四年（1959年）2月27日判决判定成立准强奸罪的共同正犯，而不是成立强奸致伤罪或者强奸罪⑦。

下面想对全面肯定说、限定肯定说，以及理论上虽立足于否定说但又支持限定肯定说的结论的观点进行探讨，并从因果共犯论的视角明确是否有承认承继的共犯的余地。

---

① 参见齊藤誠二：《承継的共犯をめぐって》，《筑波法政》8号（1985年），第36页以下；照沼亮介：《体系的共犯論と刑事不法論》，弘文堂2005年版，第244页以下；高橋則夫：《刑法総論》，成文堂2013年第2版，第447页以下；井田良：《講義刑法学・総論》，有斐閣2008年版，第473页、490页以下；等等。
② 有关判例情况的介绍，参见大越義久：《共犯論再考》，成文堂1989年版，第90页以下；大塚仁等：《大コンメンタール刑法（5）》，三省堂1999年第2版，第224页以下〔村上光鵄〕；高橋直哉：《承継的共犯に関する一考察》，《法学新報》第113卷3、4号（2007年），第120页以下；西田典之、山口厚、佐伯仁志编：《注釈刑法　第1卷——総論》，有斐閣2010年版，第853页以下〔島田聡一郎〕；西田典之：《共犯論の展開》，成文堂2010年版，第216页以下；照沼亮介：《体系的共犯論と刑事不法論》，弘文堂2005年版，第214页以下；十河太朗：《承継的共犯の一考察》，《同志社法学》第64卷3号（2012年），第355页以下；等等。
③ 参见大判昭和十三年11月18日刑集第17卷，第839页。
④ 参见大阪高判昭和四十五年10月27日刑月第2卷10号，第1025页。
⑤ 参见大阪高判昭和六十二年7月10日高刑集40卷3号，第720页。
⑥ 参见東京地判平成七年10月9日判夕922号，第292页。
⑦ 参见広島高判昭和三十四年2月27日高刑集第12卷1号，第36页。

三、肯定承继的各种论据

（一）一罪的整体不可分性

经常被全面肯定说作为论据的是"一罪的整体不可分性"①。例如，Y 出于抢劫目的杀害 A 之后，被告知情况的 X 参与从尸体身上拿走财物的〔案例 1〕，由于抢劫杀人罪属于不可分的一罪，因而 X 应成立抢劫杀人罪的共犯。

然而，结合犯、多行为犯、包括的一罪等虽然是由数个事实组成，但这些事实本身是可以分割的，这一点已经成为研究是否成立共犯的前提。对于该说所称"整体不可分性"，即便认为不是指事实的属性而是指规范的要求，其根据也不明确，而且也难以认同这种要求可以优越于个人责任原则②。

尽管认为这种"整体不可分性"不是犯罪本身的不可分性，而是作为基于犯罪共同说或者共同意思主体说的共犯成立上的一体性要求，但在共犯的错误、共犯与身份的问题中，现在已经广泛承认，共犯之间罪名是有可能不同的③④。

另外，"一罪"中包括单纯的一罪、包括的一罪以及科刑上的一罪等各种各样的单位、阶段，也难以从同一个意义上确定整体不可分性的要求所涉及的"一罪"的范围。我们能够想到，该说的论者想必也不会认为，科刑上的一罪也属于整体不可分的行为，甚至连参与"使用伪造的文书罪"的后行为人也要成立伪造文书罪的承继的共犯。但是，只要对整体不可分的规范性根据不予明确，对此就无法显示明确的理由。

（二）对先行情况的认识、放任

全面肯定说的论者经常强调对先行情况的认识、放任⑤，部分肯定说的论者通常也将这种认识、放任包括在承继的共犯的定义之中。

但是，如果将这种认识、放任作为故意的内容来把握，那是属于认识、放任之对象的先行事实被包含在为后行为人的犯罪奠定基础的事实之中的归结，不可能成为其根据。而且，对过去发生的法益侵害的认识、放任，属于"事后的故意"，由此来为行为人的责任奠定基础无

---

① 参见植松正：《再訂刑法概論Ⅰ総論》，勁草書房1974年版，第345页；札幌高判昭和二十八年6月30日高刑集第6卷7号，第859页；等等。
② 即尽管存在违反个人责任原则之嫌，却仍然以这种所谓规范的要求来肯定承继。——译者注
③ 即已经广泛承认不同构成要件之间的共同犯罪，在同一个共同犯罪中，各个共犯的罪名可以不同。——译者注
④ 有观点以共同意思主体说为前提，出于"共犯成立上的整体性、共犯处罚上的个别性"的要求，主张承认成立抢劫杀人罪的共犯，但在抢劫罪的共犯的限度之内科刑［参见冈野光雄：《承继的共犯》，阿部纯二等编：《刑法基本講座》（第4卷），法学書院1992年版，第179页以下］。而且，还有观点虽立足于共同意思主体说，但以针对结合犯中的参与前的事实不能认定共同意思主体的形成为理由，否定成立承继的共犯（不过，承认针对整体的帮助犯）［参见山本雅子：《承继的共同正犯》，《立石二六先生古稀祝賀論文集》，成文堂2010年版，第467页以下］。
⑤ 参见西原春夫：《犯罪総論》（下卷·改订准备版），成文堂1993年版，第386页；東京高判昭和三十四年12月2日東高刑時報第10卷12号，第435页；等等。

非一种心情刑法①。

另外,正如在结果加重犯中将针对由参与之前的行为所引起的加重结果的认识、放任作为承继的要件的立场那样,如果将对先行事实的认识、放任作为不同于故意的其他要素来要求,那么,就需要明确其法律性质及其在犯罪论上的定位。

（三）对先行情况的利用

限定肯定说以利用了先行为人引起的状态或者先行为人行为的效果作为承继的主要根据。那么,在〔案例1〕中,由于X在拿走财物之际利用了Y引起的压制反抗状态,势必也应成立抢劫罪的共犯。

但是,从对"效果"或者"状态"的利用,直接推导出针对引起这种"效果"或者"状态"的行为的归责,这是一种"跳跃"②。准强奸罪（第178条）处罚的是利用既存的不能抗拒状态实施奸淫,而抢劫罪（第236条）处罚的是通过暴力、胁迫引起压制反抗状态（中间结果）进而夺取财物（最终结果）。压制反抗状态在准强奸罪中是行为状况,而在抢劫罪中则属于中间结果。这样,抢劫罪的构成要件不仅仅是以压制反抗这种状态作为构成要件要素,而是以由暴力、胁迫行为引起的压制反抗状态作为构成要件要素,因此,要将暴力、胁迫结束之后的参与者认定为抢劫罪的共犯,就必须论证,不仅仅是压制反抗这种状态,而是将暴力、胁迫行为以及压制反抗状态的引起归属于后行为人的正当性。单单以对先行情况的利用为根据来肯定承继,这种做法无视准强奸罪这种利用型构成要件与抢劫罪那样的引起型构成要件之间的区别,存在违背罪刑法定原则之嫌③。

原本来说,对效果的"利用"并不能替代"因果性"。这一点通过通说对下面两个案例的态度也能体现。例如,〔案例2〕X目睹了Y杀害A并强取财物的情形,在Y离开之后,在与Y之间不存在意思联络的情况下又拿走了A的财物的;〔案例3〕X杀害了A之后才产生取得财物的意思,并且拿走了A的财物。在这两个案件中,尽管X也是利用先行行为引起的压制反抗状态夺取了财物,但通说认为X不成立抢劫罪。

不过,对于〔案例3〕那样暴力、胁迫之后才产生夺取财物的意思的情形④,作为限定肯定说的主要倡导者之一的藤木英雄,采取的也是认定X成立抢劫罪的立场⑤。藤木英雄认为:"即便是单独犯的场合,首先,由于是出于暴力的意思对人实施暴力造成对方被压制的状

---

① 参见平野龍一:《刑法の基礎》,《法学セミナー》143号（1968年）,第30页。
② 参见山口厚:《刑法総論》,有斐閣2007年第2版,第351页。
③ 参见野村稔:《判批》,平野龍一、松尾浩也编:《刑法判例百選Ⅰ 総論》,有斐閣1984年第2版,第169页;野村稔:《刑法総論》（成文堂1998年补订版）,第397页、第398页注（3）。
④ 作为有关该问题的先驱性研究成果,参见西原春夫、野村稔:《暴行・脅迫後に財物奪取の意思を生じた場合と強盗罪の成否》,《判例タイムズ》329号（1976年）,第22页以下。
⑤ 现在仍然持这种观点者,参见森永真綱:《強盗罪における反抗抑圧後の領得意思》,《甲南法学》第51卷3号（2011年）,第139页以下。

态,因此,乘势另外产生夺取财物的意思,夺取了无抵抗的被害人的持有物的行为,可以将整体综合认定为抢劫。同样的原理也适于承继的共犯中的后行为人的责任。"①

由此可见,藤木英雄是从有关抢劫罪的单独正犯的解释中推导出承继的共犯的限定肯定说的。因此,最高裁判所平成二十四年(2012年)11月6日决定中所讨论的伤害罪这样的包括的一罪的案件,起始就不在藤木英雄的限定肯定说的射程之内。此后的限定肯定说虽对暴力、胁迫之后产生夺取财物的意思的案件否定成立抢劫罪,但对承继的共犯却采取了限定肯定说,因而,对该说在理论上的一贯性是存在疑问的,同时该说的射程也不明确。

另外,藤木英雄本身的限定肯定说,与包括〔案例3〕在内的暴力、胁迫之后产生夺取意思的情形的解决是共命运的。然而,抢劫罪是由以暴力或者胁迫、强取作为手段、目的而结合起来的犯罪类型,抢劫罪的法定刑已经考虑了出于夺取财物的目的而试图压制反抗这种行为的特别的危险性,将对压制反抗状态的"利用"等视于压制反抗状态的"引起"属于心情刑法的思维,因此,在暴力、胁迫之后才产生夺取财物的意思的情形应成立抢劫罪这种解释不能得到支持②。

(四)意思联络

同样是积极地利用先行的他人行为的案件,包括藤木英雄在内的限定肯定说的论者,对〔案例1〕肯定承继却对〔案例2〕否定承继。〔案例1〕与〔案例2〕之间的区别仅仅在于,先行为人与后行为人之间是否存在意思联络。因此,除了对先行事实的积极利用之外,限定肯定说还将与先行为人之间的意思联络作为承继的根据③。

但是,如果共犯之间的意思联络在给心理的因果性奠定基础这一点上存在刑法上的意义,那么,意思联络之中有关参与之前的事实的意思联络就无法具有刑法上的意义,有关参与后的事实的意思联络只能为有关参与后的事实的刑事责任奠定基础,而不能为有关参与之前的事实的刑事责任奠定基础。"利用"与"意思联络"均不能为对先行事实负责奠定基础,即便将二者并用在一起,也难以将对先行事实的负责予以正当化。

(五)相互利用、相互补充的关系

大谷实从认为共同正犯之部分行为全部责任以及正犯性的根据在于相互利用、相互补充关系的视角主张,"在将先行为人的行为等作为实施自己犯罪的手段而积极地加以利用

---

① 藤木英雄:《刑法講義総論》,弘文堂1975年版,第290页以下。另外,引文中"后行为人"在藤木英雄的原文中是"A"。
② 参见松原芳博:《強盗罪·その1》,《法学セミナー》607号(2013年),第110页以下。
③ 藤木英雄指出,在承继的共犯的案件中,"通过对作为一个整体实施此后的行为这种合意,再加上将至此已经实现的事实也用于实施犯罪这种意思,就不单单止于将他人引起的结果用于自己的犯罪行为,而是能够肯定这样的关系:将他人引起的结果,通过与该他人结为一体,就像自己引起的结果一样地利用"。藤木英雄:《新版刑法演習講座》,立花書房1970年版,第408页。

的意思之下,后行为人在犯罪中途参与进来,并利用了先行为人的行为的场合,能认定存在相互利用、相互补充的关系"①,"如抢劫罪那样,在作为手段的暴力、胁迫与财物的取得成为一体的犯罪的场合,后行为人利用、补充先行为人的行为这种情况一般是有可能的,因此,对后行为人也应认定成立抢劫罪"②。藤木英雄试图通过运用对有关单独犯中的先行行为的利用的理解来为限定肯定说(利用说)奠定基础,而大谷实则是从共同正犯的固有原理中推导出限定承继说(利用说)。

但是,只要是以因果共犯论为前提,所谓共同正犯中的相互利用、相互补充的关系,就属于以各个参与者的行为之间存在因果性为前提的关系,而不是为了补充(弥补)因果性的不存在。共同正犯中的部分行为全部责任,正是以通过各人的贡献对其他参与者的行为施加影响进而对犯罪事实的实现施加了因果性为根据,而非像同时伤害的特例③(《刑法》第107条)那样,在不存在因果性的地方肯定刑事责任。

另外,大谷实认为,"对于承继的帮助犯(从犯),应该与承继的共同正犯同样处理"④,从属于共同正犯之固有原理的相互利用、相互补充的关系中,应该无法推导出承继的帮助犯(从犯)的正当化根据与成立范围。对从相互利用、相互补充的关系中寻求承继的共同正犯的成立根据与标准的立场而言,必须说,承继的帮助犯(从犯)的成立根据与标准也是一个需要解决的课题。

(六)对后行行为的评价

西田典之认为,犯罪实行途中参与进来的后行为人虽仅对自己参与之后的情况承担责任,但像〔案例1〕那样的场合,在先行为人看来,夺取财物就是抢劫罪中的强取,参与这种强取行为的后行为人应成立抢劫罪的共犯⑤。在西田典之看来,在〔案例1〕中,后行为人参与的是他人的抢劫行为,而在〔案例2〕中,问题在于对被害人被压制反抗之后,后行为人作为单独犯的行为的评价,因此,前者成立抢劫罪,后者成立盗窃罪或者侵占脱离占有物罪,这并不矛盾。

的确,后行行为"在先行为人看来"属于强取行为,但"在后行为人看来"也可谓窃取行

---

① 大谷實:《刑法講義総論》,成文堂2012年新版第4版,第418页。持同样旨趣者参见大塚仁:《共同正犯の本質》,《法学教室》109号(1989年),第31页;川端博:《刑法総論講義》,成文堂2013年第3版,第570页。
② 大谷實:《刑法講義総論》,成文堂2012年新版第4版,第420页。
③ 日本《刑法》第207条"同时伤害的特例":二人以上实施暴力伤害他人的,在不能辨别各人暴力所造成的伤害的轻重或者不能确认何人造成了伤害时,即便不是共同实行者,也依照共犯的规定处断。——译者注
④ 大谷實:《刑法講義総論》,成文堂2012年新版第4版,第445页。
⑤ 参见西田典之:《刑法総論》,弘文堂2010年第2版,第366页以下;西田典之:《共犯論の展開》,成文堂2010年版,第223页以下。佐伯仁志也是同样旨趣[参见佐伯仁志:《刑法総論の考え方·楽しみ方》,有斐閣2013年版,第387页]。另外,也有观点作为对后行行为的"评价",得出了与限定承继说相同的结论[参见高橋直哉:《承継的共犯に関する一考察》,《法学新報》第113卷3、4号(2007年),第152页以下;松宮孝明:《刑法総論講義》,成文堂2009年第4版,第272页以下]。

为或者侵占脱离占有物的行为①。后行行为在先行为人看来可谓之为强取行为，必须说，这不是所给予的前提而是进行一定评价之后的结论。那么，这种评价是由何种事实来为之奠定基础的呢？西田典之尽管采取的是肯定片面的共同正犯的立场②，但对于〔案例2〕中的后行为人，则没有将其认定为片面的共同正犯，而是认定为盗窃罪或者侵占脱离占有物罪的单独犯。也就是说，西田典之虽认为通常的共同正犯不以意思联络为必要，但限于承继的共同正犯则以意思联络为必要。这样，就可以说，在〔案例1〕中，西田典之是以先行为人与后行为人之间存在"意思联络"为根据的，即便是在与后行为人之间的关系上，也是将后行行为评价为"强取行为"。但是，如前所述，在因果共犯论中，意思联络的机能在于通过给对方的行为施加心理的因果性，从而贡献于将来的情况形成③，但不包括将下面这一点予以正当化的契机：将包括过去的行为在内的先行为人的行为与后行为人的行为予以一体化，将后行为人的行为评价为"强取行为"。如果可以与因果性毫无关系的、由先行为人与后行为人之间的意思联络本身为"对先行为人的行为与后行为人的行为进行整体性评价"奠定基础，那么，这种做法就完全属于从赞同他人不法行动的态度、心情中探寻共犯处罚根据的不法共犯论（对他人的不法的连带说④）。也可以说，西田典之的观点是以"共犯的从属性"为根据的，认为对先行为人的评价对后行为人也是妥当的，但从既考虑正犯的不法也考虑共犯固有的不法的混合惹起说来看，则不能承认正犯不法的全面连带性⑤。只要立足于因果共犯论，"共犯的从属性"原本就是以因果性的存在为前提的，而非补充因果性之缺少的理论⑥。

（七）因果性的缓和

前田雅英认为，"在通过相互协动而扩大正犯范围的共同正犯的场合，只要存在与单独正犯相比更为缓和的因果性即可"，因此，"是有可能在其他共同者引起的压制反抗状态下共同实施抢劫、强奸的"⑦。但是，包括共同正犯在内，共犯所承认的因果性的缓和，通常是指即便没有条件关系，只要存在促进关系即可，而不是指将因果性溯及过去的事实。指向将来的情况形成，这是因果性概念的核心，放弃这一点无疑是对因果性的放弃。而且，如果前田雅英的观点的旨趣是在共同正犯中只要对部分犯罪事实存在因果性即可，那么就存在与下一观点相同的问题。

---

① 特别是在"替换型"的场合，由于实际上并不存在应该被评价为"强取行为"的先行为人自身的行为，因此，将后行为人的行为评价为"强取行为"的抵触要大于"协动型"。
② 参见西田典之：《刑法総論》，弘文堂2010年第2版，第355页。
③ 正因为如此，西田典之认为，能肯定存在物理的因果性的，这种场合就不要求存在意思联络，并以此为理由，肯定了包括片面的共同正犯在内的片面的共犯的可罚性。
④ Vgl., Shumann, Starfrechtliches Handlungsunrecht und das Prinzip der Selbstverantwortung der Anderen, 1986, S.49ff.
⑤ 参见山口厚：《問題探求——刑法総論》，有斐閣1998年版，第264页。
⑥ 参见小林憲太郎：《いわゆる承継の共犯をめぐって》，《研修》791号（2014年），第9页。
⑦ 参见前田雅英：《刑法講義総論》，東京大学出版会2011年第5版，第501页。

（八）因果性对象的限定

十河太朗认为，"在以复数法益作为保护法益的犯罪中，就不能说第二性的（次要的）保护法益是为该罪的不法、责任的程度以及法定刑奠定基础的决定性要素"，因此，"在承继的共犯中，即便后行为人的行为与针对该罪的第二性的（次要的）保护法益的侵害或危险之间没有因果关系，如果与针对第一性的保护法益的侵害或危险之间存在因果关系，就能评价为，后行为人与先行为人一同实现了该构成要件"，在〔案例1〕中，既然 X 与属于抢劫罪之第一性的保护法益的占有侵害之间存在因果性，就可以认定为抢劫罪的共犯①。

但是，既然对第二性的（次要的）保护法益的侵害或者危殆化（危险）也是成立该犯罪的必要条件，那么就属于共同形成该构成要件所预定的不法内容的侵害或者危险，将这种侵害或者危险排除在因果性的对象之外却仍然以该犯罪之刑予以处罚，至少有关对第二性的（次要的）保护法益的侵害或者危险的部分而言，是违反个人责任原则的②。

另外，也有观点基于否定承继说倡导，对于所有构成要件该当事实均需要存在因果性③。但是，诸如妨害灭火罪（《刑法》第114条）中的"火灾之际"那样的行为状态、受贿罪（《刑法》第97条）中的"公务员"那样的身份，犯罪构成要件中也包含即便是单独正犯也无须因果性地引起的事实。这些行为状况、身份——除了有关行为人之责任的情况之外，意味着引起法益之侵害或者危险所需要的物的、人的环境，我们能将其称为"不法前提"。相反，实行行为、中间结果以及最终结果的实现，都属于成为法之否定对象的该犯罪的"不法内容"。从主张共犯的处罚根据与正犯一样都在于针对法益的侵害或者危险的因果共犯论的角度来看，与正犯一样，共犯也不需要针对"不法前提"存在因果性，而是需要针对"不法内容"存在因果性。抢劫罪、敲诈勒索罪（恐吓罪）中的暴力、胁迫，在为针对身体安全、意思活动自由这种第二性的（次要的）保护法益的侵害奠定基础的同时，作为突破取得财物的障碍的行为，而且，尽管对于将"意思决定的自由"视为诈骗罪的第二性的（次要的）法益存在异议，但诈骗罪中的欺诈至少作为解除被害人针对财物的支配、突破取得财物的障碍的行为，均隶属于各罪的不法内容，因此，共犯的因果性也必须及于这些情况。

（九）被单位化的事实之间的因果性

桥本正博虽坚持"无法肯定蕴含因果溯及之意的'承继的共同正犯'"，但认为这里的问题在于"作为各个共同正犯之正犯性的贡献的集聚'由共同正犯所集合性地实施的实行行为'，与由此所实现的构成要件结果之间的因果关系"，"在能够被认定为机能性地支配了（因

---

① 参见十河太朗：《承継的共犯の一考察》，《同志社法学》第64卷3号（2012年），第368页。
② 山口厚批判限定肯定说不当地缩减了因果关系的对象。参见山口厚：《"共犯の因果性"の一断面》，《神山敏雄先生古稀祝賀論文集（1）》，成文堂2006年版，第354页以下。
③ 参见山口厚：《刑法総論》，有斐閣2007年第2版，第350页。

果性地引起了)应成为构成要件该当评价之'单位'的事实过程的限度之内,就该'单位'事实整体成立共同正犯"①。在桥本正博看来,在由一系列的殴打引起的伤害中,各个殴打行为被淹没在整体的殴打行为之中,整体的殴打行为被一体化,因此,中途参与者就对整体承担责任;在诈骗罪那样的多行为犯中,手段行为与结果行为之间存在很强的有机关联,由于能认定两者之间的不可分的整体性,因此仅仅参与财物之收受的后行为人也可谓为因果性地引起了诈骗罪之整个构成要件该当事实;但在抢劫罪那样的结合犯中,由于手段行为有可能成为独立的评价对象,因此能否定手段行为与结果行为之间的整体性,通常是不能认定中途参与者成立抢劫罪之共同正犯的②。

桥本正博的逻辑是,从构成要件评价的视角研究被"单位"化的行为—结果之间的因果性。但是,在单独犯中之所以允许将一系列的行为予以整体化,研究一系列行为的整体与结果之间的因果关系,是因为那属于贯彻了同一个意思决定的、同一人的行为,当初的意思决定的因果性及于整体;相反,像承继的共犯的情形那样,承认与已经过去的其他人的行为之间的整体性,在允许将不能由自己的行为所左右的事实算入由其负责的对象之内这一点上,违背了个人责任原则,是难以通过构成要件该当"评价"而将其正当化的。

四、是否应肯定承继的共犯

如上所述,全面肯定说、限定肯定说等所依据的各种论据,并不能在因果共犯论的框架之内,将"包括先行事实在内的该犯罪整体的不法内容归责于后行为人"或者"对后行为人的行为与先行为人的行为进行同样评价"予以正当化。仅就帮助犯(从犯)而言,上述批判也同样适于"二元说"。并且,因果共犯论是共犯中的行为主义或者个人责任原则的表现形式,只要是有关因果性的必要性这一点,因果共犯论适于包括帮助犯(从犯)在内的整个广义的共犯。仅限于帮助犯(从犯),将因果性贡献的对象限定于针对第一性的保护法益的侵害或危险,在此限度之内是有违个人责任原则的。原本来说,承继的共犯研究的是是否存在因果性这一共通于共同正犯与帮助犯(从犯)的问题,因此,一方面否定承继的共同正犯,另一方面却仅仅肯定承继的帮助犯(从犯),"二元说"的这种逻辑是不能成立的。

这样,只要以因果共犯论为前提,就应该采取否定承继说,〔案例1〕中的后行为人X应成立侵占脱离占有物罪的共犯。当然,如果承认死者的占有③,X就应成立盗窃罪的共犯。但是,所谓占有是针对物的、"人"的支配,并且死者无法成为法益主体,因而难以承认死者

---

① 参见橋本正博:《"承继的共同正犯"について》,《川端博先生古稀祝賀論文集(上)》,成文堂2014年版,第591页。
② 参见橋本正博:《"承继的共同正犯"について》,《川端博先生古稀祝賀論文集(上)》,成文堂2014年版,第594页以下。
③ 参见野村稔:《刑法における占有の意義》,阿部純二等編:《刑法基本講座》(第5卷),法学書院1993年版,第80页。

的占有。也有观点虽否定死者的占有，但认为在与杀害者（行为人）之间的关系上，在被害人死后也应该持续地保护其生前的占有[①]。然而，死后保护生前的占有，只能说这种观点本身除了矛盾还是矛盾。而且，即便采取持续保护说，从否定承继的共犯的角度来看，如上所述，将后行为人的行为等视于先行为人的行为这一点也是不能被正当化的，因此就应该视为，在与后行为人的关系上，生前的占有不受保护。

按照否定承继说，对于在敲诈勒索罪（恐吓罪）、诈骗罪中仅仅参与收受财物的后行为人，只要不能认定其参与之后通过态度或者不作为实施了胁迫、欺骗，就与抢劫（抢劫杀人）罪的中途参与者一样，仅成立侵占脱离占有物罪的共犯[②]。也有观点立足于否定承继说主张这种场合的后行为人是不可罚的[③]。但是，收受被害人基于由先行为人的欺骗行为所引起的错误而交付的财物，原则上与收受错送的邮件、错找的零钱并无不同，如果后者收受错送的邮件、错找的零钱的行为要成立侵占脱离占有物罪，前者成立该罪就理应不存在障碍。确实，针对被害人基于其意思而交付的客体（财物），通常不存在是否成立侵占脱离占有物罪的问题，那是因为在存在被害人之交付行为的场合，会成立诈骗罪、敲诈勒索罪（恐吓罪）或者侵占委托物罪，在不成立诈骗罪等其他犯罪之时，侵占脱离占有物罪的问题就会显现出来。另外，《刑法》第254条中"脱离了占有"之物这一表述被理解为为了将成立夺取罪的情形排除在外的"表面的构成要件要素"[④]，既然要从该表述中找到积极的含义，在与后行为人之间的关系上，可以通过将接受财物之后的、某种实现所有权能的行为视为侵占脱离占有物罪的实行行为，肯定成立侵占脱离占有物罪。在这种场合，先行为人也应成立侵占脱离占有物罪的共犯，其行为属于敲诈勒索罪（恐吓罪）或者诈骗罪的共罚的事后行为。

就文章开头介绍的最高裁判所平成二十四年（2012年）11月6日决定而言，下面几种观点都是有可能成立的：立足于否定说的理解；在包括的一罪中立足于否定说，而在手段-目的型的结合犯、多行为犯中则立足于限定肯定说的理解；虽立足于限定肯定说，但就伤害

---

① 参见团藤重光：《刑法綱要総論》，創文社1990年第3版，第572页。
② 参见浅田和茂：《刑法総論》，成文堂2007年补订版，第424页。
③ 参见山口厚：《共犯の処罰根拠》，山口厚编：《クローズアップ刑法総論》，成文堂2003年版，第245页；相内信：《"承继的共犯"について》，《金沢法学》第25卷2号（1982年），第43页。
④ 松宫孝明：《刑法総論講義》，成文堂2009年第4版，第192页以下。

罪,认为没有满足该罪之构成要件的理解①②。然而,考虑到以下几点,本文认为,采取否定说是最符合本决定之旨趣的,这也是最高裁判所采取的因果共犯论的正确归结:该决定是以"在该场合下,对于共谋、参与之前 A 等人已经造成的伤害结果,由于被告人的共谋以及基于该共谋的行为与该伤害结果之间没有因果关系"为理由;对先行行为的效果的利用无法替代因果性;即便在手段-目的型的结合犯、多行为犯中,后行为人虽然能对最终的结果施加因果性,但无法对为第二性的(次要的)法益的侵害奠定基础的实行行为以及中间结果施加因果性。

五、追论:论事后抢劫罪

针对事后抢劫罪(《刑法》第 238 条③),基于该条的"盗窃(盗窃犯)"这一表述,有力的观点认为,该罪是以盗窃犯为主体的身份犯(身份犯说)。基于这种立场,对于仅参与该罪之暴力、胁迫的后行为人,如果将盗窃犯视为真正身份或者违法身份,就应根据《刑法》第 65 条第 1 款④成立事后抢劫罪的共犯⑤;如果将盗窃犯视为不真正身份或者责任身份,就应根据《刑法》第 65 条第 2 款成立暴行罪或者胁迫罪的共犯⑥⑦。

但是,即便将规定"抢劫"的抢劫伤人罪、抢劫杀人罪(《刑法》第 240 条⑧)视为结合犯,

---

① 千叶胜美裁判官的补充意见指出:"针对在所谓承继的共同正犯中后行为人是否承担共同正犯的责任的问题,在让其承担抢劫、敲诈勒索、诈骗等罪责的场合,通过利用共谋参与之前的先行为人的行为的效果而对犯罪的结果具有因果关系,进而成立犯罪,这种情形是有可能存在的,因此,也是有可能认定成立承继的共同正犯的。但是,至少就伤害罪而言,难以认定存在这种因果关系(正如法庭意见指出的那样,先行者所实施的暴力、伤害,不过是会成为后行者的暴力行为的动机或者契机而已),因而很难想象出能够成立承继的共犯的情形。"

② 在最高裁判所平成二十四年(2012 年)11 月 6 日决定之后的下级裁判所判例中,对于处于包括的一罪的关系的一系列的遗弃尸体与损坏尸体的行为途中参与进来的后行为人,有判例以没有积极地利用先行行为等为理由,否定成立有关先行的遗弃尸体行为的承继的共同正犯,判定仅成立有关参与之后的损坏尸体这一事实的共同正犯。参见東京地立川支判平成二十六年 3 月 20 日 LLI/DB06930113。

③ 日本《刑法》第 238 条"事后抢劫罪":盗窃(盗窃犯)窃取财物之后为了防止财物被追回,或者为了逃避逮捕,或者为了隐灭罪迹,而实施暴力或者胁迫的,以抢劫论。——译者注

④ 日本《刑法》第 65 条"身份犯的共犯":(1)加功于因犯罪人的身份才构成的犯罪行为时,即便是没有身份者,也是共犯(第 1 款);(2)因身份而特别存在刑的轻重时,对没有身份者科以通常之刑(第 2 款)。——译者注

⑤ 参见大阪高判昭和六十二年 7 月 17 日判時 1253 号,第 141 頁;前田雅英:《刑法講義各論》,東京大学出版会 2011 年第 5 版,第 300 頁;堀内捷三:《刑法各論》,有斐閣 2003 年版,第 135 頁;等等。

⑥ 参见大谷寶:《刑法講義各論》,成文堂 2013 年新版第 4 版,第 243 頁等。另有观点虽将盗窃犯视为不真正身份,根据《刑法》第 65 条第 1 款认定成立事后抢劫罪的共犯,但主张根据第 65 条第 2 款在伤害罪的限度之内科刑[参见新潟地判昭和四十二年 12 月 5 日下刑集第 9 卷 12 号,第 1548 頁;日高義博:《共犯と身分》,《川端博先生古稀祝賀論文集(上)》,成文堂 2014 年版,第 776 頁以下]。

⑦ 另外,还有观点认为,在出于阻止财物被追回的目的时属于违法身份,应适用第 65 条第 1 款,而出于逃避抓捕与隐匿罪证的目的时则属于责任身份,应适用第 65 条第 2 款。参见佐伯仁志:《事後強盗の共犯》,《研修》632 号(2001 年),第 6 頁以下。

⑧ 日本《刑法》第 240 条"抢劫致死伤罪":抢劫致人负伤的,处无期懲役或者 6 年以上有期懲役;致人死亡的,处死刑或者无期懲役。——译者注

第 238 条的表述也不会成为将事后抢劫罪理解为身份犯的决定因素。身份,是指"属于有关一定犯罪行为的犯罪人的'人的关系'的特殊的地位或者状态"①,是产生法益侵害或者危险(危殆化)的、作为"人的环境"的"不法前提",或者是为针对行为人的特别的责任非难奠定基础的"责任前提",而事后抢劫罪中的盗窃,是行为人必须有责地由自己来实现的、属于该罪之"不法内容"的情况,不应将其视为"身份"。尤其是将盗窃犯视为真正的身份或者违法身份,通过适用《刑法》第65条第1款,对于仅参与了暴力、胁迫的后行为人追究事后抢劫罪的共犯之责,这无异于将该罪的不法归责于没有实现该罪之不法内容者,与因果共犯论之间不相容②。

这样,事后抢劫罪是以窃取行为、暴力或者胁迫行为这两种行为作为实行行为的结合犯(结合犯说)③。只有立足于这种理解才有可能解释:先行的盗窃罪被事后抢劫罪吸收、事后抢劫罪的既未遂取决于盗窃罪的既未遂④。

不过,事后抢劫罪不是抢劫罪那样的手段-目的型的结合犯,而是与抢劫强奸罪一样,属于原因-结果型的结合犯(事后的结合犯)⑤,因此,在起初的盗窃的时点,不需要存在暴力、胁迫的意思。针对结合犯说,经常看到这样的批判:在着手盗窃的时点存在事后抢劫的(未必的)故意的,(即便事后没有实施暴力、胁迫)也要成立事后抢劫罪的未遂,这种结论是不妥当的。但是,在原因-结果型的结合犯(事后的结合犯)中,只有着手实施第二行为才能认定结合犯整体的未遂,这是原则。而且,即便是抢劫罪那样的手段-目的型的结合犯,仅仅是出于转化抢劫的(未必的)故意着手了盗窃的,仅此还不能成立抢劫罪的未遂,正如这一点所显示的那样,也并非因为着手了第一行为,就总会成立整个结合犯的未遂。

按照这种结合犯说,仅参与事后抢劫罪之暴力、胁迫行为的后行为人的罪责,取决于对承继的共犯采取何种立场,按照本文支持的否定承继说,止于成立暴行罪或者胁迫罪的共犯。相反,按照限定肯定说,仅参与事后抢劫罪之暴力、胁迫行为的后行为人,只要利用了先行为人的窃取财物的效果,就应该成立事后抢劫罪的共犯⑥。这里能称为后行为人利用了先行为人的盗窃效果的,想必应该是以盗窃达到既遂为前提的、后行为人出于防止财物被追回

---

① 最判昭和二十七年9月19日刑集第6卷8号,第1083页。
② 参见林幹人:《刑法総論》,東京大学出版会2008年第2版,第385页;山口厚:《刑法総論》,2007年第2版,第352页以下。
③ 参见山口厚:《刑法各論》,有斐閣2010年第2版,第232页以下;西田典之:《刑法各論》,弘文堂2012年第6版,第183页以下;等等。
④ 也有观点认为,本罪是结合犯还是身份犯,在理论上都是有可能的,这属于应该从妥当处理共犯问题的视角来决定的问题[島田聡一郎:《事後強盗罪の共犯》,《現代刑事法》44号(2002年),第17页以下]。然而,本罪的定性涉及本罪之不法结构的根基,即盗窃的事实是否包含在应由行为人本人实现的、本罪的"不法内容"之内。
⑤ 参见松原芳博:《強盗罪・その2》,《法学セミナー》698号(2013年),第112页以下。
⑥ 参见西田典之:《刑法各論》,弘文堂2012年第6版,第183页以下;島田聡一郎:《事後強盗罪の共犯》,《現代刑事法》44号(2002年),第20页。

的目的参与了暴力、胁迫的情形。的确,在这种场合下,明明是以暴力、胁迫手段阻止财物被追回,后行为人却只成立暴行罪、胁迫罪的共犯,可能会让人感到不妥。但是,这种场合下,后行为人能够实现的,不是夺取财物的事实,而是逃避财物之返还请求权的事实,因此,应该认定后行为人成立第2款抢劫罪①。对这种场合的后行为人而言,存在两种处理方式:一种是一直作为事后抢劫罪的问题来处理,认为既然盗窃罪已经达到既遂,即使阻止财物被追回的行为归于失败也要成立事后抢劫罪的既遂;与这种做法相比,第二种处理方式更加符合司法实务的现实,亦即,作为第2款抢劫罪的问题来对待,根据实际是否逃避了返还财物来决定该罪的既遂或者未遂。另外,在该场合下,出于防止财物被追回的目的与后行为人协作实施了暴力、胁迫行为的先行为人(盗窃犯),成立事后抢劫罪既遂的单独犯与第2款抢劫罪既遂或者未遂的共同正犯,两罪属于包括的一罪。

---

① 日本《刑法》第236条[抢劫罪]采取暴力或者胁迫手段,强取他人财物的,是抢劫罪,处5年以上有期徒役(第1款)。以前款方法,获取非法的财产性利益,或者使他人获取该利益的,与前款同(第2款)。——译者注

行政机关公开负面信息与权利保护

［日］高田伦子 著　　张荣红 译

摘　要：德国的传统学说认为，行政机关以制裁为目的公开违法者的负面信息会侵害违法者的基本权利，甚至是人的尊严，在宪法上应被禁止。但近年来，以经济行政法领域为中心，行政机关公开负面信息的手段通过欧盟法被大量引入到德国法中。德国学界对此现象展开了深入研究，根据联邦宪法法院的判例，形成了一个得到广泛支持的学说。该学说与一概否定制裁性负面信息公开的传统学说不同，把行政机关以制裁为目的公开负面信息的行为定性为行政制裁，认为其作为"广义刑罚"，应当适用与刑罚相同的特别宪法要求，以期提供更高强度的权利保护。

关键词：负面信息　权利保护　公开　制裁　广义刑罚

引言

本文旨在阐明在德国是如何讨论制裁性公开的。

长期以来，德国的主流观点认为，即便针对违法者，作为制裁公开其姓名等信息的行为，侵害其基本权利，甚至是人的尊严，是不被宪法所允许的。但是，近年来，以经济行政法领域

---

* 本文是作者对于在2021年11月28日召开的日本洪堡协会主办的"新冠与人权"法学研讨会上所作报告《新型冠状病毒传染病对策中的行政公开及其课题》中德国法部分作了大幅修改后的文章。在此，对研讨会的企划、主持人高山佳奈子教授和对本文发表给予大力协助的该协会会员巽智彦副教授，致以衷心感谢。关于本文内容的一切责任由作者承担。本文原文刊登于日本《行政法研究》，引注格式：高田倫子：《制裁的公表に対する権利保護》，《行政法研究》第45号（2022年），第141-158页。

本文翻译已获作者授权，谨致谢忱。本译文受日本JSPS科研费（项目号：JP19K13502）的资金资助。

** 作者简介：高田伦子（高田倫子），日本大阪公立大学法学院副教授。

*** 译者简介：张荣红，日本中京大学法学院副教授。

为中心,被认为具有制裁性质的公开(经常在英语中被表述为 naming and shaming),尤其通过欧盟法被引入德国法,对其采取何种应对成为一个课题。

在与日本法的比较中值得关注的是,有观点将这种公开视为行政制裁的一种,认为应当对其(至少也要在进行一定弱化的方式上)适用关于刑罚的严格宪法标准。该观点过去以片断、零散的方式被提出来[①],最近被作为专题著作的主题得到综合性的研究[②],正逐渐形成一个有影响力的立场。该立场一方面并不从根本上否定制裁性公开,另一方面认为从权利保护的角度,把制裁性公开只作为不利行政处分予以对待是不充分的。

在下文中,首先对德国围绕行政机关公开负面信息的问题状况发生的变化进行概观。之后,作为制裁性公开的立法例,选取《证券交易法》(Wertpapierhandelsgesetz, WpHG)的有关规定作一分析。其后,对认为应当对制裁性公开适用与刑罚相同的特别宪法标准的学说作一介绍。该学说根据把行政制裁定性为"类似刑罚的措施(strafähnliche Maßnahme)"的联邦宪法法院判例展开,基本上得到了广泛支持。不过,关于具体何种公开包含在内,仍存在争议。最后,对日德关于制裁性公开观念的不同作一考察。

另外,"制裁"这一概念在多种含义下被使用,在本文中指以对过去的违反法规行为予以谴责为目的科以不利影响的国家措施,在后文中会作详细讨论。

一、德国问题状况的变化

(一)作为行为控制的公开

在德国,一直以来只在"向公众提供信息(Publikumsinformation)"的框架下来讨论行政机关公开负面信息[③]。在 20 世纪 80 年代之后,随着对国家的认识和市民观念的变迁,这种国家活动在学界引起了极大的关注。国家应从传统的介入国家转换为以社会的自我规制和市民的自我责任为中心的保障国家(Gewährleistungsstaat)[④]的观念得到了渗透,也认识到了民事主体能够利用充分信息的重要性[⑤]。其时,国家提供信息的行为,被视为一种在通过创造知识提高市民行为能力的同时,也为处理公共任务对市民行为进行间接控制的手段("作

---

① Z.B. F. Reimer. Adverse Publizität. Der Pranger im Verwaltungsrecht, JöR 58, 2010, S. 275ff.; M. Möstl. Verbraucherinformation und Anprangerung als gezielte Lenkungsmittel, GewArch 2015, S. 1 ff.
② P. F. Irmscher. Öffentlichkeit als Sanktion. Bankaufsicht zwischen Repression und Prävention — Eine Einordnung des "naming and shaming" in das Sanktionssystem des KWG, 2019; P. Koch. Naming and shaming im Kapitalmarktrecht. Die Veröffentlichung von Verstößen als repressive Sanktion, 2019. 简单的书评有 R. Wallau. Naming and Shaming — Zwei neue Monographien zum Thema, ZLR 2020, S. 251f.
③ 关于讨论状况的概观,C. Bumke. Publikumsinformation, DV 2004, S. 6ff. 布姆克(C. Bumke)把"向公众提供信息的活动"定义为:"国家为了执行国家任务,以公开告知关于事实关系、意图、评价的信息为目的,在具体的行政程序之外面向公众进行的、归责于国家的一切信息提供活动"。
④ 关于保障行政,参见板垣胜彦:《保障行政の法理論》,弘文堂2013年版,第43页以下。
⑤ Vgl. C. Bumke. Publikumsinformation, DV 2004, S. 8.

为控制手段的信息提供(Information als Steuerungsinstrument)"①)。

但是,根据信息接收者之公众的反应,国家提供信息的行为可能会对自身信息被公开一方造成重大损害。国家对危险行为或存在问题的产品发出的警告(Warnung),就是其典型例子②。它存在在导致社会评价降低的同时,也对企业造成经济损失的可能性。因此,学界认为,国家提供信息的行为虽然其本身只不过是事实行为,但在一定情形下,应当与行政行为一样,对其进行法律控制。在这里尤其成为问题的是,是否需要法律的授权依据;在基本权利保护的框架下,虽然提供信息的行为对私人产生的影响只是间接且事实性的,但是否应当将其视为对基本权利保护领域的介入(Eingriff)③。联邦行政法院和联邦宪法法院在许多案件中对这些问题作出了判断④,可以说现在在一定程度上已经确立了基本观点⑤。

(二)新问题:作为制裁的公开

与此相反,作为间接强制或制裁的公开,极少被纳入讨论范围中⑥。主流观点认为,特别是作为制裁的公开,会侵害基本权利,甚至是人的尊严,至少对于自然人基本上应当禁止⑦。制裁性公开屡屡被比喻为"耻辱柱(Pranger)上的刑罚"⑧。把制裁性公开与已在1849年被保罗教堂宪法第139条明文废除的中世纪刑罚进行比较,除了加深对制裁性公开这一手段问题性的印象外并不存在其他意义,但是一直以来对其持有很强的警惕态度这一点是毋须置疑的⑨。

---

① I. Spiecker genannt Döhmann. § 23 Informationsverwaltung, in: Kahl/Ludwigs (Hrsg.). Handbuch des Verwaltungsrechts, Bd. I, 2021, Rn. 63.

② 关于警告,C. Cusy. § 23 Die Informationsbeziehungen zwischen Staat und Bürger, in: Hoffmann-Riem/Schmidt-Aßmann/Voßkuhle (Hrsg.). Grundlagen des Verwaltungsrechts, Bd. II, 2. Aufl., Rn. 100ff.

③ 对该问题进行研究的有代表性的学者的论文有:F. Schoch. Die Schwierigkeiten des BVerfG mit der Bewältigung staatlichen Informationshandelns, NVwZ 2011, S.193ff.

④ Vgl. BVerfGE 105, 252; 105, 279; 113, 63; BVerwGE 131, 171; 151, 228. 日文的介绍有:丸山敦裕:《情報提供活動の合憲性判断とその論証構造——グリコール決定を手がかりに》,《阪大法学》第55卷5号(2006年),第121页以下;松戸浩:《行政指導の法の根拠(2)》,《広島法学》第30卷2号(2006年),第27页以下。

⑤ 具有很强前瞻性的总结,A. Voßkuhle/A.-B. Kaiser. Grundwissen — Öffentliches Recht: Informationshandeln des Staates, JuS 2018, S. 344f.

⑥ 山本隆司《行政上の主観法と法関係》(有斐閣2000年版,第420页)早就指出了日德问题状况的不同,即"德国的警告等行为多数是实现行政目的的'直接'手段,而日本实定法上的'公开'多数具有'间接'强制或'制裁'的性质"。

⑦ Vgl. K. Waechter. Prävention durch Pranger — die Rückkehr der Stigmata, VerwArch 92, 2001, S. 370; 关于名誉刑(Ehrenstrafe):M. Kubiciel. Shame Sanctions — Ehrenstrafen im Lichte der Straftheorie, ZStW 118, 2006, S. 44ff.; P. Koch. Naming and shaming im Kapitalmarktrecht. Die Veröffentlichung von Verstößen als repressive Sanktion, 2019, S. 244ff.

⑧ Vgl. F. Reimer. Adverse Publizität. Der Pranger im Verwaltungsrecht, JöR 58, 2010, S. 275f.; M. Möstl. Verbraucherinformation und Anprangerung als gezielte Lenkungsmittel, GewArch 2015, S. 1.

⑨ 与之相对照的是美国的状况。关于Shame Sanction的代表文献有:D. M. Kahan. What Do Alternative Sanction Mean?. University of Chicago Law Review, Vol. 63(1996), pp.631-653; J. Q. Whitman. What is Wrong with Inflicting Shame Sanctions?. The Yale Law Journal, Vol. 107(1998), pp.1055-1092. 在该论文中,惠特曼(J. Q. Whitman)也讨论了纳粹时期德国对该手段的使用(pp.1083-1085)。

但是，近几年来问题状况发生了变化。例如，公法学者弗朗茨·赖默尔（Franz Reimer）在 2010 年的论文中探讨了制裁性公开的问题。在文章开头，他写道："向公众提供信息的行为，作为高权性的形成手段被公众熟知，享有作为行为形式的地位。不仅如此，国家利用信息并不限于关于初始的行为控制的第 1 层面和关于行政法上义务履行的第 2 层面。受欧洲共同体的影响，国家也在第 3 层面上使用这一行为形式，即关于对已经发生的违法行为施加制裁的层面。"[1] 同为公法学者的克里斯蒂安·瓦尔德霍夫（Christian Waldhoff）也于 2013 年在关于根据《食品饲料法》（Lebensmittel-und Futtermittelgesetzbuch，LFGB）作出的违法信息公开案的判决解说中，最后补充道："在德国，在罚款（Bußgeld）或古典的行政执行之外，几乎不存在任何行政制裁。与此相反，在外国诸国的法秩序和刑法中，"Naming"和"Shaming"作为具有惊人效果的制裁手段，得到了更加开放性的讨论。在本文所介绍的决定[2]中，两行政法院都提到了通过公开意图达到的耻辱柱效果（Prangerwirkung）。也让我们产生一种印象，正如多数情形一样，超过欧洲层面，对我们而言也颇有意思的制裁的调色板可能会扩大（Erweiterung der Sanktionspalette）[3]。

通过上述文献可以确认，在德国，不仅要把之前作为行为控制的公开，更不得不把通过欧盟法展开的作为制裁的公开纳入视野之中。

二、制裁性公开的（潜在的）立法例

在对关于如何应对制裁性公开的学说进行考察前，首先对其立法例作一观察。在此，从近几年公开手段被频繁引进的金融市场法领域中[4]，选取《证券交易法》的相关规定[5]。

---

[1] F. Reimer. Adverse Publizität. Der Pranger im Verwaltungsrecht, JöR 58, 2010, S. 275.

[2] VGH Mannheim, Beschluss v. 28. 1. 2013-9 S 2423/12, NVwZ 2013, S. 1022; VGH München, Beschluss v. 18. 3.2013-9 CE 12. 2755, GewArch 2013, S. 361.

[3] C. Waldhoff. Allgemeines Verwaltungsrecht, Lebensmittelrecht: Naming and Shamıng, JuS 2013, S. 860. 瓦尔德霍夫（Christian Waldhoff）在同一年的另一篇论文（ders., § 46 Vollstreckung und Sanktionen, in: Hoffmann-Riem/Schmidt-Aßmann /Voßkuhle（Hrsg.）. Grundlagen des Verwaltungsrechts, Bd. 3, 2. Aufl., 2013, Rn. 212）中也谈到了通过欧盟法引起"行政制裁复兴"的可能性。

[4] F. Reimer. Adverse Publizität. Der Pranger im Verwaltungsrecht, JöR 58, 2010, S. 286 列举了在经济行政法领域公开手段特别得到采纳的原因：①行为者的非匿名性，换言之，并非公众社会，而是一部分、专业性的公众（Teil-und Fachöffentlichkeit）成为公开的共鸣板；②对企业而言，声誉（Reputation）有时是比金钱更为匮乏、更难处理的资源。P. F. Irmscher. Öffentlichkeit als Sanktion. Bankaufsicht zwischen Repression und Prävention — Eine Einordnung des "naming and shaming" in das Sanktionssystem des KWG, 2019, S. 62ff. 也持相同观点。

[5] 制裁性公开的其他立法例有《银行法》（Gesetz über das Kreditwesen, KWG）第 60b 条和第 60d 条、《食品饲料法》第 40 条第 1a 款、《温室气体排放权交易法》（Gesetz über den Handel mit Berechtigungen zur Emission von Treibhausgasen, TEHG）第 30 条第 4 款等。近年来，在联邦宪法法院中，《食品饲料法》第 40 条第 1a 款的合宪性受到争议。虽然法院认为该规定原则上合宪（BVerfG, Beschluss v. 21. 3.2018-1 BvF 1 /13, BVerfGE 148, 40），但学说仍认为其存在违宪的嫌疑。

（一）《证券交易法》旧第40b条（现第123条）

《证券交易法》中最早的公开规定是2004年设置在第12章"刑罚和罚款规定"中的旧第40b条（现第123条）[①][②]。该条是对《市场滥用指令》（Market Abuse Directive 2003/6/EC）第14条第4款进行国内法转化的条文，其规定如下：联邦金融监管局（Bundesanstalt für Finanzdienstleistungsaufsicht, BaFin）"只有在适合（geeignet）且有必要（erforderlich）消除或防止第4条第1款第2句规定的不良状况（Missstände）时，可以（kann）在自己的网站上公开以违反本法规定的禁止或命令为理由作出的不可诉（unanfechtbar）措施。但是，公开可能对金融市场造成显著危险，或对相关人造成不合比例的损害的，不在此限"。

本条的目的在于，为了消除或防止《证券交易法》旧第4条第1款第2句（现第6条第1款第2句）规定的不良状况[③]，通过公开对违法行为采取的措施来对市场参与者造成威慑[④]。值得注意的是，首先，公开的对象限定为在抗告诉讼中不可诉的，即具有形式存续力（formelle Bestandskraft）的决定[⑤]。其次，公开必须与消除或防止不良状况的目的之间存在比例关系[⑥]。在相当性（Angemessenheit）审查中，应当对旧第4条第1款第2句的不良状况可能造成的损害，与公开对金融市场造成的显著危险或对相关人（即被下达"不可诉措施"的主体）造成的损害之间进行衡量[⑦]。最后，虽然符合法律规定的要件，但是根据所谓的"可

---

① 由于《证券交易法》通过2018年的《第二次金融市场修正法》（Zweites Finanzmarktnovellierungsgesetz, 2. FiMaNoG）进行了重编，重新排列了条文序号，因此在下文中根据需要一并列举新旧序号。

② 关于同一时期设置的德国会计监管所（DPR）实施程序的《证券交易法》旧第37q条（现第109条）也对公开作了规定，不过由于是特殊规定，因此在本文中不作讨论。关于该条，参见：F. Reimer. Adverse Publizität. Der Pranger im Verwaltungsrecht, JöR 58, 2010, S. 278; P. F. Irmscher. Öffentlichkeit als Sanktion. Bankaufsicht zwischen Repression und Prävention — Eine Einordnung des "naming and shaming" in das Sanktionssystem des KWG, 2019, S. 85ff.

③ 《证券交易法》旧第4条第1款第2句规定的"不良状况（Missstände）"，指不可忍受的行为形态或其状态。根据该规定，联邦金融监管局负责处理可能会扰乱符合正常秩序的交易的实施、对金融市场造成不利影响的不良状况。Vgl. D. Döhmel. § 4, in: Assmann/Schneider（Hrsg.）. WpHG Kommentar, 6. neu bearbeitete und erweiterte Aufl., 2012, Rn. 15ff. 另外，K. Altenhain. § 40b, in: Hirte/Möllers（Hrsg.）. Kölner Kommentar zum WpHG, 1. Aufl., 2007, Rn. 11认为每个违反（jeder Verstoß）都可构成"不良状况"，而K. Vogel. § 40b, in: Assmann/Schneider（Hrsg.）. WpHG Kommentar, 6. neu bearbeitete und erweiterte Aufl., 2012, Rn. 6则认为，违反进一步扩大，对市场造成许多不利影响是其成立要件。

④ K. Altenhain. § 40b, in: Hirte/Möllers（Hrsg.）. Kölner Kommentar zum WpHG, 1. Aufl., 2007, Rn.1; M. P. Waßmer. § 40b, in: Fuchs（Hrsg.）. WpHG Kommentar, 2009, Rn. 3; K. Vogel. § 40b, in: Assmann/Schneider（Hrsg.）. WpHG Kommentar, 6. neu bearbeitete und erweiterte Aufl., 2012, Rn. 4.

⑤ 关于Bestandskraft的概念，H. Maurer/C. Waldhoff. Allgemeines Verwaltungsrechts, 20. Aufl., 2020, § 10 Rn. 12ff.

⑥ K. Altenhain. § 40b, in: Hirte/Möllers（Hrsg.）. Kölner Kommentar zum WpHG, 1. Aufl., 2007, Rn. 11ff.; M. P. Waßmer. § 40b, in: Fuchs（Hrsg.）. WpHG Kommentar, 2009, Rn. 6 f; K. Vogel. § 40b, in: Assmann/Schneider（Hrsg.）. WpHG Kommentar, 6. neu bearbeitete und erweiterte Aufl., 2012, Rn. 6 f.

⑦ K. Altenhain. § 40b, in: Hirte/Möllers（Hrsg.）. Kölner Kommentar zum WpHG, 1. Aufl., 2007, Rn. 14; M. P. Waßmer. § 40b, in: Fuchs（Hrsg.）. WpHG Kommentar, 2009, Rn. 6 f.; K. Vogel. § 40b, in: Assmann/Schneider（Hrsg.）. WpHG Kommentar, 6. neu bearbeitete und erweiterte Aufl., 2012, Rn. 7. Vgl. auch BT-Drucks. 15/3174, S. 41.

以规定（Kann-Vorschrift）"，联邦金融监管局被赋予了裁量（Ermessen）①。但从结果来看，德国在很长时间内并没有使用这个新手段②。

（二）《证券交易法》旧第40c条（现第124条）、旧第40d条（现第125条）以及第126条

但是，以2008年的金融危机为分界线，欧盟的政策发生了改变，关于公开的观念也出现了变化，即要求在欧盟内加强对金融市场的制裁，特别是加盟国间关于制裁规定的内容和适用的差异成了批判的对象③。对此，欧洲委员会在2010年发布了《加强金融服务领域制裁规定》的通知，提出了关于加盟国间制裁规定在最低限度内近似（Approximation）的具体方案。其中指出，制裁性公开可以使制裁制度发挥作用，有助于违法的一般预防，因此"应当规定监管机构负有……原则上公开制裁的义务"④。

之后，德国《证券交易法》通过欧盟法引入了很多公开规定，其内容也较以前严格。首先，在2010年以后，对旧第40b条依次增加了从第2款到第4款的规定。其中第3款和第4款重新规定了公开的对象，采用了与前面提到的第40b条第1款相同的基本构造。不过，在这里规定"必须"公开，否定了联邦金融监管局的裁量。两规定都是根据EU（EC）规则作出的修改，这些规则已经规定公开是必须采取的手段⑤。

其次，作为将欧盟法标准向国内法的转化，2015年旧第40c条（现第124条）、2016年旧第40d条（现第125条）、2018年第126条分别增加了关于公开的新规定⑥。值得注意的是，这些规定只规定了"立即（unverzüglich）"公开，并未将公开对象限定为在抗告诉讼中不可诉的措施和制裁。根据反对解释，可以诉诸法院的关于措施和制裁的决定也包含在公开对象之中⑦。其后的规定也可明确证明该解释是正确的。旧第40c条第2款第2句和旧第40d条第4款规定，公开尚未发生存续力或确定力的决定时，应当注明；第126条第4款规定，

---

① K. Altenhain. § 40b, in: Hirte/Möllers (Hrsg.). Kölner Kommentar zum WpHG, 1. Aufl., 2007, Rn. 15; M. P. Waßmer. § 40b, in: Fuchs (Hrsg.). WpHG Kommentar, 2009, Rn. 7; K. Vogel. § 40b, in: Assmann/Schneider (Hrsg.). WpHG Kommentar, 6. neu bearbeitete und erweiterte Aufl., 2012, Rn. 8.

② 关于联邦金融监管局公开的实务，P. F. Irmscher. Öffentlichkeit als Sanktion. Bankaufsicht zwischen Repression und Prävention — Eine Einordnung des "naming and shaming" in das Sanktionssystem des KWG, 2019, S. 97ff.

③ 参见：成为欧洲金融监管体系改革根据的德拉罗西埃报告（The High Lebel Group on Financial Supervision in the EU, Report, 2009, p. 23）。

④ COM 2010, 716 final, p. 12.

⑤ 《证券交易法》旧第40b条第3款的根据是EC规则No 1060/2009第36条第2句的规定，旧第40b条第4款的根据是EU规则No 648/2012第12条第2款以及第88条第2款的规定。

⑥ 《证券交易法》旧第40c条的根据是透明度指令（Transparency Directive 2013/50/EU）第28b条第1款第a项和第29条的规定，旧第40d条的根据是EU规则No 596/2014第34条的规定，第126条的根据是EU指令2014/65/EU第71条的规定。

⑦ Vgl. C. Seibt/B. Wollenschläger. Revision des Europäischen Transparenzregimes: Regelungsinhalte der TRL 2013 und Umsetzungsbedarf, ZIP 2014, S. 553; U. Nartowska/M. Knierbein. Ausgewählte Aspekte des "Naming and Shaming" nach § 40c WpHG, NZG 2016, S. 258.

当采取了法律救济手段（Rechtsbehelf）时，应当在网络上公开该信息。

通过上述分析，可以确认，在金融市场法领域，德国法通过欧盟法引入了公开的规定，而且其内容在金融危机之后逐步得到强化[1]。不过，对于这些规定是否具有制裁的性质，仍存在争议，需要进行详细的分析[后述三（三）]。

三、作为"广义刑罚"的制裁性公开

鉴于在现实中德国法引入了许多被认为具有制裁性质的公开规定，学术界对制裁性公开的问题展开了更为深入的研究。其中有一个学说引发关注，该学说不像以前一样对制裁性公开持完全拒绝的态度，而是试图将其纳入德国法制裁体系之中[2]。

（一）对制裁的特别宪法要求

1. 分类为行政制裁及其意义

根据该学说，制裁性公开与对违反秩序的罚款并列，是行政制裁的一种。将公开定性为行政制裁具有重要的法律意义。这是因为，正如下文（二）中所详述的那样，在德国，一般认为行政制裁与刑罚相同，适用特别的宪法要求[3]。

这个立场尤其与欧盟关于行政制裁的理解形成对照[4]。在欧盟，行政制裁作为法律执行（实施）手段的一种[5]，一直以来并未要求对其采取特别的法律对待[6]。对于这一点，在欧盟法

---

[1] P. F. Irmscher. Öffentlichkeit als Sanktion. Bankaufsicht zwischen Repression und Prävention — Eine Einordnung des "naming and shaming" in das Sanktionssystem des KWG, 2019, S. 100 把这个发展趋势总结为"更多的公开、更早的公开、更少的行政机关决定余地"。

[2] Z.B. F. Reimer. Adverse Publizität. Der Pranger im Verwaltungsrecht, JöR 58, 2010, S. 275ff.; M. Möstl. Verbraucherinformation und Anprangerung als gezielte Lenkungsmittel, GewArch 2015, S. 1 ff; P. F. Irmscher. Öffentlichkeit als Sanktion. Bankaufsicht zwischen Repression und Prävention — Eine Einordnung des "naming and shaming" in das Sanktionssystem des KWG, 2019; P. Koch. Naming and shaming im Kapitalmarktrecht. Die Veröffentlichung von Verstößen als repressive Sanktion, 2019. 简单的书评有 R. Wallau. Naming and Shaming — Zwei neue Monographien zum Thema, ZLR 2020, S. 251f.。

[3] 日本的相同主张，参见：佐伯仁志：《制裁论》，有斐阁2009年版，第17页以下。

[4] 制裁的立法权限传统上属于加盟国，但欧盟在以前就为了确保法律实施的实效性对违法行为创设了制裁规定。Vgl. J. Schwarze. Rechtsstaatliche Grenzen der gesetzlichen und richterlichen Qualifikation von Verwaltungssanktionen im europäischen Gemeinschaftsrecht, EuZW 2003, S. 261. 最迟在《里斯本条约》中对刑事处罚之外的制裁，随后根据《欧盟运行条约》第83条第2款的规定对刑事处罚的调整进行规定的权力，被赋予了欧盟。Vgl. P. Koch. Naming and shaming im Kapitalmarktrecht. Die Veröffentlichung von Verstößen als repressive Sanktion, 2019, S. 47f.

[5] 法实施（Law Enforcement）的观念源自美国法。把同样的观点作为"法执行体系"在日本法中展开研究的有：曾和俊文：《行政法執行システムの史的展開》，载曾和俊文：《行政法執行システムの法理論》，有斐阁2011年版，第1页以下。也可参见对美国证券行政的法执行体系进行的分析：宇賀克也：《SECによる法執行》，载宇賀克也：《行政手続法の理論》，東京大学出版会1995年版，第239页以下。

[6] 在德国法中也存在这种观点。例如，C. Waldhoff. Allgemeines Verwaltungsrecht, Lebensmittelrecht: Naming and Shaming, JuS 2013, S. 860., Grundlagen des Verwaltungsrechts, Bd. III, Rn. 5, 8 und 11 指出，在重视行政的实施功能而非个人自由的"控制观点（Steuerungsperspektive）"的立场下，不拘预防性强制手段和惩罚性强制手段的区别，"行政法义务的法律实现"成为认识的基准点。

研究领域知名的公法学者尤尔根·施瓦兹（Jürgen Schwarze）作了如下阐述："学说基本上一致要求至少在惩罚性行政制裁法领域必须适用刑法的根本原则，而欧洲委员会和欧洲法院迄今为止并未明确承认刑法和刑事程序法基本原理的适用。这些机关一方面指出将制裁法分类为行政程序。……另一方面又承认没有明文分类为刑法的，在一定情况下应当通过一般法律原则提供同等保护。……换言之，共同体法规定的制裁具有何种性质，据此特别是关于刑法原则的适用会引导出何种结论，仍然在一定程度上处于不确定状态"①。

仅仅因为该制度源自欧盟法这一点，本文所列举的关于制裁性公开的学说就更加强烈地认识到其与欧盟关于行政制裁理解之间的对抗关系。该学说强调，从法律执行的有效手段这一角度来分析制裁性公开具有一定的意义，但是不得因此而掩盖其作为制裁的性质②。

2. 相关宪法原则

与制裁性公开相关联的宪法原则，除《基本法》第103条第2款的罪刑法定主义之外，虽然并不存在其他明文规定，但可以列举根据《基本法》推导出的责任主义（Shuldprinzip）和无罪推定原则（Unschuldprinzip）。毋庸置疑，不具有制裁性质的公开也服从法律控制，而对于制裁这一特殊的介入，一般认为有必要通过上述诸项原则加以更高强度的权利保护。

首先，根据罪刑法定主义，不仅要求犯罪和刑罚的法定，也要求刑罚法规的明确性。如果该要求也适用于制裁性公开③，则只存在法律的授权依据是不充分的，也要求明确规定其要件和效果。另外，对于同样通过罪刑法定主义推导出的禁止溯及处罚，也适用同样的结论。如果该要求也适用于制裁性公开，则会适用与一般的禁止溯及效相比更为严格的，即不允许衡量、禁止例外的绝对禁止④。

其次，责任主义以《基本法》第20条第3款的法治国原理为根据⑤。根据该原理，要求构成要件和法律效果合乎事实（sachgerecht），处于互相协调的关系。因此，刑罚必须与违

---

① J. Schwarze. Rechtsstaatliche Grenzen der gesetzlichen und richterlichen Qualifikation von Verwaltungssanktionen im europäischen Gemeinschaftsrecht, EuZW 2003, S. 261f.

② P. Koch. Naming and shaming im Kapitalmarktrecht. Die Veröffentlichung von Verstößen als repressive Sanktion, 2019, S. 50f.

③ 联邦宪法法院认为，刑罚法规明确性的要求适用于违反秩序法。Vgl. BVerfGE 38, 348 (371). 有的学说认为，对于其他"类似刑罚的措施"也适用该原则。Vgl. E. Schmidt-Aßmann. Art. 103 Abs. 2 , in: Maunz/Dürig（Hrsg. ）。GG, 1992, Rn. 195. 佐伯仁志：《制裁論》（有斐閣2009年版，第18页以下）也指出，"关于行政制裁，一般认为根据侵害保留原则应当存在法律依据，而根据罪刑法定主义原则，制裁的要件和效果必须明确规定在法规中"。

④ Vgl. BVerfGE 30, 367 (385); 95, 96 (131). 概观性分析，Vgl. H. Schulze-Fielitz. Art. 103 Ⅱ, in: Dreier（Hrsg. ）. GG. 3. Aufl., Bd. Ⅲ, 2018, Rn. 50f. 关于这一点对单个法律进行分析的：U. Nartowska/M. Knierbein. Ausgewählte Aspekte des "Naming and Shaming"nach § 40c WpHG, NZG 2016, S. 259f.（《证券交易法》旧第40c条）; D. Uwer/M. Rademacher. Das verfassungsrechtliche Rückwirkungsverbot bei der Bekanntmachung bankaufsichtlicher Maßnahmen nach § 60b KWG, BKR 2015, S. 145ff.（《银行法》第60b条）。

⑤ Vgl. BVerfGE 20, 323 (331).

法行为的严重程度和行为人的责任之间存在恰当的关系①。该要求被认为是"禁止过剩限制（Übermaßverbot）"在刑法上的特殊表达，联邦宪法法院认为相当于比例原则审查的第三阶段（相当性，狭义的比例原则）②。如下文所述，联邦宪法法院认为"类似刑罚的措施"也适用责任主义，如果制裁性公开包含在内，则需要满足责任主义的要求。那时，公开造成的后果几乎不可预测，隐藏着出现出乎意料的可能这一特性，会成为一个问题点③。

同样根据法治国原理推导出来的无罪推定原则④，对制裁性公开也具有重要的意义。该原则关系到应当在何时公开这个问题。根据该原则，如在上文观察的那样，在行政机关的决定尚未发生存续力或确定力的阶段进行公开的做法，会引发质疑⑤。公开导致的信息扩散是不可逆的，对错误信息进行事后订正是困难的，正因如此，该原则的适用更加重要⑥。

（二）关于"广义刑罚"的联邦宪法法院判例

尽管如此，把制裁性公开与刑罚予以同样对待的观点是不常见的。但是，这在德国并非全然特殊的观点。联邦宪法法院一直以来就认为，对"广义刑罚"或"类似刑罚的制裁"应当适用罪刑法定主义和责任主义。

联邦宪法法院在下述3个含义下使用"刑罚（Strafe）"这一概念⑦：①权限法上的刑罚概念；②广义刑罚（类似刑罚的措施）概念；③狭义刑罚概念。除在联邦与州之间进行权限分配时使用①这一特殊概念外⑧，在这里可能成为问题的是②和③。两者中更广为熟知的应当是③狭义刑罚概念。联邦宪法法院认为，只有当对违法行为的谴责具有"社会伦理上的无价值判断（Unwerturteil）"或者"社会伦理上的否认（Missbilligung）"的含义时，才属于

---

① Vgl. Schulze-Fielitz. Art. 20 Ⅲ, in: Dreier (Hrsg.). GG, 3. Aufl., Bd. Ⅲ, 2018, Rn. 194ff.

② Z.B. BVerfGE 34, 261 (266); 50, 125 (133). Vgl. auch I. Appel. Verfassung und Strafe. Zu den verfassungsrechtlichen Grenzen staatlichen Strafens, 1998, S. 192ff.

③ Vgl. P. F. Irmscher. Öffentlichkeit als Sanktion. Bankaufsicht zwischen Repression und Prävention — Eine Einordnung des "naming and shaming" in das Sanktionssystem des KWG, 2019, S. 273f. M. Bäcker. Konsumrelevante Veröffentlichungen durch Behörden. Typen und Regelungsprobleme am Beispiel der Lebensmittelüberwachung, JZ 2016, S. 599认为，公开"这种缺乏精确性的制裁手段，基本上无法满足根据责任进行制裁（schuldangemessene Sanktion）的要求"。在日本，也对公开造成的后果有可能过大这一问题表示了担忧。例如，礒部哲《行政保有情報の開示・公表と情報の行政手法》（载磯部力等编：《行政法の新構想2》，有斐閣2008年版，第364页）指出，"从比例原则的角度，原则上有必要把信息手段作为补充性手段"。

④ Vgl. BVerfGE 35, 311 (320). Vgl. auch K.-P. Sommermann. Art. 20 Abs. 3, in: v. Mangoldt/Klein/Starck (Hrsg.). GG, Bd. 2, 7. Aufl., 2018, Rn. 324.

⑤ 对《食品饲料法》第40条第1a款规定的公开中这一问题的讨论有：M. Möstl. Verbraucherinformation und Anprangerung als gezielte Lenkungsmittel, GewArch 2015, S. 4f.; R. Hamm. Im Zweifel für den virtuellen Pranger? Das BVerfG, der Verbraucherschutz und die Unschuldsvermutung, NJW 2018, S. 2099.

⑥ P. Koch. Naming and shaming im Kapitalmarktrecht. Die Veröffentlichung von Verstößen als repressive Sanktion, 2019, S. 43.

⑦ 关于该区分，I. Appel. Verfassung und Strafe. Zu den verfassungsrechtlichen Grenzen staatlichen Strafens, 1998, S. 236ff.

⑧ 详细讨论，I. Appel. Verfassung und Strafe. Zu den verfassungsrechtlichen Grenzen staatlichen Strafens, 1998, S. 237f.

狭义刑罚,即刑事处罚(Kriminalstrafe)①。狭义刑罚概念除了确定刑法上的法官保留范围之外,尤其也被用来划定对违反秩序的罚款和刑事处罚之间的界限②。

而在另一方面,联邦宪法法院也在更为广泛的含义上使用了刑罚概念,对刑事处罚之外的措施也适用了刑法原则。早在1959年的决定中,就对罚款适用了责任主义①。对罚款之外的措施,以具有类似刑罚的性质为限度,也采取了同样的对待。例如,在《民事诉讼法》第890条第1款规定的秩序金(Ordnungsgeld)的法律性质成为争议的案例中,联邦宪法法院作了如下阐述:"所有的刑罚,即对符合犯罪的违法的刑罚以及对其他违法的类似刑罚的制裁(strafähnliche Sanktion),都把责任作为必要条件这一原则,是宪法层面的原则。该原则以法治国原理为根据。"④法院接下来明确阐述了与刑罚具有类似性是什么意思,即区分"类似刑罚的制裁"与其范围之外措施的标准是什么。"刑罚,包括秩序罚(Ordnungsstrafe)在内,与纯粹的预防措施(reine Präventionsmaßnahme)不同,具有以对法律禁止行为进行惩罚(Repression)和报应(Vergeltung)——即使不局限于此,毕竟也以此——为目的的特征。"⑤基于此,《民事诉讼法》第890条第1款的秩序金,由于"不仅是执行根据债权人的申请作出的临时处分的结果,也是债务人应当对违法行为承担责任的结果",因此认为对其应当适用责任主义⑥。

之后,联邦宪法法院也一直维持着"广义刑罚"这一范畴。例如,在《刑法》第73d条的扩大没收(erweiterter Verfall)⑦的法律性质成为争议的2004年的决定中,法院作了如下阐述:"与刑罚具有同样效果的制裁,也服从责任主义。不过,并不是说某一措施与对自由或财产的损害有关联,事实上发挥着危害的效果,仅据此该措施就与刑罚相类似,而是说在判断法律后果是否具有刑罚的性质时,还必须考量其他的评价标准,尤其是命令的法律根据以及立法者通过该手段所要追求的目的(Zweck)。"⑧根据其语词、体系以及立法经过,《刑法》第73d条没收所得的目的,并不在于对行为进行谴责或报应而施加危害,而在于预防,即消除

---

① Vgl. BVerfGE 9,167(172).联邦宪法法院也在2015年的判决(BVerfGE 140,317(345f.))中,作了如下阐述:"在德国法范围内,刑罚远远超出了负担性法律介入或对行为人施加危害的含义。在这里,作为刑事处罚的特征,除了这种介入或危害之外,还存在通过刑事处罚进行斥责或谴责,即社会伦理上的谴责或特别的道德上的否认。因此,基本法意义上的刑罚,不仅指对某些违法的谴责,也包含对更加深远的、即以社会伦理为根据的一部分法律上的侵害的谴责。"

② 关于第二次世界大战后德国的除罪化(Entkriminalisierung)倾向,田中良弘,《20世纪における行政罚の变迁》,载田中良弘:《行政上の処罚概念と法治国家》,弘文堂2017年版,第125页以下。

① BVerfGE 9,167. 日文的介绍有:山本隆司:《行政制裁の基础的考察》,载长谷部恭男等编:《高桥和之先生古稀记念 现代立宪主义の诸相》,有斐阁2013年版,第275页以下。

④ BVerfGE 20,323(331).

⑤ BVerfGE 20,323(331).

⑥ BVerfGE 20,323(332).

⑦ 关于扩大没收,参见公文孝佳:《利益収奪の扩大と限界について——ドイツ刑法改正を素材として》,《北大法学论集》第47卷6号(1997年),第1933页以下。

⑧ BVerfGE 110,1(13f.)

诱发行为人采取更多犯罪行为的利益,因此,它不是类似刑罚的措施①。

如上所述,与"狭义刑罚"并列,联邦宪法法院对"广义刑罚"概念作了发展。确实,学说一直以来只把关注点放在刑事处罚和罚款的区别上,并未对后者的刑罚概念展开深入的讨论②。但是,该概念在欧洲人权法院的判例中也已经得到承认③,可以说在德国法中该概念的重要性也日趋增大④。

(三)包含在"广义刑罚"之内的公开的范围

根据联邦宪法法院的判例,把以制裁为目的的公开分类为"广义刑罚",这一观点作为基本观点应当得到首肯。不过,关于具体何种公开包含在内,仍存在争议。下面,主要以前面提到的《证券交易法》为素材,指出2个问题。

1. 公开的目的:预防和惩罚的关系

第1个问题是如何确定公开的目的⑤。根据联邦宪法法院的判例,只有惩罚性制裁属于"广义刑罚",预防性行政措施不包含在内,但是划定两者的界限并非易事。

《证券交易法》旧第40b条(现第123条),虽然被放置在"刑罚和罚款规定"的章节中,但对于其是否具有制裁的性质,学说上的观点也并不一致。一方面,认为其目的在于预防(Prävention)的观点,作为权威观点早就存在。作为有代表性学者的刑法学者卡斯滕·阿尔滕海因(Karsten Altenhain)作了如下阐述:"(根据《证券交易法》第40b条的规定),通过公开来消除或防止不良状况(第4条第1款第2句)。因此,公开的目的是对市场参与者进行威慑(Abschreckung)。"⑥"确实,该威慑作用让人想起刑法,但是其中存在重大不同。在

---

① BVerfGE 110,1(14ff.)
② P. F. Irmscher. Öffentlichkeit als Sanktion. Bankaufsicht zwischen Repression und Prävention — Eine Einordnung des "naming and shaming" in das Sanktionssystem des KWG, 2019, S. 158认为,惩罚和预防之间的界限划定"在(刑法)学说中被不合理地忽视","除联邦宪法法院外,并不存在可称之为牢固的主流学说的观点"。Vgl. auch P. Koch. Naming and shaming im Kapitalmarktrecht. Die Veröffentlichung von Verstößen als repressive Sanktion, 2019, S. 70f.
③ 参见高山佳奈子:《行政制裁法の課題》,《法律時報》第85卷12号(2013年),第4页。关于首要案例的恩格尔案(Engel and others v. The Netherlands, ECtHR Judgement of 8. 6.1976, Application no. 5100/71; 5101/71; 5102/71; 5354/72; 5370/72),《自律の解釈:軍人に対する"懲罰"と条約上の概念としての"刑事上の罪"》,载户波江二等编:《ヨーロッパ人権裁判所の判例Ⅰ》,信山社2019年版,第139页以下(坂元茂樹执笔)。
④ 山本隆司《行政制裁に対する権利保護の基礎的考察》(载磯野弥生等编:《宮崎良夫先生古稀記念 現代行政訴訟の到達点と展望》,日本評論社2019年版,第237页)也指出,"法国宪法法院和德国联邦宪法法院都从正面承认了行政制裁的存在,并呈现出了对行政制裁适用与刑事制裁相同宪法原理的趋向。……最近,这种趋向通过适用《欧洲人权条约》的欧洲人权法院的判例得到强化"。
⑤ 从一般的比例原则,即为实现一定的行政目的公开的内容、期间等是否必要且相当的角度,确定公开的目的也是重要的。关于这一点,参见林晃大:《制裁の公表に関する一考察 行政過程における位置づけに基づく分析》,载曽和俊文等编:《芝池義一先生古稀記念——行政法理論の探求》,有斐閣2016年版,第266页以下;仲野武志:《続·行政上の公表論》,《法学論叢》第186卷5、6号(2020年),第38页以下。
⑥ K. Altenhain. § 40b, in: Hirte/Möllers(Hrsg.). Kölner Kommentar zum WpHG, 1. Aufl., 2007, Rn. 1. Vgl. auch M. P. Waßmer. § 40b, in: Fuchs(Hrsg.). WpHG Kommentar, 2009, Rn. 3; K. Vogel. § 40b, in: Assmann/Schneider(Hrsg.). WpHG Kommentar, 6. neu bearbeitete und erweiterte Aufl., 2012, Rn. 4.

刑法中，制裁是施加危害，其程度首先是对人格谴责可能性的程度，并非对当下存在的预防必要性。与之相对，在第 40b 条中，公开的命令仅依赖于预防必要性，加之，服从于作为目的所追求的威慑不得通过对相关人造成不合比例的损害来获取这一条件。"这样一来，第 40b 条的公开应当属于危险防御（Gefahrenabwähr）措施①。

赖默尔（Franz Reimer）也支持该立场。不过，他认为，《证券交易法》旧第 40b 条的公开，除了预防外还具有惩罚的功能。如上所述，他强调应当区分初始的行为控制、行政法上的义务履行、制裁这 3 个层面，而包含《证券交易法》在内的资本市场法领域，是显示"在多数案例中划定预防、实施[执行，"实施（Enforcement）"]、制裁之间界限是如何困难"的例子②。他认为，最终该条规定的公开以预防为"重点"③。

另外，也出现了重视《证券交易法》中公开的惩罚性质的学者④。例如，在博士论文中对该问题进行研究的菲利普·科赫（Philipp Koch），对惩罚和预防这一目的的关系作了如下整理：某一行政措施以"通过惩罚的预防"为目的，即"作为较远目标的预防确实通过作为较近目标的惩罚来达成"时，该措施应当分类为惩罚性制裁⑤。由于旧第 40b 条的公开把因其自身的违法而对违法者科以危害作为对市场参与者的"威慑"来发挥作用，因此其属于惩罚性措施⑥。与此相对，认为不通过惩罚来追求预防目的的措施，是纯粹的预防性行政措施。这种措施在结果上有时也对违法者造成巨大的负担，但这种危害对措施的目的实现并不重

---

① K. Altenhain. § 40b, in: Hirte/Möllers (Hrsg.). Kölner Kommentar zum WpHG, 1. Aufl., 2007, Rn. 5. Vgl. auch M. P. Waßmer. § 40b, in: Fuchs (Hrsg.). WpHG Kommentar, 2009, Rn. 4； K. Vogel. § 40b, in: Assmann/Schneider (Hrsg.). WpHG Kommentar, 6. neu bearbeitete und erweiterte Aufl., 2012, Rn. 4. 沃格尔（K. Vogel）指出，认为本规定的公开只是作为"shaming"或耻辱柱（Pranger），甚至是受到国家支持的"私刑（Lynchjustiz）"发挥作用，或者特别是作为这些发挥作用的观点，是"歪曲（Verzeichnung）"，如果基于这样的理由进行公开，该公开是违法的（Rn. 4）。

② F. Reimer. Adverse Publizität. Der Pranger im Verwaltungsrecht, JöR 58, 2010, S. 278. M. Möstl. Verbraucherinformation und Anprangerung als gezielte Lenkungsmittel, GewArch 2015, S. 4ff. 也指出，在《食品饲料法》第 40 条第 1a 款的公开目的中，预防和惩罚"混杂（Gemengelage）"在一起。

③ F. Reimer. Adverse Publizität. Der Pranger im Verwaltungsrecht, JöR 58, 2010, S. 279. BVerwGE 47, 255 (264f.) 也通过重点放在何处来对这一问题进行判断。

④ H. Fleischer. Erweiterte Außenhaftung der Organmitglieder im Europäischen Gesellschafts-und Kapitalmarktrecht, ZGR 2004, S. 476f.； E. Gurli. Handlungsformen der Finanzmarktaufsicht, ZHR 2013, S. 890f.； P. Koch. Naming and shaming im Kapitalmarktrecht. Die Veröffentlichung von Verstößen als repressive Sanktion, 2019, S. 181.

⑤ 关于这一点，科赫（Philipp Koch）依据了关于刑事处罚的刑法目的论，特别是现在占据主流地位的合并说（Vereinigungstheorie）（P. Koch. Naming and shaming im Kapitalmarktrecht. Die Veröffentlichung von Verstößen als repressive Sanktion, 2019, S. 64ff.）。P. F. Irmscher. Öffentlichkeit als Sanktion. Bankaufsicht zwischen Repression und Prävention — Eine Einordnung des "naming and shaming" in das Sanktionssystem des KWG, 2019, S. 159ff. 也在制裁目的的分析中援引了刑罚目的论。

⑥ P. Koch. Naming and shaming im Kapitalmarktrecht. Die Veröffentlichung von Verstößen als repressive Sanktion, 2019, S. 181. 在关于《民事诉讼法》第 890 条第 1 款的秩序金的判例中，联邦宪法法院也把"以对法律禁止行为进行惩罚和报应——即使不局限于此，毕竟也以此（auch）——为目的"，作为"广义刑罚"的要件（BVerfGE 20, 323 (331)）。

要,原则上不期望这种危害的发生,在这一点上,它与惩罚性制裁区别开来①。当某一措施追求预防和惩罚两方面的目的时,该观点将其分类为制裁,以期扩大特别宪法要求的适用范围②。

2. 公开的对象:措施和制裁的区别

第2个问题是公开的对象,具体指,是否不仅制裁的公开,而且措施的公开也包含在"广义刑罚"之内。这是因为后者与刑罚要件之行为人责任(Schuld)之间至少存在间接关联,而前者并不存在这种关联。

这一点在《证券交易法》旧第40b条中也引起了争议。该条规定公开的对象为"以违反本法规定的禁止或命令为理由作出的不可诉措施",其中不仅包括罚款的决定,也包括行政监管法上的措施。针对这一点,阿尔滕海因(Karsten Altenhain)作了如下阐述:"正因为(公开)也与行政法上的命令相关联,所以公开不可能是违反秩序法中的制裁。它既不以本人的行为(Handeln)也不以责任(Schuld)为前提。第40b条没有要求被公开措施的相对人在因自身的作为或不作为违反《证券交易法》的禁止或命令上存在有责性。"③

最近,以《银行法》(Gesetz über das Kreditwesen, KWG)为素材执笔了关于制裁性公开的博士论文的菲利普·弗洛里安·伊姆舍尔(Philipp Florian Irmscher),也基本上持相同立场。他认为,公开只有当其以与行为人的谴责可能性(Vorwerfbarkeit)相关联的制裁为对象时,才包含在"类似刑罚的措施"之内④。因此,《银行法》第60b条虽然规定除罚款外也广泛公开针对违法行为的措施,但是其中只有与谴责可能性相关联的罚款的公开属于"类似刑罚的措施"⑤。与之相对,由于预防性措施与谴责可能性不存在关联,即"谴责可能性至少在关于危险防御的第1个层面上无关紧要",因此此类措施的公开原则上不包含在"类似刑罚的措施"之内⑥。

与此相反,科赫(Philipp Koch)不对措施的公开和制裁的公开进行区分,认为所有的公开都包含在"广义刑罚"之内。科赫认为,"谴责可能性明确地内含在违反(Verstoß)之内",仅根据这一点就可以认定公开具有制裁性质。"……资本市场法上的 naming and shaming

---

① P. Koch. Naming and shaming im Kapitalmarktrecht. Die Veröffentlichung von Verstößen als repressive Sanktion, 2019, S. 72f.
② P. Koch. Naming and shaming im Kapitalmarktrecht. Die Veröffentlichung von Verstößen als repressive Sanktion, 2019, S. 75.
③ K. Altenhain. § 40b, in: Hirte/Möllers (Hrsg.). Kölner Kommentar zum WpHG, 1. Aufl., 2007, Rn. 4.
④ P. F. Irmscher. Öffentlichkeit als Sanktion. Bankaufsicht zwischen Repression und Prävention — Eine Einordnung des "naming and shaming" in das Sanktionssystem des KWG, 2019, S. 200ff.
⑤ 阿尔滕海因(Karsten Altenhain)认为概括性地规定了规范的制裁性质,而伊姆舍尔(Philipp Florian Irmscher)对根据同一规范的措施的公开和制裁的公开进行了区分,在这一点上,两者之间存在不同。
⑥ P. F. Irmscher. Öffentlichkeit als Sanktion. Bankaufsicht zwischen Repression und Prävention — Eine Einordnung des "naming and shaming" in das Sanktionssystem des KWG, 2019, S. 200ff.

的核心是违反,……不是措施和制裁。因此,不得以这类措施或制裁为出发点,构建会引导出涉及极为广泛范围结论的理论"①。

结语

上文概观了德国关于制裁性公开的学说,该学说认为制裁性公开与刑罚一样,应当适用严格的宪法标准。该学说与一概否定制裁性公开的传统学说不同,将制裁性公开纳入制裁体系中,以期对其采取适当的控制。该学说的根据中有关于"广义刑罚"的联邦宪法法院判例,其基本观点也显然得到了一定的支持。不过,具体何种公开包含在"广义刑罚"之内,观点并不一致。本文对主要的争论点进行了分析,但没有能够进行深入考察。根据该学说,在适用严格的宪法标准时,对制裁性公开应作如何评价,本文也只提出了大概结论。这些问题在实务中非常重要,要明晰该学说的全貌,更为深入的考察是不可或缺的。

不过,仅通过本文的考察,也可以清楚地认识到,关于制裁性公开,日德的讨论中存在以下不同。在德国,制裁性公开要么被全面拒绝,要么如本文所考察的那样被作为"广义刑罚"来对待,而日本将其与不利行政处分作同样的对待②。当然,对于不利行政处分也会进行法律控制,但其与刑罚所要求的程度不同。因此,在德国,对采用作为制裁的公开这一手段设置了相当高的门槛。而在日本,之所以经常采用制裁性公开的背景中,可以举出包含社会、文化因素在内的多种理由③,而关于行政制裁的观念也发挥了不小的影响吧④。

---

① P. Koch. Naming and shaming im Kapitalmarktrecht. Die Veröffentlichung von Verstößen als repressive Sanktion, 2019, S. 192.

② 例如,认为以制裁为目的的公开需要存在根据规范的观点有:塩野宏:《行政法Ⅰ(第6版)》,有斐阁2015年版,第266页以下;宇贺克也:《行政法概说Ⅰ(第7版)》,有斐阁2020年版,第293页;大桥洋一:《行政法Ⅰ 现代行政过程论(第4版)》,有斐阁2019年版,第30页以下;中原茂树:《基本行政法(第3版)》,日本评论社2018年版,第46页以下。最近关于这一问题的详细分析有:仲野武志:《続·行政上の公表论》,《法学论丛》第186卷5、6号(2020年),第27页以下。

③ 作为行政法内在的理由有:传统制裁手段陷入了功能障碍;公开是简单、迅速、廉价的手段等。参见:畠山武道:《サンクションの现代的形态》,载《岩波讲座 基本法学8——纷争》,岩波书店1983年版,第369页以下、第374页以下;阿部泰隆:《行政の法システム(下)〔新版〕》,有斐阁1997年版,第442页以下;宫崎良夫:《行政法の实效性の确保——行政法违反とその是正をめぐる问题》,载成田赖明等编:《雄川一郎先生献呈论集 行政法の诸问题(上)》,有斐阁1990年版,第221页以下;北村喜宣:《自治体环境行政法(第9版)》,第一法规2021年版,第194页。除此之外,也有观点指出作为社会、文化因素,在日本通过公开进行社会制裁,具有很高的实效性。例如,佐伯仁志:《制裁论》,有斐阁2009年版,第8页;Seigo Hirowatari. Die Rolle von Sanktionen in Recht und Gesellschaft, Z Japan R Bd. 4 Nr. 7, 1999, S. 12ff.

④ 传统上对行政制裁适用刑法原则一直持否定态度。参见美浓部达吉:《日本行政法上卷》,有斐阁1936年版,第317页以下。